엑스포지멘터리

누가복음 I

Luke

엑스포지멘터리 누가복음 I

초판 1쇄 발행 2022년 6월 1일
2쇄 발행 2022년 6월 5일

지은이 송병현

펴낸곳 도서출판 이엠
등록번호 제25100-2015-000063
주소 서울시 강서구 공항대로 220, 601호
전화 070-8832-4671
E-mail empublisher@gmail.com

내용 및 세미나 문의 스타선교회: 02-520-0877 / EMail: starofkorea@gmail.com / www.star123.kr
Copyright © 송병현, 2022, *Print in Korea*.
ISBN 979-11-86880-91-3 93230

「이 도서의 국립중앙도서관 출판시 도서목록(CIP)은 서지정보유통지원시스템 홈페이지(http://seoji.nl.go.kr)와 국가자
료공동목록시스템(http://www.nl.go.kr/kolisnet)에서 이용하실 수 있습니다. (CIP제어번호:CIP2015000753)」

엑스포지멘터리

누가복음 I

Luke

| 송병현 지음 |

EXPOSItory comMENTARY

예수 그리스도의 생명의 복음

송병현 교수님이 오랫동안 연구하고 준비한 엑스포지멘터리 주석 시리즈를 출간할 수 있도록 인도해 주신 여호와 하나님께 감사와 영광을 돌립니다. 함께 수고한 스타선교회 실무진들의 수고에도 격려의 말씀을 드립니다.

많은 주석이 있지만 특별히 엑스포지멘터리 주석이 성경을 하나님의 완전한 계시로 믿고 순종하려는 분들에게 위로와 감동을 주었으면 하는 바램입니다. 단지 신학을 학문적으로 풀어내어 깨달음을 주는 수준이 아니라 성경을 통해 하나님의 세미한 음성을 들을 수 있도록 돕는 역할을 했으면 좋겠습니다. 예수 그리스도가 내 안에 내가 예수 그리스도 안에 있는 신앙으로 하나님의 말씀에 순종하는 사람을 길러내는 일에도 기여할 수 있기를 바랍니다.

우리 백석총회와 백석학원(백석대학교, 백석문화대학교, 백석예술대학교, 백석대학교평생교육신학원)의 신학적 정체성은 개혁주의생명신학입니다. 개혁주의생명신학은 성경의 가르침과 개혁주의 신학을 계승해, 사변화된 신학을 반성하고, 회개와 용서로 하나 되며, 예수 그리스도께서 주신 영적 생명을 회복하고자 하는 신앙 운동입니다. 그리하여 성령의 도우심으로 삶의 모든 영역에서 예수 그리스도의 주권을 실현함으로써 오직 하나님께 영광을 돌리고, 나눔운동과 기도성령운동을 통해 자신과 교회와 세상을 변화시키는 실천 운동입니다.

송병현 교수님은 백석대학교 신학대학원에서 20여 년 동안 구약성경을 가르쳐 왔습니다. 성경 신학자로서 구약을 가르치면서도 기회가 있을 때마다 선교지를 방문해 선교사들을 교육하는 일을 게을리하지 않았습니다. 엑스포지멘터리 주석 시리즈는 오랜 선교 사역을 통해 알게 된 현장을 고려한 주석이라는 점에서 참으로 의미가 있습니다. 그만큼 실용적입니다. 목회자와 선교사님들뿐 아니라 모든 성도가 별다른 어려움 없이 쉽게 읽을 수 있습니다. 개혁주의생명신학이 추구하는 눈높이에 맞는 주석으로서 말씀에 대한 묵상과 말씀에서 흘러나오는 적용을 곳곳에서 만날 수 있습니다. 그래서 성경을 하나님의 말씀으로 믿고 고백하는 사람이라면 궁금했던 내용을 쉽게 배울 수 있고, 설교와 성경 공부를 하는 데도 도움을 받을 수 있습니다. 이번 구약 주석의 완간과 신약 주석 집필의 시작이 예수 그리스도의 생명의 복음을 온 세상에 전하려는 모든 분에게 도움이 되기를 바라는 마음으로 이 책을 추천합니다.

2021년 9월

장종현 목사 | 대한예수교장로회(백석) 총회장·백석대학교 총장

한국 교회를 향한 아름다운 섬김

우리 시대를 포스트모던 시대라고 합니다. 절대적 가치를 배제하고 모든 것을 상대화하는 시대입니다. 이런 시대를 살아가면서 목회자들은 여전히 변하지 않는 절대적인 계시의 말씀인 성경을 들고 한 주간에도 여러 차례 설교하도록 부름을 받습니다. 그런가 하면 진지한 평신도들도 날마다 성경을 읽고 해석하며 삶의 마당에 적용하도록 도전을 받고 있습니다.

이런 시대 속에서 우리는 전통적인 주석과 강해를 종합하는 도움을 기다리고 있었습니다. 저는 이러한 시대적 요청에 송병현 교수가 꼭 필요한 응답을 했다고 믿습니다. 그것이 구약 엑스포지멘터리 전권 발간에 한국 교회가 보여 준 뜨거운 반응의 이유였다고 믿습니다.

물론 정교하고 엄밀한 주석을 기대하거나 혹은 전적으로 강해적 적용을 기대한 분들에게는 이 시리즈가 다소 기대와 다를 수도 있을 것입니다. 그러나 목회 현장에서 설교의 짐을 지고 바쁘게 살아가는 설교자들과 날마다 일상에서 삶의 무게를 감당하며 성경을 묵상하는 성도들에게 이 책은 시대의 선물입니다.

저는 저자가 구약 엑스포지멘터리 전권을 발간하는 동안 얼마나 자신을 엄격하게 채찍질하며 이 저술을 하늘의 소명으로 알고 치열하게 그 임무를 감당해 왔는지 지켜보았습니다. 그리고 그 모습에 큰 감동을 받았습니다. 그렇기에 다시금 신약 전권 발간에 도전하는 그에게 중보 기도와 함께 진심 어린 격려의 박수를 보내고 싶습니다.

구약 엑스포지멘터리에 추천의 글을 쓰며 말했던 것처럼 이는 과거 박윤선 목사님 그리고 이상근 목사님에 이어 한국 교회를 향한 아름다운 섬김으로 기억될 것입니다. 더불어 구약과 신약 엑스포지멘터리 전권을 곁에 두고 설교를 준비하고 말씀을 묵상하는 주님의 종들이 하나님 말씀 안에서 더욱 성숙해 한국 교회의 면류관이 되기를 기도합니다.

이 참고 도서가 무엇보다 성경의 성경 됨을 우리 영혼에 더 깊이 각인해 성경의 주인 되신 주님을 높이고 드러내는 일에 존귀하게 쓰이기를 축복하고 축원합니다. 제가 그동안 이 시리즈로 받은 동일한 은혜가 이 선물을 접하는 모든 분에게 넘치기를 기도합니다.

2021년 1월

이동원 목사 | 지구촌 목회리더십센터 대표

신약 엑스포지멘터리 시리즈를 시작하며

지난 10년 동안 구약에 관해 주석 30권과 개론서 4권을 출판했다. 이 시리즈의 준비 작업은 미국 시카고 근교에 자리한 트리니티복음주의신학교(Trinity Evangelical Divinity School)에서 목회학석사(M. Div.)를 공부할 때 시작되었다. 교수들의 강의안을 모았고, 좋은 주석으로 추천받은 책들은 점심을 굶어가며 구입했다. 덕분에 같은 학교에서 구약학 박사(Ph. D.) 과정을 마무리하고 한국으로 올 때 거의 1만 권에 달하는 책을 가져왔다. 지금은 이 책들 대부분이 선교지에 있는 여러 신학교에 가 있다.

신학교에서 공부할 때 필수과목을 제외한 선택과목은 거의 성경 강해만 찾아서 들었다. 당시 트리니티복음주의신학교가 나에게 참으로 좋았던 점은 교수들의 신학적인 관점의 폭이 매우 넓었고, 다양한 성경 과목이 선택의 폭을 넓혀 주었다는 점이다. 세계적으로 유명한 구약과 신약 교수들의 강의를 들으면서도 내 마음 한구석은 계속 불편했다. 계속 "소 왓?"(So what?, "그래서 어쩌라고?")이라는 질문이 나를 불편하게 했다. 그들의 주옥같은 강의로도 채워지지 않는 부분이 있었기 때문이다.

주석은 대상에 따라 학문적 수준이 천차만별인 매우 다이내믹한 장르다. 평신도들이 성경 말씀을 쉽게 이해하도록 돕기 위해 출판된 주석들은 본문 관찰에 대한 가장 기본적인 내용과 쉬운 언어로 작성된다. 나에게 가장 친숙한 예는 바클레이(Barclay)의 신약 주석이다. 나는 고등학생과 대학생 시절에 바클레이가 저작한 신약 주석 17권으로 큐티(QT)를 했다. 신앙생활뿐 아니라 나중에 신학교에 입학할 때도 많은 도움이 되었다.

평신도들을 위한 주석과는 대조적으로 학자들을 위한 주석은 당연히 말도 어렵고, 논쟁적이며, 일반 성도들이 몰라도 되는 내용을 참으로 많이 포함한다. 나는 당시 목회자 양성을 위한 목회학석사(M. Div.) 과정을 공부하고 있었기 때문에 성경 강해를 통해 설교와 성경 공부를 인도하는 데 도움이 될 만한 강의를 기대했다. 교수들의 강의는 학문적으로 참으로 좋았다. 그러나 그들이 가르치는 내용을 성경 공부와 설교에는 쉽게 적용할 수 없다는 생각이 들었다. 이러한 필요가 채워지지 않았기 때문에 계속 "소 왓"(So what?)을 반복했던 것이다.

그때부터 자료들을 모으고 정리하며 나중에 하나님이 기회를 주시면 목회자들의 설교와 성경 공부에 실질적인 도움을 줄 수 있는 주석을 출판하겠다는 꿈을 품었다. 그러면서 시리즈 이름도 '엑스포지멘터리' (exposimentary=expository+commentary)로 정해 두었다. 그러므로 『엑스포지멘터리 시리즈』는 20여 년의 준비 끝에 10년 전부터 출판을 시작한 주석 시리즈다. 2010년에 첫 책인 창세기 주석을 출판할 무렵, 친구인 김형국 목사에게 사전에도 없는 'Exposimentary'를 우리말로 어떻게 번역하면 좋겠냐고 물었다. 그는 우리말로는 쉽게 설명할 수 없는 개념이니 그냥 영어를 소리 나는 대로 표기해 사용하라고 조언했다. 이렇게 해서 엑스포지멘터리 시리즈 주석이 탄생하게 되었다.

지난 10년 동안 많은 목회자가 이 주석들로 인해 설교가 바뀌고 성경 공부에 자신감을 얻었다고 말해 주었다. 참으로 감사한 일이다. 나는 학자들을 위해 책을 쓰는 것이 아니라, 목회자들을 위해 주석을 집필하고 있다. 그래서 목회자들이 알아야 할 정도의 학문적인 내용과 설교 및 성경 공부에 도움이 될 만한 실용적인 내용이 균형을 이룬 주석을 출판하기 위해 노력하고 있다. 또한 학문적으로 높은 수준의 주석을 추구하지 않기 때문에 구약을 전공한 내가 감히 신약 주석을 집필할 생각을 했다. 나의 목표는 은퇴할 무렵까지 마태복음부터 요한계시록까지 신약 주석을 정경 순서대로 출판하는 것이다. 이 책으로 도움을 받은 독자들이 나를 위해 기도해 준다면 참으로 감사하고 영광스러운 일이 될 것이다.

2021년 1월 방배동에서

시리즈 서문

"너는 50세까지는 좋은 선생이 되려고 노력하고, 그 이후에는 좋은 저자가 되려고 노력해라." 내가 미국 시카고 근교에 위치한 트리니티복음주의신학교(Trinity Evangelical Divinity School) 박사 과정을 시작할 즈음에 지금은 고인이 되신 스승 맥코미스키(Thomas E. McComiskey)와 아처(Gleason L. Archer) 두 교수님이 주신 조언이다. 너무 일찍 책을 쓰면 훗날 아쉬움이 많이 남는다며 하신 말씀이었다. 박사 학위를 마치고 1997년에 한국에 들어와 신학대학원에서 가르치기 시작하면서 나는 이 조언을 마음에 새겼다. 사실 이 조언과 상관없이 당시에 곧장 책을 출판하기는 불가능한 일이었다. 중학생이었던 1970년대 중반에 캐나다로 이민 가서 20여 년 만에 귀국해 우리말로 강의하는 일 자체가 그당시 나에게 매우 큰 도전이었던 만큼, 책을 출판하는 일은 사치로 느껴질 뿐이었다.

세월이 지나 어느덧 선생님들이 말씀하신 쉰 살을 눈앞에 두었다. 1997년에 귀국한 후 지난 10여 년 동안 나는 구약 전체에 대한 강의안을 만드는 일을 목표로 삼았다. 나 자신에게 동기를 부여하기 위해 몸담고 있는 신대원 학생들에게 매 학기 새로운 구약 강해 과목을 개설해 주었다. 감사한 것은 지혜문헌을 제외한 구약 모든 책의 본문 관찰을 중심으로 한 강의안을 13년 만에 완성할 수 있었다는 점이다. 앞으로 수년에 거쳐 이 강의안들을 대폭 수정해 매년 2-3권씩을 책으로 출판하려 한다. 지혜문헌은 잠시 미루어 두었다. 시편 1권(1-41편)에 대해 강의안을 만든 적이 있는데, 본문 관찰과 주해는 얼마든지 할 수 있었지만 무언가 아쉬움이 남았다. 삶의 연륜이 가미되지 않은 데서 비롯된 부족함이었다. 그래서 지혜문헌에 대한 주석은 예순을 바라볼 때쯤 집필하기로 했다. 삶을 조금 더 경험한 후로 미루어 둔 것이다. 아마도 이 시리즈가 완성될 즈음이면, 자연스럽게 지혜문헌에 대한 책을 출판할 때가 되지 않을까 싶다.

이 시리즈는 설교를 하고 성경 공부를 인도해야 하는 중견 목회자들과 평신도 지도자들을 마음에 두고 집필한 책이다. 나는 이 시리즈의 성향을 'exposimentary'('해설주석')이라고 부르고 싶다. Exposimentary라는 단어는 내가 만든 용어다. 해설/설명을 뜻하는 'expository'라는 단어와 주석을 뜻하는 'commentary'를 합성했다. 대체로 expository는 본문과 별 연관성이 없는 주제와 묵상으로 치우치기 쉽고, commentary는 필요 이상으로 논쟁적이고 기술적일 수 있다는 한계를 의식해 이러한 상황을 의도적으로 피하고 가르치는 사역에 조금이나마 실용적이고 도움이 되는 교재를 만들기 위해 만들어낸 개념이다. 나는 본문의 다양한 요소와 이슈들에 대해 정확하게 석의하면서도 전후 문맥과 책 전체의 문형(文形, literary shape)을 최대한 고려해 텍스트의 의미를 설명하고 우리 삶과 연결하고자 노력했다. 또한 히브리어 사용은 최소화했다.

이 시리즈를 내놓으면서 감사할 사람이 참 많다. 먼저, 지난 25년 동안 내 인생의 동반자가 되어 아낌없는 후원과 격려를 해 준 아내 임우민에게 감사한다. 아내를 생각할 때마다 참으로 현숙한 여인(cf. 잠 31:10-31)을 배필로 주신 하나님께 감사할 뿐이다. 아빠의 사역을 기도와 격려로 도와준 지혜, 은혜, 한빛에게도 고마운 마음을 표한다. 평생 기도와 후원을 아끼지 않는 친가와 처가 친척들에게도 감사하다는 말을 전하고 싶다. 항상 옆에서 돕고 격려해 주는 평생 친구 장병환·윤인옥 부부에게도 고마움을 표하며, 시카고 유학 시절에 큰 힘이 되어 주신 이선구 장로·최화자 권사님 부부에게도 이 자리를 빌려 평생 빚진 마음을 표하고 싶다. 우리 가족이 20여 년 만에 귀국해 정착할 수 있도록 배려를 아끼지 않으신 백석학원 설립자 장종현 목사님에게도 감사드린다. 우리 부부의 영원한 담임 목자이신 이동원 목사님에게도 고마움을 표하고 싶다.

2009년 겨울 방배동에서

감사의 글

스타선교회의 사역에 물심양면으로 헌신해 오늘도 하나님의 말씀이 온 세상에 선포되는 일에 기쁜 마음으로 동참하시는 백영걸, 정진성, 장병환, 임우민, 정채훈, 강숙희 이사님들께 감사의 마음을 전하고 싶습니다. 이사님들의 헌신이 있기에 세상은 조금 더 살맛 나는 곳이 되고 있습니다. 온 세상이 코로나19로 인해 겸손해질 수밖에 없는 시간을 지나고 있습니다. 여호와 라파의 주님께서 창궐한 코로나19를 다스리시고, 투병 중인 정채훈 이사님을 온전히 낫게 하실 것을 믿습니다.

2022년 벚꽃이 휘날리는 방배동에서

일러두기

엑스포지멘터리(exposimentary)는 '해설/설명'을 뜻하는 엑스포지토리
(expository)와 '주석'을 뜻하는 코멘터리(commentary)를 합성한 단어다. 본
문의 뜻과 저자의 의도와는 별 연관성이 없는 주제와 묵상으로 치우치
기 쉬운 엑스포지토리(expository)의 한계와 필요 이상으로 논쟁적이고
기술적일 수 있는 코멘터리(commentary)의 한계를 극복해 목회 현장에
서 가르치고 선포하는 사역에 실질적으로 도움을 주는 새로운 장르다.
본문의 다양한 요소와 이슈에 대해 정확하게 석의하면서도 전후 문맥
과 책 전체의 문형(文形, literary shape)을 최대한 고려해 텍스트의 의미를
설명하고 성도의 삶과 연결하고자 노력하는 설명서다. 엑스포지멘터
리는 다음과 같은 원칙을 바탕으로 인용한 정보를 표기한다.

1. 참고문헌을 모두 표기하지 않고 선별된 참고문헌으로 대신한다.
2. 출처를 표기할 때 각주(foot note) 처리는 하지 않는다.
3. 출처는 괄호 안에 표기하되 페이지는 밝히지 않는다.
4. 여러 학자가 동일하게 해석할 때는 모든 학자를 표기하지 않고 일
   부만 표기한다.

5. 한 출처를 인용해 설명할 때 설명이 길어지더라도 문장마다 출처를 표기하지 않는다.

6. 본문 설명을 마무리하면서 묵상과 적용을 위해 "이 말씀은…"으로 시작하는 문단(들)을 두었다. 이 부분만 읽으면 잘 이해되지 않는 것들도 있다. 그러나 본문 설명을 읽고 나면 이해가 될 것이다.

7. 본문을 설명할 때 유대인들의 문헌과 외경과 위경에 관한 언급을 최소화한다.

8. 구약을 인용한 말씀은 장르에 상관없이 가운데 맞춤으로 정렬했으며, NAS의 판단 기준을 따랐다.

주석은 목적과 주된 대상에 따라 인용하는 정보의 출처와 참고문헌 표기가 매우 탄력적으로 제시되는 장르다. 참고문헌 없이 출판되는 주석도 있고, 각주가 전혀 없이 출판되는 주석도 있다. 또한 각주와 참고문헌 없이 출판되는 주석도 있다. 엑스포지멘터리 시리즈는 이 같은 장르의 탄력적인 성향을 고려해 제작된 주석이다.

선별된 약어표

개역	개역한글판
개역개정	개역개정판
공동	공동번역
새번역	표준새번역 개정판
현대	현대인의 성경
아가페	아가페 쉬운성경
BHS	Biblica Hebraica Stuttgartensia
ESV	English Standard Version
KJV	King James Version
LXX	Septuaginta
MT	Masoretic Text
NAB	New American Bible
NAS	New American Standard Bible
NEB	New English Bible
NIV	New International Version
NIRV	New International Reader's Version

NRS	New Revised Standard Bible
TNK	Jewish Publication Society Tanakh
AB	Anchor Bible
ABCPT	A Bible Commentary for Preaching and Teaching
ABD	The Anchor Bible Dictionary, 6 vols. Ed. by D. N. Freedman. New York, 1992
ABR	Australian Biblical Review
ABRL	Anchor Bible Reference Library
ACCS	Ancient Christian Commentary on Scripture
ANET	The Ancient Near Eastern Texts Relating to the Old Testament. 3rd ed. Ed. by J. B. Pritchard. Princeton: Princeton University Press, 1969
ANETS	Ancient Near Eastern Texts and Studies
ANTC	Abingdon New Testament Commentary
AOTC	Abingdon Old Testament Commentary
ASTI	Annual of Swedish Theological Institute
BA	Biblical Archaeologist
BAR	Biblical Archaeology Review
BAR	Biblical Archaeology Review
BBR	Bulletin for Biblical Research
BCBC	Believers Church Bible Commentary
BCL	Biblical Classics Library
BDAG	A Greek–English Lexicon of the New Testament and Other Early Christian Literature, 3rd ed. Ed. by Bauer, W., W. F. Arndt, F. W. Gingrich, and F. W. Danker. Chicago, 2000
BECNT	Baker Exegetical Commentary on the New Testament

BETL	Bibliotheca Ephemeridum Theoloicarum Lovaniensium
BETS	Bulletin of the Evangelical Theological Society
BibOr	Biblia et Orientalia
BibSac	Bibliotheca Sacra
BibInt	Biblical Interpretation
BR	Bible Reseach
BRev	Bible Review
BRS	The Biblical Relevancy Series
BSC	Bible Student Commentary
BST	The Bible Speaks Today
BT	Bible Translator
BTB	Biblical Theology Bulletin
BTC	Brazos Theological Commentary on the Bible
BV	Biblical Viewpoint
BZ	Biblische Zeitschrift
BZNW	Beihefte zur Zeitschrift für die neutestamentliche Wissenschaft
CB	Communicator's Bible
CBC	Cambridge Bible Commentary
CBQ	Catholic Biblical Quarterly
CBQMS	Catholic Biblical Quarterly Monograph Series
CGTC	Cambridge Greek Testament Commentary
CurBS	Currents in Research: Biblical Studies
CurTM	Currents in Theology and Missions
DJG	Dictionary of Jesus and the Gospels. Ed. by J. B. Green, S. McKnight, and I. Howard Marshall. Downers Grove, 1992
DNTB	Dictionary of New Testament Background. Ed. by C. A. Evans and S. E. Porter. Downers Grove, 2000

DPL	Dictionary of Paul and His Letters. Ed. by G. F. Hawthorne, R. P. Martin, and D. G. Reid. Downers Grove, 1993
DSB	Daily Study Bible
ECC	Eerdmans Critical Commentary
ECNT	Exegetical Commentary on the New Testament
EDNT	Exegetical Dictionary of the New Testament. Ed. by H. Balz, G. Schneider. Grand Rapids, 1990–1993
EvJ	Evangelical Journal
EvQ	Evangelical Quarterly
ET	Expository Times
FCB	Feminist Companion to the Bible
GTJ	Grace Theological Journal
HALOT	The Hebrew and Aramaic Lexicon of the Old Testament. Ed. by L. Koehler and W. Baumgartner. Trans. by M. E. J. Richardson. Leiden, 1994–2000
Hist. Eccl.	Historia ecclesiastica (Eusebius)
HNTC	Holman New Testament Commentary
HTR	Harvard Theological Review
IB	Interpreter's Bible
IBS	Irish Biblical Studies
ICC	International Critical Commentary
IDB	Interpreter's Dictionary of the Bible
ISBE	The International Standard Bible Encyclopedia. 4 vols. Ed. by G. W. Bromiley. Grand Rapids, 1979–88
JAAR	Journal of the American Academy of Religion
JBL	Journal of Biblical Literature
JESNT	Journal for the Evangelical Study of the New Testament

21

JETS	Journal of the Evangelical Theological Society
JQR	Jewish Quarterly Review
JRR	Journal from the Radical Reformation
JSNT	Journal for the Study of the New Testament
JSNTSup	Journal for the Study of the New Testament Supplement Series
JTS	Journal of Theological Studies
LABC	Life Application Bible Commentary
LB	Linguistica Biblica
LCBI	Literary Currents in Biblical Interpretation
LEC	Library of Early Christianity
Louw—Nida	Greek—English Lexicon of the New Testament: Based on Semantic Domains, 2nd ed., 2 vols. By J. Louw, and E. Nida. New York, 1989
LTJ	Lutheran Theological Journal
MBC	Mellen Biblical Commentary
MenCom	Mentor Commentary
MJT	Midwestern Journal of Theology
NAC	New American Commentary
NCB	New Century Bible
NIB	The New Interpreter's Bible
NIBC	New International Biblical Commentary
NICNT	New International Commentary on the New Testament
NICOT	New International Commentary on the Old Testament
NIDNTT	The New International Dictionary of New Testament Theology. Ed. by C. Brown. Grand Rapids, 1986
NIDNTTE	New International Dictionary of New Testament Theology and Exegesis. 2nd Ed. by Moisés Silva. Grand Rapids, 2014

NIDOTTE   New International Dictionary of Old Testament Theology and
            Exegesis. Ed. by W. A. Van Gemeren. Grand Rapids, 1996
NIGTC   New International Greek Testament Commentary
NIVAC   New International Version Application Commentary
NovT   Novum Testamentum
NovTSup   Novum Testamentum Supplements
NSBT   New Studies in Biblical Theology
NTL   New Testament Library
NTM   New Testament Message
NTS   New Testament Studies
PBC   People's Bible Commentary
PNTC   Pillar New Testament Commentary
PRR   The Presbyterian and Reformed Review
PSB   Princeton Seminary Bulletin
ResQ   Restoration Quarterly
RevExp   Review and Expositor
RR   Review of Religion
RRR   Review of Religious Research
RS   Religious Studies
RST   Religious Studies and Theology
RTR   Reformed Theological Review
SacP   Sacra Pagina
SBC   Student's Bible Commentary
SBJT   Southern Baptist Journal of Theology
SBL   Society of Biblical Literature
SBLDS   Society of Biblical Literature Dissertation Series
SBLMS   Society of Biblical Literature Monograph Series

SBT	Studies in Biblical Theology
SHBC	Smyth & Helwys Bible Commentary
SJT	Scottish Journal of Theology
SNT	Studien zum Neuen Testament
SNTSMS	Society for New Testament Studies Monograph Series
SNTSSup	Society for New Testament Studies Supplement Series
ST	Studia Theologica
TBT	The Bible Today
TD	Theology Digest
TDOT	Theological Dictionary of the Old Testament. 11 vols. Ed. by G. J. Botterweck et al. Grand Rapids, 1974−2003
TDNT	Theological Dictionary of the New Testament. Ed. by G. Kittel and G. Friedrich. Trans. by G. W. Bromiley. 10 vols. Grand Rapids, 1964−1976
Them	Themelios
TJ	Trinity Journal
TNTC	Tyndale New Testament Commentaries
TS	Theological Studies
TT	Theology Today
TTC	Teach the Text Commentary Series
TWBC	The Westminster Bible Companion
TWOT	R. L. Harris, G. L. Archer, Jr., and B. K. Waltke (eds.), Theological Wordbook of the Old Testament, 2 vols. Chicago: Moody, 1980
TynBul	Tyndale Bulletin
TZ	Theologische Zeitschrift
USQR	Union Seminary Quarterly Review

VE	Vox Evangelica
VT	Vetus Testament
WBC	Word Biblical Commentary
WBCom	Westminster Bible Companion
WCS	Welwyn Commentary Series
WEC	Wycliffe Exegetical Commentary
WTJ	The Westminster Theological Journal
WUNT	Wissenschafliche Untersuchungen zum Neuen Testament und die Kunde der älteren Kirche
WW	Word and World
ZNW	Zeitschrift für die neutestamentliche Wissenschaft

차례

선별된 참고문헌

(Select Bibliography)

Adams, S. A. "The Genre of Luke and Acts: The State of the Question." Pp. 97–120 in *Issues in Luke Acts: Selected Essays*. Ed. by S. A. Adams and M. Pahl. Piscataway, NJ: Gorgias, 2012.

_____. "The Relationships of Paul and Luke: Luke, Paul's Letters, and the 'We' Passages of Acts." Pp. 125–42 in *Paul and His Social Relations*. Ed. by S. E. Porter and C. Land. Leiden: Brill, 2013.

Aland, K., ed. *Synopsis of the Four Gospels: Greek-English Edition of the Synopsis Quattuor Evangeliorum*. 7th ed. Stuttgart, Germany: German Bible Society, 1983.

Alexander, L. *The Preface to Luke's Gospel: Literary Convention and Social Context in Luke 1.1-4 and Acts 1.1* SNTSM. Cambridge: Cambridge University Press, 1993.

Allison, D. C. *The Historical Christ and the Theological Jesus*. Grand Rapids: Eerdmans, 2009.

_____. *The New Moses: A Matthean Typology*. Minneapolis: Fortress, 1993.

Anderson, R. H. "Theophilus: A Proposal." EvQ 69 (1997): 195–215.

Arndt, W. F. *The Gospel According to St. Luke*. St. Louis: Concordia, 1956.

Aune, D. E. *The New Testament in Its Literary Environment*. Philadelphia: Westminster, 1987.

_____. "The Problem of Genre of the Gospels: A Critique of C. H. Talbert's *What is a Gospel?*" Pp. 9–60 in *Gospel Perspectives*. Vol. 2. Ed. by R. T. France and D. Wenham. Sheffield: JSOT Press, 1981.

_____. *The Westminster Dictionary of New Testament and Early Christian Literature*. Louisville, KY: Westminster John Knox, 2003.

Bacon, B. W. "The Five Books of Moses against the Jews." Expositor 15 (1918): 56–66.

Bailey, K. E. *Poet and Peasant*. Grand Rapids: Eerdmans, 1976.

_____. *Through Peasant Eyes: More Lucan Parables, Their Culture and Style*. Grand Rapids: Eerdmans, 1980.

_____. *Jesus through Middle Eastern Eyes: Cultural Studies in the Gospels*. Downers Grove, IL: InterVarsity Press, 2008.

Balch, D. L. "The Genre of Luke–Acts: Individual Biography, Adventure Novel, or Political History?" Swedish Journal of Theology 33 (1990): 5–19.

Banks, R. *Jesus and the Law in the Synoptic Tradition*. SNTSMS 28. Cambridge: Cambridge University Press, 1975.

Barclay, W. *The Gospel of Luke*. DSB. Rev. ed. Philadelphia: Westminster Press, 1975.

Bartholomew, C.; J. B. Green; A. C. Thiselton, eds. *Reading Luke: Interpretation, Reflections, Formation*. Scripture and Hermeneutics. Grand Rapids: Zondervan, 2005.

Bauckham, R., ed. *The Gospel for All Christians*. Grand Rapids: Eerdmans,

1998.

_____. *Gospel Women: Studies in the Named Women in the Gospels*. Grand Rapids: Eerdmans, 2002.

_____. *Jesus and the Eyewitnesses: The Gospels as Eyewitness Testimony*. Grand Rapids: Eerdmans, 2006.

Bauer, D. R. "The Kingship of Jesus in Matthean Infancy Narrative: A Literary Analysis." CBQ 57: 306–23.

Baumgardt, D. "Kaddish and the Lord's Prayer." JBQ 19 (1991): 164–69.

Baur, F. C. *Paul, the Apostle of Jesus Christ, His Life and Work, His Epistles and His Doctrine: A Contribution to the Critical History of Primitive Christianity*. Trans. By A. Menzies. London: Williams & Norgate, 1876.

Beale, G. K.; B. L. Gladd. *The Story Retold: A Biblical-Theological Introduction to the New Testament*. Downers Grove, IL: InterVarsity Press, 2020.

Beasley-Murray, G. R. *Baptism in the New Testament*. Grand Rapids: Eerdmans, 1962.

Betz, H. D. *The Sermon on the Mount: A Commentary on the Sermon on the Mount, including the Sermon on the Plain (Matthew 5:3-7:27 and Luke 6:20-49)*. Hermeneia. Minneapolis: Fortress, 1995.

Betz, O. "Was John the Baptist an Essene?" BRev 6 (1990): 18–25.

Bird, M. F. *Jesus and the Origin of the Gentle Mission*. London: T&T Clark, 2006.

_____. "New Testament Theology Re-Loaded: Integrating Biblical Theology and Christian Origins." TynBul 60(2009): 265–91.

_____. *Jesus Is the Christ: The Messianic Testimony of the Gospels*. Downers Grove, IL: InterVarsity Press, 2012.

Black, M. *An Aramaic Approach to the Gospels and Acts.* 3rd ed. Oxford: Clarendon, 1967.

Blomberg, C. L. *The Historical Reliability of the Gospels.* Downers Grove, IL: InterVarsity Press, 1987.

_____. *Interpreting the Parables.* Downers Grove, IL: InterVarsity Press, 1990.

_____. *Making Sense of the New Testament: Three Crucial Questions.* Grand Rapids: Baker, 2004.

Bock, D. L. *Luke.* 2vols. BECNT. Grand Rapids: Bakers, 1994.

_____. *Luke.* NIVAC. Grand Rapids: Zondervan, 1996.

Bock, D. L.; M. Glasser. *The Gospel According to Isaiah 53: Encountering the Suffering Servant in Jewish and Christian Theology.* Grand Rapids: Kregel, 2012.

Bockmuehl, M. *Seeing the Word: Refocusing New Testament Study.* Grand Rapids: Baker, 2006.

Bond, H. K. *Caiaphas: Friend of Rome and Judge of Jesus?* Louisville, KY: Westminster John Knox Press, 2004.

Bonhoeffer, D. *Discipleship.* Trans. by B. Green and R. Krauss. Minneapolis: Fortress, 2001.

Bonz, M. P. *The Past as Legacy—Luke-Acts and Ancient Epic.* Minneapolis: Fortress, 2000.

Bovon, F. *Luke.* 3 vols. Hermeneia. Trans. by C. M. Thomas. Minneapolis: Fortress, 2002–2013.

_____. *Luke the Theologian: Thirty-three Years of Research(1950-1983).* 2nd ed. Waco, TX: Baylor University Press, 2006.

Brandon, S. G. F. *Jesus and the Zealots.* New York: Scribner's, 1967.

Braun, W. *Feasting and Social Rhetoric in Luke 14.* SNTSMS. New York:

Cambridge University Press, 1995.

Brawley, R. L. *Luke-Acts and the Jews: Conflict, Apology, and Conciliation*. SBLMS. Atlanta: Scholars Press, 1987.

Bridge, S. L. *Where the Eagles Are Gathered: The Deliverance of the Elect in Lukan Eschatology*. JSNTSup. London: Sheffield Academic Press, 2003.

Brindle, W. "The Census and Quirinius: Luke 2:2." JETS 27 (1984): 48–50.

Brodie, T. L. *Luke and Literary Interpreter: Luke-Acts as a Systematic Rewriting and Updating of the Elijah-Elisha Narrative*. Rome: Pontifical University of St. Thomas Aquinas, 1987.

_____. *The Birthing of the New Testament: The Intertextual Development of the New Testament Writings*. Sheffield: Sheffield Phoenix, 2004.

Brown, D. *The Four Gospels: A Commentary, Critical, Experimental and Practical*. Carlisle, PA: The Banner of Truth Trust, 1976rep.

Brown, R. E. *The Birth of the Messiah: A Commentary on the Infancy Narratives in the Gospels of Matthew and Luke*. 2nd ed. New York: Doubleday, 1993.

_____. *The Death of the Messiah: From Gethsemane to Grave. A Commentary on the Passion Narratives of the Four Gospels*. 2 vols. New York: Doubleday, 1994.

Brown, S. *Apostasy and Perseverance in the Theology of Luke*. Analecta biblica. Rome: Pontifical Biblical Institute, 1969.

_____. "The Role of Prologue in Determining the Purpose of Luke–Acts." Pp. 99–111 in *Perspectives on Luke-Acts*. Ed. by C. H. Talbert. Edinburgh: T & T Clark, 1978.

Bruce, F. F. *The Book of Acts*. NICNT. Grand Rapids: Eerdmans, 1988.

_____. *Hard Sayings of Jesus.* Downers Grove, IL: InterVarsity Press, 1983.

_____. *New Testament History.* Garden City, New York: Doubleday & Company, 1980.

_____. "Is the Paul of Acts the Real Paul?" BJRL 58 (1975): 282–305.

Buckwalter, H. D. *The Character and Purpose of Luke's Christology.* SNTSMS. Cambridge: Cambridge University Press, 1996.

Bultmann, R. *The History of the Synoptic Tradition.* 2nd ed. Trans. by J. Marsh. Oxford: Blackwell, 1968.

_____. *Theology of the New Testament.* 2 vols. Trans. by K. Grobel. New York: Charles Scribner's Sons, 1951.

Burridge, R. A. "Gospel Genre and Audiences." Pp. 113–46 in *The Gospels for All Christians: Rethinking the Gospel Audiences.* Ed. by R. Bauckham. Grand Rapids: Eerdmans, 1998.

_____. *What Are the Gospels? A Comparison with Graeco-Roman Biography.* 2nd ed. Grand Rapids: Eerdmans, 2004.

Byrne, B. *The Hospitality of God: A Reading of Luke's Gospel.* Collegeville, MN: Liturgical Press, 2000.

Byrskog, S. *Story as History—History as Story: The Gospel Tradition in the Context of Ancient Oral History.* Leiden: Brill, 2002.

Cadbury, H. J. *The Making of Luke-Acts.* New York: Macmillan, 1927.

_____. "Commentary on the Preface to Luke-Acts." Pp. 489–510 in *The Beginnings of Christianity, Part One: The Acts of the Apostles; vol. II; Prolegomena II: Criticism.* Ed. by F. J. F. Jackson; K. Lake. Grand Rapids: Bakers, 1979rep.

Caird, G. B. *Saint Luke.* London: Penguin, 1963.

Callan, T. "The Preface of Luke-Acts and Historiography." NTS 31

(1985): 576–81.

Calvin, J. *Calvin's New Testament Commentaries, Volume 2: A Harmony of the Gospels: Matthew, Mark, and Luke*. Grand Rapids: Eerdmans, 1995.

Campbell, W. *The 'We' Passages in the Acts of the Apostles: The Narrator as Narrative Character*. Atlanta: Society of Biblical Literature, 2007.

Caragounis, C. C. *Peter the Rock*. BZNW 58. Berlin: de Gruyter, 1990.

Carlston, C. E.; D. Norlin. "Statistics and Q—Some Further Observations." NovT 41 (1999): 108–23.

Caroll, J. T. *Response to the End of History: Eschatology and Situation in Luke-Acts*. SBLDS. Atlanta: Scholars Press, 1988.

_____. *Luke(2012): A Commentary*. Louisville, KY: Westminster John Knox Press, 2012.

Carrington, P. *The Primitive Christian Calendar*. Cambridge: Cambridge University Press, 1952.

Carson, D. A. "Matthew." Pp. 1–599 in *The Expositor's Bible Commentary*, vol. 8. Ed. by F. E. Gaebelein. Grand Rapids: Zondervan, 1984.

_____. *When Jesus Confronts the World*. Grand Rapids: Baker, 1987.

_____. "What is the Gospel?—Revisited." Pp. 147–170 in *For the Fame of God's Name: Essays in Honor of John Piper*. Ed. by S. Storms and J. Taylor. Wheaton, IL: Crossway, 2010.

Carson, D. A.; Moo, D. J.; Morris, L., eds. *An Introduction to the New Testament*. Grand Rapids: Zondervan, 1992.

Casey, M. "General, Generic, and Indefinite: The Use of the Term 'Son of Man' in Jewish Sources and the Teaching of Jesus." JSNT 29 (1987): 21–56.

Cassidy, R. *Jesus, Politics and Society: A Study of Luke's Gospel*. Maryknoll, NY: Orbis, 1978.

Chance, J. B. *Jerusalem, the Temple and the New Age in Luke-Acts.* Macon, GA: Mercer University Press, 1988.

Chapman, D. W. "Perceptions of Crucifixion Among Jews and Christians in the Ancient World." TynBul 51 (2000): 313–16.

Coleridge, M. *The Birth of the Lukan Narrative: Narrative as Christology in Luke 1-2.* JSNTSS. Sheffield: Sheffield Academic Press, 1993.

Conzelmann, H. *The Theology of St. Luke.* Trans. by G. Buswell. New York: Harper & Row, 1960.

Craddock, F. B. *Luke.* Interpretation. Louisville, KY: Westminster John Knox Press, 1990.

Creed, J. M. *The Gospel According to St. Luke.* London: MacMillan and Company, 1950.

Crossan, J. D. *Cliffs of Fall: Paradox and Polyvalence in the Parables of Jesus.* New York: Seabury, 1980.

_____. *The Historical Jesus: The Life of a Mediterranean Jewish Peasant.* San Francisco: Harper, 1991.

Crump, D. *Jesus the Intercessor: Prayer and Christology in Luke-Acts.* Grand Rapids: Bakers, 1999.

Cullman, O. *The Christology of the New Testament.* Philadelphia: Westminster Press, 1959.

Culpepper, R. A. "The Gospel of Luke." Pp. 3–490 in The New Interpreter's Bible, vol. 9. Nashville: Abingdon, 2003.

Danker, F. W. *Jesus and the New Age According to St. Luke: A Commentary on the Third Gospel.* St. Louis: Clayton, 1972.

Darr, J. A. *Herod the Fox: Audience Criticism and Lukan Characterization.* JSNTSS. Sheffield: Sheffield Academic Press, 1998.

Daube, D. *The New Testament and Rabbinic Judaism.* London: University of London Press, 1956.

Davis, S.; D. Kendall; G. O'Collins, ed. *The Resurrection: An Interdisciplinary Symposium on the Resurrection of Jesus*. Oxford: Oxford University Press, 1997.

De Jonge, H. J. "Sonship, Wisdom, Infancy: Luke II.41–51a." NTS 24 (1977): 331–37.

deSilva, D. A. *An Introduction to the New Testament: Context, Methods and Ministry Formation*. Downers Grove, IL: InterVarsity Press, 2004.

Derrett, J. D. M. *Law in the New Testament*. London: Dartman, Longman & Todd, 1970.

Dibelius, M. *From Tradition to Gospel*. Trans. by B. L. Woolf. Cambridge: James Clarke & Company, 1971.

Doble, P. *The Paradox of Salvation: Luke's Theology of the Cross*. SNTSMS. Cambridge: Cambridge University Press, 1996.

Dodd, Ch. H. "The Fall of Jerusalem and the Abomination of Desolation." JRS 37(1947): 47–54.

Doeve, J. W. *Jewish Hermeneutics in the Synoptic Gospels and Acts*. Assen: Van Gorcum, 1954.

Donahue, J. R. *The Gospel in Parable: Metaphor, Narrative and Theology in the Synoptic Gospels*. Philadelphia: Fortress, 1988.

_____. "Tax Collectors and Sinners." CBQ 33(1971): 39–61.

Dunn, J. D. G. *Jesus and the Spirit: A Study of the Religious and Charismatic Experience of Jesus and the First Christians as Reflected in the New Testament*. London: SCM, 1975.

_____. *Unity and Diversity in the New Testament: An Inquiry into the Character of Earliest Christianity*. Philadelphia: Westminster Press, 1977.

_____. *The Acts of the Apostles*. Harrisburg, PA: Trinity Press International, 1996.

_____. *New Testament Theology: An Introduction*. Nashville: Abingdon, 2009.

Egelkraut, H. *Jesus' Mission to Jerusalem: A Redaction Critical Study of the Travel Narrative in the Gospel of Luke, 9:51-19:48*. Bern/Franfurt: Lang, 1976.

Ellis, E. E. *The Gospel of Luke*. NCB. Grand Rapids: Eerdmans, 1983.

Esler, P. F. *Community and Gospel in Luke-Acts: The Social and Political Motivations of Lukan Theology*. SNTSMS. Cambridge: Cambridge University Press, 1987.

Evans, C. A. *Luke*. Peabody, MA: Hendrickson, 1990.

_____, ed. *Encyclopedia of the Historical Jesus*. New York: Routledge, 2008.

Evans, C. F. *St. Luke*. TPI New Testament Commentaries. London: SCM, 1990.

Evans, C. A.; J. A. Sanders. *Luke and Scripture: The Function of Sacred Tradition in Luke-Acts*. Minneapolis: Fortress, 1993.

Farrer, A. M. "On Dispensing with Q." Pp. 55−88 in *Studies in the Gospels: Essays in Memory of R. H. Lightfoot*. Ed. by D. E. Nineham. Oxford: Blackwell, 1955.

Farris, S. *The Hymns of Luke's Infancy Narratives: Their Origin, Meaning and Significance*. JSNTSS. Sheffield: JSOT, 1985.

Ferguson, E. *Backgrounds of Early Christianity*. Grand Rapids: Eerdmans, 1987.

Fitzmyer, J. A. *The Gospel According to Luke*. 2 vols. AB. New York: Doubleday, 1981.

Fleming, T. V. "Christian Divorce." TS 24 (1963): 109.

Fornara, C. W. *The Nature of History in Ancient Greece and Rome.* Los Angeles: University of California Press, 1983.

Franklin, E. *Christ the Lord: A Study in the Purpose and Theology of Luke-Acts.* London: SPCK, 1975.

France, R. T. *Jesus and the Old Testament.* Grand Rapids: Baker, 1982.

Frye, R. M. "The Synoptic Problems and Analogies in Other Literatures." Pp. 261–302 in *The Relationships among the Gospels: An Interdisciplinary Dialogue.* Ed. by W. O. Walker. San Antonio, TX: Trinity University Press, 1978.

Funk, R. W., R. W. Hoover, Jesus Seminar. *The Five Gospels: What Did Jesus Really Say? The Search for Authentic Words of Jesus.* San Francisco: HarperOne, 1996.

Garrett, S. R. *The Demise of the Devil: Magic and the Demonic in Luke's Writings.* Minneapolis: Fortress, 1989.

_____. "Exodus from Bondage: Luke 9:31 and Acts 12:1–24." CBQ 52 (1990): 656–80.

Gathercole, S. J. *The Preexistent Son: Recovering the Christologies of Matthew, Mark, and Luke.* Grand Rapids: Eerdmans, 2006.

Giblin, C. H. *The Destruction of Jerusalem according to Luke's Gospel: A Historical Typological Moral.* Rome: Pontifical Biblical Institute, 1985.

Goodacre, M. *The Case Against Q: Studies in Markan Priority and the Synoptic Problem.* Harrisburg, PA: Trinity Press International, 2002.

_____. *The Synoptic Problem: A Way Through the Maze.* London/New York: T&T Clark, 2001.

Goodspeed, E. J. "Some Greek Notes: I. Was Theophilus Luke's Publisher?" JBL 73 (1954): 84.

Goulder, M. D. *Luke: A New Paradigm.* JSNTSS. Sheffield: Sheffield

Academic Press, 1989.

Gourges, M. "The Priests, the Levites, and the Samaritan Revisited: A Critical Note on Luke 10:31-35." JBL 117 (1998): 709-13.

Green, J. B. *The Gospel of Luke*. NICNT. Grand Rapids: Eerdmans, 1998.

Green, J. B., J. K. Brown, N. Perrin, eds. *Dictionary of Jesus and the Gospels*, 2nd ed. Downers Grove, IL: InterVarsity Press, 2013.

Gregory, A. *The Reception of Luke and Acts in the Period before Irenaeus: Looking for Luke in the Second Century*. Tübingen: Mohr Siebeck, 2003.

Guelich, R. A. "The Gospel Genre." Pp. 173-208 in *The Gospel and the Gospels*. Ed. by P. Stuhlmacher. Grand Rapids: Eerdmans, 1991.

Gundry, R. H. *A Survey of the New Testament*. Rev. ed. Grand Rapids: Zondervan, 1981.

Guthrie, D. *New Testament Introduction*. Downers Grove, IL: InterVarsity Press, 1970.

_____. *New Testament Theology*. Downers Grove, IL: InterVarsity Press, 1981.

Haenchen, E. *The Acts of the Apostles: A Commentary*. Oxford: Basil Blackwell, 1971.

Hagner, D. A. *Matthew*. 2 vols. WBC. Dallas: Word, 1993, 1995.

Hamm, D. "The Tamid Service in Luke-Acts: The Cultic Background behind Luke's Theology of Worship (Luke 1:5-25; 18:9-14; 24:50-53; Acts 3:1; 10:3, 30)." CBQ 65 (2003): 215-31.

_____. "What the Samaritan Leper Sees: The Narrative Christology of Luke 17:11-19." CBQ 56 (1994): 273-87.

Harnack, A. von. *The Date of the Acts and of the Synoptic Gospels*. New Testament Studies IV. Trans. by J. R. Wilkinson. New York: G. P. Putnam's Son, 1911.

Harrington, J. M. *The Lukan Passion Narrative: The Markan Material in Luke 22,54-23,25: A Historical Survey, 1891-1997*. New York: E. J. Brill, 2000.

Harris, M. J. *Jesus as God: The New Testament Use of Theos in Reference to Jesus*. Grand Rapids: Baker, 1992.

Hays, R. B. *The Moral Vision of the New Testament: Community, Cross, New Creation, A Contemporary Introduction to New Testament Ethics*. San Francisco: HarperOne, 1996.

_____. *Reading Backwards: Figural Christology and the Fourfold Gospel Witness*. Waco, TX: Baylor University Press.

Head, P. M. "Papyrological Perspectives on Luke's Predecessors(Luke 1:1)." Pp. 30–71 in *The New Testament in Its First Century Setting: Essays on Context in Honour of B. W. Winter on His 65th Birthday*. Ed. by P. J. Williams et al. Grand Rapids: Eerdmans, 2004.

Heard, R. G. "The Old Gospel Prologues." JTS 6(1955): 1–16.

Heil, J. P. *The Meal Scenes in Luke-Acts: An Audience-Oriented Approach*. SBLMS. Atlanta: Scholars Press, 1999.

Hemer, C. J. *The Book of Acts in the Setting of Hellenistic History*. Winnona Lake, IN: Eisenbrauns, 1990.

Hendricksen, W. *Luke*. Grand Rapids: Bakers, 1978.

Hendrickx, H. *The Third Gospel for the Third World*. 5 vols. Collegeville, MN: Liturgical Press, 1996.

Hengel, M. *The Four Gospels and the One Gospel of Jesus Christ: An Investigation into the Collection and Origin of the Canonical Gospels*. London: SCM, 2000.

_____. *Crucifixion in the Ancient World and the Folly of the Message of the Cross*. Philadelphia: Fortress, 1977.

Hengstenberg, E. W. *Christology of the Old Testament, abridged edition*. Grand Rapids: Kregel, 1970.

Higgins, A. J. B. "Sidelights on Christian Beginnings in the Graeco-Roman World." EvQ 41(1969): 200–201.

Hobart, W. K. *The Medical Language of St. Luke*. Dublin: Hodges, Figgis, 1882.

Hoehner, H. W. *Chronological Aspects of the Life of Christ*. Grand Rapids: Zondervan, 1977.

Hooker, M. *Jesus and Servant*. London: SPCK, 1959.

House, H. W. *Chronological And Background Charts of the New Testament*. Grand Rapids: Zondervan, 1981.

Hultgren, A. J. *The Parables of Jesus*. Trans. by N. Perrin. London: SCM, 1996.

Ilan, T. *Jewish Women in Greco-Roman Palestine*. Peabody, MA: Hendrickson, 1996.

Isaksson, A. *Marriage and Ministry in the New Testament*. Lund: Gleerup, 19965.

Jeffers, J. S. *The Graeco-Roman World of the New Testament: Exploring the Background of Early Christianity*. Downers Grove, IL: InterVarsity Press, 1999.

Jeremias, J. *The Parables of Jesus*. 2nd ed. New York: Scribner's, 1972.

Jervell, J. *Luke and the People of God*. Minneapolis, Augsburg, 1972.

Johnson, L. T. *The Gospel of Luke*. Sacra Pagina. Collegeville, MN: Liturgical Press, 1991.

_____. *The Literary Function of Possessions in Luke-Acts*. SBLDS. Missoula, MT: Scholars Press, 1977.

Jones, B. C. *Matthean and Lukan Special Material: A Brief Introduction with*

Texts in Greek and English. Eugene, OR: Wipf & Stock.

Just, A. A. *Luke.* Concordia Commentary. St. Louis: Concordia, 1996.

Karris, R. J. *Luke: Artist and Theologian.* New York: Paulist, 1985.

Keck, L. E.; J. L. Martyn, eds. *Studies in Luke-Acts.* Nashville: Abingdon, 1996.

Keener, C. *The Historical Christ of the Gospels.* Grand Rapids: Eerdmans, 2009.

_____. *Acts: An Exegetical Commentary.* 4 vols. Grand Rapids: Baker, 2012–2014.

Kennedy, G. A. *New Testament Interpretation through Rhetorical Criticism.* Chapel Hill, NC: University of North Carolina Press, 1984.

Kimball, C. A. *Jesus' Exposition of the Old Testament in Luke's Gospel.* JSNTSS. Sheffield: JSOT Press, 1994.

Klutz, T. *The Exorcism Stories in Luke Acts: A Sociostylistic Reading.* SNTSMS. Cambridge: Cambridge University Press, 2004.

Knight, J. *Luke's Gospel.* London: Routledge, 1998.

Kümmel, W. G. *Introduction to the New Testament.* Trans. by H. C. Kee. Nashville: Abingdon, 1975.

Ladd, G. E. *A Theology of the New Testament.* Grand Rapids: Eerdmans, 1974.

Leaney, A. R. C. *The Gospel According to St. Luke.* BNTC. London: Adam and Charles Black, 1966.

Liefeld, W. L. D. W. Pao. "Luke." Pp. 9–355 in *The Expositor's Bible Commentary*, Revised Ed. vol. 10. Grand Rapids: Zondervan, 2007.

Lightfoot, R. H. *History and Interpretation in the Gospels.* New York: Hodder & Stoughton, 1934.

Linnemann, E. *Parables of Jesus: Introduction and Exposition.* London:

SPCK, 1966.

Litwak, K. D. *Echoes of Scripture in Luke-Acts: Telling History of God's People Intertextually*. New York: T&T Clark, 2005.

Longenecker, R. N. *The Christology of Early Jewish Christianity*. Grand Rapids: Baker, 1981.

_____. *Biblical Exegesis in the Apostolic Period*. Grand Rapids: Eerdmans, 1999.

Longenecker, B. W. *Rhetoric at the Boundaries: The Art and Theology of New Testament Chain-Link Transitions*. Waco, TX: Baylor University Press, 2005.

Longman, T.; D. G. Reid. *God is a Warrior*. Grand Rapids: Zondervan, 1995.

Loos, H. van der. *The Miracles of Jesus*. NTSS. Leiden: E. J. Brill, 1968.

Luce, H. K. *The Gospel According to St. Luke*. CGTC. Cambridge: Cambridge University Press, 1933.

Luther, M. *Luther's Works*. 15 vols. Ed. & Trans. by J. J. Pelikan and H. T. Lehmann. St. Louis: Concordia, 1955–1960.

Maddox, R. *The Purpose of Luke-Acts*. Edinburgh: T&T Clark, 1982.

Manson, T. W. *The Sayings of Jesus*. London: SCM, 1949.

Marguerat, D. *The First Christian Historian: Writing the "Acts of Apostles."* SNTSMS. Trans. By K. McKinney et al. Cambridge: Cambridge University Press, 2002.

Marincola, J. *Authority and Tradition in Ancient Historiography*. Cambridge: Cambridge University Press, 1997.

Marshall, I. H. *The Gospel of Luke: A Commentary on the Greek Text*. NIGTC. Grand Rapids: Eerdmans, 1986.

_____. *Luke: Historian and Theologian*. Grand Rapids: Zondervan, 1970.

Martin, R. *New Testament Foundation: A Guide for Christian Students.* vol. 1. Grand Rapids: Eerdmans, 1975.

Mattill, A. J. *Luke and the Last Things.* Dillsboro, NC: Western North Carolina Press, 1979.

Mazamisa, L. W. *Beatific Comradeship: An Exegetical-Hermeneutical Study of Luke 10:25-37.* Kampen: Kok, 1987.

McComiskey, D. S. *Lukan Theology in the Light of the Gospel's Literary Structure.* Paternoster Biblical Monographs. Eugene, OR: Wipf & Stock, 2007.

McRay, J. *Archaeology and the New Testament.* Grand Rapids: Baker, 1991.

McHugh, J. *The Mother of Jesus in the New Testament.* Garden City, NJ: Doubleday, 1975.

McKnight, S. *Turning to Jesus: The Sociology of Conversion in the Gospels.* Louisville: John Knox Press, 2002.

_____. *The Jesus Creed: Loving God, Loving Others.* Brewster, MA: Paraclete, 2004.

_____. *Jesus and His Death: Historiography, the Historical Jesus, and Atonement Theory.* Waco, TX: Baylor University Press, 2005.

Meier, J. P. *A Marginal Jew: Rethinking the Historical Jesus: The Roots of the Problem and the Person.* New York: Doubleday, 1991.

Menzies, R. P. *The Development of Early Christian Pneumatology with Special Reference to Luke-Acts.* JSNTSS. Sheffield: Sheffield Academic Press, 1991.

Metzger, B. A *Textual Commentary on the Greek New Testament.* New York: United Bible Societies, 1971.

Miller, R. J. *The Jesus Seminar and Its Critics.* Salem, OR: Polebridge

Press, 1999.

_____. *Born Divine: The Births of Jesus and Other Sons of God*. Santa Rosa, CA: Polebridge Press2003.

Minear, P. S. *To Heal and to Reveal: The Prophetic Vocation According to Luke*. New York: Seabury, 1976.

Moessner, D. P. *Lord of the Banquet: The Literary and Theological Significance of the Lukan Travel Narrative*. Minneapolis: Fortress, 1989.

_____, ed. *Jesus and the Heritage of Israel: Luke's Narrative Claim upon Israel's Legacy*. Harrisburg, PA: Trinity Press International, 1999.

Moo, D. J. *The Old Testament in the Gospel Passion Narratives*. Sheffield: Almond Press, 1983.

Morris, L. *The Gospel According to St. Luke*. TNTC. Grand Rapids: Eerdmans, 1974.

Motyer, J. A. *The Prophecy of Isaiah*. Downers Grove, IL: InterVarsity Press, 1993.

Moxnes, H. *The Economy of the Kingdom: Social Conflict and Economic Relations in Luke's Gospel*. Philadelphia: Fortress, 1988.

Moule, C. F. D. *The Phenomenon of the New Testament*. London: SCM, 1967.

Nave, G. D. *The Role and Function of Repentance in Luke-Acts*. Atlanta: Society of Biblical Literature, 2002.

Neagoe, A. *The Trial of the Gospel: An Apologetic Reading of Luke's Trial Narratives*. SNTSMS. Cambridge: Cambridge University Press, 2002.

Neale, D. A. *None but the Sinners: Religious Categories in the Gospel of Luke*. JSNTSS. Sheffield: JSOT Press, 1991.

Neyrey, J. *The Passion According to Luke: A Redaction Study of Luke's*

Soteriology. New York: Paulist, 1985.

_____, ed. *Social World of Luke-Acts: Models for Interpretation.* Peabody, MA: Hendrickson, 1991.

Nolland, J. *Luke.* 3 vols. WBC. Dallas: Word, 1989–1993.

Oakman, D. E. "The Buying Power of Two Denarii: A Comment on Luke 10:35." Forum 3 (1987): 33–38.

O'Collins, G.; F. Marconi, eds. *Luke and Acts.* Trans. by M. J. O'Connell. New York: Paulist, 1993.

O'Toole, R. F. *The Unity of Luke's Theology: An Analysis of Luke-Acts.* Wilmington, DE: Michael Glazier, 1984.

Orchard, B.; T. Longstaff, eds. *J. J. Griesbach: Synoptic Text Critical Studies, 1776-1976.* SNTSMS. Cambridge: Cambridge University Press, 1978.

Osborne, G. R.; M. C. Williams. "The Case for the Markan Priority View of Gospel Origins: The Two/Four–Source View." Pp. 19–96 in *Three Views on the Origins of the Synoptic Gospels.* Ed. by R. L. Thomas. Grand Rapids: Kregel, 2002.

Oswalt, J. N. *The Book of Isaiah.* 2 vols. NICOT Grand Rapids: Eerdmans, 1986, 1998.

Overman, J. A. "The God–Fears: Some Neglected Features." JSNT 32 (1988): 17–26.

Paffenroth, K. *The Story of Jesus According to L.* JSNTSup. Sheffield: Sheffield Academic Press, 1997.

Pao, D. W. *Acts and the Isaianic New Exodus.* Grand Rapids: Bakers, 2002.

Parsons, M. C. *The Departure of Jesus in Luke-Acts: The Ascension Narratives in Context.* JSNTSS. Sheffield: Sheffield Academic Press, 1987.

Parsons, M. C.; R. I. Pervo. *Rethinking the Unity of Luke and Acts.* Minneapolis: Fortress, 1993.

_____. *Luke.* Grand Rapids: Baker, 2015.

Pearson, B. W. R. "The Lukan Censuses, Revisited." CBQ 61 (1999): 262–82.

Pervo, R. I. *Dating Acts: Between the Evangelists and the Apologists.* Santa Rosa, CA: Polebridge, 2006.

_____. *Acts.* Hermeneia. Minneapolis: Fortress, 2009.

Phillips, T. E. "The Genre of Acts: Moving towards a Consensus." CBR 4 (2006): 365–96.

Pilgrim, W. E. *Good News to the Poor.* Minneapolis: Augsburg, 1981.

Plummer, A. *A Critical and Exegetical Commentary on the Gospel According to St. Luke.* ICC. Edinburgh: T&T Clark, 1922.

Porter, S. E. *Idioms of the Greek New Testament.* Sheffield: Almond Press, 1992.

_____. *Paul in Acts.* Peabody, MA: Hendrickson, 2001.

_____. "Luke: Companion or Disciple of Pau?" Pp. 146–68 in *Paul and the Gospels: Christologies, Conflicts, and Convergences.* Ed. by M. F. Bird & J. Willitts. London: T & T Clark, 2011.

Porter, S. E.; B. R. Dyer, eds. *The Synoptic Problem: Four Views.* Grand Rapids: Baker Academic, 2016.

Ravens, D. *Luke and the Restoration of Israel.* JSNTSS. Sheffield: Sheffield Academic Press, 1995.

Reicke, B. *The Roots of the Synoptic Gospels.* Philadelphia: Fortress, 1987.

_____. "Synoptic Prophecies on the Destruction of Jerusalem." Pp. 121–34 in *Studies in New Testament and Early Christian Literature.* Ed. by D. E. Aune. Leiden: Brill, 1972.

Resseguie, J. L. *Spiritual Landscape: Images of the Spiritual Life in the Gospel of Luke*. Peabody, MA: Hendrickson, 2004.

Robbins, V. K. "The Claims of the Prologues and Greco-Roman Rhetoric." Pp. 63–83 in *Jesus and the Heritage of Israel: Luke's Narrative Claim upon Israel's Legacy*. Ed. by D. P. Moessner. Harrisburg, PA: Trinity Press International, 1999.

Robinson, J. A. T. *Redating the New Testament*. Philadelphia: Westminster Press, 1976.

Robinson, J. M.; P. Hoffmann; J. S. Kloppenborg, eds. *The Critical Edition of Q: Synopsis Including the Gospels of Matthew and Luke, Mark, and Thomas, with English, German and French Translations of Q and Thomas*. Hemeneia. Minneapolis: Fortress, 2000.

Roll, S. K. *Toward the Origins of Christmas*. Kampen: Kok Pharos, 1995.

Roth, S. J. *The Blind, the Lame, and the Poor: Character Types in Luke-Acts*. JSNTSS. Sheffield: Sheffield Academic Press, 1997.

Rousseau, J. J.; R. Arav. *Jesus and His World: An Archaeological and Cultural Dictionary*. Minneapolis: Fortress, 1995.

Rowe, C. K. *Early Narrative Christology: The Lord in the Gospel of Luke*. Berlin: de Gruyter, 2006.

Sanders, E. P. *Jesus and Judaism*. Philadelphia: Fortress, 1985.

Sanders, J. T. *The Jews in Luke-Acts*. Philadelphia: Fortress, 1987.

Sanders, J. A.; C. A. Evans, eds. Luke and Scripture: The Function of Sacred Tradition in Luke-Acts. Eugene, OR: Wipf & Stock, 2001.

Schmidt, D. D. "Rhetorical Influences and Genre: Luke's Preface and the Rhetoric of Hellenistic Historiography." Pp. 27–60 in *Jesus and the Heritage of Israel: Luke's Narrative Claim Upon Israel's Legacy*. Ed. by D. P. Moessner. Harrisburg, PA: Trinity Press International,

1999.

_____. "The Historiography of Acts: Deuteronomistic or Hellenistic?" SBLSP 24 (1985): 417-27.

Schmidt, T. E. *Hostility to Wealth in the Synoptic Gospels*. JSNTSS. Sheffield: Sheffield Academic Press, 1987.

Schnabel, E. J. *Early Christian Mission*. 2 vols. Downers Grove, IL: InterVarsity Press, 2004.

Schweizer, E. *The Good News According to Luke*. Trans. by D. E. Green. Atlanta: John Knox, 1984.

_____. *Jesus, the Parable of God: What Do We Really Know about Jesus?* Allison Park, PA: Pickwick, 1994.

Scott, B. B. *Hear Then the Parable: A Commentary on the Parables of Jesus*. Minneapolis: Fortress, 1989.

Senior, D. *The Passion of Jesus in the Gospel of Luke*. Wilmington: Michael Glazier, 1989.

Shepherd, W. H. *The Narrative Function of the Holy Spirit as a Character in Luke-Acts*. SBLDS. Atlanta: Scholars Press, 1994.

Sider, J. W. *Interpreting the Parables: A Hermeneutical Guide to Their Meaning*. Grand Rapids: Zondervan, 1995.

Siker, J. S. *Disinheriting the Jews: Abraham in Early Christian Controversy*. Louisville, KY: Westminster John Knox Press, 1991.

Sloan, R. B. *The Favorable Year of the Lord*. Austin: Scholars Press, 1977.

Smallwood, E. M. *The Jews under Roman Rule*. Leiden: E. J. Brill, 1976.

Smith, M. "Of Jesus and Quirinius." CBQ 62 (2000): 278-93.

Snodgrass, K. R. *Stories with Intent: A Comprehensive Guide to the Parables of Jesus*. Grand Rapids: Eerdmans, 2008.

Soards, M. L. *The Passion According to Luke: The Special Material of Luke*

22. JSNTSS. Sheffield: Sheffield Academic Press, 1987.

Spencer, P. E. "The Unity of Luke—Acts: A Four—Bolted Hermeneutical Hinge." CSR 5 (2007): 341—66.

Stegemann, H. *The Library of Qumran: On the Essenes, Qumran, John the Baptist, and Jesus*. Grand Rapids: Eerdmans, 1998.

Stein, R. H. *An Introduction to the Parables of Jesus*. Philadelphia: Westminster Press, 1981.

_____. *Jesus the Messiah*. Downers Grove, IL: InterVarsity Press, 1996.

_____. *Luke*. NAC. Nashville: Broadman, 1992.

Sterling, G. E. "'Opening the Scriptures': The Legitimation of the Jewish Diaspora and the Early Christian Mission." Pp. 199—217 in *Jesus and the Heritage of Israel: Luke's Narrative Claim upon Israel's Legacy*. Ed. by D. P. Moessner. Harrisburg, PA: Trinity Press International, 1999.

Strauss, M. L. *Four Portraits, One Jesus: A Survey of Jesus and the Gospels*. Grand Rapids: Zondervan, 2007.

_____. *The Davidic Messiah in Luke-Acts: The Promise and Its Fulfillment in Lukan Christology*. JSNTSS. Sheffield: Sheffield Academic Press, 1995.

_____. "The Purpose of Luke—Acts: Reaching a Consensus." Pp. 135—50 in *New Testament Theology in Light of the Church's Mission*. Ed. by J. C. Laansma et al. Eugene, OR: Cascade, 2011.

Streeter, B. H. *The Four Gospels: A Study of Origins Treating of the Manuscript Tradition, Sources, Authorship, and Dates*. New York: Macmillan, 1925.

Strelan, R. *Luke the Priest: The Authority of the Author of the Third Gospel*. Aldershot: Ashgate, 2008.

Stuhlmacher, P., ed. *The Gospel and the Gospels*. Grand Rapids: Eerdmans, 1991.

Summers, R. *Commentary on Luke*. WBC. Dallas: Word, 1972.

Sundberg, A. C. "Canon Muratori: A Fourth-Century List." HTR 66 (1973): 1–41.

Swanston, H. "The Lukan Temptation Narrative." JTS 17 (1966): 71.

Sylva, D. D. "The Cryptic *Clause en tois tou patros mou dei einai me* in Lk 2:49b." ZNW 78 (1987): 132–40.

Talbert, C. H. *Luke and the Gnostics*. New York: Abingdon, 1966.

_____. *What Is a Gospel? The Genre of the Canonical Gospels*. Philadelphia: Fortress, 1977.

_____. *Reading Luke: A Literary and Theological Commentary on the Third Gospel*. Macon, GA: Smyth & Helwys, 2002.

Tannehill, R. C. *The Narrative Unity of Luke-Acts: A Literary Interpretation*. Philadelphia: Fortress, 1986.

_____. *The Shape of Luke's Story: Essays in Luke-Acts*. Eugene, OR: Cascade, 2005.

Tatum, W. B. "The Epoch of Israel: Luke I–II and the Theological Plan of Luke-Acts." NTS 13 (1967): 190–91.

Theissen, G. *The Gospels in Context: Social and Political History in the Synoptic Tradition*. Trans. by L. M. Maloney. Minneapolis: Fortress, 1991.

Theissen, G.; A. Merz. *The Historical Jesus: A Comprehensive Guide*. Minneapolis: Fortress, 1997.

Thiselton, A. C. *Thiselton on Hermeneutics: Collected Works with New Essays*. Grand Rapids: Eerdmans, 2006.

Tiede, D. L. *Prophecy and History in Luke-Acts*. Philadelphia: Fortress, 1980.

_____. *Luke*. Minneapolis: Fortress, 1988.

Thomas, R. L., ed. *Three Views on the Origins of the Synoptic Gospels*. Grand Rapids: Kregel, 2002.

Tolbert, M. *Perspectives on the Parables: An Approach to Multiple Interpretations*. Philadelphia: Fortress, 1979.

_____. "Luke." Pp. 1–187 in *The Broadman Bible Commentary: Luke-John*. Vol. 9. Nashville: Broadman, 1970.

Tuckett, C. M. "Jesus and the Gospels." Pp. 71–86 in *The New Interpreter's Bible, vol. 1*. Nashville: Abingdon, 1994.

_____, ed. *Synoptic Studies*. JSNTSS. Sheffield: Sheffield Academic Press, 1984.

Turner, M. *Power from on High: The Spirit in Israel's Restoration and Witness in Luke/Acts*. Sheffield: Sheffield Academic Press, 2000.

Turner, N. *Grammatical Insights into the New Testament*. New York: Bloomsbury Academic, 2015.

Twelftree, G. H. *Jesus the Miracle Worker*. Downers Gorve, IL: InterVarsity Press, 1999.

_____. *Jesus the Exorcist: A Contribution to the Study of Historical Jesus*. Tübingen: Mohr Siebeck, 1993.

Tyson, J. B. *The Death of Jesus in Luke-Acts*. Columbia, SC: University of South Carolina Press, 1986.

_____. *Marcion and Luke-Acts: A Defining Struggle*. Columbia, SC: University of South Carolina Press, 2006.

_____, ed. *Luke-Acts and the Jewish People*. Minneapolis: Augsburg, 1988.

Van der Horst, P. W. "Abraham's Bosom, the Place Where He Belonged: A Short Note on avpenecqh/nai in Luke 16:22." NTS 52 (2006): 142–44.

Van Tilborg, S. *The Jewish Leaders in the First Gospel*. New York: Paulist, 1979.

Vanhoozer, K. J. *Is There A Meaning in This Text? The Bible, the Reader, and the Morality of Literary Knowledge*. Grand Rapids: Zondervan, 1998.

Verheyden, J., ed. *The Unity of Luke-Acts*. Leuven: Leuven University Press, 1999.

Vermes, G. *The Religion of Jesus the Jew*. Minneapolis: Fortress, 1993.

Vielhauer, P. "On the 'Paulinism' of Acts." Pp. 33–50 in *Studies in Luke-Acts*. Ed. by L. E. Keck & J. L. Martyn. London: SPCK, 1966.

Walker, P. W. *Jesus and the Holy City: New Testament Perspectives on Jerusalem*. Grand Rapids: Eerdmans, 1996.

Wallace, D. B. *Greek Grammar beyond the Basics: An Exegetical Syntax of the New Testament*. Grand Rapids: Zondervan, 1996.

Walton, S. *Leadership and Lifestyle: The Portrait of Paul in the Miletus Speech and 1 Thessalonians*. Cambridge: Cambridge University Press, 2000.

Watts, J. D. W. *Isaiah 1-33*. WBC Waco, TX: Word, 1985.

Weatherly, J. A. *Jewish Responsibility for the Death of Jesus in Luke-Acts*. JSNTSS. Sheffield: Sheffield Academic Press, 1994.

Wedderburn, A. J. M. "The 'We'–passages in Acts: On the Horns of a Dilemma." ZNW 93(2002): 78–98.

Wengst, K. *Pax Romana and the Peace of Jesus Christ*. Trans. by J. Bowden. Philadelphia: Fortress, 1987.

Wenham, D. *The Parables of Jesus*. Downers Grove, IL: InterVarsity Press, 1989.

Wenham, J. W. "Gospel Origins." TJ 7 (1978): 112–34.

_____. "When Were the Saints Raised?" JTS 32 (1981): 150–52.

Wiebe, P. H. "Jesus' Divorce Expectation." JETS 32 (1989): 327–33.

Wilcox, M. "The God–Fearers in Acts—A Reconsideration." JSNT 13 (1981): 102–22.

Wildberger, H. *Isaiah 1-12*. CC. Philadelphia: Fortress, 1991.

Wilkins, M. J. *Following the Master: A Biblical Theology of Discipleship*. Grand Rapids: Zondervan, 1992.

Willis, J. T. "The First Pericope in the Book of Isaiah." *VT* 34 (1984): 63–77.

Williams, M. C. *The Gospels from One: A Comprehensive New Analysis of the Synoptic Gospels*. Grand Rapids: Kregel, 2006.

Willis, J. T. *Isaiah*. The Living Word Commentary on the Old Testament. Austin, TX: Sweet, 1980.

Willis, W. L., ed. *The Kingdom of God in Twentieth-Century Interpretation*. Peabody, MA: Hendrickson, 1987.

Wilson, S. G. *Luke and the Law*. SNTSMS. Cambridge: Cambridge University Press, 1983.

_____. *The Gentiles and the Gentile Mission in Luke-Acts*. SNTSMS. Cambridge: Cambridge University Press, 1973.

Winterhalter, R.; G. W. Fisk. *Jesus' Parables: Finding Our God Within*. New York: Paulist, 1993.

Witherington, B. "The Turn of the Christian Era: The Tale of Dionysius Exiguus." BAR 43 (2017): 26.

Wolf, H. M. *Interpreting Isaiah: The Suffering and Glory of the Messiah*. Grand Rapids: Zondervan, 1985.

Woods, E. J. *"Finger of God" and Pneumatology in Luke-Acts*. JSNTSS. Sheffield: Sheffield Academic Press, 2001.

Wrede, W. *The Messianic Secret*. Trans. by J. C. G. Greig. Cambridge: James Clarke & Company, 1971.

Wright, N. T. *Jesus and Victory of God*. Christian Origins and the Question of God 2. Minneapolis: Fortress, 1996.

_____. *The New Testament and the People of God*. Christian Origins and the Question of God 1. Minneapolis: Fortress, 1992.

_____. "The Lord's Prayer as a Paradigm of Christian Prayer." Pp. 132–54 in *Into God's Presence: Prayer in the New Testament*. Ed. by R. L. Longenecker, Grand Rapids: Eerdmans, 2001.

_____. *Scripture and the Authority of God: How To Read the Bible Today*. New York: HarperOne, 2011.

Wright, N. T.; M. F. Bird. *The New Testament in Its World: An Introduction to the History, Literature, and Theology of the First Christians*. Grand Rapids: Zondervan Academic, 2019.

Wuest, K. S. *The Practical Use of the Greek New Testament*. Chicago: Moody Press, 1982.

Young, E. J. *The Book of Isaiah*. 3 vols. NICOT. Grand Rapids: Eerdmans, 1965–1972.

Zerwick, M. *A Grammatical Analysis of the Greek New Testament, 5th ed.* Trans. by M. Grosvenor. Rome: Biblical Institute Press, 1996.

Zuck, R., ed. *A Biblical Theology of the New Testament*. Chicago: Moody, 1994.

Zwiep, A. W. *The Ascension of the Messiah in Lukan Christology*. NovTSup. Leiden: Brill, 1997.

누가복음

예수께서 그 자라나신 곳 나사렛에 이르사 안식일에 늘 하시던 대로 회당에 들어가사 성경을 읽으려고 서시매 선지자 이사야의 글을 드리거늘 책을 펴서 이렇게 기록된 데를 찾으시니 곧

주의 성령이 내게 임하셨으니

이는 가난한 자에게 복음을 전하게 하시려고

내게 기름을 부으시고 나를 보내사

포로 된 자에게 자유를,

눈 먼 자에게 다시 보게 함을 전파하며

눌린 자를 자유롭게 하고

주의 은혜의 해를 전파하게 하려 하심이라

하였더라

(4:16-19)

그러므로 예수께서 이르시되 하나님의 나라가 무엇과 같을까 내가 무엇으로 비교할까 마치 사람이 자기 채소밭에 갖다 심은 겨자씨 한 알 같으니 자라 나무가 되어 공중의 새들이 그 가지에 깃들였느니라 또 이르시되 내가 하나님의

나라를 무엇으로 비교할까 마치 여자가 가루 서 말 속에 갖다 넣어 전부 부풀게 한 누룩과 같으니라 하셨더라

(13:18-21)

소개

누가복음은 복음서 중 가장 긴 책이다. 또한 이 복음서의 저자가 사도행전도 저작했다. 그래서 학자들은 '누가복음—사도행전'(Luke-Acts)이라며 이 두 정경을 한 권의 책으로 보거나, 혹은 사도행전을 누가복음에서 시작된 이야기를 이어가는 '속편'(sequel)으로 간주한다(Aune, Beale & Gladd, Bock, Cadbury, Keener, O'Toole, Pao, Tannehill, Verheyden, Wright & Bird). 물론 학계의 이 같은 결론과 인식에 반발하며 이 두 권을 연결하는 붙임표(-)를 제거해야 한다고 주장하는 사람들도 있다(Parsons, Pervo, Parsons & Pervo). 그러나 이 두 권을 하나로 묶는 네 가지(장르, 흐름, 신학, 초대교회의 반응)는 아직도 확고하다(Spencer, cf. Longenecker).

학자들이 이 두 권을 같은 저자에 의한 통일성 있는 작품이라고 주장하는 데는 여러 가지 증거가 있다. 첫째, 누가복음과 사도행전은 둘 다 데오빌로라는 이름을 지닌 사람에게 헌정되었다(눅 1:3, 행 1:1). 둘째, 사도행전 1:1에서 저자는 '먼저 쓴 글'에 관해 언급하는데, 이 글이 바로 누가복음이라는 것은 기정사실이다. 셋째, 이 두 책은 비슷한 스타일과 문체와 구조를 지녔다. 예를 들어 보자. 누가복음과 사도행전은 거의 같은 기간을 커버(cover)한다. 누가복음은 주전 4년에서 주후 30년쯤까지 30여 년 사이에 있었던 일을 기록하고 있으며, 사도행전도 주후 30-62년 사이의 약 30년 동안 있었던 일을 기록하고 있다(Aune, Liefeld & Pao). 또한 누가복음의 마지막 23%는 예수님의 체포와 재판과 죽음과 부활과 승천(19:28-24:53)에 관한 내용인데, 이와 비슷하게 사

도행전의 마지막 24%는 바울의 체포와 재판과 로마 도착에 관한 내용
이다(Aune). 그러므로 누가복음과 사도행전은 두 권의 다른 장르와 목
적을 지닌 책이 아니라, 같은 장르를 지닌 한 권의 책으로 간주해야 한
다(Johnson).

　내용에서도 두 책의 연결성이 확고해 보인다. 사도행전은 누가복음
에서 시작된 이야기를 이어갈 뿐 아니라, 누가복음이 제시한 것들이
어떻게 실현되었는지에 대한 역사적 주석이라 할 수 있다. 한 학자는
누가복음 끝부분(24:36-53)과 사도행전의 시작 부분(1:1-14) 사이에 최
소한 17가지의 공통적인 주제가 있다고 한다(Zwiep).

　누가복음을 마무리하는 주제들이 사도행전에서 더 발전해 전개되는
사례도 많다(Longenecker). 부활하신 예수님은 제자들에게 "죄 사함을 받
게 하는 회개가 예루살렘에서 시작하여 모든 족속에게 전파될 것"이라
고 하시는데(눅 24:47), 이 말씀은 사도행전에서 활짝 핀 꽃이 된다(행
2:38; 3:19; 5:31; 10:43; 11:18; 13:38; 20:21; 26:20). 또한 "위로부터 능력
으로 입혀질 때까지 이 성(예루살렘)에 머물라"라고 하신 말씀(눅 24:49)
은 오순절에 마가의 다락방에 성령이 임한 일(행 2:1-41)과 사도행전
1-7장을 통해 모두 실현된다. 제자들이 이 모든 일의 증인이 될 것이
라는 말씀(눅 24:48)도 사도행전 1:8에서 재차 강조되며 사도행전 전체
에서 지속적으로 반복된다(cf. 행 1:22; 2:32; 3:15; 4:33; 5:32; 10:39, 41;
13:31; 22:20; 26:16).

　다른 공관복음서에 자주 언급되는 주제들을 사도행전에서 발전시키
기 위해 누가복음에서 별로 다루지 않는 내용도 있다. 마가복음의 중
요한 주제인 이방인 선교는 누가복음에서 별로 언급되지 않는다. 사도
행전에서 더 발전시키고 확대하기 위해서다. 누가는 성령, 제자도, 구
원의 범위, 예수님과 복음에 대한 유대인의 반발 등을 사도행전에서
더 확대해 설명하기 위해 누가복음에서는 자세하게 언급하지 않는다
(Wright & Bird).

그렇다면 이 두 권을 아우르는 주제는 무엇인가? 하나님의 구속사(history of salvation)다. 누가복음은 온 인류를 구원하러 오신 메시아 예수님의 삶과 가르침을 회고하고, 사도행전은 제자들이 이 복음을 가지고 예루살렘에서 '땅끝'(세상 끝)을 향해 가는 이야기를 기록한다. 다르게 표현하자면 누가복음-사도행전은 이스라엘 땅 나사렛과 예루살렘에서 예수님을 통해 시작된 하나님의 구원 이야기가 제국의 수도이자 온 세상의 중심인 로마에 도달하게 된 여정을 묘사한다. 이로써 복음이 로마에서 '땅끝'까지 퍼져 나갈 준비가 마무리되었다.

누가는 복음서 저자일 뿐 아니라, 교회의 첫 번째 역사가라 할 수 있다. 또한 그의 두 저서는 예수님과 사도들의 가르침과 이야기를 요약하고 있는 만큼 신약의 축소판이라 할 수 있다(Beale & Gladd). 누가는 마리아의 송가(Mary's Magnificat, 눅 1:46-55), 예수님의 나사렛 설교(눅 4:16-30), 탕자 비유(눅 15:11-32), 엠마오로 가는 두 제자 이야기(눅 24:13-35), 예수님의 승천(눅 24:50-53; cf. 행 1:9-11), 오순절(행 2:1-47), 예루살렘 공회(행 15:1-31) 등 신약에서 가장 인상적이고 교회가 두루 기억할 만한 일들을 추억한다(Wright & Bird).

분량으로도 보더라도 누가가 남긴 글의 비중은 신약 저자 중 으뜸이다. 신약은 모두 7,942절로 구성되어 있는데, 이 중 누가복음-사도행전이 무려 2,157절(28%)이나 된다. 바울 서신을 모두 더한 2,032절(24%)보다 많다. 요한복음과 요한 서신을 합하면 1,416절(20%)에 달하며, 마태복음은 1,071절, 마가복음은 678절에 불과하다. 누가는 양적으로도 가장 괄목할 만한 신약 저자인 것이다.

공관복음(Synoptic Gospels)

신약을 시작하는 복음서들을 살펴보면 처음 세 권(마태복음-마가복음-

누가복음)과 네 번째 책인 요한복음의 내용과 성향이 참으로 다르다는 것을 알 수 있다(cf. Aland). 초대교회 교부들도 이러한 사실을 깨닫고 네 복음서를 두 부류로 분리해 따로 취급했다(Aune, cf. Carson et al., deSilva, Guthrie, Kümmel). 요한복음과 따로 구별된 세 복음서를 '공관복음'(synoptic gospels)이라는 호칭으로 부르기 시작한 사람은 독일 신학자 그라이스바흐(J. J. Griesbach, 1745–1812)다(Orchard & Longstaff).

'공관'(共觀)은 함께[동시에] 보는 것을 의미하며, 헬라어 '신옵티코스'(συνοπτικος)에서 유래했다. 이 세 복음서는 내용이 같거나 서로 비슷한 부분이 참으로 많은 만큼 서로 의존해(interdependent) 저작된 작품으로 보는 것이 이 개념의 핵심이다(cf. O'Collins, Frye). 그러므로 세 복음서의 저자, 저작 시기, 서로에 대한 의존도를 논하는 일은 '공관복음'이라는 개념에서 시작되어야 한다.

공관복음 저자들은 무엇을 출처로 삼아 책을 저작했는가? 세 저자 중 누가 누구를 인용한 것인가? 각 복음서는 서로에게 어느 정도의 영향을 미쳤는가? 마가복음이 다른 두 책에 비해 상대적으로 필체가 간결하고, 길이도 상당히 짧다는 점이 의미하는 바는 무엇인가? 학자들이 이러한 질문에 답을 찾으려고 하는 것을 '공관 문제'(synoptic problem)라고 한다. 이 공관 문제에 관한 역사적 흐름을 간략하게 요약하면 다음과 같다(Blomberg, Bultmann, Frye, Goodacre, Thomas, Williams).

1. 공관 문제(Synoptic Problem)

세 복음서의 관계에 대한 첫 번째 단계는 '오거스틴 가설'(Augustinian Hypothesis)이다. 아우구스티누스(Augustinus, Augustine, 354–430)는 마가가 마태복음을 요약했고, 누가는 마가복음과 마태복음을 인용해 각자 복음서를 저작했다고 주장했다. 이에 따르면 세 복음서는 '마태복음–마가복음–누가복음' 순서로 저작되었다. 이 가설은 어떤 역사적 자료나 증거에 근거한 것이 아니라, 초대교회가 마태복음을 가장 중요한 복음서로 간주한 데서 비롯되었다. 아우구스티누스의 주장은 1,000여 년 동안 교회의 유일한 관점이 되다시피 했다.

두 번째 단계는 '그리스바흐 가설'(Griesbach Hypothesis)이다(Orchard & Longstaff, cf. Blomberg). 그는 아우구스티누스가 주장한 가설 중 마태복음이 가장 먼저 저작된 문서라는 점에는 동의했지만, 누가가 마가복음과 마태복음을 인용했다는 부분에 대해서는 문제를 제기했다. 그리스바흐는 대안으로 1783년과 1789년에 '두 복음설'(Two-Gospel Theory)을 주장했다(cf. Bultmann, Thomas). 이 주장의 핵심은 누가가 마태복음을 인용했고, 마가는 마태복음과 누가복음을 요약했다는 것이다(Frye, cf. Porter & Dyer). 이 가설에 따르면 세 복음서의 저작 순서는 '마태복음-누가복음-마가복음'이 된다.

세 번째 단계는 '두 출처 가설'(Two-sources Hypothesis)이다. 이 가설은 독일 학자 바이제(C. H. Weisse, 1801-1866)에 의해 맨 처음 제시되었으며, 홀츠만(H. J. Holtzmann, 1834-1910)에 의해 대중화되기 시작했다(Kümmel, Thomas, cf. Porter & Dyer). 바이제는 마태복음이 가장 먼저 저작되었다는 전통적 견해를 부인했다. 그는 세 복음서 중 제일 먼저 저작된 것은 마가복음이며, 마태와 누가가 마가복음과 다른 출처를 인용해 각 복음서를 저작했다고 주장했다(Orchard & Longstaff, Thomas). 그는 이 출처를 'Q'(=die Quelle, 독일어로 '출처'라는 뜻)라고 불렀다.

오늘날 대부분 학자가 바이제의 가설에 동의한다. 마가복음이 가장 먼저 저작되었고, 마태와 누가가 마가복음과 Q를 인용해 각 복음서를 저작했다며, 마가복음 우선 저작(Markan priority)과 Q의 존재를 기정사실화한다(Blomberg, Carlston & Norlin, Hengel, Orchard & Longstaff, Robinson et al.).

한편, 스트리터(Streeter)는 두 출처 가설에 누가복음이 원형(Proto-Luke)으로 존재하다가 마가복음과 Q를 통해 보완된 것이라는 주장을 더했다. 그는 마태복음도 원형(Proto-Matthew)으로 존재하다가 마가복

음과 Q를 통해 보완되었다며 '네 출처 가설'(Four-sources Hypothesis)을 완
성했다(Osborne & Williams, Streeter). 훗날 일부 학자는 이 두 원형을 M(=
마태만 사용한 고유 출처)과 L(=누가만 사용한 고유 출처)로 부르기도 했다(cf.
Jones).

네 번째 단계는 두 출처 가설을 보완한 것으로 '파레르 가설'(Farrer
Hypothesis), 혹은 '파레르-굴데르 가설'(Farrer-Goulder Hypothesis), 혹은
'파레르-굴데르-구다크레 가설'(Farrer-Goulder-Goodacre Hypothesis)이라
고 불린다. 이 가설에 따르면 세 복음서 중 마가복음이 제일 먼저 저
작되었고, 마태는 마가복음과 자기 고유 출처를 인용해 마태복음을 저
작했으며, 누가는 마가복음과 마태복음과 자기 고유 출처를 인용해 저
작했다(Farrer, Goodacre, Goulder, Green). 이들 주장의 핵심은 세 복음서의
저작 과정에서 Q를 논할 필요가 없다는 것이다. 이 외에 마태와 마가
가 서로에 대한 의존 없이 독립적으로 복음서를 저작했다는 주장도 있
다(Gibbs, Rist).

2. Q문서

바이제(Weisse)는 마태와 누가가 마가복음과 Q를 인용해 각각의 책을
저작했다고 주장했다. Q를 쉽게 설명하자면, 마가복음에는 없고 마태
복음과 누가복음에만 있는 공통적인 부분이다. 그러므로 Q가 어떤 내
용을 담고 있는가를 규정하는 것은 그다지 어려운 일이 아니다. 다만
구약과 신약 등 모든 정경 원본은 저자들이 하나님이 주신 영감에 따
라 오류 없이 저작했다는(cf. 딤전 3:16; 벧후 1:20-21) 성경의 영감설과
연관해 Q에 대해 다소 불편함을 느끼는 이들이 있을 수 있다. 혹은 존
재 여부를 전혀 알 수 없는 Q를 기정사실화해 정경(마태복음과 누가복
음)의 유래를 설명하는 것에 대해 부정적인 시각을 제시할 수도 있다
(Farrer, Goodacre, Goulder, Green).

구약의 관점에서 Q의 존재는 문제가 되지 않는다. 저자들이 하나님의 영감을 받아 하나님의 말씀으로 저작한 구약 정경 중 상당수가 이미 존재하던 출처들(=구약의 'Qs')을 인용해 저작되었기 때문이다. 주전 300년대에 저작된 것으로 추정되는 역대기는 사무엘서와 열왕기를 50% 이상 인용한다. 역대기는 이 외에도 최소 10여 가지의 출처를 더 언급한다. 여호수아기부터 열왕기에 이르는 구약의 역사서들은 주전 550년경에 바빌론에서 최종 편집(혹은 저작)되었다. 이 책들의 최종 편집자들(저자들)도 그들에게 전수된 출처들을 인용해 최종 작품을 집필했다. 출애굽 시대(주전 1400년대) 사람인 모세는 창세기에 기록한 내용을 어떻게 알게 되었을까? 그도 분명 그에게 전수된 출처들을 인용해 창세기를 집필했던 것이 확실하다. 에스라-느헤미야서의 저자도 전수된 자료들을 인용해 수많은 계보와 목록을 집필했다(이 같은 내용에 관해서는 『엑스포지멘터리』 시리즈 구약 주석들의 서론 부분을 참조하라).

구약의 문서화 과정을 고려하면 Q는 별문제가 되지 않는다. 복음서 저자인 누가도 누가복음을 집필하기 전에 이미 여러 사람이 예수 그리스도의 삶과 가르침에 대해 저술했다고 증언한다. 그도 이러한 역사적 흐름 속에서 이미 출판된 출처들을 바탕으로 자신의 책을 저술하고 있음을 암시한 것이다. 이슈는 복음서 저자들이 여러 출처를 인용했는지 혹은 인용하지 않고 독창적으로 저술했는지가 아니라, 그들이 인용하고 있는 내용이 역사적-신학적으로 신뢰할 만한 출처인가 하는 점이다. 이 이슈에 대해 누가는 예수님의 삶과 가르침을 직접 체험한 목격자들(증인들)과 말씀의 일꾼 된 자들이 제공한 내용이라며, 그가 인용하고 있는 내용이 충분히 신뢰할 만한 출처들에서 온 것임을 밝힌다.

우리 중에 이루어진 사실에 대하여 처음부터 목격자와 말씀의 일꾼 된 자들이 전하여 준 그대로 내력을 저술하려고 붓을 든 사람이 많은지라 그 모든 일을 근원부터 자세히 미루어 살핀 나도 데오빌로 각하에게 차례대

로 써 보내는 것이 좋은 줄 알았노니 이는 각하가 알고 있는 바를 더 확
실하게 하려 함이로라(눅 1:1–4).

또한 신약이 탄생할 당시 유명한 사람들의 가르침과 지혜를 모으
는 것은 일상적인 일이었기 때문에 그리스도인들이 예수님의 가르침
과 사역에 관한 이야기들을 모으지 않았다고 가정하는 것이 더 이상하
다(Blomberg). Q에 마태복음과 누가복음이 공통으로 인용한 것 외에 다
른 내용도 포함되어 있었다는 주장은(Goulder, Gundry) 소모적이며 별 의
미가 없다. 우리는 Q를 전수받지 않아 확인할 방법이 없기 때문이다.
한편, Q의 내용을 구체적이고 체계적으로 규정하는 책들도 있다(cf.
Robinson et al.). 그러나 본 주석에서는 Q의 범위를 마가복음에는 없지
만 마태복음과 누가복음이 공통으로 다루는 내용으로 제한한다. 대부
분 학자는 Q가 처음에는 구전으로 존재했다가, 마태와 누가가 인용할
시기에는 문서화되었을 것으로 추정한다(cf. Blomberg, Carlston & Norlin,
Robinson et al.).

3. 공관복음과 Q의 관계

공관복음 중 가장 먼저 저작된 마가복음은 661절로 구성되어 있다. 훗
날 이 복음서를 인용한 것으로 생각되는 마태복음은 1,068절로 이루어
져 있다. 이 중 500절은 마가복음을 인용했으며, 인용한 절 수를 비율
로 계산하면 대략 76%에 달한다. 인용한 헬라어 단어 수를 계산하면
마태는 마가복음의 90% 정도를 인용해 마태복음을 기록했다.
1,068절로 구성된 마태복음 중 마가복음을 인용하는 500절을 제하
면 568절이 남는데, 이 568절이 마가복음에서 찾아볼 수 없는 내용이
다. 이 568절은 마태가 Q와 자신의 고유 출처(학자들은 이 출처를 M이라
고 부르며, 333절로 구성되어 있음)를 바탕으로 구성했다.

마태복음이 마가복음을 인용할 때는 마가복음에 기록된 것보다 더 간략하게 표현한다(Wright & Bird). 마태는 마가복음에 기록된 내용을 대체하거나 전면적으로 개정하기보다는 자신의 필요에 따라 개정하거나, 재구성하거나, 새로운 자료로 더 풍성하게 만드는 '새로운 편집본'(fresh edition)을 지향한다(Stanton). 마태복음은 대체로 마가복음의 내용과 순서를 따르지만, 마가복음이 중요하게 부각하는 '메시아적 비밀'(messianic secrecy)에 관해서는 상당 부분 희석한다. 반면에 제자들의 실패, 예수님의 삶과 사역을 통해 구약 예언이 성취되었다는 사실, 그리고 종말론적인 소망을 강조한다.

누가복음은 1,149절로 이루어져 있으며, 이 중 350절은 마가복음을, 235절은 Q를 인용했다(cf. Evans, House, Martin). 비율로 계산하면 누가는 마가복음을 구성하는 661절 중 약 53%를 인용한 것이다. 마태복음이 마가복음의 75%(661절 중 500절)를 인용하는 것에 비교하면, 누가복음의 마가복음 의존도는 상대적으로 낮다. 누가복음이 마가복음에서 410절을 인용한다며 누가의 마가 의존도를 높이는 이들도 있지만(Bauchkam), 이렇게 계산해도 62%다. 마태의 의존도보다 현저히 낮은 비율이다.

1,149절로 구성된 누가복음 중 마가복음을 인용한 350절을 제하면 799절이 남는데, 이 내용은 마가복음에서 찾아볼 수 없다. 이 799절은 누가가 Q와 자신의 고유 출처를 바탕으로 구성했다(cf. Evans, Jones). 한편, 누가복음이 가장 늦게 저작되었다고 하는 이들은 누가가 Q와 마태복음과 자신의 고유 출처(L)를 인용해 이 799절을 집필했다고 주장하기도 한다.

4. Q의 내용

대체로 학자들은 Q를 주후 50년대 문서로 본다(cf. Blomberg, Porter,

Robinson et al.). Q가 마태의 고유 출처인 M과 누가의 L을 포함하는 등 Q의 범위에 대한 전통적인 견해보다 훨씬 더 넓게 보는 이들도 있다 (Goulder, Gundry). 그러나 앞서 언급한 것처럼 본 주석은 Q의 범위를 마태복음과 누가복음이 공유하는 내용 중 마가복음에 없는 것으로 제한한다. 이 같은 기준으로 범위를 제한하면 Q는 총 235절로 구성된다(cf. Aland, Carlston & Norlin, Robinson et al.).

Q의 내용은 다음과 같다(cf. House, Martin, Orchard & Longstaff, Porter & Dyer). 단, 마태복음은 인용하는 Q의 일부 내용을 여러 개로 쪼개는 것에 반해 누가복음은 대부분 하나로 묶어 인용하기 때문에 누가복음을 기준으로 표기하는 것이 바람직하다.

세례 요한의 회개 권면(눅 3:7-9; 마 3:7-10)
예수님이 시험을 받으심(눅 4:1-13; 마 4:1-11)
산상 수훈(눅 6:20-23; 마 5:3-4, 6, 11, 12)
원수 사랑(눅 6:27-36; 마 5:39-42, 44-48; 7:12)
심판에 대한 가르침(눅 6:37-42; 마 7:1-5; 10:24; 15:14)
말씀을 듣는 자들과 행하는 자들(눅 6:47-49; 마 7:24-27)
백부장의 종(눅 7:1-10; 마 7:28a; 8:5-10, 13)
세례 요한의 질문(눅 7:18-20; 마 11:2-3)
예수님의 대답(눅 7:22-35; 마 11:4-19)
제자도에 관한 가르침(눅 9:57-60; 마 8:19-22)
전도와 선교(눅 10:2-16; 마 9:37-38; 10:9-15; 11:21-23)
예수님의 감사 기도(눅 10:21-24; 마 11:25-27; 13:16-17)
주기도문(눅 11:2-4; 마 8:19-22)
기도 응답(눅 11:9-13; 마 7:7-11)
예수님과 바알세불(눅 11:14-23; 마 12:22-30)
요나의 증표(눅 11:29-32; 마 12:38-42)

빛에 대한 가르침(눅 11:33-36; 마 5:15; 6:22, 23)

바리새인들을 비난하심(눅 11:37-21:1; 마 23:1-36)

진정한 신앙 고백(눅 12:2-12; 마 10:19, 26-33; 12:32)

근심에 대한 가르침(눅 12:22-34; 마 6:19-21, 25-33)

신실함에 대한 가르침(눅 12:39-46; 마 24:43-51)

이 세대의 징조(눅 12:51-56; 마 10:34-36; 16:2, 3)

고소하는 자와 협상하라는 가르침(눅 12:57-59; 마 5:25-26)

겨자씨와 누룩 비유(눅 13:18-21; 마 13:31-33)

이스라엘 정죄(눅 13:23-30; 마 7:13-14, 22, 23; 8:11-12)

예루살렘에 대한 통곡(눅 13:34-35; 마 23:37-39)

제자가 되려면 치러야 할 대가(눅 14:26-35; 마 10:37-38; 5:13)

두 주인을 섬기는 것(눅 16:13; 마 6:24)

율법과 이혼(눅 16:16-18; 마 11:12-13; 5:18, 32)

죄와 용서와 믿음(눅 17:1-6; 마 18:6-7, 15, 20-22)

인자의 날(눅 17:23-27, 33-37; 마 24:17-18, 26-28, 37-41)

누가복음의 고유 출처 L

누가복음은 1,149절로 구성되어 있으며, 이 중 350절은 마가복음을, 235절은 Q를 바탕으로 한다. 그리고 나머지 564절은 누가의 고유 출처인 L을 형성한다. 학자에 따라 L의 규모는 480-580절에 달하지만, 본 주석에서는 564절로 간주한다. 다음은 L의 내용이다(cf. Beale & Gladd, Brooks, Evans, House, Jones, Martin, Paffenroth, Streeter, Wright & Bird).

데오빌로에게 헌정(1:1-4)

가브리엘과 스가랴(1:5-25)

가브리엘과 마리아(1:26-38)

마리아와 엘리사벳(1:39-45)

마리아의 찬가(1:46-56)

세례 요한의 탄생(1:57-66)

스가랴의 예언(1:67-80)

예수님의 탄생(2:1-7)

천사들과 목자들(2:8-20)

아기 예수의 정결 예식(2:21-40)

소년 예수와 성전(2:41-52)

세례 요한의 사역(3:1-2)

세례 요한의 가르침(3:10-14)

예수님의 계보(3:23-38)

시몬을 부르심(5:5-11)

나인성에 사는 과부의 아들(7:11-17)

죄인인 한 여인이 용서받음(7:36-50)

예수님을 도운 여인들(8:1-3)

사마리아의 동네가 예수님을 거부함(9:51-56)

72명을 보내심(10:1-12)

72명이 돌아옴(10:17-20)

선한 사마리아인(10:29-37)

마리아와 마르다(10:38-42)

구하면 얻을 것(11:9-13a)

참된 복(11:27-28)

어리석은 부자 비유(12:13-21)

많이 받은 사람에게 많은 것을 요구하심(12:41-50)

회개하지 않으면 망함(13:1-5)

열매를 맺지 못하는 무화과나무 비유(13:6-9)

안식일에 치유된 여인(13:10-17)

수종병을 앓는 사람이 치유됨(14:1-6)

낮은 자리와 겸손(14:7-14)

제자가 되려면(14:28-33)

잃어버린 동전 비유(15:8-10)

탕자 비유(15:11-32)

불의한 청지기 비유(16:1-13)

부자와 나사로(16:19-31)

나병 환자 열 명이 치료됨(17:11-19)

과부와 재판관 비유(18:1-8)

바리새인들과 세리 바유(18:9-14)

삭개오(19:1-10)

칼 두 자루(22:35-38)

헤롯 앞에 서신 예수님(23:6-12)

엠마오로 가는 길(24:13-35)

예수님의 마지막 말씀(24:44-49)

예수님의 승천(24:50-53)

학자들은 누가의 고유 출처인 L이 보존되고 전수되는 과정에서 여자 제자들이 매우 중요한 역할을 한 것으로 간주한다(Bauchkam, cf. Garland). 세 공관복음과 Q와 M(마태의 고유 출처)과 L(누가의 고유 출처)의 관계를 정리하면 다음과 같다.

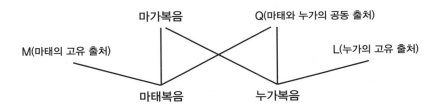

장르

우리는 신약을 구성하는 정경 27권 중 처음 네 권의 장르를 복음서라고 한다. 예수 그리스도의 죽음과 부활을 통해 세상에 임한 복음을 묘사하기 때문이다. 즉, 우리는 한 복음(그리스도의 죽음과 부활)에 대해 네 복음서를 전수받았다(cf. Brown, Hengel, Strauss, Stuhlmacher). 아마도 이는 구약에서 숫자 '4'가 총체성과 포괄성을 상징하는 것과 연관이 있는 듯하다. 고대 근동 사회에서는 온 세상을 아우를 때 오늘날처럼 네 방향(동-서-남-북)을 가리켰다. 이러한 현상은 구약에서도 여러 차례 반복된다(cf. 창 28:14; 민 35:5; 신 3:27 등). 에스겔 선지자가 하나님의 보좌를 떠받들고 있는 네 생물(천사) 환상을 보았을 때, 각각 네 얼굴과 네 날개를 가진 네 생물이 몸을 틀지 않고 네 방향으로 이동하는 것도 이러한 포괄성 및 총체성과 연관이 있다(cf. 겔 1장; 10장).

역사를 주관하시는 하나님은 예수님의 죽음과 부활에 관해 증언하는 복음서로 '마태복음-마가복음-누가복음-요한복음'을 정경으로 정하셨다. 그런 만큼 예수님의 삶과 사역을 연구하고 묵상할 때 당시 저작된 다른 자료들(cf. 눅 1:1-4)을 참고할 수는 있지만, 마치 하나님이 그 자료들에 네 정경에 버금가는 권위를 부여한 것처럼 간주해서는 안 된다. 간혹 구약과 신약을 연구하는 학자 중 일부는 더 나아가 외경(apocrypha)과 위경(pseudepigrapha), 그 외 유대인들의 전승(tradition)까지 정경만큼이나 권위가 있는 것으로 취급하는데 바람직한 처사는 아니다. 이 책들을 참고하되 정경을 대하듯 해서는 안 된다. 앞으로 계속 출판될 『엑스포지멘터리』 신약 주석 시리즈에서는 오직 구약과 신약 정경을 바탕으로 본문을 설명할 것이다. 외경과 위경과 미쉬나(Mishna) 등 유대인의 전승을 인용하는 것은 배제할 것이다. 유일한 예외는 요한계시록 주석이 될 것이다. 요한계시록을 구약과 연결할 때 중간사 문헌이 많은 도움이 되기 때문이다.

71

어떤 저자든 작품을 만들 때 자기 작품이 일정한 기준과 원칙에 따라 읽히고 해석되기를 바란다. 집필자는 이러한 의도와 기대를 작품의 장르를 통해 표현한다. 그러므로 장르는 작품 안에서 직접 언급되거나 암시된다. 혹은 무의식적으로 성립된 저자와 독자 사이의 계약 또는 약속이라고도 할 수 있다(Burridge, cf. Guelich).

네 복음서는 예수 그리스도의 복음에 관한 책이다. '복음'(εὐαγγέλιον)은 '좋은/복된 소식'이라는 의미이며, 이사야서(40:9; 52:7; 61:1 등)에서 시작된 개념으로 보인다(Beale & Gladd). 복음을 간략하게 정의하자면 '듣는 이들에게 복된 소식'이라는 뜻이다. 구약에서는 사람에게 복된 소식을 주실 수 있는 분은 하나님뿐이기에 신약에서도 예수 그리스도의 복음은 처음부터 끝까지 여호와 하나님의 개입(사역)임을 전제한다.

예수님의 복음에 관해 기록하는 복음서들은 구체적으로 어떤 장르인가? 한 학자는 복음서를 가리켜 창의적인 미드라쉬(creative midrash)라고 한다(Gundry). 미드라쉬는 정경이 간단히 언급하는 한 사건이나 인물을 근거로 완전히 새로운 이야기를 만들어 낸 것이다. 진보적인 성향의 학자들은 구약에서 가장 독보적인 미드라쉬로 요나서를 지목한다. 열왕기하 14:25이 '아밋대의 아들 선지자 요나'를 언급하는데, 누군가가 이 말씀을 근거로 삼아 미드라쉬로 저작한 것이 요나서라는 주장이다. 그러므로 이들은 요나서에 나타나는 선지자와 그의 사역이 지닌 역사성을 부인한다. 요나서는 열왕기하 14:25을 바탕으로 창조된 허구라는 뜻이다. 물론 전혀 설득력이 없는 논리다(『엑스포지멘터리 소선지서 1권』의 "요나서" 섹션을 참조하라).

미드라쉬의 예를 하나 더 들자면, 몇 년 전에 상영된 영화 〈노아〉가 있다. 창세기는 노아의 삶에 관해 많은 공간을 할애하지 않기 때문에 창세기에 기록된 내용만으로 노아에 관한 장편 영화를 만들기에는 턱없이 부족하다. 이에 해당 영화의 작가는 온갖 상상력을 동원해 허구적인 소설을 썼다. 그러므로 영화 〈노아〉는 전형적인 미드라쉬다.

건드리(Gundry)는 미드라쉬가 순전한 허구와 연관된 장르라는 것을 알기 때문에 복음서를 가리켜 당시 독자들이 사실인 부분과 사실이 아닌 부분을 구분할 수 있게 한 '창의적인 미드라쉬'(creative midrash)라고 주장한다. 그러나 이러한 주장은 별로 설득력이 없다(Moo, cf. Guelich, Shuler, Talbert). 복음서들이 구약을 미드라쉬처럼 대하는 부분이 전혀 없지는 않지만, 복음서에서 구약 말씀을 대할 때는 그 말씀에 대한 해석이 주류를 이루기 때문이다(Carson, France, Moo, Stendahl). 게다가 복음서들의 출처에 대한 유일한 언급이라 할 수 있는 누가복음 1:1-4은 복음서에 기록된 예수님의 삶과 사역이 이를 직접 목격한 목격자들의 기억과 증언을 토대로 하는 만큼 모든 내용이 사실이라는 것을 전제한다.

복음서 저자들의 이 같은 전제에 따르면 네 복음서에 기록된 모든 내용은 사실이며, 예수님의 삶과 사역에서 비롯된 것들이다. 그러나 복음서 저자들의 전제에 동의하지 않는 일부 학자는 복음서에서 '역사적 예수'(historical Jesus)를 찾아 나섰다(cf. Crossan, Theissen & Merz). 예수님 시대 유대교와 사도 시대 교회들의 교리와 가르침으로 오염되지 않은 순수한 '인간 예수'를 찾아 나선 것이다. 한때는 수년 동안 복음서에 예수님이 하신 것으로 기록된 말씀 중 어떤 것이 예수님이 하신 것이고, 어떤 것이 아닌지를 규명하는 '예수 세미나'(Jesus Seminar)까지 진행했다.

결과는 참으로 실망스럽고 허황됐다(cf. Funk, Miller). 이들의 노력은 참으로 소모적이었으며, 정경 저자들의 전제만 받아들여도 피할 수 있는 낭비였다. 복음서의 예수님은 역사적 예수와 동일하다. 복음서는 기록된 내용을 직접 목격한 증인들의 증언을 바탕으로 하기 때문이다(cf. Bauckham, Byrskog, 눅 1:1-4; 행 1:1-3; 벧후 1:16).

누가복음-사도행전에는 역사(history), 전기(biography), 신학(theology), 고백(confession), 교리(dogma), 설교(sermon), 송가(Magnificat) 등 다양한 양식의 글이 포함되어 있다(cf. Hengel, Sterling). 그러므로 누가가 남긴 책들의 장르를 규명하는 일은 쉽지 않다. 특히 이 두 권이 한 작품으로 취급되어야 하는 만큼 장르를 파악하기가 더 어렵다.

누가가 살던 사회에는 '삶'(Lives)이라는 장르가 있었다. 이는 묘사하는 사람의 삶, 시대, 가르침, 찬양, 도덕, 철학, 이야기 등을 포함하는 매우 유연한 장르로 여러 면에서 공관복음과 비슷하다고 할 수 있다 (Burridge). 반면에 지난 수십 년 동안 다수의 학자는 공관복음의 장르를 그리스-로마 시대 전기(Graeco-Roman biography)라고 했다(Garland, Shuler, Talbert, cf. Burridge). 여기에 유대인과 헬라(Hellenistic) 문화의 전기도 포함해 더 유연한 장르로 정의해야 한다는 것이 상당수 학자의 주장이다 (Beale & Gladd, Burridge, Carson et al., deSilva, Culpepper, Talbert).

이 양식의 문헌들은 주인공(지도자)의 삶과 업적 등을 회고함으로써 독자들로 하여금 그가 남긴 메시지와 가르침을 믿게 했다. 공관복음도 예수 그리스도의 복음을 독자들에게 알리고 믿게 하려는 목적으로 저작되었다(Beale & Gladd). 그러나 공관복음과 그리스-로마 시대의 다양한 장르를 비교한 후 복음서와 조금 비슷한 장르는 있어도 동일시할 만한 장르는 없었다며 복음서의 장르를 완전히 독창적인 것으로 간주해야 한다고 주장하는 이들도 있다(Aune, Guelich Keener, cf. Burridge, Knight). 당시에도 새로운 장르가 끊임없이 개발되고 있었기 때문에 복음서 저자들 역시 새로운 장르를 제시하는 것으로 간주해도 별문제가 없다는 것이다. 한편, 누가복음-사도행전이 신명기사가적 역사서 (Deuteronomistic historiography)와 헬라적 역사서(Hellenistic historiography)의 영향을 받았다고 주장하는 이도 있다(Schmidt).

누가복음-사도행전의 장르를 논할 때는 역사적인 성향뿐 아니라 신학적이고 변증적인 면모도 고려해야 한다. 이 정경들은 기독교가 어떻게 구약적 배경에서 시작해 로마에 이르게 되었는지를 회고하는 신학서(theography)인 동시에 변증적 역사서(apologetic historiography)이기 때문이다(Adams, Phillips). 더불어 누가는 역사가이자 신학자이자 목회자였다(Bock). 그런 만큼 이 두 책은 분명 기독교적 관점과 신학적 메시지와 목적을 담고 있다. 따라서 이 책을 당시 문화에서 비슷한 것을 찾을 수는 있지만 동일한 것은 찾을 수 없는 독특한 장르로 보는 것이 바람직하다(cf. Aune).

누가는 기독교의 시작과 발전을 묘사하는 데 가장 적절한 장르를 개발했다. 그는 지난 일들을 역사적으로 정확하게 회고한다(Blomberg, Keener). 그러나 한편으로는 독자들이 역사적 정보를 얻는 데 그치지 않고 삶에 적용할 교훈과 윤리를 배우기를 기대한다(Garland).

저자

우리는 누가복음과 사도행전의 저자를 누가로 알고 있지만, 정작 이 책들은 저자의 이름을 밝히지 않는다. 그러므로 저자가 누가라는 것은 모든 정황을 고려한 추론이다. 누가를 이 책의 저자로 지목하는 가장 중요한 증거는 초대교회가 남긴 증언과 사도행전의 '우리' 섹션이다(cf. 행 16:10-17; 20:5-15; 21:1-18; 27:1-28:16).

순교자 저스틴(Justin Martyr)은 바울을 따르던 사람이 160년경에 예수님에 관한 책을 남겼다고 했으며, 그로부터 10여 년 후에 저작된 『무라토리의 정경』(Muratorian Canon, 170-180)에서는 의사이자 안디옥 출신인 누가를 이 복음서와 사도행전의 저자로 지목했다(Sundberg, cf. Hobart). 같은 시기에 이레네우스(Irenaeus)는 말하길 누가는 바울에게 떼어 놓을 수 없는 동반자였다고 했다. 또한 3세기 초에 터툴리안(Tertullian)은 누가복음을 바울이 선포한 복음을 설명해 놓은 것이라고 했다. 유세비우스(Eusebius)도 비슷한 말을 남겼다. 초대교회는 지속적으로, 또한 일관되게 누가를 이 책들의 저자로 지목했다(Hengel). 175년경에 출판된 『반(反)마르키온 프롤로그』(Anti-Marcionite Prologues)도 이 책들은 누가가 저작한 것이라며 다음과 같은 말을 남겼다(Heard, cf. Bock, Wright & Bird).

누가는 안디옥 출신 시리아인이었으며, 직업은 의사였다. 그는 사도들의 제자였으며, 바울이 순교할 때까지 그를 따랐다. 그는 온전히 주님을 섬겼으며, 결혼하지 않았고, 아이도 없었다. 그는 84세에 보에티아에서 성령으로 충만해 죽었다.

학자들 대부분은 『반마르키온 프롤로그』의 증언을 모두 수용하지만(Hobart), 일부는 누가가 의사였다는 사실에 문제를 제기하기도 한다. 누가가 의사였다는 것은 골로새서 4:14을 근거로 하지만, 그가 사용하는 의학 용어나 질병에 관한 설명이 보편적이고 일반적인 묘사여서 전문가라고 하기에는 부족한 면이 있다고 생각하기 때문이다(Alexander, Keener). 사실 누가가 의사였는지 아니었는지는 그다지 중요한 이슈가 아니며, 본문 해석에 어떠한 영향도 미치지 않는다. 그러나 골로새서 4:14을 고려하면 그는 의사였을 것이다.

사도행전에는 1인칭 복수형인 '우리'를 사용해 이야기를 진행하는 텍스트가 상당 부분 포함되어 있다(행 16:10-17; 20:5-15; 21:1-18; 27:1-28:16). 이 텍스트는 누군가 바울과 함께 선교 여행을 하며 활동했던 사람에게서 비롯된 것이며, 바로 이 사람이 사도행전의 저자라는 것이 학자들의 보편적인 견해다. 바울과 함께 여행하며 누가복음과 사도행전을 저작한 사람이 누가라고 입증할 만한 직접적인 증거는 없지만, 매우 높은 가능성을 시사한다.

물론 모든 사람이 누가가 저자라는 데 동의하는 것은 아니다. 어떤 이들은 '우리'(we)가 문학적인 표현법에 불과하다고 주장하거나(Campbell), 저자가 인용하는 글에서 비롯된 것을 다듬지 않고 반영한 데서 빚어진 결과라고 주장하기도 한다(Barrett, Bovon). 즉, '우리' 섹션은 누가복음-사도행전 저자가 직접 경험한 일이 아니라는 것이다(Haenchen, Wedderburn). 그러나 이렇게 해석하기에는 이 '우리' 섹션이 사도행전의 흐름과 너무나도 잘 어울린다. 만약 이것이 문학적 표현법에 불과하다면 이 텍스트들을 초월해 훨씬 더 많은 곳에 더 넓게 사용되어야 한다(Fitzmyer). 따라서 누가가 실제로 바울과 함께 여행하며 이 섹션을 기록했다는 것이 가장 자연스럽고 당연한 해석이다(Adams, Bock, Dunn, Garland, Wright & Bird).

어떤 이들은 사도행전이 바울의 가르침을 정면으로 반박한다며 누가는 바울과 함께한 사람이 아니라고 주장한다(Vielhauer). 사도행전과 바울 서신의 대조적인 신학적 관점을 고려하면 누가가 사도행전의 저자가 아니거나, 누가는 바울과 여행한 적이 없다는 것이다. 그러나 대부분은 누가와 바울이 메시지와 신학에서 상호보완적이지 대조적이지 않다는 데 동의한다(Bruce, Porter, cf. Walton).

누가는 마가처럼 예수님의 열두 제자 중 하나는 아니었다. 예수님의 삶과 사역을 직접 목격한 사람도 아니었다. 그는 예수님의 삶과 사역을 목격한 이들의 다음 세대인 2세대 그리스도인이었으며, 바울과 함께 사역한 사람이었다(Bock, Liefeld & Pao). 신약은 바울과 함께 여행하며 사역한 사람들로 누가 외에도 마가(Mark), 아리스다고(Aristarchus), 데마(Demas), 디모데(Timothy), 디도(Titus), 실라(Silas), 에바브라(Epaphras), 바나바(Barnabas) 등을 언급한다. 하지만 사도행전의 '우리' 말씀을 고려하면 누가는 가장 가까이에서 오랫동안 바울과 함께 사역했다고 할 수 있다. 누가는 산 증인들(eyewitness)에게서 예수님의 사역과 삶에 관한 정보를 수집했으며(눅 1:1-3), 마가와 함께 활동한 것을 고려하면 마가에게서도 많은 정보를 얻었을 것이다(Beale & Gladd, cf. 골 4:10, 14; 딤후 4:11; 몬 1:24).

누가가 유대인이었는지에 대해 의견이 다양하다. 누가가 유대인이었을 뿐 아니라, 율법에 대해 매우 잘 알고 있으며, 구약을 해석할 때 당시 랍비 사이에 유행했던 방식을 따른다 하여 그가 제사장이었다고 하는 이들이 있다(Strelan). 또한 누가가 칠십인역(LXX)에 익숙하고 매우 우아하고(elegant) 품격 있는(well-polished) 헬라어를 사용한다는 점에

서 교육을 많이 받아 헬라어를 아주 잘 구사하는 사람, 그러나 디아
스포라 유대교에 속했던 헬라화된 유대인 그리스도인(Hellenistic Jewish
Christian)이라 하는 이들도 있다(Garland, Overman, Wilcox, cf. Liefeld & Pao).

한편, 누가가 헬라 사람(Moulton), 혹은 이방인이었다고 주장하는 학
자도 많다(Beale & Gladd, Bock, Culpepper, Fitzmyer, cf. 골 4:10-11, 14). 또한
안디옥에 살던 시리아 사람으로 보는 이들도 있다(Bock, cf. 골 4:10-11).
성경이 누가에 대해 자세하게 언급하지 않으므로 이 모든 추측이 가능
하다. 확실한 것은 그가 구약에 대해 매우 많이 알고 있으며, 참으로
품격 있는 헬라어를 구사했다는 사실이다.

저작 시기

누가복음-사도행전이 마르키온주의(Marcionism)에 대항하기 위해 저작
되었다고 주장하는 이들은 이 책들의 저작 시기를 140-150년경으로
본다(Baur, Tyson). 그러나 누가의 저서에는 마르키온주의와 연관될 만
한 부분이 거의 없다. 그러므로 대부분 학자가 이 같은 추측을 부정적
으로 평가한다.

누가복음-사도행전의 저작 시기를 가장 이르게 보는 사람들은 누가
가 주후 61-63년경에 바울이 로마 옥살이에서 풀려날 것을 기대하며
저작한 것이라 한다(von Harnack, Hemer). 또는 주후 60년대 중반에 저작
한 것이라고 주장하기도 한다(Beale & Gladd, Bock). 바울은 주후 64-68년
경 로마 황제 네로의 기독교 박해 때 순교했는데 사도행전이 이 일에
대해 어떠한 언급도 하지 않기 때문이다(Larkin, Osborne).

그러나 사도행전이 바울의 죽음을 언급하지 않는 것이 반드시 누가
복음-사도행전의 저작 시기에 영향을 미칠 필요는 없다. 이 책들이 출
판될 즈음에는 이미 독자들이 바울과 베드로의 죽음에 대해 익히 알

았기에 굳이 이들의 죽음을 언급할 필요가 없었을 수 있기 때문이다.
또한 사도행전이 바울의 전기(위인전)가 아니라 어떻게 복음이 제국의
수도인 로마까지 왔고, 어떻게 로마가 복음을 온 세상에 전파하는 전
진 기지가 되었는지에 관한 책이라면 더욱더 그렇다(Marguerat, Wright &
Bird, cf. 행 28:16-31). 이렇게 간주하는 이들은 이 책들의 저작 시기를
주후 80-90년 사이로 본다(Bruce, Fitzmyer, Keener, Wright & Bird).

누가복음의 저작 시기는 마가복음의 저작 시기와 연관이 있기도 하
다. 공관복음서 중 마가복음이 가장 먼저 저작되었고, 누가가 마가복
음을 인용하기 때문이다(cf. "공관복음" 섹션). 마가복음을 주후 60년대
초반에 저작된 것으로 간주하면(cf. France), 누가복음-사도행전은 주후
61-65년 사이에 저작되었다고 할 수 있다(Hemer).

누가복음의 저작 시기를 논할 때 가장 중요한 내부적 이슈로 떠오르
는 것은 예루살렘 성전과 도성이 파괴될 것이라는 예수님의 말씀이다
(cf. 눅 19:41-44; 21:20-24). 이 말씀은 주후 70년에 있었던 예루살렘과
성전 파괴에 관한 것이 확실하다. 사람은 미래를 예언할 수 없다고 단정
하는 사람들은 누가가 이 일들이 모두 일어난 이후에 마치 앞으로 실현
될 예언처럼 기록한 것이라고 주장한다. 이에 그들은 주후 75-90년을
누가복음의 저작 연대로 본다(cf. Garland). 그러나 사람은 예언할 수 있
으며, 더군다나 예수님의 말씀을 예언으로 간주한다면 굳이 이렇게 늦
을 필요는 없다(Bock, Dodd). 그러므로 누가복음-사도행전의 저작 연
대를 넓게 보는 이들은 주후 60-70년대로 추정한다(Liefeld & Pao). 모든
정황을 고려할 때 이 연대가 가장 합리적인 결론으로 생각된다.

목적

학자들은 누가복음-사도행전이 저작된 목적에 대해 매우 다양하게 추

측했다. 이방인 성도들에게 기독교 교리를 가르치기 위해, 교회가 사명에 임하는 것을 역사적으로 기록하기 위해, 유대교와 바울의 기독교를 정의하고 융합하기(synthesize) 위해, 그리스도인들을 하나님의 백성으로 정당화시키기 위해, 유대교에서 기독교가 독립한 일을 합리적으로 설명하기 위해, 선교와 믿음이 역사적 증거에 근거한다는 확신을 주기 위해, 하나님의 구속사가 지속되고 있다는 것을 교리화하기 위해, 초대교회의 정체성을 정의하기 위해, 바울을 변호하기 위해, 교회가 당면한 신학적인 문제를 해결하기 위해, 그리스도인들이 받은 가르침을 확실히 알게 하기 위해, 구약 선지자들이 오실 것이라고 했던 메시아가 바로 예수님이라는 사실을 알리기 위해, 나사렛에서 오신 예수님이 이스라엘뿐 아니라 열방까지 죄의 억압과 속박에서 구원하는 구세주이심을 선포하기 위해, 이단들에 대항하기 위해, 교회 안에 존재하는 빈부의 격차 등 문제를 해결하기 위해 등이다(Bovon, Bruce, Keener, Liefeld & Pao, Maddox, Talbert, Strauss, Wright & Bird).

이와 같은 보편적인 목적 외에 구체적인 목적을 주장하는 이들도 있다. 예수님이 초대교회의 기대와 달리 왜 재림하시지 않는지를 설명하기 위해(Conzelmann), 혹은 로마 법정에서 바울과 기독교를 변호하기 위해 저작된 것이라고 하는 이들도 있다. 그러나 누가복음-사도행전의 70% 이상이 재판에서 변론하는 데 사용할 만한 내용은 아니다(Bock). 또한 이 저서들이 지연되고 있는 예수님의 재림을 설명하기 위해 저작되었다고 하는 이는 극히 소수에 불과하다. 근거가 부족하기 때문이다.

그리스도 가현설(假現說, Docetism)과 영지주의(Gnosticism) 등 이단들의 가르침에 대항하기 위해 저작되었다고 주장하는 이들도 있다(Talbert). 그러나 누가복음-사도행전에는 이러한 오류를 반박하는 듯한 내용이 거의 없다. 누가가 이 책들을 저작했을 때는 이러한 주장을 펼치는 이단이 없었으므로 자신의 저서에 반영할 정도로 이슈가 되지 않았다는 뜻이다.

누가복음-사도행전은 그리스도인들이 자신의 신앙을 돌아보고, 불신자들을 전도하고 구원을 제시하는 일을 돕기 위해 저작되었다. 이 또한 매우 보편적이라 할 수 있다. 대부분 구약과 신약 정경이 이러한 목적을 지녔기 때문이다. 이러한 이해는 이 책들이 저작된 목적을 가장 잘 설명한다. 누가복음은 다윗의 후손으로 오신 예수 그리스도가 누구이신지, 그리고 하나님의 인류 구원이 어떻게 예수님을 통해 이루어졌는지를 설명한다. 그리고 사도행전은 유대인들이 거부한 복음이 어떻게 해서 열방과 '땅끝'이라 할 수 있는 로마로 가게 되었는지를 회고한다. 그러므로 누가복음-사도행전은 온 인류를 구원하시고자 하는 '하나님의 큰일'(cf. 행 2:11)이 교회와 성도들을 통해 어떻게 실현되고 있는지를 설명한다(Knight, cf. O'Toole). 이 과정에서 누가는 이방인들이 그리스도인이 되기 위해 유대교로 개종하거나 할례를 받음으로써 유대인이 될 필요가 없다고 한다.

누가복음-사도행전은 데오빌로에게 헌정된 책이다(눅 1:1-4; 행 1:1-2). 데오빌로(Θεόφιλος)는 '하나님을 사랑하는 이, 하나님의 친구'라는 의미를 지닌 이름이다. 그러므로 데오빌로는 모든 하나님의 자녀 혹은 하나님과 친구 되기를 원하는 사람을 상징하는 이름일 수도 있지만, 대부분 학자는 한 이방인 그리스도인으로 추정한다(Bock, Garland, Wright & Bird). 아마도 그는 누가의 누가복음-사도행전 저작을 재정적으로 후원한 사람이었을 것이다. 데오빌로를 누가의 제자로 간주하는 이도 있다(Strelan). 데오빌로는 원래 유대교에서 시작되었음에도 유대인들이 완강하게 거부하는 기독교 안에서 자신이 무엇을 하고 있는지 고민하는 사람이었고, 누가는 예수님이 유대인들이 믿는 여호와 하나님의 구속 역사 한가운데에 계시는 것과 유대인들의 예수님 거부가 어디서 비롯되었는지를 설명함으로써 데오빌로의 고민을 해소해 주고자 한다(Bock). 또한 누가는 세상 그리스도인들에게도 같은 메시지를 주고자 이 책들을 저작했다(Schuyler).

신학적 메시지

한 가지 신학적 주제로 누가복음을 설명하려는 시도가 있지만(cf. Dunn, Marshall), 누가복음은 여러 가지 중요한 신학적 메시지를 담고 있기 때문에 한 가지 주제로 전체를 아우르는 것은 무모하며 소모적일 수 있다(cf. Culpepper, Fitzmyer, Liefeld & Pao). 본 주석에서는 몇 가지만 간략하게 정리하고자 한다.

1. 예수 그리스도

누가복음은 '예수님은 누구이신가'(정체성과 신분)에 대해 자주 질문한다. 예수님이 죄를 사하시는 것을 지켜본 서기관과 바리새인들은 "이 신성 모독 하는 자가 누구냐"(5:21)라고 묻는다. 인간의 죄를 사하시는 이는 오직 하나님 한 분뿐이기 때문이다. 감옥에 갇혀 있는 세례 요한은 제자들을 보내 "오실 그이가 당신이오니이까 우리가 다른 이를 기다리오리이까"(7:20)라고 묻는다. 요한은 메시아의 길을 예비하러 온 사람으로서 예수님이 구약 선지자들이 장차 오실 것이라고 했던 메시아가 맞는지 확인하고자 한다. 예수님이 바리새인인 시몬의 집에 머무실 때 한 죄 많은 여인이 향유를 담은 옥합을 가져와 예수님께 부었다(7:36-38). 주님의 발을 눈물로 적시는 여인의 죄를 예수님이 용서하시자 함께 있던 사람들이 황당해하며 "이가 누구이기에 죄도 사하는가"라고 물었다(7:48-49).

예수님이 갈릴리 호수에 불어온 광풍을 잠잠케 하시자(8:22-24) 제자들도 "그가 누구이기에 바람과 물을 명하매 순종하는가"라고 물었다(8:25). 헤롯왕은 세례 요한을 죽인 후 예수님에 대한 다양한 소문을 접하고는 "요한은 내가 목을 베었거늘 이제 이런 일이 들리니 이 사람이 누군가"라고 물었다(9:9). '예수님은 누구이신가'에 대한 질문은 주님이

제자들에게 "무리가 나를 누구라고 하느냐"(9:18)라고 물으신 일에도
반영되어 있다. 이어서 예수님이 제자들에게 "너희는 나를 누구라 하
느냐"라고 물으신 데서 절정에 달하며, 베드로가 제자들을 대표해 "하
나님의 그리스도시니이다"(9:20)라고 고백한 일에서 가장 확실한 답을
찾을 수 있다. 또한 변화산 구름 가운데 임한 하나님의 음성도 같은 사
실을 확인해 준다. "이는 나의 아들 곧 택함을 받은 자니 너희는 그의
말을 들으라"(9:35).

누가는 베드로의 고백을 통해 예수님이 하나님의 그리스도이심을
선언할 뿐 아니라(cf. 9:20) 여러 가지 방법으로 예수님의 신성을 강조
한다. 예수님은 '하나님의 아들'(θεοῦ υἱός)이시다(1:32; 4:3, 9, 41; 8:28;
22:70; cf. 1:35; 9:35). 예수님은 신약이 하나님을 칭하는 데 사용하는 대
표적인 이름인 '주'(κύριος)이시다. 물론 '주'는 당시 팔레스타인에서 존
댓말로도 많이 사용되었다. 누가복음은 이 호칭을 103차례나 사용하
는데, 이 중 40여 차례는 하나님을, 24차례는 비유 혹은 예수님 주변
에 있는 사람들을 칭하는 일에, 나머지는 예수님을 부르는 호칭으로
사용되었다(Culpepper). 이 중 상당수가 저자의 의도를 반영하는 내레이
터(narrator)의 내레이션(narration)에 사용된다(7:13, 19; 10:1, 39, 41; 11:39;
12:42; 13:15; 17:5-6; 18:6; 19:8; 22:61; 24:3). 누가는 예수님이 구약의 여
호와와 동일시되는 분이라는 의미로 예수님을 주라고 부른다. 예수님
은 신적인(divine) 분으로 하나님만 하실 수 있는 일들이 예수님의 삶을
통해 일어나고 있다.

구약은 하나님을 '신적 용사'(Divine Warrior, cf. Longman & Reid)로 자주
묘사하는데(시 18:7-15; 24:7-10; 68:4; 104:1-3) 누가복음도 예수님이 바
로 이 신적 용사라고 한다. 예수님이 신적 용사라는 사실은 태풍을 잠
잠케 하시는 일을 통해 가장 확실하게 드러난다(눅 8:22-25; cf. 마 8:23-27;
막 4:36-41). 구약은 오직 여호와 하나님만이 요동치는 물과 바다 괴물
을 심판하시거나 다스리실 수 있다고 한다(cf. 시 74:13-14; 107:23-32;

겔 32:2; 단 7:2). 그러므로 태풍을 잠잠하게 하신 예수님의 기적은 구약과 깊은 연관이 있다. 예수님은 악한 세력의 상징인 갈릴리 호수의 흉흉한 물을 잠잠하게 하신 일을 통해 그분 자신이 하나님의 현현(성육신)이신 것과 장차 악을 심판하실 것을 암시하신다(Beale & Gladd).

예수님은 하나님이시지만 또한 다윗의 후손으로 오신 인간이시다(cf. 1:32-33, 69). 하나님은 옛적에 다윗과 그의 후손들이 영원히 이스라엘을 다스릴 것이라고 하셨다(삼하 7장). 이 말씀은 장차 오실 메시아가 다윗의 후손으로 오실 것이라는 예언이기도 하다(cf. 삼하 7:14). 우리는 이것을 다윗 언약이라고 한다. 하나님이 이 언약(약속)으로 다윗을 축복하셨기에 온 인류를 구원할 메시아이자 이스라엘을 다스릴 왕은 반드시 다윗의 후손으로 오셔야 한다. 선지자들은 심지어 이 구세주가 다윗의 고향 베들레헴에서 태어나실 것이라고 구체적으로 예언하기도 한다(미 5:2; cf. 눅 2:1-7).

예수님이 인간이신 것은 죽음을 당면하셨을 때 가장 확실히 드러났다. 겟세마네 동산에서 기도하실 때 "이 잔을 내게서 옮기시옵소서"라며 살기를 간절히 원하셨다(22:42). 얼마나 간절히 기도하셨는지 땀이 땅에 떨어지는 핏방울같이 되었다(22:44). 이처럼 혹독한 고통을 당하시면서도 인간 예수님은 "그러나 내 원대로 마시옵고 아버지의 원대로 되기를 원하나이다"라고 기도하셨다(22:42). 하나님의 뜻에 따라 사는 일은 결코 쉬운 일이 아니다.

다윗의 후손으로 오신 예수님은 자신을 부를 때 '인자'(υἱὸς τοῦ ἀνθρώπου)라는 호칭을 가장 많이 사용하셨다. '인자'는 예수님의 신성과 인성을 강조하기에 가장 적절한 표현이기 때문이다. 마가복음은 이 호칭을 25차례나 사용하며, 모두 예수님이 자신을 지칭할 때 사용하신다. 이 중 8차례는 예수님의 사역과 연관해, 5차례는 예수님의 고난과 죽음과 연관해, 12차례는 영광스러운 재림과 연관해 사용된다(Culpepper).

이 호칭의 구약적 배경을 살펴보자. '인자'(בֶּן־אָדָם)는 에스겔서에서 90차
례 이상 사용되며, 선지자 에스겔의 연약함을 강조한다(겔 2:1, 3, 6, 8;
3:1, 3, 4, 10, 17, 25 등; cf. 단 8:17). 영원하시고 전능하신 하나님 앞에 서
있는 한없이 나약한 인간의 모습이다. 이와는 대조적으로 다니엘서에
서 이 타이틀은 영광스러운 통치자 메시아를 뜻한다. 인자는 '옛적부
터 항상 계신 이'(하나님)로부터 온 세상을 다스리는 권세를 받으셨다(단
7:13-14). 그러므로 인자는 예수님의 신성과 인성을 드러내는 가장 적
절한 표현이다.

예수님은 이처럼 매우 특별한 분이기에 태어나실 때부터 모든 것이
특별했다. 예수님은 처녀의 몸을 통해 잉태하셨고(1:34-35), 또한 탄생
하시기 전에 천사가 미리 이름도 알려 주었다(1:31). 천사는 장차 마리
아에게서 태어날 아이의 이름은 '예수'(Ἰησοῦς)이며, 이는 백성을 그들
의 죄에서 구원하실 것을 의미하는 이름이라고 했다. 예수님은 죄로
허덕이는 사람들을 구원하기 위해 하나님이 다윗의 후손으로 보내신
구세주이시다(1:32-33).

하나님의 아들이신 예수님이 인간의 모습으로 온 인류를 구원할 구
세주로 오신 일은 우연이 아니다. 태초부터 하나님이 계획하신 일이다
(cf. 창 3:15, 20). 구약의 율법과 선지자들도 예수님이 오실 것을 예언했
다. 그러므로 예수님의 오심은 하나님이 태초부터 온 인류를 구원하기
위해 세우신 계획의 절정이다(cf. 1:68-79; 2:31-32).

2. 구원의 구체성과 보편성

누가복음은 하나님의 구원 사역에는 순서가 있다고 한다. 먼저 유대인
들에게 임하고, 그다음 이방인들에게 임한다고 한다. 누가는 하나님
의 구원이 이 두 그룹에 거의 동시다발적으로 임한다고 한다. 구약이
아브라함의 후손인 이스라엘 백성에게 임할 것이라고 했던 구원이 드

디어 임할 때가 되었다며 구체성을 강조한다(1:16-17, 32-33, 55, 68-80).
동시에 이 구원이 모든 이방인에게도 임했다며 보편성을 강조한다
(2:30-32; cf. 롬 1:16). 세상 모든 사람이 하나님의 구원을 볼 것이기 때
문이다(3:4-6).

이 같은 사실을 강조하기 위해 예수님은 고향인 나사렛 회당에서 이
사야 61:1-2을 강론하시면서 엘리야 시대에 이스라엘에 과부가 많았
지만 하나님이 그를 이스라엘 과부에게 보내지 않으시고 시돈 땅에 있
는 사렙다에 사는 이방인 과부에게 보내신 일과 엘리사 시대에 이스라
엘에 나병 환자가 많았지만 하나님이 그를 통해 오직 시리아 사람 나
아만을 고치신 일을 말씀하신다(4:18-27). 예수님은 사역을 시작하실
때부터 하나님의 구원이 이방인들에게도 임할 것이라고 선포하시며
선민으로서 자신들은 하나님의 특별한 사랑을 받는 민족이라고 생각
한 이스라엘 사람들을 매우 불편하게 하셨다(cf. 4:28-30). 모든 복음서
가 구원의 보편성을 언급하지만, 그중 누가복음은 이 주제를 가장 확
고하게 부각한다(cf. 13:29; 24:47).

복음이 이스라엘뿐 아니라 온 세상에 임하게 된 것은 우연이나 실수
로 빚어진 일이 아니라, 하나님이 태초부터 계획하셨던 인류 구원 역
사의 일부다. 구약은 아브라함과 다윗의 후손으로 오시는 이가 이러한
구원을 이루실 것이라고 한다(cf. 창 12:1-3; 22:18). 누가복음은 예수님
은 다윗과 아브라함의 후손일 뿐 아니라 아담과 하나님의 후손도 된다
며 온 인류의 구세주이심을 강조한다(3:23-38).

누가복음이 예수님을 이스라엘의 구원자이자 온 인류의 구원자로 동
시에 묘사하는 것은 교회가 옛것(구약과 유대인들의 전통)을 포기하지 않
으면서 새것(신약과 이방인들의 시대)을 껴안게 하기 위해서다. 이러한 가
르침은 선지자들의 '남은 자들'에 대한 이해와 맥을 같이한다. 선지자
들은 미래에 형성될 '이스라엘 이후 공동체'(post-Israel community)는 남은
자들(하나님께 신실한 사람들)로 구성될 것이라고 하는데, 이 남은 자 공

동체는 범위가 넓어지는 면모가 있는가 하면 좁아지는 면모도 지녔다.

남은 자 공동체가 좁아진다는 것은 이런 의미다. 예전에는 누구든 아브라함의 후손, 곧 이스라엘 사람이면 하나님의 백성이 될 수 있었다. 그러나 선지자들이 계시로 받은 남은 자들의 공동체는 더는 혈연으로 이어지는 집단이 아니다. 이스라엘 사람이라 할지라도 믿음이 없으면 남은 자가 될 수가 없다.

또한 남은 자 공동체의 범위는 넓어지기도 한다. 예전에는 이스라엘 사람들만 남은 자가 될 수 있었다. 반면에 선지자들이 꿈꾸었던 남은 자는 이방인들을 포함한다. 이방인 중에서도 믿음이 있는 사람은 남은 자가 될 수 있다. 심지어 이방인들이 여호와의 제사장이 되어 하나님을 가장 가까운 곳에서 섬기는 일도 있을 것이라고 한다(cf. 사 65-66장). 신약은 이런 시대가 도래했다고 하는데(롬 3:29; 9:24; 엡 2:11-22), 누가복음도 이러한 사실을 선포한다.

3. 예언과 성취

누가복음은 마태복음에 자주 등장하는 "주께서 선지자로 하신 말씀을 이루려 하심이니…"(ἵνα πληρωθῇ τὸ ῥηθὲν ὑπὸ κυρίου διὰ τοῦ προφήτου λέγοντος) 또는 그와 비슷한 표현(마 1:22; 2:15, 17, 23; 4:14; 8:17; 12:17; 13:35; 21:4; 27:9)을 사용하지 않는다. 긴 구약 말씀을 인용하지도 않는다. 길어야 한두 절이다(Beale & Carson). 누가는 오경을 10차례, 선지서를 7차례, 시편을 7차례 인용한다(Fitzmyer). 누가가 역사가이고 또 역사서를 저작하면서도 누가복음-사도행전에서 구약의 역사서를 한 번도 인용하지 않은 점은 특이하다고 할 수 있다. 그럼에도 불구하고 누가는 예수님의 삶과 사역이 구약의 예언을 성취한다고 한다. 한 예로 예수님은 회당에서 이사야 61:1-2을 낭독하신 다음 "이 글이 오늘 너희 귀에 응하였느니라"라고 하셨다(4:18-21).

부활하신 예수님에 관해 기록하는 24장은 지속적으로 구약 말씀이 성취되었음을 강조한다. 제자들이 부활하신 예수님을 보고도 현실로 받아들이기를 망설이자 이렇게 말씀하신다. "내가 너희와 함께 있을 때에 너희에게 말한 바 곧 모세의 율법과 선지자의 글과 시편에 나를 가리켜 기록된 모든 것이 이루어져야 하리라 한 말이 이것이라"(24:44). 예수님은 구약이 메시아에 대해 예언한 모든 말씀의 성취이신 것이다.

누가복음을 포함한 신약에서 예수님을 통해 구약의 예언이 모두 성취되었다고 할 때 '성취'는 최대한 포괄적인 의미를 지닌 개념으로 이해해야 한다(cf. Doeve, Beale & Carson, Gundry). 선지자들이 미래에 관해 예언한 것뿐만 아니라 율법 규정도 예수님을 통해 성취되기 때문이다. 예를 들면 히브리서는 레위기에 기록된 제사 제도가 예수님의 죽음을 통해 성취되었으며(히 10장), 예수님은 멜기세덱 제사장에 관한 말씀에 따라 제2의 멜기세덱으로 오셔서 새 언약의 대제사장이 되셨다고 한다(히 5-8장). 그러나 구약의 제사 제도는 율법의 일부이지 예언이 아니다. 멜기세덱도 창세기에 한 번 등장하고 사라지는 희미한 인물이며(창 14:18-20), 그의 이야기에서 예언이라 할 만한 것은 없다.

4. 하나님 나라

구약은 종말(세상이 끝나는 날)이 되면 하나님이 다스리시는 메시아의 나라가 세워질 것이라고 한다. 이 나라가 임하면 악인들과 세상 나라들은 하나님께 절대적으로 복종하거나 심판을 받아 영원한 벌을 받을 것이다(cf. 창 49:9-10; 시 110편; 단 2:35, 44-45 등). 반면에 하나님의 백성은 주님과 함께 영원히 잔치를 누릴 것이다(사 25:6; cf. 23:5). 이미 죽은 사람들은 부활해 잔치를 누리거나 심판을 받는다(사 25:7-9; 26:19-27:1; 단 12:1-2). 그러므로 어떤 사람이 부활하는가는 이슈가 아니다. 그날에는 주님의 백성뿐만 아니라 원수들을 포함한 모든 사람이 부활할 것이다. 이슈는 무엇을 위한 부활이냐 하는 것이다. 어떤 이들은 하나님과 영생을 누리기 위해 부활할 것이며, 그 외 사람들은 영원히 부끄러움을 당하기 위해 부활할 것이다(cf. 마 25:46).

선지자들은 하나님 나라가 '여호와의 날' 혹은 세상이 끝나는 날에 실현될 것이라고 했다(cf. 사 13장; 겔 13장; 욜 3장; 습 1장; 말 4장). 누가복음은 다른 공관복음서처럼 이 나라가 이미 임했고, 앞으로도 임할 것이라고 한다(Beale & Gladd). 하나님 나라는 처음 임할 때는 세상 모든 사람이 아니라 소수에게만 임하는 신비로운(mysterious) 나라다(8:10; cf. 마 13:11; 막 4:11). 예수님이 비유로 말씀하시고 또 "귀 있는 자는 들을지어다"라는 말씀을 되풀이하시는 이유는 이 소수를 위해 오셨기 때문이다(cf. 8:8; 14:35). 이미 임한 하나님 나라는 또한 주님이 온 세상을 심판하시는 날, 곧 장차 임할 세상 끝 날에 모든 사람에게 임한다.

어떻게 같은 날이 두 차례 임할 수 있다는 것인가? 누가는 예수님의 사역을 통해 이미 하나님 나라가 임했다는 것을 강조하기 위해 '오늘'이라는 말을 여러 차례 사용한다(2:11; 4:21; 5:26; 12:28; 13:32-33; 19:5, 9; 22:34, 61; 23:43). 예수님을 통해 하나님 나라가 임하기 시작한 것이다. 이미 임한 하나님 나라는 예수님이 재림하시는 날 최종적으로 임할 것이다(cf. 13-14장; 17:22-37). 쉽게 말하면 메시아이신 예수님의 오심으로 하나님 나라가 시작되었지만(inaugurated), 아직 완성되지는(consummated) 않았다. 하나님 나라의 완성은 세상 끝 날에 있을 일이다. 그러므로 하나님 나라는 '이미'(already) 임했지만 '아직'(not yet) 완성되지 않았다(Beale & Gladd).

예수님이 요한에게 세례를 받으실 때 하늘이 열리며 하나님의 영이 주님에게 임한 것은 하나님 나라가 시작되었음을 알린다(3:21-22). 이어진 광야 시험(4:1-13)은 예수님이 세상을 지배하는 악의 세력인 사탄을 물리치신 것을 상징한다. 귀신을 쫓아내는 예수님의 사역도 이미 악의 세력에게서 거두신 승리와 지속되는 하나님 나라의 능력에 기초한 것이다. 그러나 최종적이고 절대적인 악한 세력의 파괴는 세상이 끝나는 날 있을 최후 심판에서 일어날 것이다. 따라서 하나님 나라는 이미 임했지만, 주님이 다시 오시는 날 완성될 것이다.

5. 가난과 부(富)

예수님은 평생 사회적 약자와 병자들을 가까이하신 것처럼, 가난한 자들과도 함께하시며 그들을 축복하고 높일 것이라고 하셨다. 반면에 부자들에게는 하나님의 심판을 선언하시며 그들을 낮출 것이라고 하셨다. 당시 유대교에서 유행했던 '부(富)는 하나님의 축복'이라는 신학을 거부하신 것이다(Culpepper).

마태는 산상 수훈에 "심령이 가난한 자는 복이 있나니"라고 기록한다(마 5:3). 누가는 같은 말씀을 "가난한 자는 복이 있나니"(6:20)라며 '심령'(spirit)을 삭제해 경제적인 여건에 적용한다. 하나님이 가난한 사람들을 축복하시는 것과 대조적으로, 예수님은 부자들에게 "화 있을진저 너희 부요한 자여 너희는 너희의 위로를 이미 받았도다"(6:24)라고 하신다. 부자들은 이 땅에서 이미 누릴 것을 다 누렸기 때문에 이런 말씀을 하셨을 것이다. 반면에 가난한 사람들은 다가오는 내세에서 누릴 것이 많다는 것을 암시한다.

누가가 성도들의 경제적 상황에 지대한 관심을 두는 것은 그 어느 복음서 저자보다 부자와 가난한 사람들에 대한 많은 가르침을 자신의 저서에 담고 있다는 데서 역력히 드러난다. 또한 예나 지금이나 사람의 경제적인 여건은 곧바로 그의 사회적 지위와도 연결되기 일쑤다. 이러한 차원에서 누가는 책을 시작할 때부터 부자와 가난한 자들의 대조되는 상황을 경고한다.

예수님의 어머니 마리아는 하나님을 자기 여종(마리아)의 비천함을 돌보시며 만세에 그녀에게 복이 있다고 하시는 분으로 찬양한다(1:48).

또한 하나님이 "권세 있는 자를 그 위에서 내리치셨으며 비천한 자를 높이셨고 주리는 자를 좋은 것으로 배불리셨으며 부자는 빈 손으로 보내셨도다"(1:52-53)라며 찬양을 이어간다. 예수님은 나사렛에서 사역을 시작하시면서 하나님이 '가난한 자에게 복음을 전하게 하시려고' 주님의 성령이 자신에게 임했다고 하신다(4:18). 세례 요한의 제자들에게 하신 말씀에서는 '가난한 자들에게 복음이 전파되는 것'을 요한이 기다리던 메시아이심을 증명하는 증거 중 하나로 삼으신다(7:22).

예수님은 "사람의 생명이 그 소유의 넉넉한 데 있지 아니하니라"(12:15)라고 하시며, 잔치를 하려거든 친구들과 부자들을 초청하지 말고 가난한 자들과 몸 불편한 자들과 저는 자들과 맹인들을 청하라고 하신다(14:12-13). 부자는 가난한 사람에게 베풀어야 한다는 것이다. 이러한 맥락에서 예수님은 영생을 구하는 부자 관리에게 그가 가진 모든 것을 팔아 가난한 자들에게 나눠 주라고 하신다(18:22). 그러나 그는 재산이 많으므로 근심하며 돌아갔다. 그가 영생을 얻는 데 부가 걸림돌이 된 것이다. 이 젊은 관리와는 대조적으로 삭개오는 예수님의 가르침에 도전을 받아 그가 가진 소유의 절반을 가난한 자들에게 주겠다고 했다(19:8). 이에 예수님은 "오늘 구원이 이 집에 이르렀으니 이 사람도 아브라함의 자손임이로다"라고 화답하셨다(19:9).

이 땅의 부와 가난함이 내세에 어떤 영향을 미치는가? 누가는 부자와 거지 나사로 이야기(16:19-31)를 통해 답한다. 거지 나사로는 이 땅에 살 때 이렇다 할 의를 행하지 않고도 죽어서 아브라함의 품에 안겼다. 반면에 살아 있을 때 매일 잔치를 했던 부자는 영원한 벌을 받는다. 이 땅에서 부자로 사는 사람은 하나님 나라에 들어가기가 참으로 어렵다(cf. 18:24).

누가는 이러한 재물관을 통해 그리스도인들에게 부가 때로는 하나님의 축복일 수도 있지만, 항상 시험이 된다는 사실을 암시한다. 하나님이 주시는 부는 분명 축복이다. 그러나 하나님이 주신 부는 자기 자신과 가족만을 위해 쓰는 것이 아니라, 가난하고 어려운 이웃들을 위해 써야 한다(cf. 19:8-9). 하나님이 주신 축복을 이웃들에게 흘려 보내야 한다. 그러므로 부자는 자신의 재산이 자기 것이라고 주장하는 주인이 아니라, 하나님이 그에게 맡겨 주신 것이라는 사실을 고백하는 청지기가 되어야 한다.

구조

누가복음은 예수님의 어린 시절과 사역 준비(1:1-4:13), 그리고 책을 마무리하는 예수님의 수난과 부활(22:1-24:53)이 가운데 부분을 감싸는 구조다. 이 가운데 부분은 예수님의 사역에 관한 내용이며 갈릴리 사역(4:14-9:50), 예루살렘으로 가는 여정과 사역(9:51-19:27), 예루살렘 사역(19:28-21:38) 등 세 섹션으로 구분된다. 이 중 예루살렘으로 가는 여정(9:51-19:27)이 신명기 1-26장의 구조와 흐름을 배경으로 한다고 주장하는 이도 있다(Evans).

학자들 사이에 논란이 되는 부분은 예루살렘으로 올라가며 하신 사역이 어디서 마무리되며, 어디부터가 예루살렘 사역의 시작인가 하는 점이다. 나귀를 타고 예루살렘에 입성하신 일(19:28-44)이 예루살렘 사역의 시작인지 혹은 예루살렘 여정의 마무리인지가 다소 논란이 되고 있다. 이 사건을 예루살렘 사역의 시작으로 보는 이들도 있고(Culpepper, Garland), 예루살렘 여정의 마무리로 보는 이들도 있다(Bock, Wright & Bird). 이 사건을 바라보는 관점에 따라 다를 수 있기 때문이다. 다행히 이 같은 관점의 차이는 해석에 별 영향을 미치지 않는다. 본 주석에서는 다음과 같은 구조를 바탕으로 본문을 주해하고자 한다.

Ⅰ. 프롤로그(1:1-4)

Ⅱ. 어린 시절(1:5-2:52)

Ⅲ. 사역 준비(3:1-4:13)

Ⅳ. 갈릴리 사역(4:14-9:50)

Ⅴ. 예루살렘 여정(9:51-19:27)

Ⅵ. 예루살렘 사역(19:28-21:38)

Ⅶ. 수난과 죽음(22:1-23:56)

Ⅷ. 부활과 승천(24:1-53)

Ⅰ. 프롤로그

(1:1-4)

¹ 우리 중에 이루어진 사실에 대하여 ² 처음부터 목격자와 말씀의 일꾼 된 자들이 전하여 준 그대로 내력을 저술하려고 붓을 든 사람이 많은지라 ³ 그 모든 일을 근원부터 자세히 미루어 살핀 나도 데오빌로 각하에게 차례대로 써 보내는 것이 좋은 줄 알았노니 ⁴ 이는 각하가 알고 있는 바를 더 확실하게 하려 함이로라

우리말과 영어 번역본들은 누가복음의 프롤로그를 여러 문장으로 나누지만, 헬라어 사본에서는 한 문장이다(cf. Bock, Culpepper, Liefeld & Pao). 한 문장을 네 절로 나누다 보니 번역본마다 각 절을 구분하는 방식에 어느 정도 차이를 보인다. 예를 들면, 개역개정은 1절을 "우리 중에 이루어진 사실에 대하여"로 끊지만, 새번역은 "우리 가운데서 일어난 일들에 대하여 차례대로 이야기를 엮어내려고 손을 댄 사람이 많이 있었습니다"라고 표기한다(cf. 공동, 아가페, 현대어). 문장 구조와 어순을 어떻게 이해하느냐에 따라 이러한 차이를 보일 수 있다.

누가는 매우 품위 있고 부드러운 헬라어 문장력으로 독자들의 기대치를 한층 끌어 올린다(Kennedy). 그는 이 프롤로그를 통해 예수님의 삶

과 가르침에 대해 독자들이 들은 것이 모두 사실이며, 그들의 구원은 확고한 진리를 근거로 하는 만큼 조금도 염려하거나 불안해할 필요가 없다고 설득하고자 한다(cf. 4절).

누가복음은 네 복음서 중 프롤로그를 지닌 유일한 책이다. 또한 간략한 문장으로 시작하는 마태복음이나 마가복음과는 매우 대조적이다. 신약에서는 요한복음 1:1-18과 에베소서 1:3-14, 그리고 히브리서 1:1-4에 버금가는 매우 품위 있는 문장력을 과시한다(Culpepper).

누가의 프롤로그는 당시 역사서의 프롤로그와 비슷하다(Cadbury). 당시 역사서의 프롤로그는 (1)선행 연구, (2)중심 주제, (3)저자의 자격, (4)전개 계획, (5)목적, (6)저자의 이름, (7)대상 등 일곱 가지 요소를 지녔다(Talbert). 저자들은 이 일곱 가지 요소를 담은 프롤로그를 통해 자신의 책이 능력 있고 신뢰할 만한 사람이 많이 연구한 결과물이라는 것을 강조했다. 누가복음의 프롤로그는 이 일곱 가지 중 저자의 이름을 밝히지 않는다(Talbert). 누가는 역사서를 집필한다는 취지에서 누가복음을 저작한 것이다(cf. Aune, Balch, Callan, Marshall).

'우리 중에 이루어진 사실'(τῶν πεπληροφορημένων ἐν ἡμῖν πραγμάτων) (1절)은 하나님이 그분의 백성(우리) 가운데 하신 일, 곧 구원을 이루신 일을 의미한다(cf. 히 2:3-4). 누가복음은 하나님이 하신 일에 대해 언급할 때 종종 수동태로 표현한다(4:21; 22:37; 24:44). 본문에서 이미 이루어졌다며 완료형 수동태를 사용하는 것은 하나님이 이 일을 시작하셨을 뿐 아니라 이미 완성하셨음을 강조한다(Garland). 우리의 구원은 과거에 하나님이 시작하셨을 뿐 아니라 이미 이루신 일이다.

누가가 이 책을 저작하기 이전에도 예수님의 삶과 가르침을 직접 경험한 목격자들과 하나님의 일꾼이 된 사람들의 증언을 토대로 책을 쓴 사람이 여럿 있었다(2절). 당시 사람들은 역사서를 쓰기 위해서는 저자 자신이 회고하고자 하는 사건을 직접 목격한 '목격자'(αὐτόπτης), 혹은 그 사건을 목격한 사람들을 액세스(access)할 수 있어야 한다고 생각했다(Schmidt). '일꾼 된 자들'(ὑπηρέται)은 사도들뿐 아니라, 바울처럼 예수님이 사역하고 가르치시던 자리에는 없었지만 자신이 체험한 일을 바탕으로 목격자들을 통해 들은 '말씀'(τοῦ λόγου), 곧 사람이 구원에 이르게 하는 복음을 전파하는 사람들을 포함한다.

누가가 이 목격자들과 일꾼 된 자들을 같은 대명사를 사용해 하나로 묶는 것은 목격자 중 상당수가 복음을 전파하는 일꾼이 되었음을 암시한다(Garland, Fitzmyer). 사도행전은 이 같은 사실과 과정을 기록한다. 말씀의 일꾼 된 목격자 중에는 갈릴리에서부터 예수님과 함께한 여인들도 포함되어야 한다. 이 여인들은 복음의 토대에 초대교회를 세우는 일에 크게 이바지했다(Bauckham, cf. 8:1-3; 23:55-24:10).

목격자들과 말씀의 일꾼 된 자들의 증언을 바탕으로 예수님에 관해 책을 쓴 사람이 여럿 있었다(2절). 누가는 그들이 '내력을 저술하려고'(ἀνατάξασθαι διήγησιν) 했다고 한다. 예수님과 연관된 사건과 가르침을 시대적인 순서에 따라 기록하려고 했다는 뜻이다(Cadbury, cf. 새번역).

이러한 말로 누가는 자신이 예수님에 대한 구전과 전승 등을 문서화하는 첫 저자가 아니라는 사실을 밝힌다. 당시 역사서를 저작하는 일은 전에 없던 것이나 획기적으로 다른 내용을 제시하는 것이 아니라, 여러 전임자로부터 전수받은 내용을 대부분 수용하고 조그만 쇄신(혁신)을 더해 전통을 이어가는 것이었다(Marincola). 마치 오늘날 주석을 집필하는 일과 비슷하다. 주석은 지난 2,000년 동안 수많은 저자가 해석해 놓은 성경 본문에 조그만 쇄신을 더해 전통을 이어 가는 것이다.

누가는 이때까지 예수님에 대해 저술한 사람들과 그들의 작품을 비난하거나 혹은 문제를 제기하려는 것이 아니다. 오히려 자신도 그들의 숭고한 노력에 함께한다는 것을 '우리'(1절)와 '나도'(3절)라는 말을 통해 표현한다. 자신도 이 사람들이 시작한 일(예수님의 삶과 가르침을 조명하는 것)을 이어가고 있다는 것이다(Culpepper, Liefeld & Pao).

누가가 남긴 작품은 어떤 것인가? 그는 자신의 저서는 네 가지 원칙을 반영한다고 한다(3절). 첫째, '모든 일'(πᾶσιν)을 살폈다. 누가는 예수님에 대해 자신이 접할 수 있는 모든 사건과 가르침을 낱낱이 살펴 자신의 책에 반영했다. 둘째, '근원부터'(ἄνωθεν) 살폈다. 복음서 중 누가복음이 예수님의 탄생에 대해 가장 자세하게 기록하는 것은 그가 복음을 근원부터 연구했기 때문이다. 셋째, '자세히'(ἀκριβῶς) 살폈다. 이 단어는 디테일이 아니라, 정확성을 강조한다. 그러므로 '정확하게, 신중하게'가 더 좋은 번역이다(행 18:26, cf. 새번역, NIV, NAS, NIV). 넷째, 누가는 자신의 연구 결과를 누가복음을 통해 '차례대로'(καθεξῆς) 썼다. 예수님과 연관된 사건과 가르침의 역사적 순서보다는 독자들이 쉽게 이해하고 따를 수 있도록 논리적으로, 또한 주제별로 묶어 글을 썼다는 뜻이다(Bock, Longenecker, Tannehill). 누가는 누가복음—사도행전을 통해 갈릴리에서 시작된 복음이 어떻게 예루살렘을 거쳐 로마에 이르게 되었는지를 회고한다(Robbins).

누가는 자신의 저서를 수신하는 인물로 '데오빌로'를 지목한다(3절). 데오빌로(Θεόφιλος)는 '하나님의 친구'라는 의미를 지닌 당시에는 어느 정도 흔한 이름이었다(Anderson). 누가가 그를 '각하'(κράτιστος)라고 부르는 것으로 보아 아마도 데오빌로는 높은 지위에 있는 관료였을 것이다 (cf. 행 23:26; 24:3; 26:25). 그래서 일부 학자는 누가가 바울이나 기독교를 법정에서 변호하려는 목적으로 누가복음—사도행전을 저작했다고 주장한다(cf. Bovon). 그러나 이 두 책의 내용이 대부분 변호를 위한 증거물로 사용될 만한 것이 아닌 만큼 별로 설득력이 없다(Bock).

데오빌로는 누군가의 실명일 수도 있지만, 높은 지위에 있는 사람의 가명일 수도 있다. 한 학자는 이 이름이 주후 69-79년에 로마를 다스린 황제 베스피안(Emperor Vespian)의 조카 아들(grandnephew)인 티투스(Titus Flavius Clemens)의 가명이라고 한다(Streeter). 티투스와 그의 아내이자 황제 베스피안의 손녀 도미틸라(Domitilla)가 기독교인이었다는 말에서 비롯된 추측이다(cf. Anderson). 그러므로 확실하지는 않다.

데오빌로는 기독교 신앙을 가진 높은 관료였음이 확실하다. 이 프롤로그는 당시 헌정 스타일에 따라 누가복음이 오직 그를 위한 책이라고 하지만, 실제로는 모든 그리스도인을 위한 책이다(Head). 아마도 데오빌로는 누가복음-사도행전이 저작되고 출판되도록 재정적 지원을 아끼지 않은 후원자였거나(Garland, Goodspeed), 누가의 친구였을 것이다(Aune). 하나님이 주신 재물은 홀로 즐기는 것이 아니라 남을 위한 좋은 일에 써야 의미가 있다는 부와 부자들에 대한 누가의 권면은 데오빌로가 그의 집필을 후원한 정황에서 비롯되었을 수도 있다(Hengel). 데오빌로처럼 좋은 일에 재물을 사용하라는 것이다. 누가는 좋은 일에 재물을 아끼지 않은 데오빌로의 도움을 받아 예수님의 삶과 가르침에 대한 영원한 유산이 될 책들을 저작했다(Goodspeed).

누가가 프롤로그를 통해 밝히는 집필 목적은 데오빌로(그리스도인)가 알고 있는 바를 더 확실하게 하기 위해서다(4절). '확실히 알다'($\epsilon\pi\iota\gamma\iota\nu\omega\sigma\kappa\omega$)는 일반적으로 알거나 깨닫는 것보다 더 강력한 단어다. 누가는 이 단어를 엠마오로 가던 제자들의 눈이 밝아져 그들이 부활하신 예수님과 음식을 먹고 있다는 사실을 깨달은 상황을 묘사하는 데 사용한다(24:30-31).

데오빌로는 새로 믿기 시작한 이방인 그리스도인이었던 것으로 보인다. 그는 먼저 유대교로 개종했다가 이후 기독교인이 되었다(Bock). 하지만 그는 기독교 신앙에 대해 혼란스러워했다. 기독교는 유대교에서 시작된 종교인데도 유대교와 완전히 다른 길을 가며 대치하고 있기 때문이다. 이러한 상황에서 데오빌로는 "내가 기독교에 계속 있어야 하는가?"라며 혼란스러워했다(Liefeld & Pao). 그가 혼란스러워하는 데는 기독교에 대한 유언비어와 허위 정보 등도 한몫했다(Garland, cf. 행 28:22).

이러한 상황에서 누가는 데오빌로가 하나님의 구원 계획에 따라 그리스도인이 되었다며 안심시키고, 그에게 기독교 신앙에 대해 확신을 주고자 한다. 예수님을 근거로 한 믿음은 허구가 아니라 사실과 진리를 바탕으로 하기 때문이다.

이 말씀은 우리가 어떤 목적으로 글을 쓰고 SNS를 하는지 되돌아보게 한다. 누가는 데오빌로와 모든 그리스도인의 믿음을 더 확고히 하고 그들의 신앙을 격려하기 위해 복음서를 저작했다. 그는 하나님의 영광을 온 세상에 드러내고, 성도들을 말씀으로 무장시키기 위해 책을 썼다. 우리도 소모적이고 낙심케 하는 글을 자제하고, 세우고 위로하는 글로 우리의 SNS 공간을 채우면 좋겠다.

누가는 우리의 믿음이 논리적이고 타당할 뿐 아니라, 확실한 역사적 사실을 근거한다고 한다. 그는 예수님의 복음에 대한 모든 것을 근원부터 꼼꼼히 살피고 연구했다. 이러한 노력을 통해 그가 내린 결론은 구원은 우연히 된 일이 아니라, 하나님이 우리 가운데 이루기 위해 태초부터 준비하고 진행하신 것이라는 사실이다. 우리는 창조주 하나님의 자비로운 계획에 따라 구원받은 자들로 이 자리에 서 있음을 감사해야 한다.

우리의 믿음은 공동체를 형성하는 일을 통해 꽃을 피운다. 우리가 이루는 믿음 공동체에는 '목격자들'도 있고 '말씀의 일꾼들'도 있다. 또한 예수님을 알리기 위해 연구하고 집필하는 사람들도 있고, 이 저자들을 물질적으로 후원하는 이들도 있다. 공동체에 속한 멤버들이 각자의 역할을 다할 때 우리는 여러 지체로 형성된 한 몸이 되며(고전 12:12-31), 모든 것이 합력하여 선을 이루게 한다(롬 8:28).

II. 어린 시절
(1:5-2:52)

마가와 요한은 예수님의 어린 시절에 관해 한마디도 하지 않으며, 마태는 예수님의 베들레헴 탄생과 이집트로 피신했다가 나사렛에 정착한 이야기를 짧게 회고한다. 이와는 대조적으로 누가는 예수님의 탄생 이야기를 자세하게 기록한다. 또한 메시아이신 예수님의 길을 예비하도록 하나님이 보내신 세례 요한의 탄생 이야기도 상당히 자세하게 기록한다. 누가는 예수님과 요한의 탄생 이야기가 구약의 약속 시대와 신약의 성취 시대를 연결하는 다리 역할을 하게 한 것이다(Strauss).

예수님과 요한의 탄생 이야기는 구약이 묘사하는 특별한 아이들의 탄생 이야기와 맥을 같이한다. 이스마엘(창 16:7-13)과 이삭(창 17:1-3, 15-21; 18:1-2, 10-15)과 삼손(삿 13:2-23)의 탄생 이야기는 다음과 같은 다섯 가지 단계를 지녔는데, 예수님과 요한의 탄생 이야기도 같은 흐름에 따라 진행된다(Brown).

1. 천사(혹은 하나님) 출현
2. 두려움으로 반응
3. 신적 메시지

4. 이의 제기
5. 징조

누가는 예수님과 요한의 탄생 이야기를 통해 여호와 하나님이 예수님의 오심과 주의 길을 예비할 요한을 옛적부터 철저하게 준비해 오셨다는 사실을 강조한다. 예수님은 하나님의 원대한 인류 구속 계획의 절정으로 오신 것이다. 또한 메시아이신 예수님의 탄생은 복음의 본질과 연관이 있는 만큼 복음과 직접적으로 연결된 다양한 주제—하나님의 구속사, 구약 예언의 성취, 성령의 역할, 가난한 자들과 억압된 자들의 구원, 여인들의 역할, 성전과 종교 지도자들의 역할, 하나님의 은총을 입은 사람들의 증언, 기쁨 충만, 하나님 찬양—가 이 섹션에서 언급된다(Culpepper). 누가는 복음은 이처럼 놀랍고 다양한 축복을 동반한다며 불신자들에게 복음에 긍정적으로 반응할 것을 권면한다.

이 섹션에서 어린아이로 태어나시는 예수님은 인류의 아버지이시며, 하나님의 아들이시다. 예수님의 어린 시절을 회고하는 본 텍스트의 흐름을 간략하게 구분하면 다음과 같다(cf. Brodie).

A. 요한의 탄생 예고(1:5-25)
  B. 예수님의 탄생 예고(1:26-38)
    C. 마리아의 엘리사벳 방문(1:39-56)
A′. 요한의 탄생(1:57-80)
  B′. 예수님의 탄생(2:1-14)
    C′. 목자들의 방문과 예수님 가족의 예루살렘 방문(2:15-52)

우리는 예수님의 탄생과 어린 시절을 회고하는 본 텍스트를 다음과 같이 구분해 본문을 주해해 나가고자 한다.

A. 요한의 탄생 예고(1:5-25)

B. 예수님의 탄생 예고(1:26-38)

C. 마리아의 엘리사벳 방문(1:39-45)

D. 마리아의 노래(1:46-56)

E. 세례 요한의 탄생(1:57-66)

F. 사가랴의 노래(1:67-80)

G. 예수님의 탄생(2:1-7)

H. 목자들에게 알림(2:8-20)

I. 아기 예수님과 성전(2:21-40)

J. 열두 살 된 예수님과 성전(2:41-52)

II. 어린 시절(1:5-2:52)

A. 요한의 탄생 예고(1:5-25)

제사장 사가랴와 아내 엘리사벳은 매우 경건하고 의로운 사람들이었다. 하지만 안타깝게도 이 노부부에게는 아이가 없었다. 은혜로우신 하나님이 드디어 이들에게 아이를 주고자 하신다. 그것도 보통 아이가 아니라 하나님의 길을 예비할 선지자다(cf. 말 3:1). 요한은 구약의 선지자 전통을 잇는 사람이며(Minear) 또한 마무리하는 최종적인 선지자다(Liefeld & Pao). 한 주석가는 본 텍스트에 대해 다음과 같은 교차대구법적 구조를 제시한다(Garland). 이 구조에서 다소 아쉬운 점은 순서가 바뀌는 등 중간 부분(D-E-F-D'-E')이 매끄럽지 않다는 것이다.

A. 사가랴와 엘리사벳: 아이가 없는 의로운 부부(1:5-7)

  B. 제사장 사가랴가 제비뽑기로 성전에 들어감(1:8-9)

    C. 사람들이 성전 밖에서 기도함(1:10)

       D. 천사의 현현과 두려움(1:11-12)

          E. 천사가 안심시킴(1:13a)

             F. 좋은 소식 선포(1:13b-17)

      D'. 천사의 말을 의심함(1:18)

         E'. 천사가 꾸짖음(1:19-20)

    C'. 사람들이 초조하게 성전 밖에서 기다림(1:21)

  B'. 말 못하는 사가랴가 성전에서 나옴(1:22)

A'. 사가랴와 엘리사벳: 하나님의 은혜로 아이를 잉태함(1:23-25)

우리는 본 텍스트를 다음과 같이 다섯 문단으로 나누어 주해하고자 한다.

A. 사가랴와 엘리사벳 부부 소개(1:5-7)

B. 사가랴가 분향함(1:8-10)

C. 천사가 알려 준 소식(1:11-17)

D. 사가랴의 반응과 징조(1:18-20)

E. 사가랴가 벙어리가 됨(1:21-23)

F. 엘리사벳이 임신함(1:24-25)

> II. 어린 시절(1:5-2:52)
>   A. 요한의 탄생 예고(1:5-25)

1. 사가랴와 엘리사벳 부부 소개(1:5-7)

⁵ 유대 왕 헤롯 때에 아비야 반열에 제사장 한 사람이 있었으니 이름은 사가랴요 그의 아내는 아론의 자손이니 이름은 엘리사벳이라 ⁶ 이 두 사람이 하나님 앞에 의인이니 주의 모든 계명과 규례대로 흠이 없이 행하더라 ⁷ 엘리사벳이 잉태를 못하므로 그들에게 자식이 없고 두 사람의 나이가 많더라

누가는 세례 요한이 탄생한 이야기를 "예전에 이런 사람이 있었다"(cf. 삿 13:2)라는 식의 평범하고 일상적인 이야기처럼 시작한다(Bock). 그가 이 일이 일어난 역사적 정황을 묘사하는 방식은 선지서에서 접할 수 있는 표제와 비슷하다(Culpepper, Garland, cf. 사 1:1; 렘 1:1-3; 호 1:1; 암 1:1). 이는 마치 하나님의 인류 구원 계획이 이미 선지서들을 통해 여러 차례 예언되었으며, 드디어 예언한 것이 실현될 때가 이르렀음을 암시하는 듯하다(cf. Beale & Carson). 누가는 자신의 책이 구약의 선지서처럼 읽히기를 원한다(Culpepper).

때는 헤롯왕이 유대를 다스리던 시대다(5절). 본문의 헤롯은 '헤롯 대왕'(Herod the Great)으로 알려진 자로 로마 제국의 동쪽을 다스리던 안토니우스(Marcus Antonius) 장군에게 주전 40년 유대 왕으로 임명받았다(Bock, cf. Carson). 헤롯은 에돔(이두매) 사람(Idumean)이었기 때문에 그가 유대의 왕이 된 것은 유대 사람들에게 상당히 파격적인 일일 뿐 아니라 참으로 거부하고 싶은 일이었다.

헤롯은 즉위한 지 3년 만에 모든 정치적 적을 제거하고 왕권을 굳건히 했다. 정권을 안정시킨 후 그는 유대 전국에 많은 건축 프로젝트를 추진했다. 성경과 연관해 가장 유명한 프로젝트는 제2성전을 재건한 일이다. 옛적에 바빌론에서 돌아온 귀향민들이 주전 520-516년에 건축한 예루살렘 성전이 노후되자 10년(주전 20-10년경)에 걸쳐 재건하고 확장한 것이다.

헤롯은 시기심과 피해망상으로 가득한 사람이었으며, 아내와 두 아들을 죽였다. 주전 4년에 헤롯이 죽자, 그의 세 아들이 나라를 셋으로 나눠서 다스렸다. 예수님은 헤롯이 죽기 전에 태어나셨다(cf. 마 1장). 세례 요한의 탄생을 예고하는 이 이야기는 예수님이 잉태되기 반년 전쯤에 있었던 일이다(cf. 24절).

학자들은 대체로 주전 6-5년을 예수님이 태어나신 때로 본다. 예수님의 탄생을 기점으로 BC(Before Christ, 그리스도가 오시기 전 시대)와

AD(Anno Domini, 주님[이 오신 이후]의 해)로 나뉘는 달력 시스템에서 어떻게 이런 일이 벌어졌는가? 인류 역사를 처음 BC와 AD로 구분한 사람은 엑시구스(Dionysius Exiguus, 470-544)라는 수도사였다(Witherington). 그는 최선을 다했지만 그의 계산에는 오류가 있었다. 오늘날 우리가 사용하는 달력은 그레고리력(Gregorian calendar)으로 1500년대에 교황 그레고리가 제정한 것이다. 그레고리력은 엑시구스의 구분을 그대로 도입했기 때문에 '그리스도'(Christ)가 '그리스도가 오시기 전 시대'(Before Christ)에 태어나는 일이 벌어진 것이다!

하나님의 인류 구원 사역은 유명 인사를 통해 요란하게 시작된 것이 아니라, 매우 평범한 제사장과 나이가 들도록 아이를 낳지 못한 그의 아내의 아픔을 통해 시작되었다(5절). '사가랴'(Ζαχαρίας)는 히브리어 이름 '스가랴'(זְכַרְיָה)를 헬라어로 표기한 것이다(cf. 슥 1:1). 이 이름은 '여호와께서 기억하셨다'라는 의미를 지녔다(TDNT). 그가 평생 아이 없이 살아왔음을 하나님이 기억하시고 은혜를 베푸사 자식을 주실 것에 걸맞은 이름이다. '엘리사벳'(Ἐλισάβετ)은 히브리어 이름 '엘리세바'(אֱלִישֶׁבַע)에서 왔다. 아론의 아내가 이 이름으로 불렸으며(출 6:23), '나의 하나님의 서약'이라는 의미를 지녔다(TDNT). 이 부부는 둘 다 아론의 후손이었다.

사가랴는 '아비야 반열'(ἐφημερίας Ἀβιά)에 속한 제사장이었다. 솔로몬이 성전을 건축할 것을 대비해 다윗은 죽기 전에 아론의 후손들을 24반열로 나누어 성전에서 봉사하게 했다(대상 23-24장). 그중 아비야 반열은 여덟 번째였다(대상 24:10; cf 느 12:1-7). 사가랴의 아들 요한이 태어날 즈음에는 헤롯이 '유대의 왕'(βασιλέως τῆς Ἰουδαίας)이었다. 그러나 하나님의 구속사가 십자가에서 완성될 때 예수님이 '유대인의 왕'(βασιλεὺς τῶν Ἰουδαίων)이 되셨다(23:37-38).

요한의 부모인 사가랴와 엘리사벳은 모두 하나님 앞에 의인이었다(6a절). '하나님 앞에'(ἐναντίον τοῦ θεοῦ)는 '하나님이 보시기에/인정하시는'이라는 뜻이다. 교회에서 종종 사용하는 라틴어 '코람 데오'(Coram Deo)가 이러한 뜻을 반영한다. 이 부부는 위선적인 의로움이 아니라 진실된 의로움으로 하나님의 인정을 받는 사람들이었다. 그들이 창조주 하나님이 보시기에 의로운 삶을 살 수 있었던 것은 하나님의 모든 계명과 규례대로 흠 없이 행했기 때문이다(6b절). '주의 계명과 규례'(δικαιώμασιν τοῦ κυρίου ἄμεμπτοι)는 구약 율법을 뜻하는 전문적인 용어다(cf. 창 26:5; 민 36:13; 신 4:40). 사가랴와 엘리사벳은 하나님의 율법을 성실하게 준수하며 살았던 것이다. 그렇다고 해서 일부 학자가 주장하는 것처럼 그들의 의로움을 종교적인 의로 제한할 필요는 없다(Marshall). 종교적인 의로움은 도덕적인 의로움으로 이어지기 때문이다. 종교적으로 바르게 사는 사람들은 사회에서도 의인으로 인정받는다. 누가는 이 두 사람이 모든 면에서 온전히 행했다는 것을 강조하기 위해 '흠이 없다'(ἄμεμπτοι)라는 표현을 문장의 강조형 자리인 끝에 두었다(Garland).

이 경건한 노부부에게 한 가지 아쉬운 것이 있었다. 바로 자식이 없다는 사실이다. 당시 문화에서는 불임이 신들의 저주로 여겨지기도 했기 때문에 자식이 없는 부부, 특히 아내는 매우 큰 수치를 느꼈다. 이스라엘의 선조 중에는 불임으로 고생한 여인이 많다. 아브라함의 아내 사라, 이삭의 아내 리브가, 야곱의 아내 라헬 등이 있다. 삼손의 어머니와 사무엘의 어머니도 불임으로 어려운 시간을 보냈다. 때로는 하나님의 벌이 불임으로 내려지기도 하지만(cf. 신 7:14; 사 47:9), 모든 불임이 하나님의 심판은 아니다. 하나님은 적절한 때가 되면 놀라운 일을 하시려고 사람들에게 불임을 허락하기도 하신다. 위에 언급한 이스라엘의 선조들과 여인들이 모두 하나님의 큰 은혜를 경험했다.

사가랴와 엘리사벳의 상황은 아브라함과 사라의 정황과 비슷하다. 이들은 아브라함 부부처럼 나이가 많이 들 때까지 자식이 없었고 자식이 태어날 것을 기대할 만한 상황도 아니었다(7절; cf. 창 17:16-17). 그

러므로 사가랴와 엘리사벳의 이야기는 아브라함 부부의 이야기뿐 아
니라 아브라함 언약도 상기시킨다(Beale & Carson). 여호와 하나님이 다
윗 언약뿐 아니라 다윗의 선조 아브라함과 맺으신 언약을 실현하실 때
가 된 것이다. 하나님은 머지않아 자식이 없어 텅 비어 있는 듯한 사가
랴와 엘리사벳 부부의 삶을 기쁨과 생명으로 채우실 것이다.

이 말씀은 하나님의 역사는 성실하고 경건하게 사는 평범한 사람들
을 통해 시작된다고 한다. 하나님은 사가랴와 엘리사벳을 통해 메시아
예수님의 길을 예비하는 세례 요한을 보내셨다. 우리도 하나님 앞에서
의롭게 살면 하나님의 영광을 이 땅에 드러내는 선하고 좋은 일에 우
리를 사용하실 것이다.

나이가 들도록 아이가 없는 것은 죄에 대한 벌이 아니다. 사람이 자
식에 대한 하나님의 뜻을 분별하는 일은 쉽지 않다. 사가랴와 엘리사
벳은 기다리다가 지쳐 포기했다(cf. 1:18). 그러나 하나님은 이때가 그들
에게 자식을 주기에 가장 적합한 때라고 하신다. 이제 그들의 부족함
이 곧 하나님의 은혜로 채워질 것이다. 마치 옛적에 나오미의 텅 빈 삶
이 풍성하게 채워진 것처럼 말이다(cf. 룻기). 그러므로 우리가 느끼는
부족함은 하나님의 채우심을 기대하게 한다.

II. 어린 시절(1:5-2:52)
  A. 요한의 탄생 예고(1:5-25)

2. 사가랴가 분향함(1:8-10)

[8] 마침 사가랴가 그 반열의 차례대로 하나님 앞에서 제사장의 직무를 행할새
[9] 제사장의 전례를 따라 제비를 뽑아 주의 성전에 들어가 분향하고 [10] 모든
백성은 그 분향하는 시간에 밖에서 기도하더니

사가랴는 아비야 반열에 속한 제사장이었다(1:5). '반열'(ἐφημερία)을

직역하면 '매일'(daily)로 제사장들이 성전에서 매일 사역으로 했던 일에서 비롯된 단어다(Garland, cf. 히 9:6). 예루살렘 성전에서 사역하는 제사장은 총 1만 8,000명에 달했으며, 이들은 24반열로 구분되었다(Marshall). 사가랴가 속한 아비야 반열은 8번째 그룹이다(대상 24:10). 24반열은 정해진 순서에 따라 매년 두 차례 일주일씩 돌아가며 성전에서 사역을 했다(Hamm, Jeremias). 당시 한 반열은 평균 750명의 제사장으로 구성되었고, 어느 제사장이 성소에 들어가 사역을 하는지는 제비뽑기로 정했다. 그러다 보니 제사장이라 할지라도 평생 한 번도 이런 사역을 하지 못하는 경우도 있었다(Hamm, Liefeld & Pao). 그러므로 사가랴가 자기 반열을 대표해 제사장의 직무를 행한 것(8절)은 그의 제사장 커리어(career)의 절정이라 할 수 있다(Culpepper, Liefeld & Pao).

제사장들은 매일 두 차례(아침 9시, 오후 3시) 곡물과 함께 일 년 된 숫양을 번제로 드렸다(출 29:38-42). 유대인들은 이것을 타미드 예배(Tamid Service)라고 했다. 사가랴는 오후 3시에 제물을 드릴 때 분향을 했다(Beale & Carson, Bock, Fitzmyer, Schneider, cf. 출 30:34-38). 오후 예배에서는 분향이 가장 마지막 절차였으며, 분향을 맡은 제사장은 두 보조 제사장과 함께 제단에서 활활 타는 숯불을 가져다가 성소의 가장 서쪽, 곧 지성소 바로 앞에 있는 분향단 한 중앙에 두었다(Hamm, cf. 출 30:1-10). 숯불을 분향단에 놓고 나면 보조 역할을 하는 이들은 성소에서 나오고, 임무를 맡은 제사장이 홀로 그 숯불 위에 향을 피우고 분향단 앞에 엎드려 기도했다. 분향단에서 향을 태우는 것은 이스라엘이 하나님께 드리는 기도를 상징했다. 기도가 끝나면 분향한 제사장 모두 밖으로 나와 제사장의 축도(민 6:24-26)를 선포하는 것으로 예배가 마무리되었다(Culpepper).

이스라엘의 기도를 상징하는 향이 분향단 위에서 타오르는 동안, 밖에서는 성전을 찾은 백성이 함께 모여 기도했다(10절). 제사장들과 성도들이 하나 되어 하나님께 기도한 것이다. 누가복음-사도행전에서는 기도하는 시간에 중요한 일들이 일어난다(Garland).

이 말씀은 하나님께 예배드리는 것은 참으로 영광스럽고 귀한 일이라고 한다. 사가랴는 평생에 한 번 제사장 직무를 행할 수 있었다. 이와는 대조적으로 예수님의 구원을 입은 우리는 언제든 하나님을 예배할 수 있다. 예배는 하나님이 우리에게 지운 짐이 아니라, 우리에게만 주신 특권이라는 사실을 깨달으면 하나님을 예배하는 일이 한층 더 즐거워질 것이다.

> II. 어린 시절(1:5-2:52)
>   A. 요한의 탄생 예고(1:5-25)

3. 천사가 알려 준 소식(1:11-17)

¹¹ 주의 사자가 그에게 나타나 향단 우편에 선지라 ¹² 사가랴가 보고 놀라며 무서워하니 ¹³ 천사가 그에게 이르되 사가랴여 무서워하지 말라 너의 간구함이 들린지라 네 아내 엘리사벳이 네게 아들을 낳아 주리니 그 이름을 요한이라 하라 ¹⁴ 너도 기뻐하고 즐거워할 것이요 많은 사람도 그의 태어남을 기뻐하리니 ¹⁵ 이는 그가 주 앞에 큰 자가 되며 포도주나 독한 술을 마시지 아니하며 모태로부터 성령의 충만함을 받아 ¹⁶ 이스라엘 자손을 주 곧 그들의 하나님께로 많이 돌아오게 하겠음이라 ¹⁷ 그가 또 엘리야의 심령과 능력으로 주 앞에 먼저 와서
아버지의 마음을 자식에게,
거스르는 자를 의인의 슬기에 돌아오게 하고 주를 위하여 세운 백성을 준비하리라

사가랴가 평생 처음으로 영광스러운 분향을 할 때 하나님의 사자가 나타나 향단 우편에 섰다(11절). 오직 하나님의 천사만이 거룩한 공간인 성소 안에 있을 수 있다. 누가는 천사의 생김새를 설명하지는 않지

만 그가 어디에 서 있었는지 말함으로써 이 일이 실제로 있었던 일이라는 사실을 강조한다(Liefeld & Pao).

원래 유대인들은 천사들이 성전 안에서 산다고 생각했다(Garland, cf. 사 6:1-3; 슥 3장). 그러나 요아스왕이 제사장 여호야다의 아들 스가랴를 성전 뜰 안에서 죽인 이후부터(대하 24:20-21) 제사장들은 더는 천사들을 성전에서 볼 수 없게 되었다고 했다(Hamm). 그러므로 천사가 성소에서 사가랴에게 모습을 보였다는 것은 새로운 시대가 시작되고 있음을 암시한다.

천사는 사가랴에게 아들 요한이 태어날 것을 알려 주기 위해 찾아왔다. 아이가 태어나기 전에 천사가 부모를 찾아와 아이에 대해 미리 알려 주는 것은 구약에서 잉태하지 못하던 여인들이 하나님의 특별한 은총으로 아이를 낳을 때와 비슷하다(창 16:10-11; 17:15-17; 18:10-15; 25:23; 삿 13:3-21). 하나님이 그분의 백성 가운데 다시금 사역을 시작하셨다는 뜻이다(Bock). 한동안 정체된 듯했던 하나님의 구원 사역이 새로 도약할 때가 된 것이다.

천사를 본 사가랴는 놀라고 무서워했다(12절). 믿음의 유무에 상관없이 하나님이나 천사를 본 사람들이 보이는 흔한 반응이다(출 15:16; 삿 6:22-23; 사 6:5; 단 8:16-17). 나중에 제자들과 사람들도 초자연적인 일을 경험할 때면 이런 반응을 보인다(cf. 5:8-10).

천사의 첫마디이자, 누가복음에 기록된 첫 번째 대화를 시작하는 말은 '두려워 말라'(μὴ φοβοῦ)다(13a절). 구약에서 '두려워 말라'(אַל־תִּירָא)라는 표현은 아이의 탄생(창 21:17; 35:17; 삼상 4:20)과 하나님이 그분의 백성을 위해 은혜를 베푸실 것을 알리실 때(창 15:1-2; 21:17-18; 26:24; 46:3-4; 출 14:13-14) 사용된다. 그러므로 천사가 스가랴에게 '두려워 말라'라고 하는 것은 큰 상징성을 지닌다(Culpepper). 천사는 하나님이 사가랴에게 은혜를 베푸실 것이라면서 좋은 소식을 가지고 왔으니 안심하라며 그를 달래고 있다.

111

천사가 사가랴의 간구가 하나님께 들렸다며 그의 아내 엘리사벳이 아들을 낳을 것이라고 하는 것으로 보아(13b-c절), 사가랴는 나이가 들도록 평생 아이를 달라며 하나님께 기도했다. 이는 옛적에 이삭이 불임한 리브가를 위해 기도한 일을 생각나게 한다(창 25:21). "네 아내 엘리사벳이 네게 아들을 낳아 주리니 그 이름을 요한이라 하라"(13c절)는 하나님이 아브라함에게 사라에 대해 말씀하신 것과 매우 흡사하다. "네 아내 사라가 네게 아들을 낳으리니 너는 그 이름을 이삭이라 하라"(창 17:19). 구약에서 하나님이 언약을 실현하기 위해 불임한 여인에게 아이를 주실 때는 아이의 이름까지 주신다(Beale & Carson). 누가는 이를 통해 다시 한번 아브라함 언약을 상기시키고 있다.

하나님이 노년에 이른 사가랴와 엘리사벳에게 아이를 주시는 일은 이 부부에게 사적인 은총을 베푸신 것보다 더 큰 의미를 지닌다. 사무엘을 낳기 전의 한나가 잉태하고 싶으나 잉태하지 못하는 이스라엘을 상징했던 것처럼, 사가랴와 엘리사벳의 이야기는 하나님의 구원을 간곡히 바라지만 얻지 못하는 주님의 백성을 상징한다(cf. Bovon, Green). 그러므로 사가랴의 기도는 자기 아내뿐 아니라 이스라엘에도 하나님의 구원이 임하기를 구하는 기도였다(Liefeld & Pao). 하나님은 엘리사벳에게 아이를 주신 것처럼 이스라엘에 곧 메시아 아이를 주실 것이다.

천사는 아이를 '요한'(Ἰωάννης)으로 부르라고 하는데, 요한은 히브리어 이름 '요하난'(יוֹחָנָן)을 헬라어로 표기한 것이다. 이 이름의 뜻은 '여호와는 자비로우시다'이다(HALOT). 요한은 부모뿐 아니라 많은 사람에게 기쁨과 즐거움을 줄 것이다(14절; cf. 1:44, 58). 누가복음에서 기쁨과 즐거움은 사람들이 하나님의 놀라운 일을 경험할 때마다 보이는 자연스럽고 즉흥적인 반응이다(Culpepper). 많은 사람이 요한의 탄생을 환영하고 그를 통해 즐거워하겠지만, 모든 사람이 그를 기뻐하지는 않는다(cf. 3:7, 20; 7:29-30; 9:7-9; 20:4-6). 하나님의 구원을 간절히 바라는 의롭고 경건한 사람들만 그의 탄생을 환영하고 기뻐할 것이다.

천사는 요한이 어떤 삶을 살며, 어떤 사역을 할 것인지 그의 아버지 사가랴에게 미리 알려 준다(14-17절). 옛적에 삼손이 태어나기 전에 천사가 그에 대해 부모에게 미리 알려 준 것과 비슷하다(삿 13:3-5). 첫째, 요한은 하나님 앞에 큰 자가 될 것이다(15a절). 요한이 평생을 광야 선지자(wilderness prophet)로 가난하게 사는 것으로 보아 '하나님 앞에 큰 자'(μέγας ἐνώπιον τοῦ κυρίου)는 사회적 신분이나 지위가 높은 자라는 뜻이 아니다. 요한은 하나님께 크게 쓰임을 받아 주님을 기쁘게 할, 곧 하나님 보시기에 귀한 일을 하는 사람이 될 것이라는 의미다.

둘째, 요한은 포도주나 독한 술을 마시지 않을 것이다(15b절). '포도주'(οἶνος)는 포도즙을 발효시킨 것이고, '독한 술'(σίκερα)은 곡물로 빚은 술로 포도주보다 알코올 함량이 더 높다. 정제하면 도수가 더 높아지기 때문이다. '마시지 아니한다'(οὐ μὴ πίῃ)에서 부정사는 강조형으로 (Garland), 요한은 평생 '절대, 단 한 번도' 술을 마셔서는 안 된다는 뜻이다. 이를 두고 어떤 이들은 요한이 나실인(cf. 민 6:1-12)의 삶을 살아야 하는 것으로 해석한다(Brown, Fitzmyer). 그러나 천사가 머리 자르는 것을 금하지 않는 것으로 보아 요한이 삼손(삿 13:4-5)이나 사무엘(삼상 1:11)처럼 평생 나실인으로 살아야 하는 것은 아니다. 다만 다른 사람들보다는 더 하나님께 헌신되고 경건한 삶을 살아야 한다는 뜻이다 (Bock, cf. 신 14:26; 29:6; 잠 20:1; 23:20-21, 29-35; 31:6; 엡 5:17-18).

그렇다면 천사는 왜 술을 금하는가? 요한은 그의 삶에 내재하시는 성령으로 충만해 모든 일에 성령의 인도하심을 받는 삶을 살아야 한다. 어떠한 상황에서도 술처럼 외부에서 섭취하는 것에 조종되어서는 안 된다(cf. 엡 5:18). 요한의 삶은 한마디로 성령으로 충만해야 한다는 것이다. 예수님의 삶에서는 성령의 역사가 더 강하다.

셋째, 요한은 모태로부터 성령의 충만함을 받을 것이다(15c절). 누가복음-사도행전에서 매우 중요한 성령의 충만함이 처음 언급되는 순간이다(cf. 35, 41, 67, 80절). 요한은 성인이 된 후에 하나님의 길을 예비하는 선지자가 되는 것이 아니라, 태어나기 전 어머니 배 속에서부터 선지자라는 뜻이다. 예레미야 선지자도 모태에 있을 때부터 하나님의 세우심을 받았다(렘 1:5; cf. 사 49:1; 갈 1:15). 예수님의 어머니 마리아가 임신한 엘리사벳을 찾아갔을 때 요한이 어머니의 배 속에서 뛰며 환영한 것도 이러한 이유에서다(1:44). 하나님의 역사는 처음부터 성령으로 충만한 사람들을 통해 시작된 것이다.

넷째, 요한은 이스라엘 자손 중 많은 사람을 하나님께 돌아오게 할 것이다(16절; cf. 말 2:6). 하나님의 백성을 회개시키는 것(cf. 신 30:2; 삼상 7:3; 호 3:5; 7:10)이 요한의 주요 사역이 될 것이다. 사람이 하나님의 은혜를 경험하려면 먼저 회개해야 하기 때문이다. 그런 점에서 회개는 하나님의 은총을 바라는 것이라고 할 수 있다.

다섯째, 요한은 엘리야의 심령과 능력으로 주 앞에 먼저 올 것이다 (17a절). '주 앞에 먼저 오다'(προελεύσεται ἐνώπιον αὐτοῦ)(17a절)를 직역하면 '그[하나님]보다 먼저 오다'이다. 요한은 메시아보다 먼저 와서 메시아가 오실 길을 예비할 것이라는 의미다. 요한은 메시아이신 예수님과 경쟁하는 자가 아니라, 예수님이 오실 길을 예비하는 하나님의 도구라는 뜻이다(Danker).

요한이 '엘리야의 심령과 능력'(πνεύματι καὶ δυνάμει Ἡλίου)으로 주의 길을 예비한다는 것은 그가 부활하거나 재림한 엘리야라는 뜻이 아니다. 엘리야가 갈멜산에서 바알 선지자 450명을 물리쳤던 열정과 능력으로 사역할 것이라는 의미다(Liefeld & Pao, cf. 왕상 18:20-40).

요한은 어떻게 메시아가 오시기 전에 먼저 와서 주의 길을 예비하는가? 천사는 주의 길을 예비하는 요한의 사역을 세 가지로 정의한다. 이 세 가지는 백성이 회개하고 하나님께 돌아오는 것이 무엇을 의미하는지를 정의하기도 한다(cf. Beale & Carson). 먼저 요한은 아버지의 마음을 자식에게 돌릴 것이다(17b절). 이 말씀은 여호와의 날이 임하기 전에 하나님이 엘리야 선지자를 보내겠다며 말씀하신 말라기 4:5-6의 일부다(cf. 말 3:1).

> 보라 여호와의 크고 두려운 날이 이르기 전에
> 내가 선지자 엘리야를 너희에게 보내리니
> 그가 아버지의 마음을 자녀에게로 돌이키게 하고
> 자녀들의 마음을 그들의 아버지에게로 돌이키게 하리라
> 돌이키지 아니하면 두렵건대
> 내가 와서 저주로 그 땅을 칠까 하노라 하시니라
>
> (말 4:5-6)

한때 한국의 한 이단 교주가 이 말라기서 말씀을 인용하며 자신은 아버지이신 하나님의 마음을 자녀인 사람들에게 돌이키기 위해 온 엘리야라고 주장한 적이 있다. 그러나 말라기서와 본문은 '아버지들의 마음'(לֵב־אָבוֹת, καρδίας πατέρων)이라며 복수로 표기하고 있다. 엘리야가 와서 하나님의 마음을 주님의 백성에게 돌릴 것이라는 의미가 아니라, 가족 간의 관계(아버지들과 자식들의 관계)를 회복시킬 것이라는 뜻이다. 하나님의 마음은 항상 주님의 백성을 향해 있기 때문에 굳이 엘리야가 와서 하나님의 마음을 돌이키게 할 필요가 없다.

말라기 선지자는 여호와의 날이 임하기 바로 전에 이런 일이 있을 것이라고 예언했다(말 4:5). 구약에서 '여호와의 날'(יוֹם יְהוָה)은 세상이 끝나는 날을 의미한다. 그러므로 천사는 요한이 이 일을 하러 오는 엘리야라며 그의 사역에 묵시적-종말론적 중요성을 더한다(Bovon, cf. Brodie, Marshall). 요한은 하나님의 심판이 임하는 크고 두려운 여호와의 날이 이르기 전에 사람들에게 마지막 회개 기회를 제공하기 위해 보내심을 받았다.

그런 다음 요한은 거스르는 자를 의인의 슬기에 돌아오게 할 것이다 (17c절). '거스르는 자들'(ἀπειθεῖς)은 하나님의 말씀과 기준대로 살지 않

는 사람들이다. 요한은 그들에게 의인의 슬기로 돌아오게 하는 사역을
할 것이다. '의인들의 슬기'(φρονήσει δικαίων)는 의인들이 살아가는 삶의
방식을 뜻한다. 요한은 하나님의 말씀에 불순종하며 살던 사람들이 의인
들의 생각과 기준에 따라 순종하며 살도록 유도하는 사역을 할 것이다.

마지막으로 요한은 주를 위해 세운 백성을 준비할 것이다(17d절; cf.
사 40:3). '백성'(λαός)은 누가복음에서 매우 중요한 개념이다. 이 단어는
공관복음에서 49회 사용되는데, 그중 35회가 누가복음에서 사용된다.
이 단어는 '무리/회중'을 뜻하는 단어(ὄχλος)와 구분되어 하나님의 선택
을 받은 사람들을 뜻한다(Minear). 그러므로 '백성'(λαός)은 이스라엘 사
람뿐 아니라 '전에는 백성이 아니던 사람들'(벧전 2:10), 곧 이방인도 포
함한다(Liefeld & Pao).

주님을 위해 세운 백성을 준비하는 요한의 사역은 처음 두 가지 사역
의 결과이기도 하다. 요한은 부모와 자녀들의 관계를 회복하고, 하나
님의 말씀을 거스르며 살던 사람들을 의롭게 살고자 하는 주님의 백성
이 되게 함으로써 장차 오실 하나님의 길을 예비할 것이다. 또한 요한
의 사역을 통해 가족과 하나님과의 관계가 회복될 사람들은 그의 태어
남을 기뻐할 것이다(cf. 14절).

이 말씀은 우리가 기도하는 것이 이뤄질 때가 되면 하나님이 들어주
신다고 한다. 사가랴는 아이를 위해 평생 기도했다. 하나님은 이때까
지 그의 기도를 들어주지 않으셨다. 하나님이 계획하신 때가 이르지
않았기 때문이다. 드디어 하나님이 그의 기도를 들어주실 때가 되었
다. 하나님은 사가랴뿐 아니라 많은 사람에게 기쁨을 주며, 메시아의
길을 예비할 아들을 주실 것이다. 우리의 기도가 이뤄지지 않는다고
해서 좌절하지 말자. 하나님은 가장 좋은 때에 응답하실 것이다.

또한 이 말씀은 우리가 어떤 사역을 하고 있는지 생각하게 한다. 요
한은 깨어진 관계를 회복시키고, 하나님을 떠나 불순종하는 자들이 하
나님께 돌아와 순종하게 하는 사역을 할 것이다. 요한은 사역의 열매

인 그들을 주님의 백성으로 준비시킬 것이다. 사역은 건물을 사거나 프로그램을 진행하는 것이 아니다. 사람을 회심시키고 하나님의 백성으로 세워 가는 일이다. 이러한 사역은 성령으로 충만할 때 가능하다. 그러므로 엘리야의 심령과 능력으로 우리를 무장시키는 성령의 충만함을 구하며 기도해야 한다.

> II. 어린 시절(1:5-2:52)
>   A. 요한의 탄생 예고(1:5-25)

4. 사가랴의 반응과 징조(1:18-20)

 ¹⁸ 사가랴가 천사에게 이르되 내가 이것을 어떻게 알리요 내가 늙고 아내도 나이가 많으니이다 ¹⁹ 천사가 대답하여 이르되 나는 하나님 앞에 서 있는 가브리엘이라 이 좋은 소식을 전하여 네게 말하라고 보내심을 받았노라 ²⁰ 보라 이 일이 되는 날까지 네가 말 못하는 자가 되어 능히 말을 못하리니 이는 네가 내 말을 믿지 아니함이거니와 때가 이르면 내 말이 이루어지리라 하더라

사가랴는 천사의 말을 선뜻 믿지 못한다. 아이를 얻기에는 자신의 나이가 너무 많다고 생각했기 때문이다(18b절). 옛적에 사라도 사가랴처럼 생각했다가 하나님께 "여호와께 능하지 못한 일이 있겠느냐"라며 책망받은 적이 있다(창 18:14). 사가랴는 천사가 말한 대로 자기 아내가 잉태할 것을 어떻게 알 수 있겠느냐고 물었다. 옛적에 하나님이 가나안 땅을 아브라함과 그의 후손에게 주겠다고 하시자 아브라함이 하나님께 했던 질문과 비슷하다. "내가 이 땅을 소유로 받을 것을 무엇으로 알리이까"(창 15:8). 그러나 큰 차이가 있다. 아브라함은 하나님이 그렇게 하실 것을 믿고 확신하며 이런 질문을 했다(cf. 창 15:6). 이후에 마리아가 하는 질문도 아브라함의 질문처럼 믿고 확신하며 하는 질문이다(cf. 1:34). 반면에 사가랴는 믿지 못하겠으니 징조를 달라는 취지에서

이렇게 질문한다(Liefeld & Pao, cf. 20절).

사가랴의 이름과 연관해 하나의 아이러니(irony)와 언어유희가 형성
되고 있다. 구약에서 하나님이 누군가를 기억하시는 것은 그에게 은
혜를 베푸신다는 뜻이다(cf. 창 8:1; 30:22; 출 2:24). 같은 맥락에서 하나
님은 사가랴를 '사가랴하셨다'(사가랴의 이름은 '여호와께서 기억하시다'라는
뜻을 지녔다). 그에게 아이를 주기로 하신 것이다. 그러나 당사자인 사
가랴는 하나님이 그를 '사가랴하심'을 믿지 못한다. 그가 일반인도 아
니고 평생 하나님을 섬긴 연륜 깊은 제사장이라는 사실은 그의 불신
을 더 어이없게 만든다. 게다가 그는 평생 아이를 위해 기도하지 않았
던가! 그런데 정작 하나님이 기도를 들어주겠다고 하시는데 그는 믿지
못하겠다고 한다! 사가랴의 불신은 예수님에 대한 소식을 접하자마자
곧바로 믿고 하나님을 찬양하는 시므온과 여선지자 안나와 대조를 이
룬다(2:25-38).

사가랴가 믿지 못하겠다고 하자 천사는 "나는 하나님 앞에 서 있는
가브리엘이라"라고 말했다(19a절). '나는 늙었다'(εἰμι πρεσβύτης)라는 사
가랴의 말과 '나는 가브리엘이다'(εἰμι Γαβριὴλ)라는 천사의 말은 둘 다
강조형이다(Culpepper). '늙어서 믿지 못하겠다'는 사가랴의 말을 천사가
'나는 하나님의 말씀을 전하는 천사다'로 맞받아치는 듯한 느낌을 준다
(cf. Garland).

'가브리엘'(Γαβριὴλ)은 '하나님은 나의 영웅이시다'라는 의미를 지닌
이름이다(Fitzmyer, cf. 단 8:15-16; 9:21-27). 성경에 이름이 알려진 두 천
사 중 하나다. 이름이 알려진 또 다른 천사는 미가엘이다(cf. 단 10:13,
21; 12:1). 두 천사 모두 다니엘서에 모습을 드러낸다.

가브리엘은 자신을 가리켜 '하나님 앞에 서 있는 자'(ὁ παρεστηκὼς
ἐνώπιον τοῦ θεοῦ)라고 하는데 이는 하나님을 시중들거나 언제든 하나님
이 명령하시면 그대로 행하는 자라는 뜻이다. 이번에도 자신은 하나님
의 명령에 따라 사가랴를 찾아왔다는 것을 암시한다.

하나님이 가브리엘을 사가랴에게 보내신 이유는 무엇인가? 하나님은 사가랴를 찾아가 좋은 소식을 전하라며 그를 보내셨다(19c절). '좋은 소식을 전하는 것'(εὐαγγελίσασθαί)은 복음을 선포하는 것을 뜻하기도 한다(BAGD, cf. 사 40:9; 52:7). 본문에서는 오랫동안 아이 주시기를 기도했던 사가랴 부부에게 드디어 하나님이 아이를 주실 것이라는 좋은 소식을 전하는 것이다. 문제는 정작 지난 수십 년 동안 기도해 온 사가랴는 하나님이 천사를 통해 주신 말씀을 믿지 못한다는 사실이다!

천사는 요한이 태어나 자신이 전한 하나님의 말씀이 모두 실현될 때까지 사가랴가 말을 하지 못하는 자(벙어리)가 될 것이라고 한다(20a절). 징조를 구하는 사가랴에게(18절) 가브리엘 천사가 징벌적 징조를 준 것이다. 하나님의 말씀을 믿지 못한 데 대한 벌이다(20b절). 사가랴는 불신으로 인해 천사가 전해 준 좋은 소식을 가장 기뻐할 아내에게 말해 줄 수 없게 되었다. 그의 입이 열리는 날 사가랴는 제일 먼저 "찬송하리로다 주 이스라엘의 하나님여!"라며 자신의 불신을 회개한다(1:68).

이 말씀은 때가 되면 우리가 기도하는 바를 하나님이 이루어 주실 것을 믿으며 기도하는지 되돌아보게 한다. 제사장이었던 사가랴는 평생 기도해 왔던 것이 드디어 이루어지는 순간에 하나님을 믿지 못했다. 그가 하나님 앞에 의인이었는데도(1:6) 하나님이 그의 기도를 이루어 주실 것을 믿지 못했다는 사실은 우리도 신앙생활에서 얼마든지 방심할 수 있음을 경고한다. 다행인 것은 사람의 불신이 하나님의 일을 가로막지 못한다는 점이다. 그러나 사가랴는 상당 기간 말을 못하는 징벌을 받았다.

믿음은 우리가 처한 상황을 초월해 역사하시는 하나님을 신뢰하는 것이다. 스가랴는 자신과 아내가 처해 있는 상황(두 사람 모두 나이가 많아 가임기가 지남)만 보고 판단하다가 하나님의 말씀을 불신하게 되었다(18절). 우리는 우리가 처한 상황에서 눈을 들어 모든 일을 가능케 하시는 하나님을 바라보아야 한다. 이것이 믿음이다. 그래도 하나님의 말씀이 잘 믿어지지 않을 때는 어떻게 하면 좋을까? 스가랴처럼 대꾸했다가 혼이 나는 것보다, 차라리 아무 말도 하지 않고 묵묵히 하나님이 하시는 일을 지켜보는 것이 지혜다.

```
II. 어린 시절(1:5-2:52)
  A. 요한의 탄생 예고(1:5-25)
```

5. 사가랴가 벙어리가 됨(1:21-23)

²¹ 백성들이 사가랴를 기다리며 그가 성전 안에서 지체함을 이상히 여기더라 ²² 그가 나와서 그들에게 말을 못하니 백성들이 그가 성전 안에서 환상을 본 줄 알았더라 그가 몸짓으로 뜻을 표시하며 그냥 말 못하는 대로 있더니 ²³ 그 직무의 날이 다 되매 집으로 돌아가니라

분향을 마친 제사장은 잠시 기도한 후 곧바로 성소에서 나와야 한다(Culpepper). 성소는 사람이 오래 머물기에 위험한 공간이다. 성소와 휘장으로 구분된 지성소는 이스라엘 종교의 영적 원자로라 할 수 있다(Garland). 그러므로 제사장이 성소 기구 중에서도 지성소에 가장 근접해 있는 분향단에서 향을 피우는 일은 참으로 위험한 일이었다. 언제든 지성소에 있는 하나님의 거룩하심이 넘쳐 성소에서 사역하는 제사장을 죽일 수 있기 때문이다.

사람들은 분향하러 들어간 제사장 사가랴도 몇 분 이내에 밖으로 나올 줄 알았다. 그러나 한참이 지나도 나오지 않자 밖에서 기도하며(cf. 1:10) 그를 기다리던 사람들이 초조해졌다(21절). 사람들이 불안한 마음으로 나올 시간이 지난 사가랴가 제발 무사하기를 바라는 것은 당연한 일이다.

드디어 사가랴가 사람들 앞에 모습을 드러냈다. 하지만 그는 말을 하지 못했다(22a절). 천사가 사가랴에게 말한 징조가 실현된 것이다. 그

런 점에서 사가랴가 말을 하지 못하게 된 것은 천사가 전해 준 대로 앞으로 사가랴 부부에게 요한이라는 아이가 태어날 것을 보증하는 확실한 증거가 되기도 한다.

사람들은 사가랴가 말을 하지 못하게 되었다는 것을 어떻게 알았을까? 분향을 마친 제사장은 밖에서 기다리던 사람들에게 제사장의 축도(민 6:24-26)를 빌어 주어야 하는데, 사가랴는 그렇게 하지 못한 것이다(Brown). 이는 가브리엘이 전한 말을 믿지 못한 데 대한 벌이다(Coleridge).

사가랴가 말을 하지 못하자 사람들은 그가 분향하는 동안 성전 안에서 환상을 보았다고 직감했다(22b절). 다니엘도 환상을 본 후 한동안 말을 하지 못하는 경험을 했다(단 10:15). 그러나 사람들은 사가랴가 어떤 환상을 보았는지 알 수 없었다. 그가 몸짓으로 겨우 의사소통을 했기 때문이다(22c절).

결국 가브리엘 천사가 알려 준 소식은 요한이 태어날 때까지 사가랴만 아는 소식이 되었다. 지난 수십 년 동안 부부가 기도해 온 것을 드디어 하나님이 이루어 주실 것이라는 이 좋은 소식을 아내에게도 알려 주지 못하는 그의 심정은 어땠을까? 천사가 전한 말을 믿지 않은 것을 얼마나 후회했을까?

사가랴는 직무의 날이 다 되어 집으로 돌아갔다(23절). 그가 속한 반열이 성전에서 사역하는 일주일이 끝나자 예루살렘을 떠나 집으로 돌아갔다는 뜻이다. 그의 집은 이름을 알 수 없는 유다 산골 어딘가에 있었다(1:39). 앞으로 사가랴가 이번처럼 성소에서 사역할 일은 없을 것이다. 그의 처음이자 마지막 성전 사역이 말 못하는 벌로 끝이 나는 것이 아쉽다. 불신은 이처럼 아쉬움과 미련을 남긴다.

이 말씀은 징조를 구하지 않고 믿는 사람이 복되다고 한다. 사가랴는 천사에게 그가 전한 하나님의 말씀을 믿을 만한 징조를 달라고 했다가 벙어리가 되었다. 평생 자식을 낳지 못한다는 수치를 안고 살아온 아내에게도 그녀가 곧 임신할 것이라는 좋은 소식으로 위로할 수 없었다. 우리는 사가랴의 일에서 교훈을 얻어 징조를 구하지 않고 믿어야 한다.

> II. 어린 시절(1:5-2:52)
>   A. 요한의 탄생 예고(1:5-25)

6. 엘리사벳이 임신함(1:24-25)

²⁴ 이 후에 그의 아내 엘리사벳이 잉태하고 다섯 달 동안 숨어 있으며 이르되 ²⁵ 주께서 나를 돌보시는 날에 사람들 앞에서 내 부끄러움을 없게 하시려고 이렇게 행하심이라 하더라

사가랴가 성전에서 돌아온 후 엘리사벳이 임신한 것은 옛적에 엘가나와 한나가 성막에서 돌아온 후 사무엘을 잉태한 것과 비슷하다(cf. 삼상 1:19-20). 엘리사벳은 자신이 임신했다는 것을 깨닫고도 다섯 달 동안 숨어 지냈다(24절). 요즘 말로 '잠수를 탄 것'이다. 그녀가 왜 이 긴 시간 임신에 대해 아무에게도 말하지 않고 숨어서 지냈는지는 알 수 없다. 자신에게 무슨 일이 벌어지고 있는지 생각해 보기 위해서였을까? 아마도 엘리사벳은 성전에 다녀온 이후 남편이 말을 못하니 더욱더 혼란스러웠을 것이다. 한 가지 확실한 것은 잠시 후에 그녀를 찾아올 마리아는 항간에 떠도는 소문을 듣고 엘리사벳의 임신에 대해 알게 된 것이 아니라, 천사를 통해 알게 되었다는 사실이다.

의로운 사람이었던 엘리사벳은 자신의 불임에 대해 한 번도 하나님을 원망한 적이 없다(Bock). 그러나 여자가 아이를 낳지 못하는 것은 수치라고 생각했다. 당시 사회에서는 여자가 임신하지 못하는 것은 그녀가 죄를 지었기 때문이라고 여기기도 했다(Ilan). 그러므로 그녀는 하나님께 아이를 낳지 못하는 부끄러움을 없애 달라며 평생 기도했다.

엘리사벳은 아무리 생각해 보아도 하나님이 이 늦은 나이에 그녀에게 아이를 주신 것은 그녀의 부끄러움을 없게 하시기 위해서라는 것 외에는 다른 이유를 찾을 수 없었다(25절). 남편인 사가랴가 말을 하지 못하는 상황에서 하나님이 그녀에게 아이를 주신 이유는 이것이 유일했다(Coleridge).

'부끄러움을 없게 하시려고'는 라헬이 한 말과 비슷하다. "하나님이 내 부끄러움을 씻으셨다"(창 30:23). 차이는 라헬은 아이가 태어난 다음에 이렇게 말했고, 엘리사벳은 임신 중에 이렇게 말했다는 것이다. 엘리사벳은 하나님이 배 속에 있는 아이를 순산하도록 도우실 것을 확신한다.

이 말씀은 하나님은 연약한 자들에게 은혜를 베푸신다고 한다(Bovon). 엘리사벳은 경건하고 의로운 여인이었지만, 아이를 낳지 못한다는 이유로 평생 수치심과 자격지심에 시달렸다. 하나님이 드디어 그녀의 부끄러움을 없애시려고 그녀에게 아이를 주셨다. 그녀의 삶에 가장 큰 반전이 찾아온 것이다. 하나님은 연약한 사람들의 형편을 헤아리시고 그들에게 필요한 은혜를 베푸신다.

II. 어린 시절(1:5-2:52)

B. 예수님의 탄생 예고(1:26-38)

예수님의 탄생을 예고하는 본문은 요한의 탄생 예고보다 조금 더 짜임새가 있어 보인다. 학자들은 본문에 대해 다음과 같은 구조를 제시한다(cf. Garland, Nolland, McComiskey).

A. 천사 출현과 마리아 소개(1:26-28)
　　B. 천사가 놀란 마리아를 안심시킴(1:29-30a)

　　　C. 마리아가 하나님의 은혜를 입어 지극히 높으신 이의 아들
　　　　을 잉태할 것(1:30b-33)
　　B′. 천사가 질문하는 마리아를 대답으로 안심시킴(1:34-37)
　A′. 천사가 전한 말씀에 마리아가 순종함(1:38)

본 주석에서는 이 섹션을 다음과 같이 구분해 본문을 주해해 나갈 것
이다. 요한의 탄생 이야기와 가장 큰 대조를 이루는 것은 천사의 말을
믿지 못하는 제사장 사가랴와 믿고 순종하는 어린 소녀 마리아다.

　A. 마리아 소개(1:26-27)
　B. 천사의 인사말(1:28-30)
　C. 천사가 알려 준 소식(1:31-33)
　D. 마리아의 질문과 천사의 대답(1:34-38)

Ⅱ. 어린 시절(1:5-2:52)
　B. 예수님의 탄생 예고(1:26-38)

1. 마리아 소개(1:26-27)

**[26] 여섯째 달에 천사 가브리엘이 하나님의 보내심을 받아 갈릴리 나사렛이란
동네에 가서 [27] 다윗의 자손 요셉이라 하는 사람과 약혼한 처녀에게 이르니
그 처녀의 이름은 마리아라**

여섯째 달에 천사 가브리엘이 하나님의 보내심을 받았다(26a절). 여
섯째 달은 엘리사벳이 임신한 지 6개월이 되는 때를 뜻한다(cf. 1:36).
하나님이 가브리엘 천사를 또 보내신 것은 적극적으로 인류 역사에 개
입하시겠다는 의지의 표현이다(Coleridge). 하나님은 지난 수백 년간의
침묵을 깨시고 적극적으로 인류 구원을 이루어 가시고자 한다.

하나님이 천사를 보내신 곳은 갈릴리 나사렛이란 동네다(26b절). 갈릴리 지역은 사람들이 선망하는 곳이 아니기에 메시아가 나올 만한 곳이 아니라고 여겨졌다(요 7:41). '나사렛'(Ναζαρέθ)은 갈릴리 호수 남쪽 끝과 지중해 사이의 중간 지점에 있었다. 구약과 중간사 문헌에도 언급되지 않는 매우 작은 마을이었으며, 당시 인구는 500명 정도 되었다(ABD). 하나님의 인류 구원 이야기가 거룩하고 화려한 성전을 떠나(cf. 1:5-20) 갈릴리 벽지의 고립된 마을로 옮겨 가고 있다(Garland). 마치 예수님의 겸손한 탄생과 사역을 예고하는 듯하다(Bock, cf. 빌 2:5-11).

천사 가브리엘은 나사렛에 사는 마리아를 찾아갔다(27절). 전에는 요한의 탄생을 알리기 위해 성전에서 사역하고 있던 제사장 사가랴를 찾아갔는데, 이번에는 메시아의 탄생을 알리기 위해 나사렛에 사는 마리아를 찾았다. 하나님은 장소나 공간이 아니라 사람을 통해 역사하시는 분이기에 가능한 일이다(Coleridge).

누가는 소녀의 이름이 마리아라는 사실을 밝히기 전에 두 차례나 먼저 그녀를 처녀라고 한다. '처녀'(παρθένος)는 남자와 잠자리를 갖지 않은 여자를 뜻한다. 이는 처녀가 아이를 낳아 그의 이름을 임마누엘이라고 할 것이라는 이사야 7:14을 생각나게 한다(Marshall, Schneider, Turner, cf. 마 1:23). 칠십인역(LXX)은 이사야의 예언을 메시아의 탄생에 관한 것으로 해석했다. 그리고 누가는 예수님의 동정녀 탄생을 강조한다.

복음서들은 마리아의 나이를 밝히지 않지만, 당시 여자들은 12-13살이면 약혼했다. 구약 시대부터 '약혼'(μνηστεύω)은 오늘날의 약혼보다 훨씬 더 강력한 법적인 책임을 요구하는 용어였다(cf. TDNT). 유대인들의 결혼은 두 단계로 진행되었는데, 첫 번째 단계는 약혼식으로 두 사람이 결혼할 것에 합의하고 남자가 처가에 여자의 몸값을 지불하는 형식을 취했다. 두 번째 단계는 1년 후 결혼식을 올리고 부부가 되는 것이었다(cf. 신 22:23). 결혼식을 치르고 두 사람이 첫날밤을 지내야 결혼이 성립된 것이라 했지만, 법적으로는 약혼한 순간부터 부부가 되었다. 약혼한 이후 유일하게 갈라설 수 있는(파혼할 수 있는) 방법은 몇 명의 증인 앞에서 이혼 증서를 써 주는 것이었다(cf. 신 24:1). 약혼은 했지만 결혼식을 올리지 않은 채 남자가 죽으면 첫날밤을 지내지 않았어도 여자는 과부가 되었다.

마리아가 약혼한 사람은 요셉이라는 다윗의 자손이었다(27a절). '다윗의 자손'(ἐξ οἴκου Δαυὶδ)을 직역하면 '다윗 집안 출신'이다. 구약에 따르면 메시아는 반드시 다윗의 후손으로 오셔야 하는데, 이를 위해서는 예수님의 법적인 아버지 요셉이 다윗 집안의 사람이라는 것이 매우 중요하다.

이 말씀은 누구든지 자라 온 환경이나 처한 상황에 상관없이 하나님의 쓰임을 받을 수 있다고 한다. 마리아는 나사렛이라는 참으로 작은 마을에서 살다가 처녀의 몸으로 메시아를 잉태하게 되었다. 하나님은 이 사실을 알려 주기 위해 가브리엘 천사를 그녀가 사는 곳으로 보내셨다. 누구든지 처한 상황이나 자란 환경에 상관없이 하나님의 백성이 될 수 있다. 하나님은 모든 사람을 귀하게 여기시기 때문이다.

II. 어린 시절(1:5–2:52)
  B. 예수님의 탄생 예고(1:26–38)

2. 천사의 인사말(1:28–30)

²⁸ 그에게 들어가 이르되 은혜를 받은 자여 평안할지어다 주께서 너와 함께 하시도다 하니 ²⁹ 처녀가 그 말을 듣고 놀라 이런 인사가 어찌함인가 생각하매 ³⁰ 천사가 이르되 마리아여 무서워하지 말라 네가 하나님께 은혜를 입었느니라

누가는 이 천사가 가브리엘이라고 미리 귀띔해 주지만(1:26), 정작 천

사는 마리아와 대화하면서 자기 이름을 끝까지 밝히지 않는다. 불신을 드러내는 사가랴에게는 화를 내며 자신의 이름을 말했지만, 처음부터 믿음으로 그를 대하는 마리아에게는 그럴 필요가 없기 때문이다(Garland).

'은혜를 받은 자'(κεχαριτωμένη)는 하나님이 특별한 자비를 베푸신 사람이라는 뜻이다. 하나님이 마리아를 귀하게 여기신다는 의미다. '평안할지어다'(χαῖρε)를 직역하면 '기뻐하라'는 명령이다. 우리말로 하면 '안녕!' 정도 되는 인사를 시작하는 단어다(cf. Bock, Brown).

'주께서 너와 함께 하신다'(ὁ κύριος μετὰ σου)는 그렇게 되기를 바라거나 빌어 주는 희망(wish)을 표현하는 것이 아니라, 실제(사실)를 묘사한다(Garland). 구약에서 하나님이 선택하신 사람들과 함께하실 때는 그들을 보호하실 뿐 아니라, 곧 새로운 임무를 주실 것을 암시한다(Bovon, Green, cf. 창 6:8).

천사의 인사말을 들은 마리아가 놀랐다(29a절). 사가랴는 천사의 모습을 보고 놀랐는데(12절), 마리아는 천사가 한 말에 놀랐다. 당시에는 남자가 여자에게 말을 건네는 일이 거의 없었기에 남자의 모습을 한 천사가 그녀에게 말을 건넨 것에 놀란 것이다(Fitzmyer). 또한 그녀 앞에 천사가 갑자기 나타나서는 그녀가 하나님께 큰 은혜를 받았다고 하는데, 그녀가 이미 받았거나 혹은 앞으로 받을 은혜가 무엇인지 도대체 알 수가 없어 놀랐다(29b절).

천사는 놀라서 어찌할 바 모르는 마리아에게 무서워하지 말라고 한다(30절). '무서워하지 말라'(μὴ φοβοῦ)는 가브리엘이 사가랴에게 했던 말이기도 하다(1:13). 이는 하나님이 주신 좋은 소식을 가지고 왔다는 것을 암시한다.

이어서 천사는 마리아가 하나님께 은혜를 입었으니 걱정할 필요가 전혀 없다며 한 번 더 달랬다(30절). 28절의 '평안할지어다'(χαῖρε)와 '은혜를 받은 자'(κεχαριτωμένη), 그리고 30절의 '은혜를 입은 자'(χάριν)는 모두 같은 어원에서 파생된 단어다(cf. BAGD). 한마디로 천사는 마리아에게 그녀가 '복 터진' 처녀라고 한다(cf. Liefeld & Pao).

이 말씀은 하나님의 은혜가 어떤 것인지 생각하게 한다. 사람들은 하나님의 은혜를 죄를 용서받는 일과 영생을 얻는 것으로 제한한다. 그러나 하나님이 우리에게 큰일을 맡기시는 것도 은혜이며, 그 일을 해내도록 우리와 함께하시는 것도 은혜다. 겸손한 자에게 은혜를 주시는 하나님(cf. 약 4:6; 벧전 5:5)은 우리가 겸손할 때 큰일을 맡기시고, 함께하며 도우시는 은혜도 베푸실 것이다.

II. 어린 시절(1:5-2:52)
  B. 예수님의 탄생 예고(1:26-38)

3. 천사가 알려 준 소식(1:31-33)

[31] 보라 네가 잉태하여 아들을 낳으리니 그 이름을 예수라 하라 [32] 그가 큰 자가 되고 지극히 높으신 이의 아들이라 일컬어질 것이요 주 하나님께서 그 조상 다윗의 왕위를 그에게 주시리니 [33] 영원히 야곱의 집을 왕으로 다스리실 것이며 그 나라가 무궁하리라

천사가 마리아에게 "보라 네가 잉태하여 아들을 낳으리니 그 이름을 예수라 하라"(31절)라고 한 말은 옛적에 선지자 이사야가 아하스왕에게 준 신탁과 매우 비슷하다. "보라 처녀가 잉태하여 아들을 낳을 것이요 그의 이름을 임마누엘이라 하리라"(사 7:14). 누가는 이를 통해 예수님의 탄생이 이사야 선지자의 임마누엘 예언을 성취하는 것임을 암시한다(Marshall, Schneider, cf. Beale & Carson, Bock, Liefeld & Pao).

가브리엘은 두 차례나 마리아가 하나님께 은혜를 입었다고 했는데(1:28, 30), 이제 그녀가 받을 은혜는 아들을 낳는 것이라며 그녀를 통해 태어날 아이에 대해 일곱 가지 정보를 제공한다. 구약에서 메시아에

대해 이처럼 여러 가지 디테일을 한꺼번에 알려 주는 말씀은 사무엘하 7:8-16과 시편 89편 등이다.

첫째, 마리아가 아이를 낳을 것이다(31a절). 가브리엘은 사가랴의 아내 엘리사벳도 아이를 낳을 것이라고 했지만(1:13), 상황이 전혀 다르다. 엘리사벳은 나이가 많은 결혼한 여자다. 반면에 마리아는 단지 정혼했을 뿐 아직 남편 될 사람 요셉과 잠자리를 하지 않은 처녀다. 그러므로 그녀가 낳을 아이는 요셉의 아이가 아니다. 천사는 예수님의 동정녀 탄생을 암시하며 이렇게 말하고 있다.

둘째, 태어날 아이의 이름은 예수다(31b절). '예수'('Iησοῦς)는 구약에서 유래한 이름이다. 예수의 히브리어 이름인 '예수아'(ישׁוע)는 '여호수아'(יהושׁוע)를 줄인 것이며, '여호와가 구원하신다, 구원하시는 여호와'라는 의미를 지녔다(cf. 출 24:13; 느 7:7). 이 이름은 구원을 뜻하는 일반 명사 '호세아'(הושׁע)에 여호와를 의미하는 접두사 '여-'(-יה)를 더한 것이다. 모세가 가나안 정탐을 떠나는 눈의 아들 호세아의 이름을 이렇게 바꿔 부른 데서 유래되었다(민 13:8, 16). 칠십인역(LXX)은 이 이름을 헬라어로 '예수'('Iησοῦς)라고 표기했다.

구약에서 이름은 그 이름을 가진 사람의 성향이나 삶을 상징하는 경우가 많다. '그가 [비]웃다'라는 의미를 지닌 '이삭'은 하나님의 말씀을 비웃은 아브라함과 사라의 불신을 상징하는 이름이다. 한편, 어머니의 배 속에서부터 형 에서와 치열하게 경쟁한 동생에게 야곱이란 이름이 주어졌다. 야곱은 이후로도 아버지와 형을 속였기 때문에 하나님이 얍복강에서 그를 만나셨을 때 이름을 이스라엘로 바꿔 주셨다. 이러한 정서를 고려할 때 '예수'('Iησοῦς)는 온 인류의 구세주가 되실 분에게 가장 적절한 이름이다.

셋째, 아이는 큰 자가 될 것이다(32a절). '큰 자'(μέγας)는 하나님의 여러 호칭 중 하나다(신 10:17). 신약은 예수님을 이렇게 부른다(딛 2:13). 옛적에 하나님은 다윗에게 "네 이름을 위대하게 만들어 주리라"(삼하

7:9)라고 하시며 그와 그의 후손(메시아)이 큰 자가 될 것이라고 하셨다. '큰 자'이신 예수님과는 대조적으로 세례 요한은 '주 앞에 큰 자'가 될 것이다(15절).

넷째, 아이는 지극히 높으신 이의 아들이라 일컬어질 것이다(32b절, cf. 35, 76절). '지극히 높으신 이'(ὕψιστος)는 하나님을 뜻한다(1:76; 6:35; 8:28; 행 7:48; 16:17). 그러므로 천사는 35절에서 이 아이를 '하나님의 아들'(υἱὸς θεοῦ)이라고도 한다. 하나님은 다윗과 언약을 맺으실 때 그의 후손 중 하나에 대해 "나는 그에게 아버지가 되고 그는 내게 아들이 되리니"라고 하셨다(삼하 7:14). 그리고 이 다윗의 후손이 얻게 될 신적(神的) 신분에 대해 예언하셨는데, 그 예언이 마리아가 낳을 아이를 통해서 성취될 것이다. 예수님은 다윗의 후손으로 오신 인간이지만, 또한 처녀의 몸에서 태어나는 기적을 통해 여호와 하나님과 '아버지-아들'이라는 매우 특별한 관계를 누리는 분이라는 사실이 드러났다(Strauss, cf. Bock).

다섯째, 하나님이 아이에게 그의 조상 다윗의 왕위를 주실 것이다(32c절; cf. 삼하 7:12-16; 시 2:7; 89:27-29; 사 9:6; 55:3-5). 하나님은 다윗에게 그의 집과 나라가 영원히 보존되고 왕위가 영원히 견고할 것이라고 하셨는데(삼하 7:16), 지난 수백 년 동안 다윗의 왕위는 이어지지 못했다. 이제 하나님이 그 왕위를 다시 세워 곧 태어날 아이에게 주실 것이다.

여섯째, 아이는 영원히 야곱의 집을 왕으로서 다스리실 것이다(33a절). 예수님이 이스라엘을 다스리시는 왕이라는 뜻이다. 예수님은 십자가에 매달리실 때 '유대인의 왕'(βασιλεὺς τῶν Ἰουδαίων)으로 죽으셨다(23:37-38).

일곱째, 아이의 나라는 무궁할 것이다(33b절; cf. 단 7:14; 미 4:7). '무궁하다'(οὐκ ἔσται τέλος)를 직역하면 '끝이 없다'이다. 하나님은 다윗 언약에서도 이러한 약속을 하셨다(삼하 7:16). 예수님은 처음에는 유대인들을 이 나라의 백성으로 삼으시지만, 점차 그 대상을 넓혀 온 세상 만민을 무궁한 나라의 백성으로 삼으실 것이다.

이 말씀은 하나님이 약속하신 것은 때가 되면 반드시 이루어진다고 한다. 예수님은 구약 선지자들이 예언한 대로, 또한 하나님이 다윗과 맺으신 언약(삼하 7장)대로 오셨다. 수백 년 세월도 하나님의 말씀이 성취되는 것을 막지 못했다. 역사는 하나님이 계획하신 대로 진행되기 때문이다. 그러므로 우리의 기도 제목이, 혹은 하나님이 주신 약속이 우리가 기대하는 때 이뤄지지 않는다고 실망할 필요가 없다. 하나님은 절대 잊지 않으시고 가장 적절한 때에 실현하실 것이다.

사람은 모두 하나님의 철저한 계획과 섭리에 따라 태어난다. 하나님이 예수님을 이 땅에 보내신 일은 오래전에 세운 계획을 실현하신 결과였다. 그러므로 예수님이 태어나시기 전부터 이미 어떤 삶을 살고, 어떤 사역을 하실 것인지가 정해졌다. 이 세상에는 우연히, 혹은 실수로 태어나는 사람은 없다. 모든 사람은 하나님의 섭리에 따라 태어난다. 그러므로 하나님은 각 사람을 소중히 여기신다. 우리도 서로를 대할 때 귀하게 대해야 한다. 예수님이 이 모든 것을 거부하고 그분이 원하는 대로 살 수 있으셨던 것처럼, 우리도 하나님의 계획대로 살지 않을 수 있다. 그러나 그것은 불행한 삶이다. 우리는 하나님의 계획에 따라 살 때 가장 행복하다.

II. 어린 시절(1:5-2:52)
　B. 예수님의 탄생 예고(1:26-38)

4. 마리아의 질문과 천사의 대답(1:34-38)

34 마리아가 천사에게 말하되 나는 남자를 알지 못하니 어찌 이 일이 있으리이까 **35** 천사가 대답하여 이르되 성령이 네게 임하시고 지극히 높으신 이의 능력이 너를 덮으시리니 이러므로 나실 바 거룩한 이는 하나님의 아들이라

일컬어지리라 ³⁶ 보라 네 친족 엘리사벳도 늙어서 아들을 배었느니라 본래 임신하지 못한다고 알려진 이가 이미 여섯 달이 되었나니 ³⁷ 대저 하나님의 모든 말씀은 능하지 못하심이 없느니라 ³⁸ 마리아가 이르되 주의 여종이오니 말씀대로 내게 이루어지이다 하매 천사가 떠나가니라

마리아의 관점에서 생각할 때 천사가 전해 준 하나님의 말씀에는 한 가지 문제가 있었다. 자신은 아직 남자를 알지 못하기 때문이다. '알다'(γινώσκω)는 남녀가 성관계를 갖는 것에 대한 완곡어법이다(BAGD, cf. 히브리어 동사 'יָדַע', 창 4:1). 이에 마리아는 정혼한 요셉과 결혼하면 가능한 일이지만, 현재는 처녀의 몸이기 때문에 불가능한 일이라고 한다. 그녀는 천사의 말을 자신이 요셉과 결혼식을 올리고 첫날밤을 지낸 다음이 아닌, 지금 당장 임신할 것을 뜻하는 것으로 이해한 것이다 (Garland).

그녀의 질문 '어찌 이 일이 있으리이까?'(πῶς ἔσται τοῦτο)는 가브리엘이 책망한 사가랴의 질문 '내가 이것을 어떻게 알리요?'(κατὰ τί γνώσομαι, 1:18)와 다르다. 사가랴는 믿지 못하겠다며 징조를 구했지만 (How will I know this for certain? NAS), 마리아는 일이 진행될 과정(수단)에 대해 물었다(How can this be? NAS). 사가랴는 천사에게 보여 달라고 하는 것이고, 마리아는 자신은 볼 수 없다고 고백한다(Coleridge).

구약에는 사라와 리브가처럼 나이 많은 여자가 아이를 낳은 일이 종종 있다. 그러므로 일반인들보다 성경을 가까이했던 제사장 사가랴는 천사의 말을 별 어려움 없이 믿을 수 있었음에도 믿지 못했다. 반면에 처녀가 아이를 낳은 일은 이때까지 없었다. 그러므로 마리아가 하나님의 역사가 어떻게 이루어질지 도무지 보이지 않는다고 하는 것은 당연한 일이다. 마리아는 자신이 처녀라는 사실이 하나님의 뜻이 이루어지는 일에 걸림돌이 될 것을 우려하고 있다.

요한의 탄생은 특별하다. 그러나 과거에 이런 사례가 없었던 것은

아니다. 반면에 처녀가 잉태한 사례는 없다. 그러므로 마리아를 통한 예수님의 탄생은 기적이다. 예수님은 하나님께 기름 부음을 받아 하나님의 아들이 되신 것이 아니라, 하나님에 의해 잉태된 하나님의 아들이시다(Garland).

천사는 질문하는 마리아에게 성령이 이 일을 하실 것이라고 대답한다(35절). 구약에서 성령은 영감을 받은 선지자들로 하여금 하나님의 말씀을 선포하게 하는 일을 주로 하셨다. 또한 성령은 항상 활동적이고 창조적이시다(cf. 창 1:2; 시 33:6; 겔 37:14). 이번에도 한 번도 들어보지 못한 일을 하실 것이다. 처녀인 마리아가 인류 역사에 전례가 없었던 매우 특별한 아이를 잉태하게 하실 것이다. 그러므로 예수님의 탄생과 연관해 일어나는 모든 일은 하나님이 하시는 일이며, 마리아는 수동적으로 진행되는 일을 지켜보기만 하면 된다.

'임하다'(ἐπέρχομαι)는 누가복음에서 7차례 사용되며 칠십인역(LXX)이 이사야 32:15을 번역하며 사용한 단어다. 이 단어에는 어떠한 성적 뉘앙스도 없다(Brown). '덮다'(ἐπισκιάζω)는 하나님의 임재를 상징하며(출 40:35; cf. 시 91:4), 하나님이 행하시는 기적이 일어날 것을 뜻한다. 이 두 단어 모두 임신과 연관된 단어가 아니다. 그러므로 마리아가 예수님의 생모라는 의미에서 하나님이 예수님의 생부라고 할 수는 없다(Nolland).

'지극히 높으신 이'(ὕψιστος)는 하나님을 뜻하며 이미 1:32에서 사용되었다. 천사는 마리아를 통해 태어날 아이가 '거룩하신 이'(ἅγιος)라고 한다. 이는 예수님의 신성(divinity)과 구별됨(separateness)을 강조한다. 예수님은 이때까지 세상에 태어난 아이들과는 질적으로 다르다. 또한 이 아이는 '하나님의 아들'(υἱὸς θεοῦ)로 일컬음을 받으실 것이다. 이 호칭도 예수님의 신성을 강조한다.

천사는 마리아에게 그녀의 친족 엘리사벳의 임신 소식을 알려 주었다(36절). 엘리사벳은 늙었고, 본래 임신하지 못한다고 알려졌는데, 임신한 지 벌써 여섯 달이 되었다는 것이다. 엘리사벳 이야기는 마리아에 대한 하나님의 말씀이 이루어질 것을 보장하는 징조다(Culpepper). 마리아는 조용히 숨어 지내는 엘리사벳의 소식을 소문으로 알게 된 것이 아니라 천사를 통해 알게 되었다.

엘리사벳과 마리아의 상황은 둘 다 아이를 낳는 일에서 비슷하면서도, 하나는 아이를 낳지 못하는 나이가 많은 유부녀이지만 다른 하나는 처녀라는 큰 차이를 지니고 있다. 하나님께는 능치 못할 일이 없기 때문에(37절; cf. 창 18:14), 천사를 통해 마리아에게 임한 하나님의 말씀은 온전히 성취될 것이다. 정확한 이유는 알 수 없지만 기독교는 4세기부터 요한은 3월 25일에, 예수님은 9개월 후인 12월 25일에 태어나신 것으로 기념해 왔다(Culpepper). 오늘날의 크리스마스 전통이 이때 시작된 것이다.

천사의 말을 듣고 난 마리아는 자신은 하나님의 여종이므로 주님의 말씀이 모두 자기에게 이루어질 것을 바란다며 순종하겠다는 의지를 밝힌다(38절). 마리아의 믿음이 돋보인다. 처녀의 몸으로 아이를 갖게 되면 온갖 어려움과 수모가 닥칠 수 있다. 정혼한 요셉이 그녀를 죽음으로 내몰 수도 있다. 게다가 일이 어떻게 진행될지 별로 아는 바가 없다(34절). 그러나 마리아는 조건 없이 하나님을 신뢰하고 주님이 하시는 일은 모두 옳다고 고백하는 믿음을 가졌기에 더는 묻지 않고 순종하겠다고 한다.

'여종'(δούλη)은 자식을 달라며 눈물로 기도하던 한나가 하나님 앞에 자기를 낮출 때 사용한 용어다(삼상 1:11, LXX). 잠시 후 마리아는 엘리사벳을 만나 한나가 하나님을 찬양했던 것처럼 주님을 찬양할 것이다(46-55절; cf. 삼상 2:1-10). 천사는 순종하겠다는 마리아의 말을 듣고 떠났다.

이 말씀은 믿음의 본질에 대해 생각하게 한다. 때때로 믿음은 이성과 논리를 초월한다. 처녀가 아이를 낳는다는 것은 전에 들어 보지 못한 일이며, 앞으로도 있을 수 없는 일이다. 그런데도 마리아는 하나님의 말씀에 순종하겠다고 했다. 하나님께는 능치 못하실 일이 없다는 사실을 믿었기 때문이다. 믿음은 불가능한 일을 가능케 하시는 하나님을 의지하고 따라가는 것이다.

하나님의 역사는 성령이 임하시고 주님의 능력이 우리를 덮을 때 일어난다. 우리가 우리 능력으로 하나님의 일을 하는 것이 아니라, 하나님이 그분의 능력으로 일하시기 때문이다. 그러므로 우리가 가장 간절히 구하고 기도해야 할 것은 성령으로 충만한 삶이다.

II. 어린 시절(1:5-2:52)

C. 마리아의 엘리사벳 방문(1:39-45)

39 이 때에 마리아가 일어나 빨리 산골로 가서 유대 한 동네에 이르러 **40** 사가랴의 집에 들어가 엘리사벳에게 문안하니 **41** 엘리사벳이 마리아가 문안함을 들으매 아이가 복중에서 뛰노는지라 엘리사벳이 성령의 충만함을 받아 **42** 큰 소리로 불러 이르되 여자 중에 네가 복이 있으며 네 태중의 아이도 복이 있도다 **43** 내 주의 어머니가 내게 나아오니 이 어찌 된 일인가 **44** 보라 네 문안하는 소리가 내 귀에 들릴 때에 아이가 내 복중에서 기쁨으로 뛰놀았도다 **45** 주께서 하신 말씀이 반드시 이루어지리라고 믿은 그 여자에게 복이 있도다

마리아는 천사가 전해 준 말을 듣고 흥분했다. 시간을 지체하지 않고 곧바로 임신한 지 6개월 되었다는 친척 엘리사벳이 사는 유대 산골 동네로 갔다(39절). 제사장이었던 사가랴가 사역을 위해 종종 성전을 방문해야 한다는 점을 고려하면 그는 예루살렘에서 그다지 멀지 않은 곳에 살았던 것으로 보인다. 마리아가 사는 나사렛에서 사가랴가 사는

예루살렘 근교까지는 경로에 따라 약 80-120㎞에 달하는 최소 3일을 가야 하는 먼 길이었다(Liefeld & Pao). 그러므로 마리아가 천사의 말을 듣고 곧바로 이 먼 길을 떠나 엘리사벳을 찾아가 그녀와 함께 3개월을 지냈다는 사실은(1:56) 마리아가 요셉을 통해 임신할 가능성을 원천적으로 배제한다.

드디어 마리아가 사가랴의 집에 들어가 엘리사벳을 문안했다(40절). 마리아의 방문은 엘리사벳의 숨어 지내는 삶을 마무리했다(cf. 1:24). 마리아가 사가랴의 집에 머무는 동안 사가랴는 계속 말을 못했으며(cf. 1:63-64) 모습을 드러내지 않는다.

엘리사벳은 자신이 임신한 아이가 배 속에서부터 성령에 충만하다는 사실을 알지 못했다(cf. 1:15). 성전 사역을 마치고 집으로 돌아온 남편 사가랴가 무슨 이유에서인지 말을 못하고 몸짓으로 겨우 의사소통을 하는 상황이라(1:22), 아이에 대한 가브리엘의 말을 그녀에게 전해 줄 수 없었기 때문이다.

엘리사벳이 마리아의 문안함을 들을 때 이상한 일이 벌어졌다(41절). 그녀의 복중에 있는 아이가 뛰논 것이다. '뛰놀다'(σκιρτάω)는 하나님의 구원을 입은 사람들이 종말에 기뻐 뛰는 것을 뜻한다(Bovon, cf. 6:23; 말 4:2). 그러므로 요한이 뛰는 것은 곧 메시아의 시대가 시작되었음을 상징한다(Brown).

엘리사벳도 성령의 충만함을 받았다. 사람들은 종종 성령이 오순절 때 오신 것으로 착각하지만, 성령은 이미 태초부터 계셨고(창 1:2), 구약 시대에도 줄곧 사역하셨다(cf. 민 11:16-25; 24:2; 삼하 23:2; 사 61:1 등). 본문에서 엘리사벳이 성령으로 충만한 것처럼 앞으로 사가랴(1:67)와 시므온(2:25, 27)도 성령으로 충만할 것이다. 요한도 태에서부터 성령으로 충만했다(1:15).

엘리사벳은 큰 소리로 마리아와 그녀의 태중에 있는 아이를 축복했다(42절). 그녀는 마리아가 임신한 사실을 성령을 통해 알게 되었다. 마리아는 아직 임신 초기이며, 처음 아이를 가진 상황이라 잘 몰랐을 수도 있다.

엘리사벳은 마리아를 경쟁자로 생각하지 않는다. 그러므로 "내 주의 어머니가 내게 나아오니 이 어찌 된 일인가"(43절)라며 마리아 앞에서 자신을 낮춘다. 그러나 마리아는 예수님의 어머니이지, 가톨릭에서 말하는 것처럼 하나님의 어머니는 아니다(Liefeld & Pao). 훗날 요한도 자기 어머니가 예수님의 어머니 마리아에게 자세를 낮춘 것처럼 예수님께 자신을 낮춘다.

엘리사벳은 자신도 하나님의 은총을 입었지만, 마리아는 더 큰 복을 받았다고 생각한다. 훗날 어느 여인이 예수님께 외쳤다. "당신을 밴 태와 당신을 먹인 젖이 복이 있나이다"(11:27). 이에 대해 예수님은 "오히려 하나님의 말씀을 듣고 지키는 자가 복이 있느니라"(11:28)라고 대답하셨다. 마리아가 복이 있는 것은 특별한 아이를 잉태했기 때문이 아니라, 하나님의 말씀을 듣고 믿고 순종했기 때문이다(Garland, cf. 45절).

엘리사벳은 마리아의 복중에 있는 아이를 '내 주'(τοῦ κυρίου μου)라고 부른다(cf. 시 110:1). 누가복음에서 예수님이 '주'로 처음 불리시는 장면이다. '주'(κύριος)는 탄생 이야기(1-2장)에서 23차례 사용되며, 본문을 제외하면 모두 하나님을 뜻한다. 그러므로 엘리사벳의 고백은 예수님이 메시아이심을 선언한다(Beale & Carson, Brown). 예수님은 나중에 하나님이 되신 것이 아니라, 복중에서부터 하나님이셨다(Rowe).

엘리사벳은 마리아가 문안하는 소리에 자기 배 속에 있는 아이가 기쁨으로 뛰놀았다고 말해 주었다(44절, cf. 41절). 어머니의 배 속에 있을 때부터 요한도 성령으로 충만하다(1:15).

엘리사벳은 마리아를 두고서 주님이 하신 말씀이 반드시 이루어지리라고 믿은 그 여자에게 복이 있다고 말한다(45절). 이 말씀은 누가복음에 기록된 첫 수훈이다(beatitude)(Plummer, cf. Culpepper). 엘리사벳은 마리아가 처녀인데도 하나님의 말씀에 따라 임신할 것이라는 사실을 믿은 것을 가리켜 복이 있다고 한다. 하나님은 말씀하신 것을 그대로 행하시는 분이며, 이러한 사실을 믿고 순종하는 사람은 복이 있기 때문이다.

이 말씀은 믿음은 기쁨을 준다고 한다. 마리아는 흥분된 마음으로 엘리사벳을 찾아갔다. 마리아가 문안하자 엘리사벳뿐 아니라 그녀의 복중에 있는 아이도 기뻐 뛰놀았다. 이처럼 성령은 하나님의 뜻에 순종하는 사람들에게 기쁨을 주시는 분이다.

II. 어린 시절(1:5-2:52)

D. 마리아의 노래(1:46-56)

⁴⁶ 마리아가 이르되

내 영혼이 주를 찬양하며
⁴⁷ 내 마음이 하나님 내 구주를 기뻐하였음은
⁴⁸ 그의 여종의 비천함을 돌보셨음이라
보라 이제 후로는 만세에 나를 복이 있다 일컬으리로다
⁴⁹ 능하신 이가 큰 일을 내게 행하셨으니
그 이름이 거룩하시며
⁵⁰ 긍휼하심이 두려워하는 자에게 대대로 이르는도다
⁵¹ 그의 팔로 힘을 보이사
마음의 생각이 교만한 자들을 흩으셨고
⁵² 권세 있는 자를 그 위에서 내리치셨으며
비천한 자를 높이셨고
⁵³ 주리는 자를 좋은 것으로 배불리셨으며
부자는 빈 손으로 보내셨도다
⁵⁴ 그 종 이스라엘을 도우사

긍휼히 여기시고 기억하시되
⁵⁵ 우리 조상에게 말씀하신 것과 같이
아브라함과 그 자손에게 영원히 하시리로다
하니라 ⁵⁶ 마리아가 석 달쯤 함께 있다가 집으로 돌아가니라

교회는 옛적부터 마리아의 찬양을 '송가'(Magnificat)라고 불렀다. 가톨릭에서는 '성모 마리아 송가'라고 하며 저녁 기도(만과)에 포함되어 있다. 이 호칭은 라틴어 번역본에서 마리아의 기도를 시작하는 문장(magnificat anima mea Dominum, "내 영혼이 주를 찬양합니다")의 첫 단어(magnificat)에서 시작되었으며 '찬미하다'(높이다)라는 의미를 지녔다.

마리아의 노래는 구약의 여러 문구를 인용하거나 연상케 하는 표현을 많이 포함하고 있다. 한 주석가는 이 노래가 구약에서 최소한 12개 문구를 인용한 것이라며 인용구들을 나열한다(Plummer). 한마디로 마리아는 구약 용어에 대해 참으로 잘 알 뿐 아니라 매우 익숙해 있었다(Liefeld & Pao).

마리아는 하나님이 행하신 놀라운 일에 감사하며 이 노래를 부른다. 구약에서는 모세(출 15:1-18), 미리암(출 15:20-21), 드보라(삿 5:1-31), 한나(삼상 2:1-10), 아삽(대상 16:7-36) 그리고 여러 시편 기자가 이 같은 유형의 노래를 불렀다. 그중 한나의 노래(삼상 2:1-10)가 이 송가와 가장 비슷하다는 것이 대부분 학자의 생각이다. 양식은 찬양시이며, 한나의 노래에 종말론적 의미를 더해 미래 지향적인 면모를 갖추었다(Liefeld & Pao, Plummer).

엘리사벳의 축복을 받은 마리아가 하나님을 찬양하는 노래를 부른다(46a절). 일부 라틴어 사본들은 이 노래를 엘리사벳이 불렀다고 하는데, 헬라어 사본들은 한결같이 마리아의 노래라고 한다(Metzger, cf. Dibelius, Farris). 또한 엘리사벳의 축복으로 시작된 둘의 대화가 마리아의 답례로 이어지는 것은 자연스러운 일이다. 마리아가 하나님이 베푸신 은혜

에 찬양으로 반응하는 것은 은혜를 입은 한나의 반응을 생각나게 한다 (삼상 2:1).

마리아는 "내 영혼이 주를 찬양하며 내 마음이 하나님 내 구주를 기뻐하였음은"(46b-47절)이라는 말로 찬양을 시작하는데, 이는 하박국 말씀과 비슷하다(cf. Creed). "나는 여호와로 말미암아 즐거워하며 나의 구원의 하나님으로 말미암아 기뻐하리로다"(합 3:18). '하나님 내 구주'(τῷ θεῷ τῷ σωτῆρί μου)는 '하나님은 나를 죄에서 구원하시는 분'이라는 의미를 지녔다. 가톨릭에서는 마리아가 예수님을 임신한 순간부터 그녀의 원죄가 사해져 죄로부터 어떠한 영향력도 받지 않았다고 하는 '무원죄 잉태설'(Immaculate Conception)을 교리로 가르치는데, 이 말씀은 이 교리의 허구를 보여 준다(Liefeld & Pao). 죄인들만 그들의 죄에서 구원하시는 하나님이 필요하기 때문이다.

마리아는 자신을 돌보아 주시는 하나님을 찬양한다(48a절). 마리아는 하나님 앞에서 '여종'(δούλη)이라며 자신을 낮추는데, 노예라는 뜻이다. 노예라는 신분 자체도 참으로 낮은데, 더 나아가 마리아는 비천함에서 헤어나지 못하는 노예다. '비천함'(ταπείνωσις)은 처녀로서 아이를 잉태하게 된 수치가 아니라, 그녀의 낮은 신분을 뜻한다(Liefeld & Pao, cf. 창 29:32; 삼상 1:11; 왕하 14:26; 시 9:11-14; 25:16). 마리아는 자신을 권력과 지위를 가진 교만한 자들(52절)과 대조적인 위치에 있는 낮은 자라고 한다.

이때까지는 비천한 여종에 불과한 마리아이지만, 앞으로는 모든 세대가 그녀를 복이 있다고 할 것이다(48b절). 마리아는 옛적에 불임으로 인해 온갖 수모를 당했던 한나의 형편이 반전되었던 것처럼(cf. 삼상 1-2장) 미래 세대에 자신의 형편도 반전될 것이라고 한다(Beale & Carson, cf. 4:18; 6:20-22; 7:22; 14:13). 마리아가 대대로 기억될 것은 그녀가 특별해서가 아니라, 사람이 하나님의 은혜와 자비를 경험하는 것이 무엇을 의미하는지 보여 주는 모델이 되기 때문이다(Fitzmyer).

마리아는 하나님이 자신에게 빚을 지신 것도 아니요, 혹은 무언가를 반드시 해 주셔야 하는 의무가 그분에게 있는 것도 아님을 잘 안다. 그녀가 현재 누리고 미래에 기대하는 것은 모두 하나님의 은혜와 자비로 우심의 결과다(Bock). 그러므로 하나님이 어떠한 전제 조건 없이 그녀를 만세에 복이 있는 여인으로 세우실 것을 확신한다.

하나님은 마리아에게 큰일을 행하셨다(49a절). '능하신 이'(ὁ δυνατός)는 구약에서 용사이신 하나님이 자기 백성을 위해 싸우시는 것을 상징한다(신 10:21; 34:11-12; 시 44:4-8; 89:8-10; 111:2-9; 습 3:17). 구약에서 '큰일'(μεγάλα)은 출애굽 때 하나님이 자기 백성을 위해 하신 일들을 뜻한다(신 10:21). 이처럼 자기 백성을 위해 싸우시고 그들을 위해 큰일을 하신 하나님이 마리아에게 큰일을 행하셨다는 것은 마리아에게는 개인적인 일이지만 동시에 이스라엘을 위한 일임을 암시한다(Carroll, Farris). 하나님이 마리아에게 행하신 큰일은 그녀가 메시아 아이를 잉태하게 하신 일이며, 이 메시아는 마리아뿐 아니라 주님의 모든 백성을 위한 아이다.

마리아는 노래의 전반부를 하나님의 긍휼하심에 대한 말로 마무리한다(50절). 하나님의 긍휼은 하나님을 두려워하는 사람들에게 대대로 이른다. '두려워하는 자들'(φοβουμένοις)은 하나님에 대해 경건한 두려움을 가지거나, 혹은 하나님을 경외하는 사람들이다(시 103:17). 하나님은 이런 사람들에게 긍휼을 베푸신다. 신앙생활에서 하나님의 능력과 거룩하심이 강조되다 보면 긍휼을 간과할 때가 있다. 그러나 하나님의 거룩하심이 강조될 때마다 긍휼하심도 강조되어야 한다. 구약에서는 이러한 은혜를 '헤세드'(חֶסֶד)라고 한다(cf. 시 103:2-6, 8-11, 13, 17).

노래의 후반부(51-55절)에 사용되는 동사들의 시제가 부정과거(aorist)이다 보니 그 의미를 두고 논란이 많다(cf. Bock, Garland, Liefeld & Pao, Marshall). 마리아가 하나님이 과거에 하신 일들을 회고하는 것일 수도 있고(simple aorist), 특별한 역사적 정황 없이 하나님이 항상 습관적으로

141

하시는 일들을 나열하는 것일 수도 있으며(gnomic aorist), 하나님이 앞으로 하실 일들을 언급하는 것일 수도 있기(prophetic aorist) 때문이다. 이노래가 누가복음의 도입 부분에서 책을 시작하고 있다는 점을 고려하면 이 동사들을 예언적 부정과거(prophetic aorists)로 해석해 하나님이 앞으로 하실 일들을 언급하는 것으로 해석하는 것이 바람직하다(Bock, Liefeld & Pao). 그녀가 장차 자기 몸에서 태어날 메시아 아이를 통해 하나님이 하실 일들을 노래하고 있다고 생각하면 더욱더 그렇다.

하나님은 자기 팔의 힘으로 마음의 생각이 교만한 자들을 흩으실 것이다(51절). 구약에서 하나님의 팔은 주님의 능력을 상징한다. 출애굽 사건에서는 이미 큰일을 하신 팔이며(출 6:1, 6; 신 3:24; 7:19), 새로운 출애굽 사건에서도 놀라운 일을 하실 팔이다(사 51:5, 9; 53:1). 그러므로 하나님이 팔로 교만한 자들을 흩으신다는 것은 그들을 확실하게 벌하신다는 뜻이다. 출애굽 때 이집트 왕과 백성을 벌하신 것처럼 말이다. 성경은 눈을 들어 하나님을 보지 않고 다른 사람을 내려 보는 교만한 자들을 항상 하나님의 원수로 취급한다(Brown, cf. 사 13:11).

하나님은 권세 있는 자들도 그 위에서 내리치실 것이다(52a절). '권세 있는 자들'(δυνάστας)은 49절에 등장한 하나님의 호칭인 '능하신 이'(ὁ δυνατός)와 같은 어원에서 비롯되었다. 하나님의 벌을 피할 수 없는 권세 있는 자들은 왕의 자리에 앉아 마치 자신들이 신이나 되는 것처럼 권력을 휘두르며 잇속을 챙기는 자들이다. 히스기야왕 시대에 아시리아의 왕 산헤립은 마치 자기가 신인 것처럼 하나님 앞에서 무례히 행했다가 하나님께 혹독한 벌을 받았다(cf. 사 36-37장).

높은 자리에서 신들처럼 행세하는 자들을 끌어내리시는 하나님이 비천한 자는 높이실 것이다(52b절). '비천한 자들'(ταπεινούς)은 내세울 만한 것이 없는 신분이 낮고 가난한 평범한 사람들이다. 마리아는 48절에서 하나님이 그녀의 비천함을 돌보셨다고 찬양했다. 하나님이 마리아를 돌보신 것처럼 비천한 사람들을 돌보실 것이다(Beale & Carson, cf. 1:48). 하나님이 권세 있는 자를 왕의 자리에서 내치시고 비천한 자를 높여 그 자리에 앉히시는 것은 한나의 노래에 반영되어 있으며(삼상 2:7-8), 구약 곳곳에서 언급된다(겔 21:26; 욥 5:11; 사 2:22; 10:33). 옛적에 사울왕을 내치시고 다윗을 그 자리에 앉히신 일을 연상케 한다.

하나님은 주리는 자를 좋은 것으로 배불리실 것이다(53a절). '주리는 자들'(πεινῶντας)은 가난하지만 경건한 사람들이다(Bock, cf. 시 9:11-12, 17-20; 10:1-4; 12:1-5; 18:25-29). 하나님은 어려운 상황에서도 하나님만 의지하는 사람들의 궁핍함을 좋은 것으로 넘치게(배불리) 채우신다. 하나님이 종말에 베푸실 잔치를 생각나게 하는 말씀이다. "만군의 여호와께서 이 산에서 만민을 위하여 기름진 것과 오래 저장하였던 포도주로 연회를 베푸시리니 곧 골수가 가득한 기름진 것과 오래 저장하였던 맑은 포도주로 하실 것이며"(사 25:6).

반면에 부자는 빈손으로 내보내실 것이다(53b절). '부자들'(πλουτοῦντας)은 이 땅에서 누릴 만한 것을 모두 누린 자들이다. 그들은 많은 것을 누리기 위해 폭력을 사용하고 다른 사람의 정당한 몫을 착취하는 자들이다(Liefeld & Pao). 그러므로 하나님이 그들을 궁휼히 여기실 이유가 없다. 배고픈 자를 채우시고 부자를 빈손으로 보내시는 것은 한나의 기도를 포함한 구약 여러 곳에서 언급되었다(삼상 2:5; 욥 15:29; 시 107:9; 146:7; 렘 17:11). 누가복음에서는 부자와 거지 나사로 이야기를 연상케 한다(16:19-31).

하나님은 자기 종 이스라엘을 도우시고 그들을 궁휼히 여기시고 기억하실 것이다(54절). 노래의 전반부가 하나님의 '궁휼하심'(ἔλεος)으로 마무리된 것처럼(50절), 후반부도 하나님의 '궁휼'(ἔλεος)로 마무리되고 있다. '종'(παιδὸς)은 '어린아이'를 뜻하기도 한다(BAGD). 하나님은 이스라엘 도우시기를 마치 부모가 자녀를 대하듯이 하실 것이다. 구약에서 하나님이 누군가를 기억하시는 것은 곧 은혜를 베푸신다는 뜻이다(창 8:1; 9:16; 19:29; 30:22; 출 2:24).

마리아가 하나님이 이스라엘을 도우실 것을 확신하는 것은 옛적에 하나님이 이스라엘의 조상 아브라함에게 주신 말씀 때문이다(55절; cf. 창 22:16-18). 하나님은 이스라엘이 아브라함의 자손이라는 한 가지 이유로 그들을 영원히 사랑하고 돌보신다(사 41:8-9; 시 98:3; 미 7:20).

마리아의 노래는 앞으로 누가복음에서 중요하게 부각될 아브라함을 소개한다(Liefeld & Pao). 그러나 아브라함의 후손은 이제 더는 핏줄로 정의되지 않고, 하나님을 사랑하는 모든 사람을 포함할 것이다(3:8-9; 13:28; 16:19-30; 19:9-10). 마리아는 엘리사벳과 석달쯤 함께 지내다가 나사렛으로 돌아갔다(55절). 엘리사벳이 해산할 때가 되자 자기 집으로 돌아간 것이다.

이 말씀은 하나님이 그분을 사랑하고 경외하는 사람들을 사랑과 자비와 성실하심으로 대하신다고 한다. 그들의 어려운 형편을 헤아리시고 좋은 것들로 채우신다. 겸손한 자세로 사는 성도는 모두 이 같은 은총을 기대해도 좋다. 하나님은 그들을 보호하시고 은혜를 베풀기 위해 필요하다면 그들을 억압하고 착취하는 권세자들을 벌하신다.

하나님은 자신이 하신 말씀을 반드시 지키시는 분이다. 그러므로 수천 년 전에 아브라함에게 약속하신 것이 아직도 유효하다. 선조들에게 약속하신 것 중 하나도 이뤄지지 않은 것이 없다. 따라서 하나님이 우리 각자에게 주신 말씀도 반드시 이루어질 것을 확신할 수 있다.

II. 어린 시절(1:5-2:52)

E. 세례 요한의 탄생(1:57-66)

[57] 엘리사벳이 해산할 기한이 차서 아들을 낳으니 [58] 이웃과 친족이 주께서 그를 크게 긍휼히 여기심을 듣고 함께 즐거워하더라 [59] 팔 일이 되매 아이를 할례하러 와서 그 아버지의 이름을 따라 사가랴라 하고자 하더니 [60] 그 어머

니가 대답하여 이르되 아니라 요한이라 할 것이라 하매 ⁶¹ 그들이 이르되 네 친족 중에 이 이름으로 이름한 이가 없다 하고 ⁶² 그의 아버지께 몸짓하여 무엇으로 이름을 지으려 하는가 물으니 ⁶³ 그가 서판을 달라 하여 그 이름을 요한이라 쓰매 다 놀랍게 여기더라 ⁶⁴ 이에 그 입이 곧 열리고 혀가 풀리며 말을 하여 하나님을 찬송하니 ⁶⁵ 그 근처에 사는 자가 다 두려워하고 이 모든 말이 온 유대 산골에 두루 퍼지매 ⁶⁶ 듣는 사람이 다 이 말을 마음에 두며 이르되 이 아이가 장차 어찌 될까 하니 이는 주의 손이 그와 함께 하심이러라

아이가 없다는 이유로 평생 가슴앓이를 하며 살았던(1:25) 엘리사벳이 드디어 아들을 낳았다(57절). 누가는 아이의 탄생 자체보다는 노부부에게서 아이가 태어났다는 소식에 대한 사람들의 반응에 초점을 맞추어 이야기를 전개해 나간다. 엘리사벳은 숨어 지냈고, 사가랴는 성전에 다녀온 이후 말을 하지 못하는 상황이었던 만큼 그들에게 아이가 태어났다는 것은 듣는 이들에게 참으로 뜻밖의 소식이었을 것이다(Liefeld & Pao).

이웃과 친척들이 엘리사벳에게 임한 하나님의 긍휼을 함께 기뻐했다(58절; cf. 1:44, 46). 아이의 탄생은 천사가 말한 것처럼 많은 사람에게 기쁨을 주었다(1:14). 구약에서도 아이의 탄생은 즐거움과 기쁨을 동반했다(Brown, cf. 창 21:6). 마리아가 노래했던 것처럼 낮은 자를 높이시는 하나님이 엘리사벳의 수치를 존경과 자부심으로 반전시키셨다.

아이가 태어난 지 8일이 되어 할례를 받을 때가 되었다(59a절; cf. 창 17:12; 21:4; 레 12:3). 누가는 아이에게 할례를 행하러 온 사람들이 누구인지 밝히지 않는다. 아마도 사가랴의 친족들이나 이웃들이었을 것이다. 율법이 아이가 태어난 지 8일째 되는 날에 할례를 요구하는 것은 이날이 태어난 아이가 7일 동안의 천지창조 사이클을 경험한 후 맞는 첫날이기 때문이다(cf. 출 22:29; 레 22:27). 또한 8일째 되는 날은 속죄일과도 연관이 있다(cf. 출 22:30; 레 9:1; 14:10, 23; 15:14, 29; 22:27; 민 6:10).

그러므로 여러 가지 성경적인 정황을 고려할 때 아이가 태어난 지 8일째 되는 날은 하나님께 아이를 헌신하기에 더없이 좋은 날이다. 남자 아이를 낳은 산모가 7일 동안 부정하게 되는 것 또한 아이가 8일째 되는 날 할례를 받는 것과 연관이 있다(cf. 레 12:2-4).

아브라함의 후손이 할례를 행하지 않으면 이는 언약을 깨뜨리는 행위로 간주되어 하나님의 백성에서 끊어지게 된다. 할례에 특별하거나 신비한 힘이 있어서 그런 것이 아니라, 하나님이 언약의 상징으로 주신 할례를 거부하는 것은 곧 하나님을 거부하는 행위로 간주되기 때문이다. 이런 차원에서 할례는 중요한 예식이다. 할례는 유대인 남자들이 몸에 지니는 하나의 흉터이며, 이 흉터를 볼 때마다 하나님 백성으로 하여금 하나님이 그를 부르신 이유를 묵상하게 하는 영원한 증표다.

아이에게 할례를 행하러 온 사람들은 아이를 아버지의 이름으로 부르길 원했다(59b절). 오늘날로 말하면 '사가랴 주니어'(Zechariah Junior)로 부르고자 한 것이다. 보통은 아이가 태어날 때 아버지가 이름을 주는 것이 일반적이지만(창 25:24-26; 29:31-35), 아브라함은 할례를 받을 때 새로운 이름을 받았다(창 17:5, 23). 그러므로 아브라함 언약에 따라 사역할 요한과 예수님(2:21)이 할례를 받을 때 이름을 받는 것은 예측할 만한 일이다. 또한 헬라 사람들은 아이가 태어난 지 일주일이 되어서야 이름을 지었다(cf. Liefeld & Pao). 당시에는 태어난 아이 중 상당수가 곧바로 죽는 경우가 많아서 일주일을 기다린 것이다.

사람들이 아이의 이름을 아버지의 이름을 따라 사가랴라고 부르면 어떻겠냐고 하자, 엘리사벳은 '요한'이라 할 것이라고 했다(60절). 아마도 사람들은 아버지 사가랴가 말을 못하기 때문에 먼저 어머니에게 의사를 물은 듯하다. 아이의 이름이 요한이라는 것을 엘리사벳이 어떻게 알게 되었는지는 알 수 없다. 마리아와 함께 있는 동안 천사의 계시가 임했거나, 혹은 사가랴가 글로 알려 주었을 것이다. 중요한 것은 이 아이가 하나님이 정해 주신 이름을 갖게 되었다는 사실이다(cf. 1:13).

아이의 이름을 요한으로 지을 것이라는 엘리사벳의 말에 사람들이 의아해했다(61절). '하나님이 자비를 베푸신다'라는 의미를 지닌 '요한'(Ἰωάννης)은 당시에 흔한 이름이었는데, 이 이름의 희귀성 때문에 놀라는 것이 아니다. 사가랴의 친족 중에는 이 이름을 가진 사람이 없기 때문에 놀랐다. 당시 사람들은 아이들의 이름을 대부분 집안사람들의 이름을 따라 지었다.

엘리사벳이 집안사람의 이름을 따라 아이의 이름을 짓는 관례를 깨고 새로운 이름을 제안하자 사람들은 아이의 아버지 사가랴에게 몸짓하며 아이의 이름을 무엇으로 할 것이냐고 물었다(62절). 그들이 몸짓으로 물은 것을 보면 사가랴가 말을 못할 뿐 아니라, 듣지도 못했다는 것을 암시한다.

사가랴가 서판을 달라고 해 아이의 이름은 요한이라고 쓰자 모두 놀랍게 여겼다(63절). '서판'(πινακίδιον)은 왁스로 덮은 나무판이다(Danker). 오늘날의 메모지 정도로 생각하면 된다. 사가랴가 서판에다 새긴 '요한이 그의 이름이다'(Ἰωάννης ἐστὶν ὄνομα αὐτου)라는 문장에서 가장 강조되는 자리를 차지하는 것은 '요한'이다. 요한은 하나님이 아이의 이름으로 주신 것이기 때문에 무슨 일이 있어도 그의 이름은 요한이 되어야 한다는 것이다(Bovon).

사람들이 보기에는 참으로 놀라운 상황이다. 사람들은 듣지도 말하지도 못하는 아이의 아버지가 아이의 어머니가 제안한 것과 같은 이름을 주었다는 사실에 놀랐다. 그들은 이 아이의 탄생에 하나님이 직접 개입하고 계심을 의식했다(Garland).

사가랴가 서판에 요한이 아이의 이름이라고 쓰는 순간 곧바로 그의 입이 열리고 혀가 풀렸다(64절). 당연히 그의 청각도 회복되었다. 사가랴는 다시 말을 할 수 있게 되자 제일 먼저 하나님을 찬송했다. 그의 찬양은 다음 섹션(1:67-79)에 기록되어 있다. 사가랴는 자기의 실수(불신)에서 교훈을 배웠고, 많은 시간을 묵상하며 보냈을 것이다(Bock). 드디어 하나님이 그에게 새 출발의 기회를 주시자 신앙이 훌쩍 자란 모습을 보여 준다.

옆에서 이 모든 일을 지켜본 사람들이 두려워했다(65a절). 하나님에 대한 거룩한 두려움이 임한 것이다. 사가랴와 엘리사벳 이야기는 순식간에 온 유대 산골에 두루 퍼졌다(65b절). 나이가 지긋한 노부부에게 아들이 태어났으니 요즘 말로 '특종'이었다. 게다가 산모가 임신 중이던 10개월 동안 아이 아버지가 듣지도 말하지도 못하다가, 아이가 태어나자 다시 듣고 말하게 되었으니 특종 중에 특종이 아니었겠는가!

소문을 들은 사람들은 이 말을 마음에 두었다(66절). 마치 요셉의 꿈 이야기를 들은 형들은 시기했지만, 아버지 야곱은 그 말을 마음에 두었던 일을 상기시킨다(창 37:11). 사람들은 요한의 탄생이 범상치 않은 일이라는 것을 직감하고, 언젠가 요한과 연관해 큰(좋은)일이 일어날 것을 기대하기 시작했다(cf. Coleridge). 훗날 요한은 광야 사역을 통해 그들의 기대에 부응한다(3:3).

이 말씀은 사람의 이름은 매우 중요한 것이라고 한다. 엘리사벳과 사가랴는 아이의 이름을 친척들의 제안과 달리 요한이라고 지었다. 이는 하나님이 주신 이름이며, 하나님이 그분의 백성에게 긍휼을 베푸실 것을 상징하는 이름이다. 우리가 자녀들과 손주들의 이름을 지을 때 많은 기도로 하나님의 인도하심을 받는 것이 중요하다. 또한 신앙적인 뉘앙스를 지닌 이름이 바람직하다. 아이의 이름은 부모의 신앙 고백이 될 수 있기 때문이다.

본문은 할례를 언급하는데, 예수님을 통해 구원에 이른 우리도 할례를 받아야 하는가? 성경은 육체적 할례보다 더 중요한 것이 있다고 한다. 바로 마음의 할례다. 할례받은 마음의 중요성에 대해서는 구약에서도 여러 차례 강조되었다(cf. 신 10:16; 30:6; 렘 4:4). 마음의 할례가 없으면, 신체적인 할례는 의미가 없다. 게다가 성경은 할례가 아브라함 언약의 증표일 뿐 언약은 아니라고 분명히 말한다(창 17:11). 육체적 할례는 참 언약의 주인이신 그리스도가 오셔서 하나님의 백성에게 성령의 인치심을 주실 때까지 임시적으로 있었던 제도이기 때문에 더는 할례를 행할 필요가 없다(cf. 행 15장).

F. 사가랴의 노래(1:67-80)

[67] 그 부친 사가랴가 성령의 충만함을 받아 예언하여 이르되

[68] 찬송하리로다 주 이스라엘의 하나님이여

그 백성을 돌보사 속량하시며

[69] 우리를 위하여 구원의 뿔을

그 종 다윗의 집에 일으키셨으니

[70] 이것은 주께서 예로부터

거룩한 선지자의 입으로 말씀하신 바와 같이

[71] 우리 원수에게서와 우리를 미워하는

모든 자의 손에서 구원하시는 일이라

[72] 우리 조상을 긍휼히 여기시며

그 거룩한 언약을 기억하셨으니

[73] 곧 우리 조상 아브라함에게 하신 맹세라

[74] 우리가 원수의 손에서 건지심을 받고

[75] 종신토록 주의 앞에서 성결과 의로

두려움이 없이 섬기게 하리라 하셨도다

[76] 이 아이여

네가 지극히 높으신 이의 선지자라 일컬음을 받고

주 앞에 앞서 가서 그 길을 준비하여

[77] 주의 백성에게 그 죄 사함으로 말미암는 구원을 알게 하리니

> [78] 이는 우리 하나님의 긍휼로 인함이라
> 이로써 돋는 해가 위로부터 우리에게 임하여
> [79] 어둠과 죽음의 그늘에 앉은 자에게 비치고
> 우리 발을 평강의 길로 인도하시리로다

하니라 [80] 아이가 자라며 심령이 강하여지며 이스라엘에게 나타나는 날까지 빈 들에 있으니라

사가랴의 노래는 전통적으로 '베네딕투스'(Benedictus)라고 불린다. 이는 그의 찬양을 시작하는 라틴어 문장(benedictus Deus Israhel, "찬송하리로다 이스라엘의 하나님이여", cf. 왕상 1:48)의 첫 단어에서 비롯되었다. 이 라틴어 단어는 68절을 시작하는 헬라어 단어(εὐλογητός)를 번역한 것으로 하나님을 축복한다는 뜻이다. 하지만 인간이 하나님께 복을 빌어 줄 수는 없으므로 '찬양하다'라는 의미로 해석한다.

마리아의 송가(1:46-55)는 하나님이 그녀의 삶에 개입하신 것과 일상적으로 하시는 일들을 찬송한다. 한편, 제사장 사가랴의 베네딕투스는 하나님의 섭리와 하나님의 인류 구원 계획을 이루기 위해 태어나는 두 아이(요한과 예수님)의 미래에 대한 예언이 중심을 이룬다(cf. Beale & Carson). 따라서 하나님이 구원자를 다윗의 후손으로 보내신 일을 찬양하는 68-70절이 사가랴의 노래 전체를 아우르는 핵심이다. 나머지 부분은 이 사실을 보완하는 설명이며, 또한 천사가 마리아에게 예언한 것들(1:31-35)에 대한 추가 설명이라 할 수 있다. 하나님이 베푸신 은혜를 기념하는 감사시다(Bock).

요한이 태어난 지 8일째 되던 날 입이 풀린 사가랴는 성령의 충만함을 받아 노래로 예언했다(67절). 앞서 천사는 사가랴에게 아이가 태어날 때까지 벙어리가 되어 말을 못하게 될 것이라고 했다(1:20). 그러므로 사가랴는 요한이 태어난 후 일주일 동안 상당히 초조하게 시간을 보냈을 것이다. 아이가 태어났는데도 그의 입이 풀리지 않았기 때문이

다. 나이가 많은 사가랴가 성령의 충만함을 받아 예언하는 것은 요엘서 말씀을 생각나게 한다. "그 후에 내가 내 영을 만민에게 부어 주리니 너희 자녀들이 장래 일을 말할 것이며 너희 늙은이는 꿈을 꾸며 너희 젊은이는 이상을 볼 것이며"(욜 2:28). 하나님의 구속사에서 중요한 구원의 시대가 도래했음을 암시한다(Beale & Carson).

본문은 사가랴가 예언했다고 하는데, 구약에서 예언은 미래에 대한 환상이나 신탁을 선언하는 것이기도 하지만 가장 기본적이고 중요한 기능은 가르침이었다. 예언자들(선지자들)의 저서를 분석해 보면 10% 정도가 예언과 신탁이며, 90% 정도가 가르침이다. 이 예언적 노래에서도 하나님이 어떤 일을 하셨는가에 대한 가르침이 대부분을 차지한다.

사가랴는 먼저 세 가지 이유로 하나님을 찬양한다(68b-71절). 첫째, 하나님이 자기 백성을 돌보시고 속량하심을 찬양한다(68b절). 핵심 동사인 '돌보시다'(ἐπεσκέψατο)는 '오시다, 방문하시다'라는 의미를 지녔으며, '속량하시다'(ἐποίησεν λύτρωσιν)는 '몸값을 지불하시다'라는 뜻이다(BAGD). 하나님이 죄인들을 구원하시기 위해 그들이 지은 죗값을 지불하실 것을 의미한다.

둘째, 하나님이 구원 역사를 다윗 집안을 통해 이루실 것을 찬양한다(69절). 이 말씀은 하나님이 자기 백성을 돌보시고 속량하시는(68b절) 방법에 관한 것이다. 뿔을 가진 짐승들의 강인함에서 비롯된 '뿔' 이미지는 힘과 능력을 상징한다(Liefeld & Pao, cf. 신 33:17). 하나님의 구원의 뿔이 다윗 집안을 일으키신다. 하나님의 구원의 뿔이신 예수님이 다윗의 후손으로 오실 것이라는 예언이다(삼하 22:3; 시 18:2; cf. 시 132:17).

셋째, 하나님이 약속을 지키시는 것을 찬양한다(70-71절). 하나님의 구원의 뿔이 다윗의 후손으로 오시는 것은 새로운 일이 아니다. 옛적에 거룩한 선지자들을 통해 말씀하신 것을 실행하시는 일이다(70절). 하나님은 출애굽 때 자기 백성을 원수들과 미워하는 자들의 손에서 구원하셨고(Culpepper, cf. 시 18:17; 106:10) 앞으로도 구원하실 것을 약속하셨는데(71절; cf. 미 7:8-10), 드디어 하나님의 구원의 뿔을 통해 약속하신 바가 이루어지게 되었다. 사가랴는 말씀하신 것을 잊지 않고 이루시는 하나님의 신실하심을 찬양한다.

사가랴는 하나님이 주님의 백성에게 이처럼 신실하게 구원을 베푸시는 이유는 그들의 조상들을 긍휼히 여기시며 그들과 맺은 언약을 기억하시기 때문이라고 한다(72절). 하나님은 아브라함과 이삭과 야곱과 다윗 등 여러 이스라엘 선조와 언약을 맺으셨다. 그들과 언약을 맺으신 것은 그들이 언약을 맺을 만한 사람이었기 때문이 아니라 하나님이 그들을 긍휼이 여기셨기 때문이다. 이처럼 성경이 긍휼과 언약을 연결하는 것은 종종 있는 일이다(신 7:9; 왕상 8:23). 하나님은 이스라엘 선조들과 맺으신 언약 중에 아브라함에게 하신 맹세를 특별히 유념하신다(73절; cf. 창 12:1-3; 22:16-17; 26:3).

하나님이 조상들과 맺으신 언약이 후손들에게는 어떤 효과를 발휘하는가? 사가랴는 선조들의 언약으로 인해 후손들이 두 가지 특권을 누리게 되었다고 한다(74-75절). 첫째, 원수들의 손에서 건지심을 받는다(74절). 사가랴가 원수들이 누구인가를 구체적으로 언급하지 않는 만큼 이스라엘을 억압하는 로마 사람들로 제한할 필요는 없다. 누구든 하나님 백성의 몫을 빼앗으려 하는 자들이 원수이며, 곧 악령들도 원수에 포함된다(Hendrickx). 하나님은 출애굽 때처럼 이스라엘을 원수들의 핍박과 억압에서 구원하시고 보호하셨다.

둘째, 종신토록 주님 앞에서 두려움 없이 하나님을 섬길 수 있게 되었다(75절). '섬기다'(λατρεύω)는 사람이 하나님 혹은 신들에게 항상 충성하는 것을 의미한다(TDNT, cf. 2:37; 4:8; 롬 1:25). 하나님이 사람들을 구원하시는 목적은 평생 성결과 의로 두려움 없이 섬기게 하기 위해서다. 그러므로 하나님이 이루시는 구원은 정치적 해방이 아니라, 자유로운 예배와 신앙생활이다(Schweizer). 성결(ὁσιότης)은 경건을, 의(δικαιοσύνη)는 도덕성을 강조하는 단어다. 이 두 가지는 언약의 핵심이며, 하나님의 구원을 입은 성도들이 평생 추구하며 살아야 하는 것들이다(Culpepper). 하나님의 긍휼은 말로 끝나지 않고 자비로운 행동으로 이어져야 한다.

하나님이 그분의 백성에게 이러한 은혜를 베푸시기 위해 사가랴에게 아이를 주셨다(76절). 요한은 지극히 높으신 하나님의 선지자이며 하나님보다 먼저 가서 주님이 오실 길을 예비하는 사명을 받았다. 아버지가 아들에 대해 천사가 해 준 말(1:14-17)을 기억하고 재차 아이의 역할을 확인하고 있다. 사가랴는 자기 아들 요한이 메시아는 아니고 메시아의 길을 예비하는 역할을 맡았다고 한다(cf. 사 40:3; 말 3:1; 4:1-6). 이같은 사실은 앞으로도 누가복음 안에서 계속 확인된다(cf. 3:4; 7:26-35).

요한은 하나님의 백성으로 하여금 죄 사함을 받고 구원에 이르게 할 것이다(77절; cf. 1:17; 3:3). 하나님의 백성이 죄 사함과 구원을 받는 것은 자신들의 업적이나 노력으로 이루어지는 일이 아니라, 하나님이 일방적으로 긍휼을 베푸시기 때문이다(78a절). 하나님은 이러한 회개의 기회를 요한을 통해 제공하실 것이다.

사가랴는 이러한 상황을 매우 시적인 이미지로 요약하며 노래를 마무리한다(78b-79절). 돋는 해가 하늘로부터 하나님의 백성에게 임한다. '돋는 해'(ἀνατολὴ)는 아침이 되어 대지를 밝히기 위해 태양이 떠오르는 모습(sunrise)이다(BAGD). 칠십인역(LXX)은 나뭇가지를 뜻하는 히브리어 단어(צמח)를 이 단어(ἀνατολὴ)로 번역하기도 한다(겔 16:7; 슥 6:12). 따라서 이 헬라어 단어는 다윗의 후손을 뜻하는 '가지'(cf. 렘 23:5; 슥 3:8; 6:12) 혹은 '돋는 해'(cf. 민 24:17; 말 4:2)로 번역될 수 있다(TDNT). 그러나 이어지는 구절이 빛과 어두움에 대한 이미지를 배경으로 하는 만큼 하나님 백성의 종말적 회복(사 42:9; 43:19; 44:4, 26; 45:8; 60:1-3; 61:11; 66:14)을 의미하는 '돋는 해'가 문맥에 더 잘 어울린다(Ravens, cf. 사 58:8; 60:1; 계 22:16).

사가랴는 하나님 백성의 구원을 간절히 갈망하는 의로운 유대인으로서 이렇게 노래하고 있다. 그러나 누가복음이 전개되면서 하나님이 구원하실 백성의 범위는 세상 모든 백성을 포함할 정도로 넓어진다(Bock, cf. 8:22-56). 다윗의 아들로 오시는 메시아는 스스로 하나님의 종이 되셔서 인류를 억압하고 속박하는 세력을 대적할 것이다(4:16-30; 11:14-23). 사가랴는 메시아가 영적인 지도자일 뿐 아니라 정치적인 해방자기 될 것을 기대한다(Bock).

'어둠과 죽음의 그늘에 앉은 자에게 비치다'(79a절)는 '사람이 흑암과 사망의 그늘에 앉으며 곤고와 쇠사슬에 매였다'라는 시편 107:10을 연상케 하지만, 이 구절은 하나님의 구원이 임하는 것을 묘사하고 있기 때문에 그 의미는 이사야 9:2에 더 가깝다(Creed). "흑암에 행하던 백성이 큰 빛을 보고 사망의 그늘진 땅에 거주하던 자에게 빛이 비치도다"(사 9:2). 어둠과 죽음의 그늘에 앉은 자들(억압당하고, 착취당하는 자들)에게 하나님의 구원이 떠오르는 태양처럼 비추었다. '구원의 뿔'(69절)이 원수들을 몰아낸다면, 어둠 속에 있는 자들 위에 드리우는 '돋는 해'는 빛의 부재로 생긴 어두움을 몰아낸다(Coleridge). 사가랴는 자신을 하나님의 이 놀라운 구원을 기다리는 사람 중에 포함하고 있다.

구원의 빛으로 임한 메시아는 하나님 백성의 발을 평강의 길로 인도하실 것이다(79b절). 평화(εἰρήνη)는 누가복음에서 14차례 등장하는 중요한 주제이며, 대부분 누가의 고유 출처(L)에서 비롯된 내용에 사용된다(1:79; 2:14, 29; 7:50; 14:32; 19:42; 24:36). 구약은 이 평강을 '샬롬'(שָׁלוֹם)이라고 하며, 정치적-사회적 평안뿐 아니라 종말에 하나님이 주실 평안을 의미한다(cf. 사 11:6-9; 65:17-25). '평강의 길'(ὁδὸν εἰρήνης)은 하나님이 우리가 가는 길을 평화롭게 하실 것이라는 의미가 아니라, 우리가 가는 길 자체가 평강이 되게 하실 것이라는 뜻이다(Hendrickx, cf. 사 59:8).

어머니의 배 속에서부터 성령으로 충만했던 요한은 성장할수록 심령이 강해졌다(80절). 예수님의 성장에 대한 말씀과 비슷하다(2:40, 52).

'심령'(πνεῦμα)은 사람의 사고와 감정과 의지의 근원이다(BAGD). 요한은 하나님의 뜻을 이루어 가는 데 필요한 의지와 능력을 날로 키워 갔다.

예수님과 요한의 탄생 이야기(1-2장)에서 성령은 사람들을 하나님의 영으로 충만하게 해 증언하거나 찬양하게 하신다. 요한과 엘리사벳과 사가랴가 그러했다. 마리아가 성령에 충만했다는 말은 없지만, 성령이 그녀에게 임해 감싸 줄 것이라고 천사가 말했으니(1:35), 마리아의 성령 충만 또한 전제된다. 반면에 복음서에서 성령의 능력이 함께하시는 이는 예수님 한 분뿐이다(Garland). 광야에 있는 요한에게 하나님의 말씀이 임했지만(3:3), 예수님은 세례를 받으실 때 성령이 임하신 이후 줄곧 주님과 계속 함께하셨다.

이 말씀은 각 사람은 하나님 나라와 복음 전파를 위해 하나님이 주신 사명을 가지고 태어난다고 한다. 성령의 충만함을 받은 사가랴는 갓 태어난 요한과 곧 태어나실 예수님이 어떤 사역을 할 것인지 예언한다. 이 두 아이는 하나님이 구속사를 실현하시는 과정에서 미리 정해 주신 소명을 받고 태어난 것이다. 하나님은 우리를 이 땅에 보내실 때도 사명을 주셨다. 그 소명을 깨닫고 실행하면서 살아가는 것은 우리 몫이다.

G. 예수님의 탄생(2:1-7)

¹ 그 때에 가이사 아구스도가 영을 내려 천하로 다 호적하라 하였으니 ² 이 호적은 구레뇨가 수리아 총독이 되었을 때에 처음 한 것이라 ³ 모든 사람이 호적하러 각각 고향으로 돌아가매 ⁴ 요셉도 다윗의 집 족속이므로 갈릴리 나사렛 동네에서 유대를 향하여 베들레헴이라 하는 다윗의 동네로 ⁵ 그 약혼한 마리아와 함께 호적하러 올라가니 마리아가 이미 잉태하였더라 ⁶ 거기 있을

그 때에 해산할 날이 차서 [7] 첫아들을 낳아 강보로 싸서 구유에 뉘었으니 이
는 여관에 있을 곳이 없음이러라

누가는 요한의 탄생 이야기(1:57-66)는 할례를 받을 때 그의 이름을
두고 일어난 일을 중심으로, 예수님의 탄생 이야기(2:1-39)는 태어나신
정황과 정결 예식을 하기 위해 성전에 가셨을 때 있었던 일들을 중심
으로 회고한다. 본 텍스트는 (1)예수님이 베들레헴에서 태어나시게 된
정치적 상황, (2)베들레헴은 다윗의 동네라는 사실, (3)매우 평범하다
못해 겸손한 탄생이라는 세 가지를 중심으로 진행된다.

예수님은 가이사 아구스도가 로마 제국을 다스릴 때 태어나셨다
(1절). 이 황제의 원래 이름은 옥타비아누스(Gaius Octavianus)였고, 율리
우스 카이사르(Julius Caesar)의 조카 아들(grandnephew)이었다. 율리우스
는 그를 아들로 입양해 후계자로 삼았다. 율리우스가 살해된 후 옥타
비아누스는 내란에서 안토니우스(Markus Antonius)를 물리쳤고, 원로원
이 그를 황제로 추대하며 '폐하'(majesty)라는 의미를 지닌 '아구스도'(아
우구스투스, Augustus)를 타이틀로 주면서 '가이사 아구스도'(Καίσαρος
Αὐγούστου)가 되었다. 그는 주전 27년부터 주후 14년까지 로마를 다스
렸다. 그는 시기와 질투가 많아 자식들까지 살해한 헤롯 대왕에 대해
"헤롯의 아들이 되느니 차라리 그의 돼지가 되겠다"라는 말을 남긴 것
으로도 유명하다.

로마 제국은 모든 사람에게 지속적으로 호적할 것을 요구했다(cf. 1절).
호적은 세금을 징수할 때 유용할 뿐만 아니라, 제국의 지배권과 통제
권을 과시하는 수단이었다(Nolland). 로마 제국은 예수님이 태어나실 즈
음에도 호적할 것을 명령했다.

예수님의 탄생과 관련된 호적은 구레뇨가 수리아(시리아) 총독이 되
었을 때 처음 한 것이다(2절). 이 말씀에 대한 역사적 논쟁이 뜨겁다.
로마가 '구레뇨'(Κυρήνιος, 로마 이름은 Publius Sulpicius Quirinius)를 수리아

의 총독으로 임명한 것은 예수님이 태어나신 지 10년쯤 지난 주후 6-7년 경이었기 때문이다. 헤롯 대왕이 주전 4년경에 죽자 로마의 허락하에 그의 아들 아켈라오(Achelaus)가 사마리아와 유대와 이두매를 다스리는 분봉 왕이 되었다. 그러나 그가 바리새파 유대인들과 지속적으로 갈등을 빚자 로마는 10여 년 후에 그를 폐위했다. 아켈라오를 폐위한 로마 사람들은 이 지역에 더는 왕을 두지 않고 직접 다스리기로 결정했고, 구레뇨를 첫 총독으로 파견했다. 그러므로 예수님이 태어나실 즈음에는 구레뇨가 이 지역 총독이 아니었다는 것이 일부 학자에게 문제가 되는 것이다(cf. Bovon, Nolland, Green). 또한 구레뇨가 총독이 되면서 명령한 호적은 유대에만 적용되었으며, 헤롯 안티파스(Antipas)가 다스리던 나사렛을 포함한 갈릴리 지역에는 적용되지 않은 것도 문제가 될 수 있다. 그러므로 구레뇨가 시리아의 총독이라고 한 것은 누가의 실수라고 주장하는 이들이 있다(Brown).

이에 대해 일부 학자는 구레뇨가 총독이 되기 전, 곧 예수님이 태어나실 즈음에 이미 시리아에 주둔하는 로마군을 다스리는 장군이었던 만큼 별문제가 없다고 반론한다(Smith). 번역본들이 '처음'으로 해석한 헬라어 단어(πρῶτος)는 요한복음 1:18을 근거로 '이전에'(before)라는 의미로도 번역할 수 있다(Brindle, Garland, Higgins, Marshall, Turner, cf. 요 1:15, 30). 이렇게 간주할 경우 본문은 "구레뇨가 수리아의 총독이 되기 전에…"로 해석될 수 있다(Garland). 유대인들이 호적을 등록한 일이 구레뇨가 총독이었던 때가 처음이 아니기 때문이다(Pearson). 또한 누가가 동명이인 구레뇨를 언급하는 것으로 해석할 역사적 근거들도 있다(McRay).

만일 이 구레뇨가 주후 6년에 시리아의 총독이 된 사람이라면 누가는 왜 예수님이 탄생한 때부터 10여 년이 지난 후에 있었던 호적을 언급하는 것일까? 아마도 누가의 독자들에게는 이 호적이 가장 기억에 남는 일이었기 때문일 것이다(Pearson). 이 호적으로 인해 유대에서는 갈릴리 사람 유다(Judas of Galilee, cf. 행 5:37)가 주동한 반역이 일어났다. 또한 로마에 세금을 내지 않을 뿐 아니라 독립을 위해 투쟁한 열성파 (Zealots)가 이 호적으로 인해 시작되었다(Josephus). 그동안 헤롯 집안 왕들을 통해 간접 통치를 하던 로마가 구레뇨 총독을 통해 직접 통치하기 시작했기 때문이다.

그러므로 유대 사람들에게 구레뇨는 여러 가지 좋지 않은 일과 연관된 총독의 이름이다. 시간에 대한 개념이 뚜렷하지 않고, 많은 사람이 글을 읽거나 쓰지 못하는 상황에서 '구레뇨'라는 이름이 떠올리는 기억을 중심으로 시대를 말하는 것은 당연한 일이라 할 수 있다(cf. Pearson). 오늘날 우리가 길을 묻는 사람에게 방향을 알려 줄 때, 건물들을 중심으로 설명하는 것과 비슷하다.

로마 총독 구레뇨는 하나님 백성을 억압하는 세상 권세를 상징한다 (cf. 1:51-52). 누가는 교만한 권세가 다스리는 세상에 예수님이 매우 겸손하게 태어나셨다는 사실을 암시한다(cf. 1:53). 겸손하게 태어난 이 아이가 평화로운 방법으로 로마의 권세를 꺾으시고 하나님 나라와 권세를 세워 가실 것이다.

황제 아구스도가 명령하니 모든 사람이 호적하러 각 고향으로 돌아갔다(3절). 다윗의 후손인 요셉도 살던 마을 나사렛을 떠나 고향인 베들레헴으로 갔다(4절). 하나님을 믿지 않는 통치자가 더 많은 세금을 걷고 자신의 권세를 과시하기 위해 내린 명령이 어떻게 하나님의 계획을 이루어가는지를 보여 주는 대목이다. 이 일로 말미암아 메시아가 베들레헴에서 태어나실 나실 것이라는 미가 선지자의 예언(미 5:1-2)이 성취될 여건이 마련되었기 때문이다.

요셉은 다윗의 집에 속한 사람이었으므로 나사렛을 떠나 다윗의 동네 베들레헴으로 갔다(4절). '다윗의 동네'(πόλιν Δαυὶδ)는 원래 예루살렘을 두고 하는 말이다(삼하 5:7, 9; 6:10, 12, 16; 대상 11:5-7). 그러나 베들레헴도 다윗과 깊은 연관이 있는 마을이다(삼상 17:12-16; 17:58; 20:6,

28-29). 이에 누가는 미가 5:1-2과 예수님의 탄생을 연관 짓기 위해 베들레헴을 '다윗의 동네'라고 한다(Strauss). 이 구절에서 다윗의 이름이 두 차례 언급되는 것 역시 베들레헴에서 탄생하실 예수님과 다윗을 연결 짓기 위해서다(cf. 1:32, 35, 69).

요셉은 호적하기 위해 고향 베들레헴으로 가면서 임신한 마리아도 데려갔다(5절). 마가는 마리아가 엘리사벳의 집에서 나사렛으로 돌아온 이후 임신으로 인해 요셉과 어떤 일이 있었는지 말하지 않는다. 이 일을 더 자세하게 언급하는 마태복음 1:18-25은 요셉이 조용히 마리아와 파혼하려고 했다가 천사의 계시를 받고 약혼 관계를 계속 유지했다고 한다. 그러나 누가는 이러한 내용을 생략한다.

사실 마리아는 요셉의 고향인 베들레헴으로 갈 필요가 없었다 (Brown). 호적은 남자들만 하는 것이었고, 마리아는 아직 요셉과 혼인한 사이도 아니었기 때문이다. 아마도 요셉은 마리아가 출산할 때 그녀와 함께 있고자 해서(Bock), 혹은 정상적이지 않은 임신으로 인해(cf. 1:31) 나사렛에 팽배한 마리아에 대한 악의적인 소문으로부터 그녀를 보호하기 위해 데려갔을 것이다(Liefeld & Pao).

마리아는 두 사람이 베들레헴에 있을 때 해산했다(6절). 그러나 몸을 풀 만한 여관을 찾을 수 없어 마구간에서 아이를 낳고는 강보로 싸서 구유(짐승들에게 먹이를 부어 주는 통)에 뉘었다(7절). 세상을 구원하실 메시아가 구유에 누이셨다는 사실이 믿기지 않지만, 사실이다. 예수님은 참으로 겸손하게, 가장 낮은 자의 모습으로 인간의 삶을 시작하신 것이다.

이 말씀은 세상에서 일어나는 일들이 본의 아니게 하나님의 계획을 이루어 나가기도 한다고 한다. 하나님을 모르는 아구스도도 로마와 개인적인 욕심을 채우기 위해 모든 사람에게 호적을 명령했다. 하나님은 그의 명령을 사용해 예수님이 베들레헴에서 태어나 미가의 예언을 성취하게 하셨다. 이런 관점에서 생각해 보면 세상에 일어나는 모든 일은 우연이 아니다. 하나님의 섭리에 따라 진행되는 일이므로 '모든 것이 협력하여 선을 이룬다'(롬 8:28).

온 세상을 구원하러 오신 예수님은 태어나자마자 구유에 누이셨다. 메시아가 가장 낮은 자의 모습으로 인간의 삶을 시작하신 것이다. 성경이 왜 우리에게 겸손하라고 하는지 이해가 된다. 하나님의 아들이 겸손이 무엇인지를 삶으로 보이셨기 때문이다. 우리가 예수님처럼 겸손해지면 사랑하지 못할 사람도, 섬기지 못할 사람도 없다.

II. 어린 시절(1:5-2:52)

H. 목자들에게 알림(2:8-20)

[8] 그 지역에 목자들이 밤에 밖에서 자기 양 떼를 지키더니 [9] 주의 사자가 곁에 서고 주의 영광이 그들을 두루 비추매 크게 무서워하는지라 [10] 천사가 이르되 무서워하지 말라 보라 내가 온 백성에게 미칠 큰 기쁨의 좋은 소식을 너희에게 전하노라 [11] 오늘 다윗의 동네에 너희를 위하여 구주가 나셨으니 곧 그리스도 주시니라 [12] 너희가 가서 강보에 싸여 구유에 뉘어 있는 아기를 보리니 이것이 너희에게 표적이니라 하더니 [13] 홀연히 수많은 천군이 그 천사와 함께 하나님을 찬송하여 이르되

[14] 지극히 높은 곳에서는 하나님께 영광이요

땅에서는 하나님이 기뻐하신 사람들 중에 평화로다

하니라 [15] 천사들이 떠나 하늘로 올라가니 목자가 서로 말하되 이제 베들레헴으로 가서 주께서 우리에게 알리신 바 이 이루어진 일을 보자 하고 [16] 빨리 가서 마리아와 요셉과 구유에 누인 아기를 찾아서 [17] 보고 천사가 자기들에게 이 아기에 대하여 말한 것을 전하니 [18] 듣는 자가 다 목자들이 그들에게 말한 것들을 놀랍게 여기되 [19] 마리아는 이 모든 말을 마음에 새기어 생각하니라 [20] 목자들은 자기들에게 이르던 바와 같이 듣고 본 그 모든 것으로 인

하여 하나님께 영광을 돌리고 찬송하며 돌아가니라

요셉과 마리아는 아기의 탄생을 조용히 지나가려고 했을지 모르지만, 온 세상이 가만히 있지 않았다. 메시아 아이의 탄생에 하늘과 땅이 술렁였다. 구세주의 탄생 소식은 제일 먼저 밤에 들에서 양 떼를 지키던 목자들에게 임했다(8절). '목자'(ποιμήν)는 짐승의 주검과 가죽을 자주 취급했기 때문에 부정하다고 천대받는 직업이었다. 게다가 그들은 도둑질도 잘한다고 알려져 사회적으로 따돌림받는 자들(social outcasts)이었다(Culpepper, Liefeld & Pao). 복음이 목자처럼 낮은 자들에게 임했다면, 세상 모든 사람이 하나님의 백성이 될 수 있다.

우리는 예수님의 탄생을 기념하며 매년 12월에 크리스마스를 보낸다. 어떤 이들은 예수님이 이때 태어나셨다는 데 동의하지 않지만, 굳이 12월을 배제할 이유도 없다(Roll). 가나안의 겨울은 그다지 춥지 않아 옷을 잘 갖추어 입기만 하면 이 목자들처럼 밖에서 밤을 지낼 수 있기 때문이다. 아마도 이들은 3-4개월 후에 있을 유월절을 위해 양들을 치고 있었을 것이다(Roll).

천사가 양 떼를 지키던 목자들을 찾아왔다. 1장에서 사가랴와 마리아를 찾아온 천사는 가브리엘이었는데, 이 천사의 이름은 언급되지 않는다. 주님의 영광이 목자들을 두루 비추자, 그들은 크게 무서워했다(9절). '주의 영광'(δόξα κυρίου)은 하나님의 임재를 상징한다(cf. 출 16:10; 24:16-17; 29:43; 40:34-35). 이사야는 주님의 영광을 이스라엘을 회복시키는 일과 연결하며(사 40:3-5), 하박국은 종말에 하나님의 영광이 온 세상을 가득 채울 것이라고 한다(합 2:14).

사가랴나 마리아는 하나님의 임재를 상징하는 이 영광을 보지 못했다. 하나님의 영광이 예루살렘 성전이나 갓 태어난 아이가 누워 있는 구유에 임하지 않고, 겨울밤 들판에서 양들을 지키는 목자들에게 임한 것은 아마도 가장 낮은 자들에게 복음이 임할 것을 상징하기 위함일 것이다. 목자들은 천사로 인해 두려운 것이 아니라, 그들을 비추는 하나님의 영광으로 인해 크게 무서워했다(Liefeld & Pao).

천사는 크게 무서워하는 목자들을 "두려워 말라"라는 말로 안심시켰다(10a절; cf. 1:13, 30). 천사는 온 세상에 미칠 큰 기쁨의 좋은 소식을 전하러 왔다고 했다(10b절). 천사의 말 대로 목자들의 두려움은 아이를 보는 순간 곧 기쁨으로 변할 것이다(20절). 그러므로 하나님이 우리에게 은혜를 베푸실 때 두려워할 필요가 없다.

'좋은 소식을 전하다'(εὐαγγελίζω)는 '복음'(εὐαγγέλιον) 전하는 것을 의미한다. 로마 제국은 매년 황제 아구스도의 생일이 되면 그의 탄생이 곧 구세주가 태어난 좋은 소식(복음)이라고 했다(Beale & Carson, Marshall). 그러나 하나님의 백성을 억압하는 아구스도는 유대 사람들에게 구세주가 아니며, 그가 태어난 것도 복음(좋은 소식)이 아니었다.

천사는 온 세상에 큰 기쁨을 줄 좋은 소식은 오늘 다윗의 동네에 그들을 위해 구주가 나신 것이라고 한다(11절). 그는 '오늘'(σήμερον) 구주가 나셨다고 하는데, 누가복음에서 '오늘'은 오랜 기다림 끝에 드디어 예언이 성취되었음을 강조하는 표현이다(4:21; 5:26; 19:5, 9; 23:43). 이사야가 예언한 아이가 오랜 기다림 끝에 태어나신 것이다(사 9:6). 로마 황제 아구스도는 자신이 '구주'(σωτήρ)라고 했지만, 누가는 1장에서 하나님을 구주라고 했고(1:47; cf. 신 32:15; 시 23:5; 24:5; 사 12:2; 17:10), 이곳에서는 예수님을 구주라고 한다(cf. 1:46-55, 67-79). 훗날 바울은 제국의 수도 로마에서 예수님이 구주라고 선포한다(행 28:31).

'그리스도 주'(χριστὸς κύριος)는 이곳에서 단 한 번 사용되는 독특한 표현이다. 이 문구는 '그리스도, [곧] 주'를 의미하는 동격(apposition)으로 읽는 것이 바람직하다(Bock). '그리스도'(Χριστός)는 '기름 부음을 입은 자'라는 뜻을 지닌 히브리어 '메시아'(מָשִׁיחַ)를 헬라어로 번역한 것이다. 구약에서 메시아는 총 39차례 사용되며, 때로는 왕(삼상 2:10; 16:13; 24:10; 삼하 1:14, 16; 19:21)과 제사장(출 28:41; 레 4:3; 6:22)과 선지자(시

105:15)를 의미한다. 이스라엘 역사에서 다윗은 기름 부음을 입은 이의 상징이 되었다. 이는 온 인류를 구원하기 위해 다윗의 후손으로 오신 예수님이 기름 부음을 입은 분임을 암시한다.

누가복음에서 '주'(κύριος)는 지금까지 항상 하나님(1:6, 9, 11, 15, 16, 17, 28, 32, 46, 76)을 지칭했으며, 유일한 예외는 마리아의 태 속에 있는 예수님을 두고 엘리사벳이 '내 주'로 부른 일이다(1:43). 천사가 예수님을 주라고 부르는 것은 예수님이 하나님과 동등하신 분인 것을 강조한다(Beale & Carson).

천사가 갓 태어난 아기를 '구주'(σωτήρ)와 '그리스도'(Χριστός)와 '주'(κύριος)로 부르는 것은 예수님의 권세가 지닌 능동적인 의미와 수동적인 의미를 암시한다(Marshall). 구주와 그리스도는 예수님이 주님의 백성을 구원하실 것이라는 능동적 의미를 지녔다. 또한 주님은 백성의 경배와 찬양을 받으실 분이라는 수동적인 의미를 지녔다.

천사는 자신이 전한 좋은 소식의 표적으로 목자들이 다윗의 마을로 가면 강보에 싸여 구유에 뉘어 있는 아기를 볼 것이라고 한다(12절). 가브리엘은 1장에서 두 개의 징조를 주었는데(1:19-20, 36), 이 천사는 누가복음의 세 번째 징조를 주고 있다. 이 징조는 목자들이 베들레헴으로 가야만 확인할 수 있다(Liefeld & Pao). 그러므로 천사는 목자들에게 베들레헴으로 가 보라고 도전한다(Culpepper). 당시에는 아이가 태어나면 긴 옷감(천)으로 아이의 몸을 감쌌다.

천사가 말을 마치자 갑자기 수많은 천군이 그 천사와 함께 하나님을 찬송했다(13절). '천군'(πλῆθος στρατιᾶς οὐρανίου)은 군사적 용어이며, 하나님을 보필하거나 하나님과 주님의 백성을 위해 싸우는 천사들이다(cf. 왕상 22:19). 누가복음이 시작된 이후 천사는 한 명씩 나타났는데, 이번에는 큰 무리가 목자들에게 말씀을 전해 준 천사와 함께 찬양하기 위해 모습을 보인 것이다.

천사 성가대가 하나님께 드린 찬송은 "지극히 높은 곳에서는 하나님께 영광이요 땅에서는 하나님이 기뻐하신 사람들 중에 평화로다"였다 (14절). 훗날 예수님이 예루살렘으로 입성하실 때 무리도 비슷한 찬송을 외친다. "찬송하리로다 주의 이름으로 오시는 왕이여 하늘에는 평화요 가장 높은 곳에는 영광이로다"(19:38).

이 '평화'(εἰρήνη)는 로마 황제가 주겠다고 약속한 로마의 평화(Pax Romana)와는 질적으로 다르며, 메시아이신 예수님만이 사람들에게 주실 수 있다. 이 평화는 하나님과 사람들 사이의 영적 평안을 뜻하며, 예수님이 우리의 죗값으로 자신을 드렸기에 가능해졌다. 그러므로 이 평화는 인류가 모두 누릴 수 있는 것이 아니라, 오직 하나님이 '기뻐하신 사람들'(ἀνθρώποις εὐδοκίας), 곧 하나님이 택하신 이들만 예수님 안에서 누릴 수 있다(Metzger).

찬송을 마친 천사들이 목자들을 떠나 하늘로 올라갔다(15a절). 천사가 전해 준 소식에 어떻게 반응할 것인가는 목자들의 몫이다. 마치 오늘날에도 우리가 전한 복음을 들은 사람이 어떠한 반응을 보일지는 그 사람의 몫인 것처럼 말이다. 그러므로 이 이야기에서는 동방 박사를 예수님께 인도했던 별이 없다.

목자들은 베들레헴으로 가서 하나님이 그들에게 전해 준 좋은 소식이 실현된 것을 보고자 했다(15b절). 그들은 한순간도 주저하지 않고 '빨리 가서' 마리아와 요셉과 구유에 누인 아이를 찾았다(16절). 몇 달 전에 마리아가 천사의 말을 듣고 곧바로 엘리사벳을 찾아간 일을 연상케 한다(1:39). 목자들은 믿으려고 아이를 찾아간 것이 아니라, 믿기 때문에 시간을 지체하지 않고 찾아갔다(Coleridge).

천사가 전해 준 말대로 구유에 누인 아기를 본 목자들은 흥분을 참지 못하고 천사들이 그들에게 해 준 말을 만나는 사람들에게 모두 전했다(17절). 복음은 나누는 데 의미가 있는데, 이 목자들은 첫 전도자들이 된 것이다(Liefeld & Pao). 그들의 증언을 들은 사람들은 모두 놀랍게 여겼다(18절). 구세주가 형편없는 곳에서 조용히 태어나셨다는 사실이 참으로 놀라웠을 것이다. 그러나 놀라는 것과 믿는 것은 별개 문제다(cf.
1:21, 63; 2:33; 4:22; 8:25; 9:43; 11:14, 38; 20:26; 24:12, 41). 하나님이 사
람들에게 원하시는 것은 믿음이지, 놀람이 아니다.

놀라는 사람들과는 대조적으로 마리아는 목자들이 한 모든 말을 마
음에 두었다(19절). 옛적에 야곱이 요셉의 말을 마음에 둔 일(창 37:11)
과 사람들이 세례 요한의 탄생 소식 듣고 마음에 둔 일을 연상케 한다
(1:66). 마음에 '새기고'(συνετήρει) '생각하는 것'(συμβάλλουσα)은 깊이 묵
상한다는 뜻이다(Brown). 마리아는 자신과 아이에게 일어나고 있는 일
들이 무엇을 의미하는지 많이 생각한 것이다. 소식을 듣고 놀랄 뿐 후
속 조치를 하지 않는 사람들과 대조적이다(Bock).

목자들은 모든 일이 천사가 그들에게 전해 준 말씀대로 이루어진
것을 목격한 일로 인해 하나님께 영광을 돌리고 찬송하며 돌아갔다
(20절). 하나님께 영광을 돌리고 찬송하는 것은 하나님이 하시는 놀라
운 일을 경험한 사람들이 보이는 가장 자연스러운 반응이다(cf. 5:25-
26; 7:16; 13:13; 17:15; 18:43; 23:47). 목자들이 천사로부터 아기 탄생에
관해 들은 것이 모두 이루어졌다는 점은 예수님이 '구주'(σωτήρ)와 '그
리스도'(Χριστός)와 '주'(κύριος)라는 천사의 말 역시 사실이라는 보증 수
표라 할 수 있다.

이 말씀은 예수님의 복음은 모든 사람을 구원한다고 한다. 예수님의
탄생에 대한 좋은 소식이 당시 사회에서 따돌림받던 목자들에게 제일
먼저 임했다. 또한 복음은 사회적 지위가 가장 높은 사람도 구원한다.
복음은 사회적 형편으로, 신분으로, 학벌로, 성별로 사람을 차별하지
않기 때문이다. 모든 사람은 하나님께 소중하고 존귀한 자녀들이다.

복음에 대한 가장 적절하고 올바른 반응은 찬송과 경배다. 복음을
선포한 천사들이 하나님을 찬송하고 목자들이 경배한다. 우리를 구원
하신 하나님께 우리가 드릴 수 있는 가장 귀한 것은 경배와 찬양이기
때문이다.

I. 아기 예수님과 성전(2:21-40)

이 섹션은 아기의 탄생과 연관해 모든 율법이 잘 지켜졌다는 데 초점이 맞춰져 있다(22-24, 27, 39절). 예수님이 태어나신 지 8일째 되는 날에 부모의 품에 안겨 성전에 갔다가 있었던 일들이다. 이 본문은 옛적에 사무엘이 부모와 함께 실로에 있는 성막을 찾은 일을 연상케 하며, 시므온은 그곳에서 사무엘을 맞이했던 제사장 엘리를 떠올리게 한다(Brown). 이 섹션을 마무리하는 "아기가 자라며 강하여지고 지혜가 충만하며 하나님의 은혜가 그의 위에 있더라"(40절)라는 말씀도 사무엘의 성장에 대한 묘사와 비슷하다. "아이 사무엘이 점점 자라매 여호와와 사람들에게 은총을 더욱 받더라"(삼상 2:26). 누가가 이처럼 사무엘의 일을 떠올리게 하는 것은 예수님이 다윗의 후손으로 오신 메시아이기 때문이다(Beale & Carson).

예수님이 태어나실 때 천사들과 사람들이 이 아기의 특별함을 알아본 것처럼, 이번에도 예수님을 알아보는 사람들이 있다. 하나님이 곧 그들을 구원할 메시아를 보내실 것을 믿고 간절히 기다리던 하나님 백성을 상징하는 시므온과 선지자들을 대표하는 안나다. 예식을 마친 후 요셉과 마리아는 아기 예수님과 함께 나사렛으로 돌아가 살았다. 본 텍스트는 다음과 같이 구분된다.

A. 정결 예식(2:21-24)
B. 경건한 사람 시므온(2:25-35)
C. 여선지자 안나(2:36-38)
D. 가족이 나사렛으로 돌아감(2:39-40)

1. 정결 예식(2:21-24)

²¹ 할례할 팔 일이 되매 그 이름을 예수라 하니 곧 잉태하기 전에 천사가 일 컬은 바러라 ²² 모세의 법대로 정결예식의 날이 차매 아기를 데리고 예루살 렘에 올라가니 ²³ 이는 주의 율법에 쓴 바

첫 태에 처음 난 남자마다

주의 거룩한 자라 하리라

한 대로 아기를 주께 드리고 ²⁴ 또 주의 율법에 말씀하신 대로

산비둘기 한 쌍이나 혹은 어린 집비둘기 둘로

제사하려 함이더라

메시아 아이가 탄생한 지 8일이 되었다. 요한이 태어난 지 8일째 되 던 날 할례를 받고 이름을 받았던 것처럼(1:59; cf. 창 17:11-12; 레 12:3), 예수님도 이날 할례를 받고 예수라는 이름을 받으셨다. '예수'(Ἰησοῦς) 는 하나님이 천사를 통해 전해 준 이름이며(1:31), 세상을 구원하실 이 에게 가장 잘 어울리는 이름이다. 아이에게 할례를 행하고 이름을 주 는 것은 정체성을 부여하는 일이며, 특히 성경적이고 종교적인 이름을 주는 것은 아이를 축복하는 일이었다(Culpepper).

할례(21절)와 정결 예식(22절) 사이에 33일이 지났다. 율법에 따르 면 남자아이를 출산한 산모는 처음 7일 동안 부정하고, 정결 기간으 로 33일(여자아이를 출산한 경우 66일)이 지나야 성전에 나갈 수 있다(cf. 레 12:2-4, 6). 요셉과 마리아는 아이를 안고 다윗의 마을 베들레헴을 떠나 예루살렘 성전으로 갔다(2절). 10㎞ 정도 되는 거리다.

그들이 아기를 안고 성전을 찾은 것은 모세의 율법에 따르기 위해서 였다. 율법은 정결 기간이 끝나면 산모만 성전에 찾아갈 것을 요구한 다(레 12:1-8). 그러나 요셉과 아기도 함께 갔다. 본문에 사용되는 대명

사는 복수형이다. 그러므로 어떤 이들은 누가가 율법을 잘 몰라서 실수한 것이라고 한다(Brown, Culpepper). 그러나 요셉에게 있어 마리아의 정결 예식을 위해 성전으로 올라가는 것은 온 가족의 일이다(Nolland). 또한 마태복음 2:13-18에 기록된 내용을 고려하면, 헤롯이 곧 베들레헴 지역에서 갓 태어난 사내 아기들을 모두 죽일 것이므로 요셉 가족은 성전에서 예배를 드리고 집이 있는 나사렛이 아니라, 곧바로 이집트로 내려가야 한다. 그러므로 온 가족이 함께 성전을 찾은 것이다.

마리아는 정결 예식을 행했고, 예수님은 하나님께 거룩하게 드려졌다(23절). 누가가 언급하는 장자를 하나님께 거룩하게 드리라는 율법은 직접 인용구가 아니라, 출애굽기 13:2-15 등을 근거로 개념화한 원리다(Bock). 첫 유월절(cf. 출 13장) 때 하나님은 이스라엘의 모든 장자를 하나님께 거룩하게 드리라고 하셨다. 하나님이 이집트의 장자들은 모두 죽이셨지만, 이스라엘 장자들은 살리셨기 때문이다. 이후 민수기는 레위 지파가 장자들을 대신해 성전에서 하나님을 섬길 것이므로 장자가 태어나면 속전으로 은 다섯 세겔을 성전에 들여놓으라고 한다(민 18:15-16). 이때도 아기는 직접 성전에 갈 필요가 없다. 그러나 율법에 철저하게 순종한다는 의미에서 예수님은 직접 가셨다.

누가는 요셉이 아들의 속전으로 다섯 세겔을 드렸다는 말을 하지 않는다. 어떤 이들은 산모의 정결과 아이를 하나님께 거룩하게 드리는 것이 한꺼번에 언급되다 보니 누가가 혼란을 겪어 다섯 세겔을 언급하지 않는 것이라고 주장한다(Brown). 그러나 누가는 이날 있었던 모든 일을 요약하고 있기 때문에 굳이 다섯 세겔 여부를 언급할 필요가 없다(Beale & Carson). 또한 예수님은 어머니의 태 속에 있을 때부터 이미 하나님께 거룩하게 구별되셨기 때문에 속전을 드릴 필요가 없으시다(Bovon). 누가는 모든 일에 율법이 철저하게 준수되었음을 강조한다.

요셉 가족은 성전에서 산비둘기 한 쌍이나 혹은 어린 집비둘기 둘로 제사하라는 율법에 따라 행했다(24절). 레위기 12:8은 산모가 성전을 찾아 정결 예식을 행할 때 양을 드려야 하며, 형편이 어려워서 양을 드릴 수 없을 경우에 비둘기 한 마리는 번제로, 나머지 한 마리는 속죄제로 드리라고 한다. 본문이 비둘기 두 마리를 언급하는 것으로 보아 요셉은 양을 바칠 만한 형편이 안 되는 가난한 사람이었다(Plummer).

마리아가 속죄제를 바쳤다는 점은 가톨릭에서 주장하는 마리아의 '무원죄 잉태설'(immaculate conception)에 문제가 될 수 있다(cf. Liefeld & Pao). 이 교리에 따르면 마리아는 원죄에서 완전히 해방된 상황에서 예수님을 잉태했기 때문이다. 만일 마리아가 어떠한 죄도 없었다면, 지은 죄를 해결하는 취지의 속죄제를 드릴 필요가 없다.

어떤 이들은 율법에 따르면 나실인이 드리는 제물도 비둘기 두 마리라며(민 6:10), 옛적에 한나가 사무엘을 나실인으로 서원한 것처럼(삼상 1:11) 요셉과 마리아도 예수님을 나실인으로 드린 것이라고 주장한다(Bock, Bovon, Marshall). 누가가 강조하고자 하는 것은 마리아의 정결 예식이 아니라 예수님의 성전 방문이기 때문이다(Beale & Carson). 그러나 나실인이 서원을 시작할 때는 제물을 드릴 필요가 없다. 민수기 6:10이 언급하는 비둘기 두 마리는 나실인이 서원을 진행하는 중 돌발적으로 주검을 접하게 되었을 경우에 관한 것이다. 율법은 이러한 경우에 다시 자신을 정결하게 하기 위해 머리를 자르고 제사장에게 비둘기 두 마리를 주어 한 마리는 속죄제로, 한 마리는 번제로 드리라고 한다. 만일 본문이 언급하는 비둘기 제물이 이런 취지의 것이라면, 죄가 없는 예수님이 속죄제를 드렸다는 것이 문제가 된다. 그러므로 설득력 없는 해석이다.

이미 언급한 것처럼 누가는 마리아와 예수님이 성전을 찾은 일을 온 가족의 일이라고 한다(cf. Nolland). 이런 상황에서 그날 마리아가 정결 예식을 위해 드린 비둘기 두 마리는 온 가족이 율법을 온전히 지키기 위해 드린 제물을 상징하며 언급되고 있다.

이 말씀은 마리아와 예수님이 율법을 철저하게 지켰다고 한다. 예수님은 훗날 하나님 나라의 새 율법을 재정하시고, 모세의 율법을 재해석하기도 하신다. 그러나 사역을 시작하시기 전에는 율법을 온전하게 지키는 삶을 사셨다. 옛 제도(시내산 율법)에 의해 인정받은 사람이 새로운 제도(새 율법)를 제시할 자격이 있기 때문이다. 직장을 그만두고, 혹은 은퇴한 후 하나님 나라 확장을 위해 사역할 생각이 있다면, 먼저 직장에서 맡은 일을 성실하게 해냄으로써 주변 사람들의 인정을 받는 것이 좋다.

예수님은 가난한 미혼 가정에서 태어나셨다. 온 인류를 구원하실 메시아가 태어나시기에 적합한 여건을 갖춘 가정은 아니다. 그러므로 예수님이 요셉과 마리아 가정에 태어나신 일은 사람이 처한 상황이 그의 운명을 결정짓는 것은 아니라는 사실을 보여 준다. 우리는 자신이 처한 상황을 비관하는 것을 멈추고 하나님의 창조적인 반전과 인도하심을 위해 기도하며 성실하게 살아야 한다.

II. 어린 시절(1:5-2:52)
  1. 아기 예수님과 성전(2:21-40)

2. 경건한 사람 시므온(2:25-35)

²⁵ 예루살렘에 시므온이라 하는 사람이 있으니 이 사람은 의롭고 경건하여 이스라엘의 위로를 기다리는 자라 성령이 그 위에 계시더라 ²⁶ 그가 주의 그리스도를 보기 전에는 죽지 아니하리라 하는 성령의 지시를 받았더니 ²⁷ 성령의 감동으로 성전에 들어가매 마침 부모가 율법의 관례대로 행하고자 하여 그 아기 예수를 데리고 오는지라 ²⁸ 시므온이 아기를 안고 하나님을 찬송하여 이르되

²⁹ 주재여 이제는 말씀하신 대로
종을 평안히 놓아 주시는도다
³⁰ 내 눈이 주의 구원을 보았사오니

³¹ 이는 만민 앞에 예비하신 것이요
³² 이방을 비추는 빛이요
주의 백성 이스라엘의 영광이니이다
하니 ³³ 그의 부모가 그에 대한 말들을 놀랍게 여기더라 ³⁴ 시므온이 그들에게 축복하고 그의 어머니 마리아에게 말하여 이르되 보라 이는 이스라엘 중 많은 사람을 패하거나 흥하게 하며 비방을 받는 표적이 되기 위하여 세움을 받았고 ³⁵ 또 칼이 네 마음을 찌르듯 하리니 이는 여러 사람의 마음의 생각을 드러내려 함이니라 하더라

시므온은 세례 요한의 부모인 사가랴와 엘리사벳처럼 의롭고 경건한 사람이었다(25절; cf. 1:6). 그러나 평소에 의롭고 경건하게 살던 사가랴와 엘리사벳이 요한의 탄생과 연관해 나중에 성령의 충만함을 받은 것과 달리(cf. 1:41, 67), 시므온은 평소에도 성령의 인도하심을 받으며 살았다(25-27절). 우리가 상상할 수 있는 가장 이상적인 신앙의 소유자라 할 수 있다.

그는 나이가 많았으며(cf. 29절), 하나님의 위로를 기다리던 남은 자 중 하나였다(Liefeld & Pao). '이스라엘의 위로'(παράκλησιν τοῦ Ἰσραήλ)는 하나님이 이스라엘을 회복하시는 것을 뜻한다(렘 38:9; cf. 행 28:20). 하나님이 자기 백성을 위로하시는 일은 종말에 있을 일이다(사 28:29; 30:7; 40:1-2; 51:3; 57:18; 66:11). '위로'(παράκλησις)의 동사형(παρακαλέω)은 칠십인역(LXX)의 이사야서에 25차례 이상 사용되는데, 누가복음이 말하는 하나님의 위로가 무엇을 의미하는지를 이사야서가 정의한다고 할 수 있다(Beale & Carson). 특히 누가복음 3:4-6은 이사야 40:1-11을 부분적으로 인용하고 있으며, 예수님은 이사야 61:1-2을 근거로 나사렛 사역을 시작하셨다(4:18-19).

시므온은 주의 그리스도를 보기 전에는 죽지 않을 것이라는 성령의 지시를 받았다(26절). '지시하다'(χρηματίζω)는 '계시하다'라는 의미를 지

넜다(TDNT). 그리고 '주의 그리스도'(χριστὸν κυρίου)는 하나님이 기름 부어 세우신 사람을 뜻한다(삼상 24:6, 10; 26:9, 11, 16). 이 말과 비슷한 '그리스도 주'(χριστὸς κύριος)가 2:11에서 사용되었으나 그곳에서는 동격(apposition)으로(cf. NIV), 이곳에서는 소유격으로 사용되고 있다. 성령은 시므온에게 하나님이 세우신 그리스도를 보기 전에는 죽지 않을 것이라고 미리 알려 주신 것이다.

시므온은 성전에 상주하는 사람이 아니다. 제사장도 아니었고, 그저 하나님을 경외하며 예루살렘에 사는 평범한 사람이었다. 그가 성령의 감동으로 성전에 들어갔다(27a절). '성령의 감동'(ἐν τῷ πνεύματι)을 직역하면 '성령 안에서'이다. 그러므로 '성령에 이끌려'가 더 좋은 번역이다(cf. 새번역, 공동, NIRV). 그는 아마도 이방인들의 뜰이나 여인들의 뜰에서 요셉 가족을 만났을 것이다(Bock). 요셉 가족은 율법의 관례대로 행하고자 그곳에 있었다(27b절). 산모와 아이에 대한 율법의 요구 사항을 준수하기 위해 그 자리에 있었다는 뜻이다.

시므온은 곧바로 아기 예수님이 성령이 말씀하신 주의 그리스도이심을 알아보고(cf. 26절) 그를 품에 안고 하나님께 찬송했다(28절). 그의 의와 경건(cf. 25절)이 예수님을 알아보게 한 것이 아니라, 성령의 인도하심이 알아보게 했다. 우리가 경건하고 거룩한 삶을 살면서 성령의 인도하심에 예민해야 하는 이유다.

교회는 시므온의 노래를 따로 구분해 '눈크 디미티스'(Nunc Dimittis)라고 불렀다. 이 이름은 라틴어 성경에서 시므온의 노래를 시작하는 29절의 처음 두 단어에서 비롯된 것이며, '이제는 놓아 주소서'라는 의미다. 헬라어 본문의 처음 두 단어(νῦν ἀπολύεις)를 번역한 것으로, 더는 여한이 없으니 평안히 죽게 해 달라고 부탁하는 완곡어법이다(cf. 창 15:15). 그는 이제 생을 마감하고 싶어 한다. 더는 메시아를 기다릴 필요가 없기 때문이다(Green). 기독교 장례식을 마무리하는 노래로 사용되기도 한다.

시므온은 '주재여'라며 하나님을 2인칭으로 부르며 기도를 시작한다 (29절). 마리아와 사가랴가 3인칭으로 하나님을 칭한 것과 다르다. '주 재'(δέσποτα)는 주인이라는 뜻이며, 시므온은 자신을 하나님이 소유하신 종(τὸν δοῦλόν σου)이라며 하나님 앞에 자신을 낮춘다. 성령이 말씀하신 '주의 그리스도'(26절), 곧 '주의 구원'(30절)이신 예수님을 보았으니, 이 제 평안히 죽게 해 달라는 의미에서 이렇게 노래했다. 그의 나이가 상 당히 많다는 것을 알 수 있다.

시므온은 이사야서에 등장하는 용어들을 사용해 노래한다(Bovon, Fitzmyer). 누가는 '구원'(σωτήριος)을 논할 때 일상적으로 여성형(feminine) 으로 표기하는데(1:69, 71, 77; 19:9; 행 4:12; 7:25; 13:26, 47; 16:17; 27:34), 이곳과 3:6에서만 중성(neuter)으로 사용한다. 이 말씀의 배경이 칠십 인역(LXX)의 이사야 40:5이기 때문이다(Pao, cf. Carroll). 한편 3:6에서는 이사야 40:5을 직접 인용한다.

주의 구원이신 예수님은 하나님이 만민 앞에 예비하신 구세주이시다 (31절; cf. 3:4, 6). '만민'(πάντων τῶν λαῶν)은 이스라엘과 이방인을 아우 른다(cf. 사 40:5; 49:6, 행 15:14). 시몬은 하나님을 직접 찬양하지 않고, 하나님이 예수님을 통해 하실 일을 찬양한다(Garland, Liefeld & Pao).

시므온은 하나님이 예수님을 통해 이루시는 구원의 범주주적인 의미 와 이스라엘에 시사하는 바를 노래한다(32절). 예수님은 이방을 비추는 빛이시다(32a절). '빛'(φῶς)은 이사야의 예언이 성취되고 있음을 강조한 다(Culpepper, cf. 사 40:5; 42:6; 46:13; 49:6; 52:9-10). 이 중 이사야 42:6과 49:6은 사도행전 13:47과 26:23에 직접 인용된다(Bock). 예수님이 이방 인들을 구원할 해로 뜨고 계신다(cf. 사 49:6, LXX).

예수님은 하나님의 백성 이스라엘의 영광이시다(32b절). '영광'(δόξα) 또한 빛을 의미한다(Bovon, Fitzmyer, Jones, BAGD, cf. 사 60:1-2). 예수님 은 이방인들과 이스라엘을 비추시는 빛이다. 모든 이를 구원하실 것 이다.

나이가 많은 시므온의 말에 마리아와 요셉이 놀랐다(33절). 그들은 정결 예식을 행하려고 성전에 왔다가 이 같은 예언을 들을 것이라고는 상상도 하지 못했을 것이다. 시므온은 그들을 축복하며 마리아에게 아기에 관한 세 가지 예언적인 말을 해 주었다(34절).

첫째, 아기는 이스라엘 중 많은 사람을 패하거나 흥하게 할 것이다(34b절). 이 말씀의 구약적 배경은 넘어뜨리는 돌에 관한 이사야 8:14-15과 28:13-16과 시편 118:22이다(Brown, cf. 20:17-18; 롬 9:33; 벧전 2:6-8). 이를 두고 예수님의 제자들처럼 실패했다가 성공하는 같은 그룹을 뜻하는 것으로 해석하는 이들도 있지만(Marshall), 대부분은 이스라엘이 예수님으로 인해 분열될 것을 의미하는 것으로 해석한다(Bovon, Culpepper, Danker, Nolland, cf. 마 10:21; 행 28:24). 예수님의 복음을 좋아하는 이들도 있지만, 그렇지 않은 자들도 있을 것이다.

둘째, 아기는 비방을 받는 표적이 될 것이다(34b절). '표적'(σημεῖον)은 '징조'(징표)를 뜻한다. 옛적에 이사야와 그의 아이들이 하나님 말씀이 이스라엘에 임했다는 징조였던 것처럼(사 8:18), 예수님이 하나님의 말씀이 다시 이스라엘에 임했다는 징조가 되실 것이다(Bovon). 그러나 모든 사람이 예수님을 환영하는 것은 아니다. 반대하고 거부하는 자들에게는 '비방을 받으실 것이다'(ἀντιλεγόμενον). 예수님은 요나의 징조(11:29-32)처럼 이런 사람들에게는 심판이 임할 것이라는 징조가 되신다.

셋째, 아기는 칼이 찌르듯 사람의 마음을 찌를 것이다(35절). 시므온이 마리아에게 '네 마음을 찌르듯 할 것'이라고 한 것은 예수님이 사역을 위해 집을 떠나시면서 어머니를 충분히 보살피지 못할 것이라는 뜻이다(Liefeld & Pao). 예수님이 마리아에게 남기신 가장 큰 상처(찌름)는 십자가에서 죽으신 일이다(Brown, Bovon). 또한 예수님의 말씀을 들은 많은 사람이 칼로 찌르는 듯한 아픔을 느낄 것이다. 그들의 마음에 숨겨진 생각들을 드러내실 것이기 때문이다(Beale & Carson).

이 말씀은 어느 시대든 하나님을 간절한 마음으로 바라보는 경건하고 거룩한 남은 자들이 있다고 한다. 시므온처럼 말이다. 하나님은 소수의 신실한 사람들을 찾으시며, 그들을 통해 역사하신다. 그러므로 우리 각 사람이 하나님께 신실하면, 하나님은 우리를 사용해 뜻을 이루어 가실 것이다.

복음이 모든 사람을 위한 것은 아니다. 우리는 때를 얻든지 못 얻든지 항상 복음을 전파해야 하지만, 항상 기대하는 반응을 이끌어 내지는 못할 것이다. 예수님이 전하신 복음도 반대하고 거부한 사람들이 있었다. 그러므로 우리는 전할 수 있는 것에 감사하며, 결과는 하나님의 주권에 맡겨야 한다.

3. 여선지자 안나(2:36-38)

36 또 아셀 지파 바누엘의 딸 안나라 하는 선지자가 있어 나이가 매우 많았더라 그가 결혼한 후 일곱 해 동안 남편과 함께 살다가 37 과부가 되고 팔십사 세가 되었더라 이 사람이 성전을 떠나지 아니하고 주야로 금식하며 기도함으로 섬기더니 38 마침 이 때에 나아와서 하나님께 감사하고 예루살렘의 속량을 바라는 모든 사람에게 그에 대하여 말하니라

누가는 예수님의 탄생으로 인해 예언이 활성화되고 있음을 암시한다(Bauckham). 천사들이 예언했고, 사가랴가 성령에 충만해 예언했고(1:67), 시므온도 예언했다. 이번에는 여선지자 안나가 예언한다. 하나님은 요한을 보내신 것뿐 아니라 예언을 통해 '주의 길'을 예비하신 것이다.

안나는 아셀 지파 바누엘의 딸이었다. 아셀 지파는 이스라엘 북서쪽

끝을 기업으로 받은 작은 지파였다. 그들은 정착 시대부터 이방인들을 몰아내라는 하나님의 말씀을 어기고 가나안 사람들과 함께 살았다(삿 1:31-32). 초창기부터 매우 '가나안화'된 지파였던 것이다. 결국 주전 722년에 북 왕국 이스라엘이 망했을 때 아셀 지파에 속한 대부분 사람이 아시리아로 끌려가고 소수만 남게 되었다. 끌려간 이스라엘 사람들은 다시 돌아오지 못했고, 남은 사람 중 몇몇만이 남 왕국 히스기야왕이 주관한 유월절 기념식에 참석했다(대하 30:10-11). 이러한 역사적 정황을 고려할 때 안나는 옛적에 망한 북 왕국 이스라엘에 속한 모든 지파를 상징한다(Ravens). 또한 가장 연약한 지파 출신의 여인이 예루살렘 성전에서 살다시피 하며 기도한 것은 신실한 하나님의 백성 모두가 이스라엘의 구원자를 간절히 기다리고 있었음을 시사한다(Liefeld & Pao).

'안나'("Aννα)는 히브리어 이름 '한나'(חַנָּה)를 헬라어로 표기한 것이다 (cf. 삼상 1:2, LXX). 구약에서는 사무엘의 어머니 이름이며, '은혜'라는 의미를 지녔다. 누가는 안나를 '여선지자'(προφῆτις)라고 하는데, 구약에서는 미리암(출 15:20)과 드보라(삿 4:4)와 훌다(왕하 22:14)와 이사야의 아내(사 8:3)가 선지자로 활동했다. 안나는 오랜 구약 전통을 이어 가고 있다. 앞으로도 여자 선지자들이 교회에서 활동할 것이다(행 2:17; 21:9; 고전 11:5).

안나는 결혼한 후 7년 동안 남편과 살다가 과부가 되었다(36b절). 당시 여자들이 보통 12-14살에 결혼했던 점을 고려하면, 안나는 참으로 젊은 나이인 20세쯤에 과부가 된 것이다. 안나는 과부가 되고 '팔십사세가 되었다'(ἕως ἐτῶν ὀγδοήκοντα τεσσάρων)고 하는데, 이 말의 의미는 확실하지 않다(cf. Marshall). 그녀가 과부가 된 후 홀로 84년을 산 것으로 해석하는 이들이 있다(Bock, Garland, cf. 개역). 그렇다면 이때 안나의 나이는 100세가 훌쩍 넘었다. 반면에 대부분 번역본과 학자들은 이때 그녀의 나이가 84세라는 의미로 해석한다(새번역, 공동, NAS, NIV, NIRV, ESV). 오늘날에도 사람이 100년을 살기 쉽지 않은 것을 고려하면 본문의 '84'는 그녀의 나이로 해석하는 것이 좋다.

안나는 성전에서 살다시피 했다(37b절). 주야로 금식하며 기도함으로 하나님을 예배했다. 금식은 무언가가 바르지(정상적이지) 않으니 상황을 바르게 잡아 달라고 하나님께 드리는 호소다. 안나는 시므온(cf. 2:25)처럼 이스라엘에 하나님의 위로가 속히 임할 것을 간절히 바라며 금식하고 기도했다. 그녀는 당시 이스라엘에서 영적–육적으로 굶주린 사람들을 대표한다(Garland). 하나님은 이 굶주린 사람들을 좋은 것으로 채우실 것이다(cf. 1:53).

성전에서 살다시피 하며 주야로 금식하고 기도하던 안나는 예수님을 보는 순간 메시아이심을 알아보았다. 누가가 그녀가 성령으로 충만했다는 말을 하지 않는 것으로 보아 그녀는 선지자의 안목으로 예수님을 알아보았을 것이다. 옛적 북 왕국 이스라엘에 속했던 지파들을 상징하는 그녀가 예수님을 알아보는 것은 사마리아 사람들이 예수님을 구주로 영접하는 일을 상징한다(Beale & Carson, cf. 행 8:1–25).

예수님을 본 안나는 하나님께 감사 기도를 드렸다. 드디어 예루살렘의 속량을 이루기 위해 메시아가 오셨기 때문이다. '예루살렘의 속량'(λύτρωσιν Ἰερουσαλήμ)은 이사야서를 근거로 하며(Green, cf. 사 40:1; 49:13; 51:3; 57:18; 61:2) 시므온의 '이스라엘의 위로'(παράκλησιν τοῦ Ἰσραήλ)와 비슷한 말이다(2:25). 예수님을 통해 하나님의 구원의 때가 임했음을 의미한다.

'예루살렘'은 누가복음에서만 30차례 언급된다. 이는 마태복음(12회)과 마가복음(11회)에 언급된 횟수를 합한 것보다 많다. 누가는 성전이 있는 예루살렘에 지대한 관심을 표하고 있다. 예루살렘의 속량은 예루살렘 사람들이 예수님께 어떻게 반응하느냐와 연결되어 있다(19:41–44).

안나는 하나님이 이 아기를 통해 매우 특별한 일을 하고 계심을 주변 사람들에게 알렸다. 하나님의 구원이 주님의 백성에게 임하기를 기도하던 사람들에게 좋은 소식을 전해 준 것이다. 안나는 선지자의 역할을 다했다.

이 말씀은 가장 좋은 영적 섬김은 나이와 상관없다고 한다. 안나는 시므온처럼 나이가 참으로 많은 사람이었다. 그럼에도 불구하고 기도와 금식으로 선지자 사역을 계속했다. 그리고 성전 뜰에서 예수님을 보는 순간, 주변 사람들에게 드디어 예루살렘 속량의 때가 임했다고 알려 주었다. 우리가 영성과 분별력을 가진다면 나이는 숫자에 불과하다. 하나님이 부르실 때까지 기도로 이웃을 위해 중보하는 사역도 할 수 있다.

II. 어린 시절(1:5-2:52)
  I. 아기 예수님과 성전(2:21-40)

4. 가족이 나사렛으로 돌아감(2:39-40)

39 주의 율법을 따라 모든 일을 마치고 갈릴리로 돌아가 본 동네 나사렛에 이르니라 40 아기가 자라며 강하여지고 지혜가 충만하며 하나님의 은혜가 그의 위에 있더라

누가는 요셉과 마리아가 예수님의 탄생으로 인해 성전에 방문했을 때 성실하게 율법에 순종했다고 한다(39a절). 이 말씀은 같은 내용을 언급하는 2:22-24와 괄호(inclusion)를 형성하며, 이 가정이 하나님의 말씀인 율법을 잘 준수하며 살았다는 사실을 강조한다.

이후 마리아와 요셉은 집이 있는 나사렛으로 돌아갔다(39b절). 한편, 마태는 예수님 일행이 나사렛으로 돌아가기 전에 헤롯의 진노를 피하기 위해 잠시 이집트로 내려갔다고 한다. 이 일로 예수님은 또 하나의 예언을 성취하셨다(cf. 마 2:13-15). 그러나 누가는 이 부분을 건너뛰고 곧바로 나사렛으로 가신 것으로 이야기를 마무리한다. 누가에게 중요한 것은 예수님이 율법을 잘 지키는 부모 밑에서 하나님의 은총을 만

끽하며 보통 아이처럼 자라나셨다는 사실이다(40절; cf. 2:52).

'지혜'(σοφία)와 '은혜'(χάρις)는 누가에게 중요한 개념이다. 누가복음은 이 두 개념을 다른 복음서에서보다 더 많이 언급한다(2:40, 52; 4:22; 11:49; 21:15; cf. 행 2:47; 4:33; 6:3, 8, 10; 7:10, 46). 예수님이 지혜와 은혜 안에서 성장하신 것은 사무엘과 비슷하다(삼상 2:26).

이 말씀은 우리도 하나님의 지혜와 은혜 안에 항상 거하신 예수님을 통해 주님의 은혜와 지혜를 평생 누리며 살 수 있다고 한다. 그러나 하나님의 은혜와 지혜 안에서 살기 원한다면 먼저 하나님의 말씀대로 살고자 노력해야 한다. 하나님은 말씀에 순종하는 이들에게 지혜와 은혜를 주시기 때문이다.

II. 어린 시절(1:5-2:52)

J. 열두 살 된 예수님과 성전(2:41-52)

41 그의 부모가 해마다 유월절이 되면 예루살렘으로 가더니 42 예수께서 열두 살 되었을 때에 그들이 이 절기의 관례를 따라 올라갔다가 43 그 날들을 마치고 돌아갈 때에 아이 예수는 예루살렘에 머무셨더라 그 부모는 이를 알지 못하고 44 동행 중에 있는 줄로 생각하고 하룻길을 간 후 친족과 아는 자중에서 찾되 45 만나지 못하매 찾으면서 예루살렘에 돌아갔더니 46 사흘 후에 성전에서 만난즉 그가 선생들 중에 앉으사 그들에게 듣기도 하시며 묻기도 하시니 47 듣는 자가 다 그 지혜와 대답을 놀랍게 여기더라 48 그의 부모가 보고 놀라며 그의 어머니는 이르되 아이야 어찌하여 우리에게 이렇게 하였느냐 보라 네 아버지와 내가 근심하여 너를 찾았노라 49 예수께서 이르시되 어찌하여 나를 찾으셨나이까 내가 내 아버지 집에 있어야 될 줄을 알지 못하셨나이까 하시니 50 그 부모가 그가 하신 말씀을 깨닫지 못하더라 51 예수께서 함께 내려가사 나사렛에 이르러 순종하여 받드시더라 그 어머니는

이 모든 말을 마음에 두니라 ⁵² 예수는 지혜와 키가 자라가며 하나님과 사람에게 더욱 사랑스러워 가시더라

이때까지는 사람들과 천사들이 아기 예수님에 대해 예언했다. 엘리사벳과 마리아와 사가랴와 목동들과 천사들과 시므온과 안나가 예수님의 특별하심에 대해 다양한 말을 했다. 이제 이 사건에서 우리는 복음서에 기록된 예수님의 첫 말씀을 듣는다. 예수님의 말씀은 그분 자신이 하나님의 아들이라는 사실을 알고 계심을 드러낸다.

요셉과 마리아는 매년 유월절이 되면 예루살렘에 올라갔다(41절). 율법은 이스라엘의 성인 남자들에게 매년 성전에 올라가 세 종류의 종교 절기—무교절(유월절)과 칠칠절(오순절)과 초막절(신 16:16, cf. 출 23:14-17, 34:22-23)—를 기념할 것을 요구했다. 그러나 예루살렘에서 멀리 떨어져 사는 사람들이 매년 세 차례 성전으로 순례를 떠나는 것은 어려운 일이었다. 요셉이 사는 나사렛에서 예루살렘까지 올라가는 것만 3-4일 길이다. 그러므로 한 번 다녀오려면 최소 일주일을 길에서 보내야 했다.

멀리 사는 사람 대부분은 매년 한 차례 예루살렘 성전을 찾았는데, 가능하면 유월절에 순례를 가려고 했다(Liefeld & Pao). 율법은 이 세 절기 때 성인 남자들의 출석만 요구했으며, 아들이 있으면 그들이 성인이 되기 전에 한두 차례 데리고 다녔다. 그러나 아내나 딸들은 가지 않아도 된다. 우리는 마리아가 해마다 유월절이면 남편과 함께 먼 길을 마다하지 않고 예루살렘 성전으로 순례를 떠난 일을 통해 요셉 가정의 신앙을 어느 정도 가늠해 볼 수 있다.

유월절은 유대인 달력으로 니산월 14일이다(출 12:6). 오늘날 태양력으로는 매년 3월 말에서 4월 초 즈음이다. 부활절과 항상 같은 때다. 예수님이 유월절에 십자가에 못 박히셨고 3일 후에 부활하셨기 때문이다. 유월절은 출애굽 당시 하나님이 이스라엘을 구원하기 위해 마지막 열 번째 재앙으로 이집트 사람과 짐승의 장자들을 다 죽이시고 이스라엘의 장자들을 살리신 은총을 기념하는 절기다(cf. 출 12장).

예수님은 열두 살이 되셨을 때 부모와 함께 예루살렘 성전으로 순례를 가셨다(42절). 유대인들은 12세를 아이로서 보내는 마지막 해로 간주했다. 13세부터는 모든 율법을 지켜야 하는 성인으로 여겼다(Bock, Culpepper, Schweizer). 예수님은 소년 시절의 마지막 해에 성전을 찾으신 것이다.

유월절 예배를 드린 요셉 부부는 본의 아니게 예수님을 예루살렘에 남겨 두고 함께 온 일행과 나사렛으로 돌아갔다(43절). 당시에는 먼 길을 가는 것이 상당히 위험한 일이었기 때문에 무리를 지어 순례를 다녔는데, 일행이 많았던 터라 마리아와 요셉은 예수님이 무리 어딘가에서 누군가와 함께 걷고 있을 것으로 생각한 것이다.

하룻길을 가고 나서 예수님을 찾았지만, 무리 중에 보이지 않으셨다(44절). 당시 가나안 지역에서 하룻길은 30㎞ 정도 되었다. 아이나 짐승을 거느리고 간다면 갈 수 있는 하룻길은 더 줄어든다. 아마도 요셉 일행은 아침에 예루살렘을 출발해 온종일 걷다가 저녁이 되어 잠을 자려고 가족끼리 모이는 상황에서 예수님이 없다는 것을 깨달았을 것이다.

깜짝 놀란 마리아와 요셉은 다음 날 아침 일찍 예루살렘으로 돌아갔다(45절). 예루살렘에 도착하니 날이 저물었고, 다음 날 곧 삼 일째 되는 날 아침부터 예수님을 찾아 나섰다. 그리고 예루살렘 성 이곳저곳을 다니며 찾다가 성전에서 예수님을 만났다(46a절).

예수님은 성전에서 선생들, 곧 랍비들 사이에 앉아 그들에게 듣기도 하고 묻기도 하셨다(46b절). 당시 랍비들은 주변에 제자들을 앉혀 놓고 서로 질문을 주고받는 식으로 가르쳤다. 예수님도 여러 선생의 제자들처럼 앉아서 그들의 가르침을 경청하신 것이다. 예수님은 하나님의 말씀을 배우는 일에 열심이시다. 하나님이신 예수님이 왜 하나님의 말씀을 배우셔야 하는가? 예수님이 이 땅에 오실 때 신적인 능력을 모두 비우고 사람과 같이 되셨기 때문이다. "오히려 자기를 비워 종의 형체를 가지사 사람들과 같이 되셨고"(빌 2:7).

겨우 열두 살 된 아이가 랍비들과 어울린다는 것도 특이한 일인데, 예수님의 지혜와 대답이 듣는 자들을 놀라게 했다(47절). 단순한 아이의 질문과 대답이 아니라, 학문적이고 고차원적인 신학적 질문에 대한 예수님의 대답이 랍비 등 성경 전문가들을 놀라게 한 것이다. 예수님은 12세 때 이미 랍비들을 가르치신 것이다. 예수님은 하나님의 아들로서 지니신 신성과 함께하시는 성령을 통해 성경에 대해 매우 깊은 이해와 통찰력을 갖게 되셨다(Bovon). 그러므로 이때 이미 해석자로서 자리매김하셨다고 할 수 있다(Bock).

예수님이 성전에서 랍비들과 강론하는 모습을 보고 부모는 한 번 더 놀랐다(48a절). 마리아가 예수님에게 어찌 부모를 이렇게 놀라게 하느냐고 나무랐다(48b절). 요셉과 마리아는 지난 3일 동안 근심하며 예수님을 찾았다(48c절). '근심하다'(ὀδυνάω)는 매우 심각한 정신적 고통을 당했다는 뜻이다(TDNT. cf. 16:24-25; 행 20:38). 아들을 걱정하느라 한순간도 마음이 편치 않았다는 뜻이다.

마리아는 예수님에게 요셉을 가리키며 '네 아버지'(ὁ πατήρ σου)라고 하는데(48절), 예수님은 하나님을 '내 아버지'(τοῦ πατρός μου)라고 하신다(49절). 예수님의 아버지가 요셉인가 혹은 하나님인가 하는 것이 이야기의 핵심이다(Culpepper). 비록 예수님은 요셉의 아들이 아니시지만, 법적으로는 요셉이 예수님의 아버지다. 그러나 예수님은 하나님의 아들이시다. 예수님은 자신의 아버지는 하나님이시라며 이렇게 신성을 표현하신 것이다.

이어지는 예수님의 질문도 해석하기가 쉽지 않다. "어찌하여 나를 찾으셨나이까 내가 내 아버지의 집에 있어야 될 줄을 알지 못하셨나이까"(49절). 개역개정이 '내 아버지 집'으로 번역한 문구도 어려움을 더한다. 이 문구(ἐν τοῖς τοῦ πατρός μου)를 직역하면 '내 아버지의…안에'가 된다. 첫 번째 정관사(τοῖς)와 두 번째 정관사(του) 사이에 있어야 할 단어가 생략된 것이다. 그러므로 학자들은 이 문구의 의미에 대해 다양한 추측을 내놓았다(cf. Brown, Fitzmyer). 가장 가능성 있는 두 가지는 '내 아버지의 일'로 해석해 율법을 논하고 해석하는 일로 간주하는 것(De Jonge)과 대부분 번역본이 하는 것처럼 '내 아버지의 집'으로 해석하는 것이다(cf. 새번역, 공동, NAS, NIV, ESV).

예수님이 성전에 계신다는 정황을 고려할 때 '내 아버지의 집'이 문맥에 잘 어울린다(Brown, Evans, cf. 창 41:51; 에 7:9; 욥 18:19). 그렇다면 예수님이 마리아의 질문에 답으로 하시는 두 가지 질문은 "나를 어디서 찾을 수 있는지 알고 계시지 않습니까? 당연히 나의 아버지의 집에 있었습니다"라는 의미가 된다. 혹은 "가장 가능성이 있는 곳을 찾으셨어야지요"라는 의미에서 의도적으로 모호하게 말씀하셨을 수도 있다(Beale & Carson, Sylva).

예수님은 성전에 머무신 것을 두고 '있어야 한다, 반드시 필요하다'(δεῖ, "it is necessary")라고 하신다. 누가복음에서 이 동사(δει)는 하나님의 계획이 이루어져 가는 것을 뜻하는 의미로 사용된다(4:4; 9:22; 13:33; 17:25; 19:5; 22:37; 24:7, 26, 44). 본문에서는 예수님이 성전에서 말씀을 배우는 것도 하나님 계획의 일부라는 의미로 사용되고 있다. 예수님은 자신이 하나님의 아들이라는 사실을 아신다. 그러나 계속 지혜를 습득하심으로써 자신의 사명에 대한 이해를 키워 나가실 필요가 있다(Garland). 나중에 사탄이 예수님의 사명을 시험할 것이다(4:1-13).

예수님의 대답에서 중요한 것은 예수님 자신과 하나님 사이를 '아들-아버지' 관계로 부각하시는 일이다. 누가는 앞으로도 하나님과 예수님을 계속 '아버지-아들' 관계로 묘사할 것이다(9:26; 10:21-22; 22:29, 42; 23:34, 46; 24:49; 행 1:4, 7). 구약에서 '아버지-아들'은 하나님과 주님 백성의 언약 관계를 묘사한다(cf. 출 4:22; 사 63:16; 렘 3:4). 하나님 앞에서 이스라엘을 대표하는 예수님은 하나님과의 언약을 완벽하게 수행하실 것이다.

요셉과 마리아는 예수님이 하신 말씀의 의미를 깨닫지 못했다(50절). 하나님과 예수님의 특별한 관계를 아직 확실하게 깨닫지 못했다는 뜻이다(Liefeld & Pao). 예수님은 부모와 함께 나사렛으로 내려가 그들에게 순종하며 받드셨다(51a절). 성전에서 랍비들과 보내신 시간이 하나님과의 특별한 관계를 통한 예수님의 신성을 드러냈다면, 나사렛에서 부모에게 순종하시는 일은 예수님의 인성을 드러낸다. 예수님은 30세 정도에 사역을 시작하시는데(3:23), 그때까지 부모를 공경하라는 하나님의 말씀에 순종하며 사셨다(출 20:12).

마리아는 예수님을 찾으러 성전에 가서 들은 모든 말을 마음에 두었다(51b절). 이전에 목자들이 한 말도 마음에 새겨 두었다(2:19). 옛적에 야곱도 요셉이 꾼 꿈 이야기를 마음에 새겨 두었다(창 37:11). 마리아는 예수님의 범상치 않으심을 날로 깨달아 가는 것이다.

예수님은 지혜와 키가 자라 가며 하나님과 사람에게 더욱 사랑을 받으셨다(52절). '키'로 번역된 헬라어 단어(ἡλικία)는 나이나 성숙함을 뜻하기도 한다(BAGD). 누가는 아기 예수님이 자라실 때 지혜가 충만하며 하나님의 은혜가 그 위에 있었다고 했다(2:40). 이제 이 말에 사람들의 사랑을 더한다. 옛적 사무엘에 대한 말씀이 생각난다. "사무엘이 자라매 여호와께서 그와 함께 계셔서 그의 말이 하나도 땅에 떨어지지 않게 하시니 단에서부터 브엘세바까지의 온 이스라엘이 사무엘은 여호와의 선지자로 세우심을 입은 줄을 알았더라"(삼상 3:19-20).

이 말씀은 예수님이 하나님의 아들이시고 또한 사람의 아들이라고 한다. 예수님은 자신이 하나님의 아들이기 때문에 하나님의 집인 성전에 머물며 하나님의 말씀을 배우고 가르치는 것이 당연한 일이라고 하셨다. 그러나 부모와 함께 나사렛으로 돌아가서는 그들을 섬기셨다. 또한 하나님과 사람들에게 사랑을 받으셨다. 이는 그리스도인들이 하늘에 살지만, 또한 이 땅에서 사는 것과 비슷하다. 우리는 양쪽을 균형 있게 추구하는 신앙생활을 해야 한다.

Ⅲ. 사역 준비
(3:1-4:13)

이 섹션은 예수님이 12세 때 예루살렘 성전에서 랍비들과 율법을 논하신 일 이후부터 갈릴리에서 30세에 사역을 시작하실 때까지 있었던 일을 요약하고 있다. 핵심은 예수님보다 몇 개월 먼저 태어난 요한이 어떻게 선지자들이 예언한 것처럼 메시아의 길을 예비했는가와 마귀가 예수님을 시험한 후 하나님의 아들이심을 인정할 수밖에 없었던 일이다. 본 텍스트는 다음과 같이 구분된다.

A. 요한의 예비하는 사역(3:1-20)
B. 세례를 받으심(3:21-22)
C. 예수님의 계보(3:23-38)
D. 사탄의 시험(4:1-13)

A. 요한의 예비하는 사역(3:1-20)

하나님은 요한을 예수님보다 먼저 보내 예비하는 사역을 하게 하셨다. 시간적으로는 요한이 예수님보다 몇 개월 먼저 태어났지만, 사역은 훨씬 더 일찍 시작한 것으로 보인다. 어머니의 배 속에 있을 때부터 성령의 충만함으로 예수님을 알아보고 기뻐 뛰었던 요한은 자신의 역할이 메시아이신 예수님의 길을 예비하는 것이라는 사실을 확실하게 알고 실천한 사람이다. 이 섹션의 상당 부분은 누가의 고유 출처에서 비롯되었다(Bock). 감옥에 갇히기 전까지 요한의 사역을 요약하는 본 말씀은 다음과 같이 구분된다.

    A. 요한에게 하나님의 말씀이 임함(3:1-6)
    B. 열매를 맺으라는 요한의 메시지(3:7-9)
    C. 요한이 회개에 합당한 열매를 설명함(3:10-14)
    D. 그리스도의 길을 예비하는 요한(3:15-18)
    E. 요한이 감옥에 갇힘(3:19-20)

1. 요한에게 하나님의 말씀이 임함(3:1-6)

¹ 디베료 황제가 통치한 지 열다섯 해 곧 본디오 빌라도가 유대의 총독으로, 헤롯이 갈릴리의 분봉 왕으로, 그 동생 빌립이 이두래와 드라고닛 지방의 분봉 왕으로, 루사니아가 아빌레네의 분봉 왕으로, ² 안나스와 가야바가 대제사장으로 있을 때에 하나님의 말씀이 빈 들에서 사가랴의 아들 요한에게 임한지라 ³ 요한이 요단 강 부근 각처에 와서 죄 사함을 받게 하는 회개의 세

례를 전파하니 ⁴ 선지자 이사야의 책에 쓴 바

광야에서 외치는 자의 소리가 있어 이르되

너희는 주의 길을 준비하라

그의 오실 길을 곧게 하라

⁵ 모든 골짜기가 메워지고

모든 산과 작은 산이 낮아지고

굽은 것이 곧아지고

험한 길이 평탄하여질 것이요

⁶ 모든 육체가 하나님의 구원하심을 보리라

함과 같으니라

어떤 이들은 광야에서 자라난 요한(cf. 1:80)과 쿰란 공동체를 연관 짓기도 한다(cf. Albright & Mann, Culpepper, Liefeld & Pao). 요한이 아직 어릴 때 나이가 많은 부모 사가랴와 엘리사벳이 죽자 쿰란을 찾아가 그곳에서 자랐다는 것이다. 그래서 요한의 가르침과 쿰란에서 공동체 생활을 했던 에세네파(Essenes)의 신학이 비슷하다고 한다. 그러나 그렇게 보기에는 역사적 증거가 없으며(Betz), 쿰란과 요한의 신학은 비슷한 것보다 다른 것이 훨씬 더 많다(Bovon, Stegemann).

요한과 쿰란이 비슷한 시기에 유대 광야에서 머문 것은 사실이지만, 어느 정도의 공통점을 지닌 것으로만 간주하는 것이 바람직하다. 사람들에게 회개하고 하나님이 기뻐하시는 삶을 살라고 외친 요한은 쿰란 공동체가 지향하는 제사장을 중심으로 한 금욕주의적이며 배타적인 삶에는 관심이 없었다(Aune, Meier, Wilkins). 다만 요한과 쿰란 공동체가 종교 예식에서 물을 사용한 것은 같다. 그러나 쿰란 사람들은 회개와 상관없이 율법적 정결함을 얻기 위해 매일 씻었고, 요한은 회개한 사람들에게 단 한 차례 세례를 주며 물을 사용했다(cf. Beale & Carson).

누가가 당시 정치 상황에 관해 자세하게 기록하고(1-2절), 곧바로 주

님의 구원이 임할 것을 노래하는 이사야의 예언(3-6절)으로 책을 이어 가는 것이 매우 인상적이다. 누가는 세상 역사와 하나님의 구속사를 같이 언급함으로써 하나님의 구속사를 세상 역사와 연관시키고자 한 다(O'Toole, cf. 스 1:1; 4:6-7; 7:1-9; 느 2:1; 5:14; 단 1:1; 2:1; 7:1). 이는 세 상의 권세와 역사를 만들어 가는 자들은 결코 하나님의 구속 사역을 방해할 수 없음을 보여 주며, 하나님의 새로운 사역이 곧 시작될 것을 기대하게 한다.

요한은 디베료(Τιβέριος) 황제가 통치한 지 15년 되던 해에 사역을 시 작했다(1a절). 디베료가 아구스도(Augustus, cf. 2:1) 황제와 섭정을 시작한 때(주후 11년 또는 12년)를 기준으로 하면 요한이 사역을 시작한 시점은 주후 26-27년쯤 된다(Garland). 아구스도가 죽은 후(주후 14년 8월 19일) 디베료가 대를 이어 독립적으로 다스리기 시작한 때를 기준으로 하면 요한이 사역을 시작한 시점은 주후 28-29년쯤 된다(Bock, Liefeld & Pao). 로마 역사가들에 따르면 디베료는 로마 제국의 2대 황제였으며, 방탕 한 생활을 하다가 주후 37년에 죽었다(cf. Bovon).

본디오 빌라도(Πόντιος Πιλᾶτος)가 유대의 총독으로 있던 때다(1b절). 본디오 빌라도는 예수님께 사형을 선고한 자이며, 주후 26년에 총독이 되어 유다를 다스리다가 주후 36년에 총독 자리에서 해임되었다. 그는 세겜에 있는 그리심산 근처에서 무장한 사마리아인들을 폭력으로 제압 하고 리더들을 처형했다. 사마리아 사람들은 이에 항의하기 위해 시리 아에 주둔해 있는 로마 군대의 대장 비텔리우스(Vitellius)에게 사절단을 보냈고, 비텔리우스는 빌라도를 파면해 디베료 황제에게 돌려보냈다.

갈릴리의 분봉 왕이었던 헤롯 안티파스(Antipas)는 헤롯 대왕(Herod the Great)의 아들이며, 아버지가 죽은 주전 4년부터 이 지역을 다스리다 가 주후 39년에 폐위되어 그의 아내 헤로디아와 함께 귀양을 갔다(cf. 3:19-20; 13:31; 23:7). 분봉 왕 빌립(Herod Phillip)도 헤롯 대왕의 아들이 며, 그 역시 아버지가 죽은 주전 4년부터 팔레스타인 북동쪽을 다스렸

다. 빌립은 주후 34년에 죽었다. 디베료의 대를 이어 로마의 3대 황제
가 된 칼리굴라(Caligula)는 빌립이 다스리던 땅을 헤로디아의 형제이자
안티파스의 조카인 아그립바(Agrippa I)에게 주었고, 그에게 '왕'이라는
타이틀도 주었다. 사도들은 아그립바가 팔레스타인을 다스리던 시대,
곧 로마에서는 글라우디오(Claudius) 황제가 다스리던 시대에 사역했다
(cf. 행 11:28; 12:1-23; 18:2). 루사니아(Lysanius)는 거의 알려진 바가 없으
며(Creed) 주후 37년에 자리에서 쫓겨났다(cf. Bovon, Fitzmyer). 당시 로마
제국과 팔레스타인 지역을 좌지우지했던 이들도 하나님의 역사를 방
해하지 못했다. 그러므로 하나님의 구속사는 세례 요한을 통해 새로운
전환기를 맞았다.

요한이 사역을 시작한 때는 안나스와 가야바가 대제사장으로 있을
때다(2절). 대제사장직은 1년직이며, 연임할 수 있었다. 당시 대제사장
은 로마 사람들이 임명한 허수아비들이었다. 또한 대제사장직을 차지
하기 위해 엄청난 로비와 비리와 암투가 끊이지 않았다. 그러므로 많
은 사람이 대제사장들을 가증스럽게 여겼다.

안나스(cf. 행 4:6)는 주후 6-15년 사이에 대제사장직을 하다가 쫓겨
났다. 가야바는 안나스의 사위였으며, 주후 18-36년에 대제사장으로
활동하다가 주후 37년에 그를 임명한 로마 사람들에 의해 쫓겨났다.
누가가 이들을 언급하는 것은 당시 유대교와 대제사장 제도가 매우 심
하게 부패했음을 강조하기 위해서다(Bond).

하나님의 말씀이 이처럼 혼탁한 시대에 빈 들에서 요한에게 임했다(2절).
요한은 어렸을 때부터 빈 들에서 자랐다(cf. 1:80). '빈 들'(ἔρημος)은 사
람이 살지 않는 광야를 뜻한다(TDNT). 마태는 요한이 '유대 광야'(τῇ
ἐρήμῳ τῆς Ἰουδαίας)에서 사역했다고 하는데(마 3:1), '유대 광야'는 예루
살렘의 남쪽과 사해와 요단강이 만나는 지역을 뜻한다(ABD, cf. 3절).

구약에서 광야는 매우 중요한 주제다(cf. 『엑스포지멘터리 민수기』). 이스
라엘 백성은 시내 광야에서 율법을 받았으며(출 19장), 선지자들은 하나

님과 소통하기 위해 광야를 자주 찾았다(cf. 왕상 17:2-3; 19:3-18). 광야는 새로운 창조 및 탄생을 예고하는 곳이다. 하나님이 태초에 모든 것을 창조하시고 안식일을 지정하신 이후(창 2:1-3) 처음으로 안식일이 언급되는 곳이 광야다(출 16:23). 이러한 현상은 하나님의 창조 사역이 다시 광야에서 시작될 것을 암시한다(cf. 호 2:14-15; 12:9). 세례 요한이 사역을 시작하기 전에 광야로 간 일, 4장에서 예수님이 40일 동안 금식하신 후 광야에서 사탄의 시험을 받으신 일, 이스라엘의 거짓 메시아들이 자주 광야에서 활동을 시작한 일(cf. 행 21:38) 등도 하나님의 창조적이고 새로운 사역이 광야에서 시작된다는 이해에서 비롯되었다.

광야는 새로운 시작을 상징하지만, 사람의 생명을 위협하는 곳이기도 하다. 광야는 먹을 것뿐 아니라 마실 것도 없는, 곧 사람이 오래 생존할 수 없는 곳이다. 또한 자신이 누리던 모든 것을 포기하는 사람만이 광야로 나갈 수 있다(Keener). 그러므로 광야에서 시작되는 하나님의 구원 사역을 경험하고자 하는 사람은 사회적 지위와 평안 등을 포기하고 온전히 하나님만 바라보아야 한다.

세례 요한은 광야에서 엘리야처럼 살면서 사역했다(cf. 말 3:1). 예수님도 그가 엘리야라는 사실을 인정하신다(7:24-28). 물론 그가 아합왕 시대에 살다가 하늘로 들림을 받은 엘리야라는 뜻은 아니다. 이 엘리야는 훗날 모세와 함께 변화산에 나타난다(9:30). 요한은 선지자들을 대표하는 인물인 엘리야의 전승을 따른 인물이다. 선지자들이 주의 길을 예비했던 것처럼, 요한도 예수님의 길을 예비하러 온 선지자였다. 요한은 광야에 살면서 하나님이 오실 길을 예비한 구약 시대의 마지막 광야 선지자(wilderness prophet)였다.

요한은 자신에게 임한 하나님의 말씀으로 요단강 부근 각처에 와서 죄 사함을 받게 하는 회개의 세례를 전파했다(3절). '오다'(ἔρχομαι)는 '가다'라는 뜻도 지니고 있으며 이곳에서는 '가다'라는 의미가 더 잘 어울린다(새번역, 공동, 아가페, NIV, ESV, NIRV). 본문에서 이 동사는 단수로 사용되는데, 이는 사람들이 요한에게 찾아오는 것이 아니라 요한이 사람들을 찾아가는 것을 뜻한다. 그는 곳곳을 찾아다니며 말씀을 선포했다(Bovon, Culpepper, Garland, Nolland, Liefeld & Pao). 마태와 마가가 사람들이 그를 찾아왔다고 기록하는 것과 대조적이다(마 3:5; 막 1:5). 아마도 그는 찾아다니는 사역과 찾아오는 사람들을 맞이하는 사역을 겸했던 것으로 보인다.

요한의 찾아다니는 사역은 요단강 부근으로 제한되었다. 그는 사람들에게 침례(baptism by immersion)를 주었기 때문에 침례를 줄 수 있는 물이 필요했다. 그러므로 요한은 요단강 주변으로 침례를 줄 물이 있는 곳을 찾아다니며 사역했다(Nave). 요한이 자신의 침례를 중요하게 여긴 것은 이 세례는 유대교의 관습과 질적으로 다르기 때문이다. 유대인들은 정결을 위해 종종 세례를 행했지만, 요한의 세례는 구원을 준비하는 세례이며 평생 한 번 받는 세례다(Fitzmyer).

누가는 요한이 사람들에게 회개의 세례를 전파했다고 한다(3절). '회개의 세례'(βάπτισμα μετανοίας)는 자신의 죄를 회개한 사람들에게 주는 세례를 뜻한다. 율법은 사람들에게 죄를 고백할 것을 요구한다(레 26:40; 민 5:6-7). 세례는 자신의 죄를 스스로 고백한 사람만 받을 수 있는 예식이다. 요한의 사역에서 가장 특이한 것이 세례다. 그래서 그는 '세례 요한'(Ἰωάννης ὁ βαπτιστὴς)으로 불렸다(마 3:1).

요한의 세례가 어디서 유래했는지에 대해 추측이 난무하다(cf. Beasley-Murray). 어떤 이들은 쿰란 공동체에서 비롯된 것이라고 하기도 하고, 어떤 이들은 구약의 정결 예식에서 비롯된 것이라고 한다. 유대교에서 이방인들이 개종할 때 그들에게 행한 것이라고 하기도 한다. 그러나 그 어떤 추측도 요한이 베푸는 세례를 설명하지 못한다. 쿰란 공동체와 정결 예식에서 몸을 씻는 것은 수없이 반복되는 일이지만, 요한은 모든 사람에게 각각 단 한 번만 세례를 주었다. 이방인들이 유대교로 개종할 때 행한 데서 유래한 것이라는 주장도 있지만, 이는 요한의 세

191

례를 받는 사람들이 거의 대부분 유대인이었다는 사실을 설명하지 못한다. 그러므로 요한의 세례는 그가 여러 가지 전통과 예식을 고려해 시작한 그의 고유 사역으로 생각해야 한다(Bovon, Fitzmyer). 요한은 세례의 전제 조건으로 죄에 대한 회개를 요구했다(8절). 그러므로 그의 세례는 영적인 정결함을 상징한다(cf. 겔 36:25-27). 세례는 아브라함의 후손으로 태어난 것만으로는 하나님의 백성이 될 수 없다는 것을 암시한다(9절).

회개하라는 요한의 메시지는 당시 유대인들에게 상당히 충격적으로 다가왔을 것이다. 헬라어로 '회개하다'(μετανοέω)는 마음을 바꾸어 자신이 지은 죄에 대해 슬퍼하며 도덕적 변화를 결단하는 행위를 말한다(Liefeld & Pao). 구약 사상에 익숙한 유대인인 요한의 청중은 이 권면을 구약과 연관해 이해했을 것이다. 구약에는 마음을 바꾼다는 의미의 회개는 없다. 선지자들은 회개하라는 권면을 히브리어로 '돌아오라!'(שׁוּב)라고 표현했다(cf. 왕상 8:47; 왕하 23:25; 시 78:34; 사 6:10; 겔 3:19). 가던 길의 방향을 180도 돌리라는 뜻이다. 이 표현은 삶의 방식을 바꾸고 하나님에 대한 태도를 바꾸라고 권면할 때 사용된다(cf. NIDNTT). 사람이 하나님으로부터 계속 멀어지다가 돌이켜 하나님을 향해 오는 이미지다. 요한은 하나님의 구원을 바라는 사람은 하나님께 마음을 열어야 한다고 한다.

하나님의 백성이라 자부하는 이스라엘 사람 모두가 하나님을 떠나 범죄하고 있으니, 만일 다시 하나님의 백성이 되기를 원한다면 회개하고 세례를 받아 새롭게 시작해야 한다는 것이 요한이 선포한 메시지다(Nave). 유대인들은 특권 의식에 사로잡혀 있던 사람들이다. 여호와께서 아브라함의 후손인 그들만 백성 삼으시고, 그들에게만 율법을 주셨다고 생각했다. 또한 때가 되면 하나님이 온 열방을 그들 앞에 무릎 꿇리실 것이라고 확신했다. 유대인들은 그들이 태어날 때부터 세상 끝날까지 하나님이 그들 편에 서서 일하신다고 생각한 것이다. 그러나 회개하고 세례를 받으라는 요한의 권면은 그들의 이 같은 특권 의식을 전적으로 부인한다. 그러므로 특권 의식에 사로잡힌 사람들에게 요한의 메시지는 참으로 충격적으로 들렸을 것이다.

요한은 회개의 세례를 '전파했다'(κηρύσσων)고 하는데, 큰소리로 외쳤다는 뜻이다(BAGD). 이 단어는 요한이 공개적으로 사역했음을 강조한다. 예수님은 사역을 시작하신 후 한동안 제자들에게 자신이 메시아라는 사실을 비밀로 하게 하셨다. 학자들은 이것을 '메시아적 비밀'(messianic secrecy)이라고 한다. 온 세상에 알릴 시기가 올 때까지 한시적으로 이 사실을 비밀에 부치라는 의미였다. 좋은 소식은 되도록 자주, 널리 알려야 한다. 그래야 사람들이 듣고, 생각하고, 결단한다.

요한의 사역은 이사야 선지자가 옛적에 예언한 말씀을 성취하는 일이기도 하다(4-6절). 누가가 요한에 대해 인용한 말씀은 이사야 40:3-5이다. 이때까지 누가가 인용한 구약 말씀 중 가장 길다. 이사야는 하나님이 바빌론으로 끌려간 사람들을 시온으로 데려오기 위해 광야에 걷기 좋은 대로(大路)를 내실 것이라며 이렇게 예언했다. 이 말씀은 중간사 시대를 지나며 하나님이 종말에 자기 백성을 회복하실 것을 뜻하는 대표적인 예언으로 자리매김했다(Liefeld & Pao).

요한은 '광야에서 외치는 자'이며, 회개하라는 권면은 그의 '소리'다(4b절). 요한은 예수님이 사역을 시작하시기 전에 주님이 사역하실 수 있도록 만반의 준비를 하라며 하나님이 보내신 선지자다(1:17, 76-77). 그러므로 본문의 '주의 길'(τὴν ὁδὸν κυρίου)에서 '주'(κυρίου)는 이사야서에서처럼 여호와가 아니라, 여호와의 자기 현시(顯示)(self-revelation)이신 예수님이시다(Beale & Carson). 또한 이사야 40:3은 "우리 하나님의 대로를 평탄하게 하라"라고 했는데, 본문은 '하나님의' 대신 단순히 '그의[예수님의]'(αὐτοῦ) 길을 곧게 하라고 한다(4d절).

'주의 길'은 하나님의 구속사를 하나의 여정으로 보는 적절한 표현이다. 본문의 '길'(ὁδός)과 예수님이 자신을 '그 길'(ἡ ὁδός)이라고 부르신 것

(요 14:6)을 근거로 초대교회 성도들은 자신들을 '그 길'(ἡ ὁδός)을 준비하거나 가는 자들이라고 불렀다(행 9:2; 19:2, 23; 22:4; 24:14, 22). 성도는 천국을 향해 하나님이 내신 길을 가는 순례자들이다.

요한은 사람들을 회개하도록 이끄는 사역으로 예수님의 길을 예비했다. 이사야는 요한이 하는 사역을 낮은 곳은 높이고, 높은 곳은 낮게 하고, 굽은 것은 바르게 해 하나님이 가실 만한 반듯한 대로를 준비하는 일에 비유했다(5절). 요즘 말로 예수님을 위해 '꽃길'을 준비한 것이다. 그럼에도 불구하고 예수님의 사역은 참으로 어려웠다. 만일 요한이 예비하지 않았더라면 예수님은 얼마나 더 어렵게 사역하셨겠는가? 오늘날 사역자들도 목회가 참으로 어렵다는 사실을 인정해야 한다. 주님이 가신 고난의 길 따라가기를 주저해서는 안 된다.

누가는 이사야 40:5을 인용하면서 첫 행인 "여호와의 영광이 나타나고"라는 말씀을 삭제하고 곧바로 두 번째 행인 "모든 육체가 하나님의 구원하심을 보리라"로 넘어간다(6절). 예수님이 하나님의 영광을 드러내는 사역을 하실 것이고, 요한은 예수님을 보조하는 사역을 했기 때문이다. 모든 육체가 하나님의 구원하심을 볼 것이라는 말씀은 이 이사야 말씀의 절정이며 예수님의 구원 사역이 '모든 육체'(모든 민족)를 대상으로 전개될 것을 암시한다(Beale & Carson). 그러므로 사도행전 28:28을 예고하는 듯하다(Garland). "그런즉 하나님의 이 구원이 이방인에게로 보내어진 줄 알라 그들은 그것을 들으리라."

누가가 인용하는 이사야 말씀은 이스라엘이 광야에 나는 길을 통해 바빌론에서 예루살렘으로 돌아오는 일을 묘사한다. 선지자들은 바빌론 포로에서 돌아오는 것을 종말론적인 의미를 지닌 새로운, 혹은 제2의 출애굽 경험으로 간주했다. 예수님의 구원 사역도 새로운 출애굽이라 할 수 있다. 그러므로 바빌론에서 돌아오는 길에 관한 이 말씀이 예수님의 '출애굽 사역' 준비에 적용되는 것은 당연한 일이다. 이사야는 새 출애굽을 기대하며 참으로 긍정적이고 흥분된 분위기에서 이 말씀을 선포했다. 그러므로 요한이 예수님의 복음 선포를 준비하는 단계의 고조된 분위기를 적절하게 표현하고 있다고 할 수 있다.

이 말씀은 역사는 하나님이 계획하신 대로 진행된다고 한다. 황제나 왕들은 모두 잠시 살고 죽는다. 그러나 하나님의 구원 사역은 이 권세자들의 흥망성쇠에 어떠한 방해도 받지 않고 태초 때 계획하신 대로 계속된다. 우리는 이 위대한 하나님의 계획 일부를 감당하는 축복을 받았다. 그러므로 하나님이 주신 사명을 감사함으로 이루어 가야 한다.

요한은 사람들에게 회개하고 세례를 받으라고 외쳤다. 하나님의 구원을 받고 주님의 백성이 될 기회를 제공한 것이다. 사람이 구원에 이른다는 것은 또한 누구도 피할 수 없는 하나님의 심판이 다가오고 있다는 것을 뜻한다. 그러므로 기회가 주어졌을 때 회개하고 하나님의 구원을 입는 것은 오늘뿐 아니라, 미래를 위한 대비책이라 할 수 있다.

III. 사역 준비(3:1-4:13)
　A. 요한의 예비하는 사역(3:1-20)

2. 열매를 맺으라는 요한의 메시지(3:7-9)

7 요한이 세례 받으러 나아오는 무리에게 이르되 독사의 자식들아 누가 너희에게 일러 장차 올 진노를 피하라 하더냐 8 그러므로 회개에 합당한 열매를 맺고 속으로 아브라함이 우리 조상이라 말하지 말라 내가 너희에게 이르노니 하나님이 능히 이 돌들로도 아브라함의 자손이 되게 하시리라 9 이미 도끼가 나무 뿌리에 놓였으니 좋은 열매 맺지 아니하는 나무마다 찍혀 불에 던져지리라

많은 사람이 세례를 받겠다며 요한을 찾아왔다(7a절). 누가는 어떤 사람들이 왔는지 말하지 않지만, 마태는 바리새인과 사두개인들이 왔고 (마 3:7) 마가는 예루살렘에서도 요한이 있는 요단강까지 왔다고 한다

(막 1:5). 유대 곳곳에서 모여든 것이다.

요한은 세례를 받으러 온 사람들을 '독사의 자식들'(γεννήματα ἐχιδνῶν)이라 칭하며 맹렬하게 비난했다(7b절). 불을 피해 구멍 등 은신처에서 도망 나오는 뱀들을 떠올리게 하는 이미지다(Bock). 자신과 이웃에게 덕이 되지 않고 오히려 해가 되는 자들이라는 비난이다. 예수님도 바리새인들을 이렇게 비난하셨다(마 23:33). 유대교 지도자로서 하나님의 백성에게 생명을 선사해야 하는데 오히려 죽음으로 몰고 가는 독을 전파했기 때문이다.

요한은 "누가 너희에게 일러 장차 올 진노를 피하라 하더냐"라고 물었다(7c절). 그들이 처한 상황의 심각성을 고려해 정신 차리라는 경고이거나(Garland), 혹은 그들이 세례를 받겠다고 찾아온 것은 좋으나 동기가 의심스럽다는 말이다(Liefeld & Pao). 그들이 처한 상황은 도끼가 나무를 찍어 내려고 뿌리에 놓여 있는 것처럼 긴박하다(cf. 9절). 당장 하나님께 돌아오지 않으면 하나님의 심판 도끼에 찍혀 절단이 날 것이다. 요한은 하나님의 심판이 매우 가까이 와 있다는 사실을 근거로 그를 찾아온 사람들에게 수사학적인 질문을 하고 있다.

요한에게 세례를 받으러 와서 이처럼 혹독한 비난을 받는 이들은 대부분 유대교에서 이미 오랫동안 신앙생활을 해 온 사람들이다. 요즘 말로 하자면 나름 '잘 믿는 사람들'이다. 그러나 그들의 신앙과 삶은 이분화되어 있기 때문에 이 같은 비난을 피할 수 없다(cf. 3:10-14). 아무리 좋은 종교라도 매너리즘(형식적인 틀)에 빠지면 이렇게 된다. 매너리즘은 하나님의 말씀 중 사람들이 좋아하는 부분만 가르치거나 내용을 왜곡할 때 발생한다. 사역자들은 성경 66권을 모두 하나님의 말씀으로 여기며 균형 있게 가르쳐야 한다. 그리고 성도들은 배운 말씀을 가슴에 새기고 삶에서 실천해야 한다. 꾸준히 우리의 신앙과 영성을 성찰해야 비로소 겉모습에 치중하는 매너리즘에서 해방될 수 있다.

요한은 세례를 베풀면서 회개에 합당한 열매를 맺으며 살 것을 권고한다(8a절). 침례를 받아도 열매 맺는 삶을 살지 않으면 아무 소용이 없다. 세례는 정의롭고 도덕적인 삶을 대신할 수 없기 때문이다. '합당한'(ἄξιος)은 '일치하는(corresponding), 어울리는(in keeping with)'이다(BAGD). 회개한 사람은 자신이 고백한 것에 격이 맞는 삶을 살아야 한다. 세례는 자신의 죄를 자복하고 이제부터 새롭게 살겠다는 다짐을 공표하는 예식이다. 그러므로 세례를 받은 사람은 지은 죄에 대해 꾸준히 회개하며, 같은 죄를 반복하지 않기 위해서라도 항상 새로운 삶의 방식을 모색해야 한다. 갈라디아서 5:22-23은 우리가 평생 맺어야 할 성령의 열매를 사랑, 희락, 화평, 오래 참음, 자비, 양선, 충성, 온유, 절제 등 아홉 가지로 정의한다.

요한은 사람들에게 특권 의식도 버리라고 한다(8b절). 유대 사람들은 여호와께서 열방 민족 중 아브라함의 후손인 자신들만 사랑하신다고 생각하는 지나친 선민사상에 젖어 있었다. 하나님은 이 특별한 사랑의 표현으로 시내산에서 그들을 자기 백성으로 삼으시고 그 어느 민족에게도 주지 않은 율법을 그들에게 주셨다. 모두 다 옳은 말이다. 그러나 과유불급(過猶不及)이라고, 이러한 정체성이 건강한 자아와 자존감에서 멈추지 않고 다른 민족을 얕보거나 자신의 죄를 합리화하는 도구나 면죄부로 악용되어서는 안 된다. 그러므로 요한은 그들의 지나친 선민의식을 지적하며 겸손할 것을 주문한다. 옛적에 하나님은 생명력이 전혀 없는 돌 같은 아브라함을 택해 큰 나라로 축복하셨다(사 51:1-2; cf. 창 12:1-3). 하나님은 이런 일을 언제든 다시 하실 수 있으며, 그들 주변에 놓여 있는 돌로도 아브라함의 자손이 되게 하실 수 있다(cf. 롬 9:14-23). 구원은 유산이 아니라 믿음으로 얻는다.

요한은 가까이 와 있는 하나님의 심판에 대해 경고한다(9a절). 이미 도끼가 나무뿌리에 놓여 있다! 만일 가지에 놓여 있다면 가지치기를 위한 것이라 할 수 있겠지만, 뿌리에 놓여 있다는 것은 나무를 송두리째 쳐서 없앨 것을 의미한다. 이 말씀은 이사야 10:33-34을 바탕으로 한 것이며(cf. 렘 11:19; 겔 17:1-4; 31:1-14), 유대인들은 메시아 시대에 이 말씀이 성취될 것으로 생각했다(Bauckham).

구약에서 이스라엘을 열매 맺지 못하는 나무로 묘사하는 것은 흔한 일이다(시 80:8; 사 5:2; 렘 2:21; 겔 15:6; 17:6; 19:10; 호 10:1). 그동안 오래 참으셨던 하나님이 더는 기회를 주지 않으시고 심판할 만반의 준비를 해 두셨다. 누가는 13:6-9에서도 열매 맺지 못하는 무화과나무를 찍어 버릴 때가 되었다고 한다.

심판이 시작되면 하나님은 좋은 열매를 맺지 않는 나무마다 찍어 불에 던지실 것이다(9b절; cf. 13:6-9; 사 5:1-7; 요 15:1-6). 하나님이 판단하시는 기준은 열매(선행)다(잠 24:12; 렘 17:10; 마 16:27; 롬 2:6; 14:12; 고전 3:12-15; 벧전 1:17; 계 2:23; 22:12). 나무가 얼마나 무성하고 아름다운지는 별로 중요하지 않다. 좋은 열매를 맺는 것이 중요하다. 예수님도 이파리가 무성한 무화과나무에 열매가 없는 것을 보고 나무를 저주하셨다(막 11:13-20). 이 심판에는 주후 70년에 있을 예루살렘 파괴도 포함되어 있다(Osborne).

이 말씀은 하나님의 은혜는 남용되거나 오용되어서는 안 된다고 한다. 신앙적인 방종을 합리화하기 위한 수단이 되어서도 안 된다. 하나님은 죄인이 회개하고 하나님 나라의 백성이 되어 경건하고 거룩하게 살아가게 하려고 은혜를 베푸신다. 그리스도인은 자신이 경험한 하나님의 은혜가 삶에서 좋은 열매를 맺도록 하나님이 삶을 다스리시게 해야 한다. 하나님의 은혜는 이를 많이 경험한 사람일수록 더 경건하고 거룩하게 살고자 노력하게 만든다.

하나님의 일에는 우리 각자가 맡은 역할이 있다. 하나님은 세례 요한이 구속사의 한 부분을 맡아 예수님이 오시는 길을 예비하게 하셨다. 하나님은 우리의 길도 예비하신다. 우리는 하나님의 인도하심을 받으며 주님이 예비해 두신 길을 가야 한다. 어떠한 경우에도 하나님을 앞서가서는 안 된다.

3. 요한이 회개에 합당한 열매를 설명함(3:10-14)

¹⁰ 무리가 물어 이르되 그러면 우리가 무엇을 하리이까 ¹¹ 대답하여 이르되 옷 두 벌 있는 자는 옷 없는 자에게 나눠 줄 것이요 먹을 것이 있는 자도 그렇게 할 것이니라 하고 ¹² 세리들도 세례를 받고자 하여 와서 이르되 선생이여 우리는 무엇을 하리이까 하매 ¹³ 이르되 부과된 것 외에는 거두지 말라 하고 ¹⁴ 군인들도 물어 이르되 우리는 무엇을 하리이까 하매 이르되 사람에게서 강탈하지 말며 거짓으로 고발하지 말고 받는 급료를 족한 줄로 알라 하니라

요한의 강한 메시지에 사람들이 두려움을 느꼈다. 의롭게 살아야 한다는 말씀에서 비롯된 건강한 두려움이다. 그들은 요한에게 어떻게 살아야 하는지 물었다(cf. 10:25; 18:18; 행 2:37; 16:30; 22:10). 누가는 묻는 자들을 세 부류(무리, 세리들, 군인들)로 구분한다. 그들의 질문에 대한 요한의 답을 한마디로 요약하면 이웃이나 동료들(세상)의 기준 또는 가치관과는 다르게 살아야 한다는 것이다. 회개에 합당한 좋은 열매를 맺으며 사는 것이 바로 이런 것이다(3:8-9). 어떤 이들은 요한의 대답을 가리켜 격언을 모아 놓은 것이라고 하지만(Bovon), 이는 성경 윤리에 근거한 통일성 있는 메시지며 사람은 각자 처한 상황에서 같은 기준을 합리적으로 적용해야 한다는 말이다.

먼저 요한은 무리에게 옷이 두 벌 있는 자는 옷 없는 자에게 나눠 줄 것이며, 먹을 것이 있는 자도 그렇게 하라고 한다(11절). '옷'(χιτών)은 겉옷 아래 입는 속옷을 뜻한다(BAGD). 갈아입기 위해 가지고 있는 여분의 옷을 나누라는 권면이다. '먹을 것'(βρῶμα)은 먹고 남은 음식이 아니다. 하나의 원리로 메시지를 전하는 요한은 우리가 사용하고 남은 여유분을 나누라 하지 않고, 우리가 먹고 입어야 할 것 중에서 나누라고 한다. 이 말씀을 오늘날 상황에 적용하면 많은 '은행 잔고'를 두지 말라는 뜻이다(Garland).

요한은 세리들에게 부과된 것 외에는 거두지 말라고 했다(13절). 당시 유대인들은 여러 가지 직접세와 간접세를 내야 했다(Donahue). 예를 들면 집을 소유한 사람들은 재산세를 내고, 갈릴리 호수에서 물고기를 잡는 어부들은 수익의 일정한 비율을 세금으로 냈다.

로마 제국은 다스리는 모든 나라에서 세금을 징수했다. 하지만 직접 징수하지 않고 지역을 나눠 매년 세금을 가장 많이 거둬 주겠다는 사람들에게 징수 권한을 주었다. 로마 제국으로부터 징수 권한을 받은 사람들은 상납해야 할 금액보다 훨씬 더 많이 거두어서는 남은 것을 착복했다. 당시 사람들은 수입의 20-30%를 세금으로 납부했다(Donahue). 그러다 보니 온갖 부정과 부패가 난무했으며, 세리들은 로마 사람들을 위해 자기 백성을 착취한다고 하여 매국노로 취급받기 일쑤였다(Keener). 사람들은 세리들을 멀리할 뿐 아니라, 미워했고(cf. 19:7-8), 자기중심적으로 사는 이기주의의 상징으로 대했다(마 5:46).

당시 세리들이 한몫 챙기려고 매국노라는 말까지 들으면서 이 일에 종사했다는 점을 고려하면, 부과된 것 이상 거두지 말라는 요한의 말은 세리 일을 그만두라는 말로 해석할 수도 있다(Farmer). 그러나 요한은 그들에게 일을 그만두라고 하는 것이 아니다. 착취하지 않고 합리적인 범위 안에서는 수고료를 더해 거둘 수 있다. 즉, 공평하고 바르게 살라는 것이다. 삭개오는 이렇게 사는 세리였다(19:1-10).

요한은 군인들에게 세 가지를 권면했다(14절). 이 사람들은 팔레스타인 지역에 주둔하고 있는 로마 군인이 아니라 이스라엘 용병이었을 것이다(Culpepper). 첫 번째 권면은 강탈하지 말라는 것이다. '강탈하다'(διασείω)는 착취한다는 뜻이다(BAGD). 군인이라고 해서 무력으로 빼앗는 일은 없어야 한다. 두 번째는 거짓으로 고발하지 말라는 것이다. '거짓으로 고발하다'(συκοφαντέω)는 공갈로 협박하는 것이다(TDNT). 이

두 가지 권면은 군인들이 무력을 사용해 돈을 뜯어내는 일을 금한다.

세 번째 권면은 받는 급료를 족한 줄로 알라는 것이다. 요한은 당시 군인들이 수용하기 가장 어려워하는 요구를 하고 있다. 그 시대에는 군인 봉급이 매우 낮았기 때문에 사람들은 군인들이 부족함을 채우기 위해 강탈하고 착취하는 것을 당연하게 여겼다(Marshall). 그러나 요한은 이 같은 관습에 제동을 걸고 있다. 옳지 않은 일이면 하지 말라는 것이다.

이 말씀은 하나님 백성 공동체가 어떠해야 하는지 생각하게 한다. 교회에는 부자도 있고, 가난한 사람도 있다. 세리도 있고, 군인도 있다. 사회 곳곳에서 다양한 직업에 종사하는 사람들이 모여 하나님의 백성을 이룬다. 교회는 직업의 귀천도, 성차별도 없는 하나님의 백성으로 구성되어 있다. 그러므로 우리는 서로를 '형제-자매'라고 부른다.

기독교 공동체는 영생만 나누는 곳이 아니라, 물질도 나누는 곳이 되어야 한다. 부유한 사람이 어려운 사람의 물질적인 필요를 채우는 일도 중요하지만, 더 중요한 것은 구성원들이 서로를 합리적이고 정의롭게 대하는 것이다. 이처럼 경제적 정의를 실현하기 위해서는 자리와 지위를 악용해 더 많이 걷거나 강탈하거나 착취하면 안 된다. 그렇다고 해서 요한이 시스템을 바꾸라고 하는 것은 아니다. 그 안에서 개혁하고 자신의 범주에서 정의를 실천하며 살라는 권면이다.

Ⅲ. 사역 준비(3:1-4:13)
  A. 요한의 예비하는 사역(3:1-20)

4. 그리스도의 길을 예비하는 요한(3:15-18)

[15] 백성들이 바라고 기다리므로 모든 사람들이 요한을 혹 그리스도신가 심중에 생각하니 [16] 요한이 모든 사람에게 대답하여 이르되 나는 물로 너희에게 세례를 베풀거니와 나보다 능력이 많으신 이가 오시나니 나는 그의 신발끈

을 풀기도 감당하지 못하겠노라 그는 성령과 불로 너희에게 세례를 베푸실
것이요 ¹⁷ 손에 키를 들고 자기의 타작 마당을 정하게 하사 알곡은 모아 곳간
에 들이고 쭉정이는 꺼지지 않는 불에 태우시리라 ¹⁸ 또 그밖에 여러 가지로
권하여 백성에게 좋은 소식을 전하였으나

당시 유대인들은 메시아가 곧 오실 것으로 믿었다. 특히 주전 1-2세
기에 메시아가 다윗의 후손으로 오실 것이라는 기대가 무르익었다
(Culpepper, cf. 시 118:26; 말 3:1). 그들이 처한 정치적-경제적 상황이 어
려워질수록 메시아가 속히 오시기를 더더욱 갈망했다.

세례 요한이 매우 강력한 메시지를 선포하자 백성은 과연 요한이 그
들이 바라고 기다리는 그리스도인지 궁금해했다(15절). 요한은 사람들
이 허황된 기대를 하지 않도록 곧바로 조치를 취했다. 자신은 그들이
기대하는 메시아가 아니며, 메시아보다 먼저 와서 그분의 길을 예비하
는 종에 불과하다는 것을 분명히 했다. 그러면서 메시아에 관해 네 가
지를 말한다.

첫째, 메시아는 요한보다 능력이 많으신 분이다(16b절). '[나보다] 능
력이 많으신 이'(ἰσχυρότερός)는 칠십인역(LXX)에서 하나님을 뜻하기도
한다(Beale & Carson, cf. 신 10:17; 사 28:2). 메시아는 능력 면에서 요한과
비교가 되지 않는 위대하신 하나님이라는 뜻이다.

둘째, 메시아는 요한이 신발 끈을 풀기도 감당하지 못할 정도로 위
대하신 분이다(16c절). 신발 끈을 푸는 일은 종 중에서도 가장 낮은 자
들이 하는 일이었다. 그래서 히브리 노예들에게는 이 일을 시키지 않
았다. 요한은 메시아는 참으로 위대하신 분이고, 그에 비하면 자신은
가장 낮은 종이라고 한다.

셋째, 메시아는 성령과 불로 세례를 베푸신다(16c절). 요한이 주는 '물
세례'(βαπτίζω μέν ὕδατι)는 죄에서 깨끗하게 된 영적 정결함을 상징한
다(cf. 겔 36:25-27). 메시아가 주실 '성령과 불 세례'(βαπτίσει ἐν πνεύματι

ἁγίῳ καὶ πυρί)를 심판으로만 해석하는 이들도 있다(Davies & Allison, Gundry, cf. 2, 7절). 그러나 다음 구절이 사람들을 두 부류로 나누는 것으로 보아 회개하라는 하나님의 말씀에 순종하는 자들에게는 성령의 축복이 함께할 것을, 거부하는 자들에게는 혹독한 불 심판이 임할 것을 뜻한다(cf. Blomberg, Plummer, Wilkins). 불은 불순종하는 자들을 태우지만, 경건한 사람들을 정결하게 하기도 한다(cf. 사 4:4). 그러므로 믿는 자들에게 성령과 불 세례는 모두 좋은 것이다.

넷째, 메시아는 회개하는 자들에게는 구원을, 회개하지 않는 자들에게는 심판을 내리실 것이다. 메시아는 손에 키를 들고 자기의 타작마당을 정하게 하실 것이다(17절). 타작마당은 최종 심판을 상징하는 장소다(cf. 마 13:24-30, 36-43). 그날 하나님은 알곡(믿는 자들)을 모아 곳간에 들이시고, 쭉정이(불신자들)는 꺼지지 않는 불에 태우실 것이다. 영원히 꺼지지 않는 불 심판은 이사야 66:24에도 언급되어 있다. "그들이 나가서 내게 패역한 자들의 시체들을 볼 것이라 그 벌레가 죽지 아니하며 그 불이 꺼지지 아니하여 모든 혈육에게 가증함이 되리라." 이 이미지는 구약 시대에 예루살렘 성벽 남서쪽에 있는 힌놈의 아들 계곡에서 끊임없이 쓰레기를 태운 일을 배경으로 한다. 신약의 '지옥 불'(τὴν γέενναν τοῦ πυρός) 역시 이곳에서 일어난 일을 배경으로 한다(마 5:22, 29, 30; 10:28; 18:9; 23:15).

요한은 그 밖에 여러 가지 권면을 통해 백성에게 좋은 소식을 전했다(18절). 누가는 '백성'(λαός)과 '무리'(ὄχλος)를 구분한다. 무리는 복음을 들었지만 아직 하나님의 백성이 되기로 결정하지 않은 사람들이다(cf. 3:10). 반면에 백성은 복음에 올바르게 반응해 하나님의 백성이 되는 사람들이다(Liefeld & Pao). '권면하다'(παρακαλέω)는 경고하는 것이다(Culpepper). 요한은 그들에게 회개하라며 다가오는 하나님의 심판에 대해 경고했다. 우리는 심판을 좋은 소식으로 생각하지 않는다. 그러나 심판은 하나님의 공의와 정의를 드러내는 일이므로 좋은 소식이라 할 수 있다.

이 말씀은 인류의 오랜 기다림 끝에 오신 예수님은 인류를 구원하시는 분이며 또한 심판하시는 분이라고 한다. 복음에 어떻게 반응하느냐가 그 사람을 하나님의 알곡, 혹은 영원한 불에 던져질 쭉정이로 구분한다. 예수님은 모든 사람이 구원에 이르기를 원하시지만, 모든 사람을 구원하지는 않으신다.

III. 사역 준비(3:1–4:13)
　A. 요한의 예비하는 사역(3:1–20)

5. 요한이 감옥에 갇힘(3:19–20)

¹⁹ 분봉 왕 헤롯은 그의 동생의 아내 헤로디아의 일과 또 자기가 행한 모든 악한 일로 말미암아 요한에게 책망을 받고 ²⁰ 그 위에 한 가지 악을 더하여 요한을 옥에 가두니라

본문이 언급하는 헤롯 안티파스(Antipas)는 17세에 갈릴리와 요단강 동편 뵈레아(Perea) 지역을 다스리는 분봉 왕(τετραάρχης, tetrarch)이 되었다. 헤롯 대왕의 아들 중 신약과 가장 많은 연관이 있다. 예수님이 십자가에 달리시기 전에 예수님을 심문한 헤롯이 바로 이 사람이다(23:6–12). 그의 통치 수도는 디베랴(Tiberias)로 가버나움에서 약 14km 남쪽, 갈릴리 호수의 남서쪽 해변에 위치했다(ABD). 그는 지난 30년 동안 이 지역을 다스렸다(Carson).

요한은 분봉 왕 헤롯 안티파스와 그의 동생 빌립의 아내 헤로디아(=헤롯의 제수[弟嫂])의 결혼을 책망했다가 옥에 갇혔다(19절; cf. 마 14:4). 요한이 왕을 책망한 것은 옛적에 엘리야가 아합과 이세벨을 비난한 일을 연상케 한다(왕상 18장). 이 빌립은 아버지 헤롯의 영토 중 가장 북쪽을 차지한 분봉 왕 빌립(Philip II)과 다른 사람이다. 헤롯 안티파스

는 나바티아(Nabatea) 왕 아레타스(Aretas IV)의 딸과 결혼했는데, 동생의 아내였던 헤로디아와 결혼하기 위해 이혼했다. 헤로디아도 안티파스와 결혼하기 위해 빌립과 이혼했다. 이 같은 두 사람의 결혼은 유대인들에게 큰 스캔들이 되었다. 율법을 위반하는 결혼이었기 때문이다(레 18:16; 20:21).

게다가 헤로디아는 헤롯 안티파스의 반(半)형제인 아리스토불루스(Aristobulus)의 딸이었다. 즉, 헤롯은 반(半)조카(half-niece)인 헤로디아와 결혼한 것이다(Carson, Wilkins). 누가는 이 모든 일을 한마디로 '악한 일'이라 한다(19절). 헤롯은 요한이 말한 '불에 태워질 쭉정이'였다(3:17).

요한은 폭동을 선동했다는 혐의로 사해 동쪽에 있던 마케루스(Machaerus) 산성에 투옥되었다(20절, cf. DGJ). 누가가 21절에서 예수님이 요한에게 세례를 받으신 일을 언급하면서 본문에서 요한이 옥에 갇혔다고 하는 것은 요한의 사역이 끝난 다음에 예수님의 사역이 시작되었음을 암시한다(Talbert, cf. 마 4:12-13). 요한을 잡아들인 헤롯은 그를 곧바로 죽이려 했지만, 무리가 요한을 선지자로 여겼기 때문에 주저했다. 요한이 아니라 그를 선지자라고 믿고 따르는 무리를 두려워한 것이다(마 14:5).

이 말씀은 사람이 회개를 거부하면 더 많은 죄를 짓게 된다고 경고한다. 헤롯 안티파스는 죄를 책망하고 회개를 권면하는 요한을 오히려 감옥에 가두었다가 나중에는 그를 죽이기까지 한다. 죄는 피하거나 회피하는 것으로 해결되지 않으며, 오히려 더 큰 죄를 낳는다. 그러므로 처음 죄를 지었을 때 회개하는 것이 가장 좋은 해결 방법이다.

III. 사역 준비(3:1-4:13)

B. 세례를 받으심(3:21-22)

²¹ 백성이 다 세례를 받을새 예수도 세례를 받으시고 기도하실 때에 하늘이 열리며 ²² 성령이 비둘기 같은 형체로 그의 위에 강림하시더니 하늘로부터 소리가 나기를

너는 내 사랑하는 아들이라

내가 너를 기뻐하노라

하시니라

어떤 이들은 본문이 예수님이 누구에게 세례를 받으셨는지 알려 주지 않는다고 해서 예수님 스스로 자신에게 세례를 베풀었다고 주장한다(cf. Fitzmyer). 그러나 예수님은 요한을 찾아온 여느 사람들처럼 요한에게 세례를 받으셨다. 이 일은 요한이 헤롯 안티파스에 의해 감옥에 갇히기 전에 있었던 일이다(cf. 3:20).

예수님은 다른 사람들처럼 죄가 있어서 세례를 받으신 것이 아니다(cf. 3:3). 하나님의 구원 역사를 이루어 가는 차원에서(cf. 마 3:15), 또한 장차 구원할 죄인들의 심정을 이해하고 그들과 함께하기 위해 세례를 받으셨다(Wilkins, Witherington). 그러므로 세례는 예수님의 사역이 시작된 것을 공개적으로 알리면서 동시에 예수님이 구원하실 죄인들을 조금 더 이해하는 기회를 제공했다(cf. 히 4장).

예수님이 받으신 세례는 물에 완전히 잠겼다가 나오는 침례였다. 요단강에서 세례를 받으신 것이다(cf. 3:3). 이스라엘이 하나님의 백성이 되기 위해 홍해를 건넌 일이 세례의 역사적 배경이다. 누가가 인용하는 마가복음이 예수님의 세례에 초점을 맞춘다면, 누가는 예수님이 물에서 올라오실 때 일어난 세 가지 특이한 현상에 초점을 맞춘다(Nolland).

첫째, 하늘이 열렸다(21b절). '열렸다'(ἀνεῳχθῆναι)는 수동태이며, 하늘에 계시는 하나님이 여셨다는 뜻이다. 지난 400여 년 동안 하늘문을 닫으신 하나님이 드디어 하늘을 여신 것은 참으로 놀라운 은혜다. 하나님이 400년의 침묵을 깨고 말씀하실 것을 기대하게 한다. 종말에 열릴 계시의 문이 드디어 예수님을 통해 열린 것이다(Beale & Carson, Nolland, cf. 겔 1:1; 요 1:51; 행 7:56; 10:11).

둘째, 성령이 비둘기 같은 형체로 내려와 예수님 위에 강림하셨다(22a절; cf. 사 11:1-2; 61:1-2). 하나님이 천지를 창조하실 때 하나님의 영이 수면 위에 운행하신 모습을 연상케 한다(Allison, Wilkins, cf. 창 1:2). 또한 비둘기는 노아 홍수가 끝난 다음 땅에서 물이 빠진 것을 확인해 주는 전령 역할을 했다(창 8:8-12; cf. 벧전 3:20-21). 땅에서 물이 빠지는 것은 새로운 창조가 시작될 것을 알리는 일이었다. 그러므로 비둘기 같은 성령이 예수님에게 임한 것도 하나님의 새로운 창조가 시작될 것을 암시한다(Dunn, France, Hagner, Hill). 선지자들이 종말에 있을 것이라고 한 하나님의 새 창조가 예수님을 통해 시작되는 순간이다(Beale & Carson).

셋째, 하늘로부터 소리가 났다(22b절). 400년 동안 닫혀 있던 하늘을 여신 하나님(21절)이 드디어 말씀하신 것이다! 수백 년의 침묵을 깬 하나님의 첫 말씀은 예수님과 하나님의 관계를 확인해 주시는 것이었다. 마태와 누가가 인용한 마가복음은 '너는'(σύ)이라 하는데(막 1:11) 마태는 '이는'(οὗτός)으로 대신했다. '메시아적 비밀'(messianic secrecy)을 강조하는 마가복음에서는 예수님 홀로 하늘의 음성을 들은 것처럼 묘사하고 있으며 누가도 그대로 반영했다. 이와는 대조적으로 마태는 예수님뿐 아니라 주변 사람들도 모두 하늘의 음성을 들었다는 의미에서 '이는'으로 바꿨다.

누가는 메시아이신 예수님이 하나님의 아들이라고 한다(1:32, 35; cf. 4:3, 9). 드디어 하늘에 계신 하나님이 이 사실을 확인해 주신다. "너는 내 사랑하는 아들이라 내가 너를 기뻐하노라"(22c-d절; cf. 9:35). 이 말씀은 시편 2:7과 이사야 42:1에서 부분적으로 인용해 조합한 것이다. 첫 부분인 '내 사랑하는 아들이라'는 메시아를 왕으로 묘사하는 시편의 일부다(시 2:7; cf. 삼하 7:7-16). '내 기뻐하는 자라'는 이사야가 메시아를 고난받는 종으로 노래한 것의 일부다(사 42:1). 그러므로 상반되는 두 구약 말씀을 조합한 본문은 예수님의 두 가지 역할(dual role)을 암시한다(Beale & Carson). 예수님은 분명 온 세상을 다스릴 메시아 왕으로 보좌에 앉으실 것이다. 그러나 오늘은 고난을 받아야 할 메시아 종으로 오셨다. 그러므로 본문은 예수님은 다윗 집안의 왕이요 또한 하나님의 아들이라며 인성과 신성을 동시에 부각한다.

예수님이 세례를 받으실 때 일어난 현상에는 종말론적인 의미가 함축되어 있다. 하늘이 열린 일과 하나님의 음성이 들린 일, 그리고 성령이 임하신 일 등은 정경 시대에 종종 있었던 일이며 하나님의 선물이었다. 그러나 오늘날에는 없는 일들이다. 이런 일들은 종말에 다시 있을 것이다. 그러므로 예수님의 사역은 종말에 있을 일들의 시작이라 할 수 있다. 예수님은 종말이 끝이 아니라 새로운 창조의 시작이라고 하시는데(마 19:28), 그 종말이 예수님이 받으신 세례로 시작된 것이다.

이 말씀은 예수님이 오랜 침묵을 깨고 오신 하나님이라고 한다. 하나님은 400여 년 전에 구약 말씀을 마감한 이후 침묵하셨다. 그러다가 예수님이 세례를 받고 사역을 시작하자 다시 하늘에서 말씀하셨다. 앞으로 예수님이 하시는 말씀은 모두 하나님이 400년 만에 하시는 말씀이 될 것을 암시한다.

하나님 나라의 일에는 질서와 절차가 있다. 하나님의 아들이신 예수님은 굳이 요한의 세례를 받으실 필요가 없었다. 그러나 요한에게 세례를 받는 것은 사역을 준비하는 적절한 절차였다. 우리가 하고자 하는 선한 일에도 과정과 절차가 있다. 순리를 무시하거나 역행하며 이루려 하는 것은 하나님이 원하시는 바가 아니다.

C. 예수님의 계보(3:23-38)

²³ 예수께서 가르치심을 시작하실 때에 삼십 세쯤 되시니라 사람들이 아는 대로는 요셉의 아들이니 요셉의 위는 헬리요 ²⁴ 그 위는 맛닷이요 그 위는 레위요 그 위는 멜기요 그 위는 얀나요 그 위는 요셉이요 ²⁵ 그 위는 맛다디 아요 그 위는 아모스요 그 위는 나훔이요 그 위는 에슬리요 그 위는 낙개요 ²⁶ 그 위는 마앗이요 그 위는 맛다디아요 그 위는 서머인이요 그 위는 요섹 이요 그 위는 요다요 ²⁷ 그 위는 요아난이요 그 위는 레사요 그 위는 스룹바 벨이요 그 위는 스알디엘이요 그 위는 네리요 ²⁸ 그 위는 멜기요 그 위는 앗 디요 그 위는 고삼이요 그 위는 엘마담이요 그 위는 에르요 ²⁹ 그 위는 예수 요 그 위는 엘리에서요 그 위는 요림이요 그 위는 맛닷이요 그 위는 레위요 ³⁰ 그 위는 시므온이요 그 위는 유다요 그 위는 요셉이요 그 위는 요남이요 그 위는 엘리아김이요 ³¹ 그 위는 멜레아요 그 위는 멘나요 그 위는 맛다다요 그 위는 나단이요 그 위는 다윗이요 ³² 그 위는 이새요 그 위는 오벳이요 그 위는 보아스요 그 위는 살몬이요 그 위는 나손이요 ³³ 그 위는 아미나답이요 그 위는 아니요 그 위는 헤스론이요 그 위는 베레스요 그 위는 유다요 ³⁴ 그 위는 야곱이요 그 위는 이삭이요 그 위는 아브라함이요 그 위는 데라요 그 위는 나홀이요 ³⁵ 그 위는 스룩이요 그 위는 르우요 그 위는 벨렉이요 그 위 는 헤버요 그 위는 살라요 ³⁶ 그 위는 가이난이요 그 위는 아박삿이요 그 위 는 셈이요 그 위는 노아요 그 위는 레멕이요 ³⁷ 그 위는 므두셀라요 그 위는 에녹이요 그 위는 야렛이요 그 위는 마할랄렐이요 그 위는 가이난이요 ³⁸ 그 위는 에노스요 그 위는 셋이요 그 위는 아담이요 그 위는 하나님이시니라

본문은 예수님이 가르치기 시작하실 때 나이가 30세쯤 되었다고 한 다(23a절). 누가복음은 복음서 중 유일하게 예수님이 사역을 시작하셨 을 때의 나이를 알려 준다. 예수님은 헤롯 대왕이 죽기 2년 전쯤인 주

전 6년에 태어나셨다. 학자들은 요한복음이 세 유월절에 관해 언급하는 것을 근거로 예수님이 3년간 사역하신 것으로 본다. 세례는 사역을 시작하기 바로 전에 받으셨으니 아마도 주후 27-28년쯤이 유력하다.

구약은 요셉이 30세에 국무총리가 되었고(창 41:46), 다윗이 왕이 되었을 때 나이가 30세였다고 한다(삼하 5:4). 또한 에스겔 선지자도 30세에 사역을 시작했다(겔 1:1). 모세 율법에 따르면 레위 사람들은 25세가 되면 성전에서 견습생으로 일하기 시작했고(cf. 민 8:24), 30세가 되면 정식 사역자로 등용되었다(cf. 민 4:3). 온 인류의 대제사장이신 예수님이 30세에 사역을 시작하신 데는 이러한 구약적 배경이 있다.

예수님은 사람들이 아는 바로는 요셉의 아들이시다(23b절). 누가는 예수님이 처녀인 마리아의 몸에서 나셨고(1:34-35), 하나님의 아들이시라고 했다(1:32, 35). 또한 하나님은 예수님을 자기 아들이라고 하셨다(3:22). 그러므로 예수님과 요셉은 혈육 관계가 아니다. 누가는 이번에도 '사람들이 아는 대로'(ὡς ἐνομίζετο)라는 말로 요셉이 예수님의 생부가 아니라는 사실을 명확하게 한다(Bock, Culpepper, Garland, Nolland).

이어지는 예수님의 계보(23c-38절)는 구약의 계보와 비슷하게 구성되어 있다(cf. Aune). 신약에서는 계보가 단 두 차례(이곳과 마태복음 1:1-17) 나오며 둘 다 예수님의 계보다(마 1:1-17). 반면에 구약에는 약 25개의 계보가 등장한다(Culpepper). 이 계보들을 종합해 보면 두 가지로 나뉜다. 첫째, '병렬 계보'(broad/horizontal genealogy)는 한 세대를 옆으로 나열하는 방식을 취한다(cf. 대상 2:1). 즉, 한 사람의 여러 자녀를 나열하는 경우다. 둘째, '직렬 계보'(deep/vertical genealogy) 혹은 '직선적 계보'(linear genealogy)는 한 사람의 후손들을 여러 세대에 걸쳐 나열하는 방식을 취한다(대상 3:10). 만일 병렬이면서 동시에 직렬 형태로 여러 후손을 포괄적으로 취급하면 그 계보는 '세분화되었다'(segmented)고 한다. 세분화된 계보로 창세기 10-11장을 들 수 있다.

직선적 계보와 세분화된 계보는 서로 다른 기능을 한다. 직선적 계보는 마지막에 등장하는 사람을 정당화하는 데 목적이 있다. 이 계보의 포커스가 마지막에 등장하는 인물에게 맞추어져 있는 것이다. 한 예로 출애굽기 6:17-26에 기록된 모세의 계보를 들 수 있다. 이 계보의 목적은 마지막에 등장하는 모세를 소개하는 데 있다. 반면에 세분화된 계보는 계보에 언급된 사람들의 관계를 드러내는 데 목적이 있다. 그러므로 이 종류의 계보는 특정한 인물에 포커스를 맞추지 않으며, 계보에 언급된 사람들의 얽히고 설킨 관계를 부각한다(cf. 출 6:14-16).

부모/조상들로부터 시작되어 자식/자손들로 이어지는 계보를 '내림 계보'(descending genealogy)라고 한다(cf. 대상 9:39-44). 내림 계보에서 가장 중요한 인물은 마지막에 등장하는 후손이다. 마태가 기록하는 예수님의 계보가 이 종류에 속하며, 마태는 이를 통해 예수님이 아브라함의 후손이자 다윗의 후손이라는 사실을 강조한다.

반면에 계보가 자식/자손으로부터 부모/조상으로 거슬러 올라가면 '올림 계보'(ascending genealogy)라 한다(cf. 대상 9:14-16). 올림 계보는 마지막에 언급되는 조상을 부각한다. 누가가 본문에서 제시하는 계보가 이 유형이다. 하나님이 이 계보를 마무리하신다는 사실은 예수님이 하나님의 아들이심을 부각한다.

성경의 계보를 연구할 때, 우리는 저자의 선택권을 인정해야 한다. 성경의 계보는 포괄적이지 않은 경우가 많다는 의미다. 출애굽기 6:14-26은 야곱에서 모세와 아론에 이르기까지를 5대로 정리한다. 그러나 역대기상 7:23-27은 거의 동일한 시대인 요셉에서 여호수아까지를 10대로 정리한다. 이 시대는 이스라엘이 이집트에 머물렀던 때로 400년(cf. 창 15:13) 혹은 430년(cf. 출 12:40-41)에 이른다. 일반적으로 생각할 때 400년은 모세의 계보가 정리하는 것처럼 5대로 표현하기에는 너무 긴 시간이다.

당시 사람들이 보통 40-50년을 살고, 12-15세에 결혼했던 점을 고려하면 10대로 표현된 여호수아의 계보도 400년의 세월을 충분히 커

버한다고 보기는 어렵다. 그럼에도 불구하고 모세의 계보보다 두 배나 더 많은 세대를 포함하고 있다. 이를 모세 집안 사람들이 여호수아 집안 사람들보다 결혼을 평균 두 배 이상 늦게 한 것으로 보기보다는 저자가 편의상 임의적으로 그들의 계보를 정리한 것으로 보는 것이 옳을 것이다.

출애굽기 6장은 왜 400여 년의 긴 세월을 5대로만 정리하는가? 이 계보는 모세와 아론을 정당화하는 데 목적이 있기 때문에 정확하고 세부적으로 기록할 필요가 없기 때문이다. 역대기상 1-9장에 기록된 계보에서도 이 같은 선별적인 성향이 확실하게 드러난다(『엑스포지멘터리 역대기 2권』).

마태복음은 예수님의 계보(1:1-17)로 시작한다. 한편, 누가복음에서는 이 계보가 예수님의 세례 사건 다음에 등장한다. 마태는 예수님과 이스라엘의 연결성을 중요하게 여겼기 때문에 제일 먼저 계보를 통해 예수님이 이스라엘의 선조 아브라함의 후손이시며, 그들의 가장 위대한 왕 다윗의 후손이심을 선언하고 시작한다. 반면에 누가는 예수님이 하나님의 아들이신 메시아라는 사실을 부각하고자 한다. 그러므로 세례를 받으실 때 하늘에서 이러한 사실을 확인해 주는 하나님의 음성을 듣고 난 후 하나님으로 거슬러 올라가는 계보를 통해 이 사실을 한 번 더 확인하고자 한다(cf. Bock).

본문에 기록된 계보는 구약에 등장하는 계보를 부분적으로 인용한다. 아담에서 셈에 이르는 부분(36b-38절)은 창세기 5:4-32을, 셈에서 아브라함까지(34-36a절)는 창세기 11:10-32을 인용한 것으로 보인다(Culpepper). 또한 아브라함에서 다윗까지는 역대기상과 룻기를 인용하고 있다. 각 선조의 이름을 인용할 때는 마소라 사본이 아니라 칠십인역(LXX)의 소리에 따라 표기한다.

다윗부터 예수님까지 기록한 부분은 성경 그 어디에서 찾아볼 수 없을 정도로 독특하다. 그러므로 상당수 학자가 이 부분을 두고 누가가 이 복음서를 저작할 때 유통되던 계보를 인용한 것이라고 주장한다 (Fitzmyer, Strauss, cf. Marshall). 이들의 주장이 사실이라면 누가복음과 마태복음의 계보가 지니는 차이점들을 어느 정도 설명할 수 있다.

누가와 마태의 가장 큰 차이점은 마태는 솔로몬을 통해 다윗으로 이어지는 계보를, 누가는 다윗의 아들 중 잘 알려지지 않은 셋째 아들 나단을 통해 다윗으로 이어간다는 점이다(31절; cf. 삼하 5:14; 대상 3:5; 14:4). 이는 예레미야 선지자가 솔로몬의 후손인 여호야김(렘 36:30)과 여고니야(렘 22:24-30)의 후손들은 보좌에 앉을 수 없다고 한 말씀을 누가가 의식한 것으로 보인다(Strauss).

또한 학자들은 마태복음과 누가복음의 솔로몬-나단 차이에 대해 누가는 실제 계보를, 마태는 입양 등을 통해 형성된 법적 계보를 제시하고 있기 때문이라고 주장하기도 한다(cf. Bock, Nolland). 혹은 마태는 요셉 쪽을 통한 계보를, 누가는 마리아 쪽을 통한 계보를 소개하기 때문이라고도 한다. 그러나 그 어떠한 추측과 설명도 만족스럽지 못하다. 결국 누가와 마태의 계보에 나타나는 차이는 수수께끼로 남을 수밖에 없다.

마태는 14-14-14대를 구성하는 42명의 이름을 언급하는 계보를 제시했다(마 1:1-17). 누가는 예수님의 이름을 포함해 78명이 77세대를 구성하는 계보를 제시한다(Culpepper). 이처럼 숫자 '7'을 중심으로 형성된 계보는 7번째와 7의 배수에 해당하는 순서에 중요한 사람들을 배치한다. 예수님부터 바벨론에서 포로로 살았던 스알디엘(27절)까지가 21(=7×3)대다. 스알디엘의 아들 스룹바벨(27절)은 바빌론에서 첫 귀향민들을 이끌고 이스라엘로 돌아온 사람이다(cf. 스 3:2, 8; 5:2; 느 12:1; 학 1:1, 12, 14). 이는 예수님이 죄의 포로가 된 인류를 해방시키기 위해 오셨음을 암시하는 듯하다.

예수님부터 다윗(31절)까지는 42(=7×6)대이며, 아브라함(34절)까지는 56(=7×8)대다. 예수님은 다윗 왕조의 왕(cf. 삼하 7장)이시며 아브라함 언약의 수혜자인 이스라엘 사람이라는 뜻이다. 이사야는 메시아가 다윗의 아버지 이새(32절)의 뿌리에서 날 것이라고 한다(사 11:1, 10).

예수님부터 에녹(37절)까지는 70(=7×10)대이며, 하나님까지는 77(=7×11)대다. 이와 같은 계보 정리는 하나님의 아들이신 예수님이 12번째 '7', 곧 예전과 완전히 다른 새로운 시대를 열어 가실 분이라는 것을 암시한다(Culpepper). 예수님은 메시아 시대를 시작하실 하나님의 아들이시다.

또한 이 계보가 최초 사람인 아담을 포함하는 것은 예수님이 아담의 후손이시며, 온 인류를 상대로 구원 사역을 펼치실 것을 암시한다. 하나님의 구원 범위는 아브라함의 후손으로 제한되지 않는다. 또한 예수님은 인류를 구원하실 제2의 아담이시므로 예수님의 이야기는 곧 새로 시작되는 인류(믿음 공동체)의 이야기가 될 것이다(cf. Beale & Carson, Bock).

이 말씀은 예수님을 통한 하나님의 인류 구원은 어느 날 갑자기 된 일이 아니라, 태초부터 계획하시고 수천 년 동안 진행해 오신 구속사의 절정이라고 한다. 우리의 구원은 창조주 하나님이 철두철미하게 계획하고 준비해 오신 귀하고 아름다운 것이다. 우리가 경건하고 거룩하게 살아야 하는 이유다.

III. 사역 준비(3:1-4:13)

D. 사탄의 시험(4:1-13)

책이 시작된 후 이때까지 여러 사람이 예수님의 메시아 되심에 대해 증언하고 확인했다. 천사들과 요한과 그의 부모와 마리아와 목동들, 그리고 시므온과 안나가 증언했다. 세례를 받으실 때는 하나님이 예수님을 자기 아들이라고 하셨다. 이어서 아담까지 거슬러 올라가는 계보를 통해 예수님이 온 인류를 구원하러 오신 하나님의 아들이라는 사실이 재차 확인되었다. 하나님과 천사들과 사람들이 예수님이 메시아이심을 확인한 것이다. 이번에는 사탄이 예수님이 하나님의 아들이자 메시아이심을 확인할 차례가 되었다.

구약에서는 어떤 인물이 특별한 포지션으로 임명받으면 그 일을 할 만한 자격과 능력이 있는지 테스트하는 사건이 일어난다. 모세의 후계자가 된 여호수아가 처음으로 한 일은 모세처럼 가나안에 정탐꾼을 파견하고, 모세가 홍해를 건넌 것처럼 요단강을 건넌 일이었다(수 1-3장). 사울은 공개 석상에서 사무엘에 의해 왕으로 기름 부음을 받은 다음 곧바로 암몬 왕 나하스의 침략을 물리쳤다(삼상 11장). 하나님은 이스라엘 백성을 다스리며 성전을 건축해야 하는 솔로몬을 기브온 산당에서 만나 이런 일을 할 수 있는 지혜를 약속하셨는데, 바로 다음에 솔로몬은 아이에 대한 두 여인의 소송을 지혜롭게 판결함으로써 그가 이스라엘을 다스릴 능력이 있는 왕이며 성전을 지을 만한 지혜를 지녔다는 것을 보여 주었다.

본문은 사탄이 온 인류를 구원하실 예수님의 자격을 검증하는 형식을 띤다. 사탄의 검증시험은 두 가지로 진행된다. 첫째, '예수님은 하나님의 아들이신가' 하는 것이다. 둘째, '예수님은 하나님의 뜻을 어떻게 이룰 것인가' 하는 것이다. 첫 번째 질문(예수님은 하나님의 아들이신가?)과 연관해 사탄은 예수님께 하는 첫 번째와 세 번째 질문을 '네가 만일 하나님의 아들이라면…'으로 시작한다.

두 번째 질문(예수님은 하나님의 뜻을 어떻게 이루어 가실 것인가?)은 사탄이 자기에게 절하면 온 세상을 예수님께 주겠다고 한 말과 연관이 있다. 예수님은 십자가 죽음을 통해 온 세상을 구원하기 위해 오셨다. 그러므로 사탄은 예수님께 죽지 않고 하나님의 뜻(세상을 구원하는 일)을 이룰 수 있는 길이 있다며 이렇게 제안한 것이다.

사탄의 질문들에 예수님은 신명기 6-8장에 기록된 말씀으로 대답하신다. 사탄의 세 가지 질문이 일명 '셰마'(שמע)라고 불리는 신명기 6:5을 근거하고 있기 때문이다. 유대인들은 신명기 6:4-5을 '셰마'(말씀)라고 부르며 특별하게 취급했다. 셰마는 이스라엘 종교의 밑바탕이 되는 하나님에 대한 진리와 하나님 백성의 기본적인 의무를 정의하는 일종의 고백(creed)이라고 할 수 있다(cf. 『엑스포지멘터리 신명기』).

구약 시대 성도들은 매일 셰마를 두 차례 읽으며 묵상했다. 오늘날에도 보수적인 유대인들은 매일 두 차례 셰마를 낭독한다. 여호와 종교의 가장 기본적인 진리는 여호와 하나님은 한 분이시라는 사실이다(신 6:4). 그렇다면 하나님의 백성은 모든 것을 다해 한 분이신 하나님을 사랑해야 한다. "너는 마음을 다하고 뜻을 다하고 힘을 다하여 네 하나님 여호와를 사랑하라"(신 6:5). 사탄의 세 가지 시험은 마음(육체)과 뜻(영성)과 힘(권세)에 관한 것들이다(Gerhardsson, cf. Bruner, Gundry).

예수님도 셰마가 강조하는 두 가지(여호와는 한 분이신 것, 우리는 한 분이신 여호와를 모든 것을 다해 사랑해야 한다는 것)를 율법과 선지자(온 구약)의 골자라고 하셨다(막 12:29-30; cf. 마 22:37; 눅 10:27). 사탄도 이러한 사실을 인정하기 때문에 셰마를 바탕으로 예수님을 시험한다. 사탄이 세 가지로 예수님을 시험을 하지만, 상징적으로는 모든 구약 말씀(율법과 선지자)을 동원해 예수님을 시험하는 것이라 할 수 있다. 예수님은 셰마의 문맥이 되는 신명기 6-8장 말씀을 인용해 사탄을 물리치신다. 예수님은 하나님의 말씀을 비틀어 적용하는 사탄에게 답할 때마다 올바른 적용으로 대응하신다.

사탄이 예수님을 테스트하는 이야기는 다음과 같이 세 가지로 구분할 수 있다. 인상적인 것은 세 가지 시험 모두 사람이 살면서 겪을 만한 유혹이라는 것이다. 죄인인 우리와 함께하시기 위해 세례를 받으신(3:21-22) 예수님이 이 이야기에서는 우리가 살면서 겪을 만한 가장 중요한 유혹들을 경험하신다. 누가는 예수님이 받으신 세 가지 유혹을 사람이 유혹받기에 가장 쉽고 흔한 순서, 그러나 물리치기 가장 어려운 순서에 따라 '의식주–권력–영성' 순으로 나열한다.

마태복음과 달리 누가는 두 번째와 세 번째 시험의 순서를 바꾸었다. 마태와 누가가 공통적인 출처 Q를 인용해 이 사건을 회고한다는 점을 고려할 때 서로 순서가 다르다는 것은 Q에도 다른 버전이 있었거나(cf. Bock), 마태와 누가 둘 중 하나가 Q의 순서를 의도적으로 바꾼 것으로 볼 수 있다. 학자들은 대부분 마태는 Q의 순서를 따르고 있으며, 누가는 예수님이 사탄에게 하신 마지막 대답인 "주 너의 하나님을 시험하지 말라"라는 말씀을 시험의 결론으로 삼기 위해 순서를 바꾼 것이라 주장한다(Fitzmyer, Goulder, Nolland). 한 학자는 누가가 시편 106편에 기록된 출애굽 역사의 회고에 따라 사탄의 시험을 나열하고 있다고 주장하기도 한다(Swanston).

누가복음 4장	시편 106편	주제	연관된 말씀
4:3–4	106:14–15	떡	만나: 출 16장, 민 11:4
4:5–8	106:19–20	절	금송아지: 출 32장
4:9–12	106:32–33	시험	므리바: 민 20:2–13

A. 서론: 마귀가 시험하러 옴(4:1–2)
B. 첫째: 육체에 대한 시험(4:3–4)
C. 둘째: 권력에 대한 시험(4:5–8)
D. 셋째: 영성에 대한 시험(4:9–12)
A'. 결론: 마귀가 패하고 떠남(4:13)

Ⅲ. 사역 준비(3:1–4:13)
D. 사탄의 시험(4:1–13)

1. 서론: 마귀가 시험하러 옴(4:1–2)

1 예수께서 성령의 충만함을 입어 요단 강에서 돌아오사 광야에서 사십 일

동안 성령에게 이끌리시며 ² 마귀에게 시험을 받으시더라 이 모든 날에 아무 것도 잡수시지 아니하시니 날 수가 다하매 주리신지라

예수님이 세례를 받으실 때 비둘기처럼 내려온 성령이 제일 먼저 하신 일은 성령으로 충만한 예수님이 사탄의 시험을 받도록 광야로 이끄신 일이다. 마가는 이 일을 서술할 때 성령이 예수님을 광야로 '몰아내다'(ἐκβάλλω)라며 매우 강력한 단어를 사용하는데(막 1:12), 이 단어는 예수님이 귀신 들린 자들에게서 귀신을 쫓아내실 때 자주 사용하시는 단어다. 그러므로 마태는 이를 '이끌다'(ἀνάγω)로 완화해 표현했다(마 4:1). 누가도 '이끌다, 인도하다'(ἄγω)라는 표현으로 예수님이 외적인 힘이 아니라 내적인 감동에 의해 광야로 가셨다며 상황을 부드럽게 묘사한다.

그동안 누가는 엘리사벳(1:41)과 사가랴(1:67)와 요한(1:15, 80)과 시므온(2:25-27) 등 사람이 성령에 충만하다고 할 때는 '채우다'(πίμπλημι)의 수동태(ἐπλήσθη, '채워지다')를 사용했는데(cf. 행 2:4; 4:8, 31; 13:9), 예수님에게는 이 단어를 사용하지 않는다. 예수님에게 강림하신(καταβῆναι) 성령은(3:22) 예수님을 성령으로 '가득'(πλήρης) 채우셨다. 사람들에게는 성령 충만이 외부의 힘에 의해 사로잡히는 것으로 묘사되지만, 예수님의 경우 성령이 항상 내재하시며 가득 채우고 계심을 의미한다(Menzies, Tatum).

사도행전에서 사람이 예수님처럼 성령으로 '가득한'(πλήρης) 때는 어떤 특별한 일을 행할 때다(Menzies). 초대교회에서는 구제하는 일을 위해 스데반을 포함해 성령으로 충만한(가득한) 일곱 명을 세웠다(행 6:3, 5). 바울의 동역자 바나바 역시 성령이 가득한 사람이었다(행 11:24). 누가는 이처럼 '성령의 가득함'(πλήρης)을 극히 제한된 범위에서 특별한 사람들을 묘사하는 데 사용한다.

예수님은 광야에서 40일 동안 성령에 이끌리셨는데(1b절), 옛적에 출애굽한 이스라엘의 광야 40년 생활을 재현하기 위해 광야로 인도하심

을 받으셨다(cf. 민 14:34; 신 8:2; 시 95:10; 겔 4:6). 이스라엘은 가데스 바네아에서 믿음으로 가나안에 입성하는 일에 실패하고 하나님의 심판을 받아 40년 동안 약속의 땅에 들어가지 못했다. 광야에서 이스라엘이 먹을 것(출 16:1-8)과 예배(출 32장)와 하나님 신뢰(출 17:1-3)로 시험을 받은 것처럼 예수님도 이 세 가지로 시험을 받으실 것이다.

성경은 예수님을 시험한 자를 사탄 혹은 마귀라고 한다. '사탄'(σατάν)은 히브리어 '사탄'(שָׂטָן)을 헬라어로 음역(소리 나는 대로 표기)한 것이다(cf. 대상 21:1; 욥 1-2장; 슥 3:1-2). 사탄은 '비난하는 자, 고발하는 자'(slanderer, accuser)라는 의미를 지녔다(HALOT). 칠십인역(LXX)은 사탄을 '마귀'(διάβολος)로 번역했고, 신약 저자들도 칠십인역(LXX)의 번역에 따라 본문에서처럼 이 악한 존재를 마귀라고 부른다.

구약에서는 마귀가 하나님을 대적하는 악령들의 우두머리인지, 성도들의 신앙에 대해 하나님께 문제를 제기하는 역할을 담당하는 천사인지 확실하지 않다(cf. 『엑스포지멘터리 욥기』). 그러나 신약에서는 악령들의 우두머리이며, 예수님을 죽이고자 했던 헤롯왕 이야기(마 2:1-13)를 통해 볼 수 있듯이 사람도 그의 도구로 사용될 수 있다.

'광야'(ἔρημος)는 인간이 경작하지 않고는 살 수 없는 척박한 곳이며 생명을 죽음으로 내모는 곳이다. 또한 사탄이 지대한 영향력을 행사하는 곳이다(cf. Beale & Carson, Garland). 예수님은 광야에서 사탄의 시험을 모두 이기심으로써 사탄의 무기들을 무력화하고 사역을 시작하신다(Best).

마태는 예수님이 광야에 계시는 동안 '금식하셨다'(νηστεύσας)고 하는데(마 4:2), 누가는 '잡수시지 않았다'(οὐκ ἔφαγεν οὐδὲν)고 한다(2절). 모세가 율법을 받기 전에 아무것도 먹지 않은 일을 연상케 한다(출 34:28; 신 9:9). 또한 금식은 일상적으로 근신과 탄원의 상징인 데 반해, 예수님은 모세가 율법을 받기 위해 금식했던 것처럼 사역을 준비하기 위해 금식하셨음을 뜻한다(Culpepper).

이 말씀은 성령의 충만함은 매우 강력한 임재이며, 오래 지속될 수 있다고 한다. 어떤 사람들은 성령의 음성과 인도하심을 매우 희미한 것으로만 생각하는데, 본문에서 성령은 예수님을 광야로 이끄셨다. 성령은 광야 생활 내내, 더 나아가 예수님과 평생 함께하셨다. 우리도 예수님처럼 평생 성령의 충만함 가운데 살 수 있다. 성령의 음성은 들을수록 더 강력하고 확실하게 들린다.

III. 사역 준비(3:1-4:13)
  D. 사탄의 시험(4:1-13)

2. 첫째: 육체에 대한 시험(4:3-4)

³ 마귀가 이르되 네가 만일 하나님의 아들이어든 이 돌들에게 명하여 떡이 되게 하라 ⁴ 예수께서 대답하시되 기록된 바

사람이 떡으로만 살 것이 아니라

하였느니라

마귀의 첫 번째 질문은 셰마가 하나님을 이렇게 사랑하라며 지적하는 세 가지(마음, 뜻, 힘) 중 첫째인 '마음'에 관한 것이다(cf. 신 6:5). 히브리어로 '마음'(לֵבָב)은 육체의 한 중앙에 있는 장기를 말한다(cf. HALOT). 그러므로 마음은 사람의 몸을 상징한다(cf. Gerhardsson). 이 시험은 예수님의 육체적 필요에 관한 것이다. 또한 이스라엘의 모형인 예수님의 배고픔은 옛적 그들이 광야에서 배고팠던 일(신 8:2-3)을 재현한다. 그때 이스라엘은 하나님의 입에서 나온 말씀(약속)을 믿고 의지하는 데 실패했지만, 예수님은 성공하신다.

마귀는 '만일 하나님의 아들이어든'(εἰ υἱὸς εἶ τοῦ θεου)이라는 말로 시험을 시작하는데, 이 문구의 첫 부분인 '만일(εἰ)+직설법(indicative)'은 뒤따르는 사실, 즉 예수님이 하나님의 아들이 되신다는 사실의 진실성

을 인정하고 시작하는 가정(假定)이다(BAGD). 사탄은 예수님이 하나님의 아들이라는 것을 부정하며 시험을 시작하는 것이 아니라, 예수님이 하나님의 아들이라는 사실을 전제하고 시작하는 것이다(France, Garland, Morris, Osborne, Tasker, Wilkins). 그러므로 이 시험은 예수님이 하나님의 아들이라는 사실이 무엇을 의미하는지를 특별한 능력으로 보여 달라는 말이다.

마귀는 40일 금식으로 인해 무척 시장하신 예수님에게 돌들로 떡이 되게 해 하나님의 아들임을 드러내라고 한다. 마귀의 시험은 하나님은 자기 아들이 굶는 것을 원하지 않으신다는 논리를 바탕으로 한다(Bock). 그러나 예수님은 이 같은 마귀의 시험을 아버지이신 하나님과 상관없이 독립적으로 행동하는 불손한 아들이 되라는 것으로 이해하신다.

예수님은 빵 다섯 조각과 물고기 두 마리로 2만 명 이상을 먹이신 분이다(마 14:19). 그러므로 돌을 떡으로 바꾸시는 것은 일도 아니다. 이 유혹은 하나님의 아들이신 예수님이 능력을 자신을 위해 사용할 것인지, 아니면 그를 보내신 아버지의 뜻을 이루는 데 사용할 것인지에 관한 것이다(cf. Garland). 사실 40일 금식으로 인해 무척 시장하신 예수님이 돌을 빵으로 바꾸신다 해도 비난할 사람은 없다. 그러나 그것은 하나님의 뜻에 어긋나는 일이다. 우리 삶에서 가장 흔한 마귀의 유혹은 우리로 하여금 죄를 짓게 하는 것이 아니라, 하나님의 뜻에 어긋나게 하는 것이다(Wilkins).

하나님은 하나뿐인 아들에게 모든 권리를 행사하라며 이 땅에 보내신 것이 아니다. 가서 사람들을 섬기라며 종으로 보내셨다(cf. 사 53장). 심지어 십자가 위에서 죄인들을 위해 죽으라고 보내셨다. 이러한 사실을 잘 아시는 예수님은 죽음 앞에서 너무나도 힘들고 어려웠지만 "아버지께는 모든 것이 가능하오니 이 잔을 내게서 옮기시옵소서 그러나 나의 원대로 마시옵고 아버지의 원대로 하옵소서"라고 기도하셨다(막

14:36; 눅 22:42). 따라서 예수님이 자신을 위해 능력을 사용하시면 하나님의 뜻에 순종하지 않는 것이 된다.

예수님은 사탄의 시험에 성경 말씀을 인용해 단호하게 대답하셨다. 예수님이 인용하시는 말씀은 신명기 8:3에서 왔다. 하나님은 가나안 입성을 눈앞에 둔 이스라엘 백성에게 지난 40년 동안 그들이 광야에서 무엇을 먹고 살아왔는지 생각해 보라며 이렇게 말씀하셨다. 그들은 하나님이 하늘에서 내려 주신 하늘의 양식 만나를 먹고 살았다. 가나안에 입성한 후에도 이 사실을 기억해야 한다. 하나님은 그들의 필요를 알고 좋은 것으로 채워 주시는 분이라는 것을 항상 마음에 품고 살라는 당부다. 이스라엘이 요단강을 건너 그 땅에서 나는 곡식을 먹기 시작하면 더는 만나가 내리지 않을 것이다(cf. 수 5:12). 그러나 그들이 먹는 그 땅의 곡식도 하나님이 '하늘에서 내려 주시는 만나'다.

이러한 사실을 잘 아시는 예수님은 "사람이 떡으로만 살 것이 아니라"라고 하셨다(4절). '사람'(ὁ ἄνθρωπος)은 특정한 사람이 아니라 모든 (보통) 사람을 뜻한다. 보통 사람도 떡으로만 살지는 않는데, 하물며 하나님의 아들인 내가 떡으로만 살려고 하겠느냐며 자신의 굳은 의지를 표현하신다. 어떤 의지인가? 누가는 예수님의 대답을 이 한마디로 정리하고 있지만, 마태는 "하나님의 입으로부터 나오는 모든 말씀으로 살 것이라"라는 말씀을 더한다(마 4:4). 예수님은 하나님이 하신 말씀에 따라 사는 것이 곧 떡을 먹고 사는 것보다 훨씬 더 중요하다고 하시는 것이다.

같은 맥락에서 예수님은 우리가 먼저 하나님의 나라와 의를 구하면 하나님이 우리의 모든 필요를 채워 주신다고 하신다(마 6:33). 또한 요한복음 4:34에서 예수님은 "나의 양식은 나를 보내신 이의 뜻을 행하며 그의 일을 온전히 이루는 이것이니라"라고 말씀하셨다. 마귀가 던진 첫 시험에서 이 원리를 몸소 실천하신 것이다.

이 말씀은 하나님의 자녀들에게는 삶에서 자신의 육체적 필요를 채우는 것보다 더 중요한 것이 있다고 한다. 마귀는 40일 금식으로 인해 굶주린 예수님께 돌을 떡으로 바꿀 것을 제안했다. 그러나 예수님은 사람이 떡으로만 살 수는 없다며 거부하셨다. 하나님의 말씀에 순종하면서 살아야 한다는 것이다. 떡을 아무리 배불리 먹는다고 해도 하나님의 말씀대로 살지 않는 삶은 공허할 것이기 때문이다.

하나님이 우리에게 주신 은사를 우리의 필요를 채우기 위해 사용하는 것은 바람직하지 않다. 마귀는 하나님의 아들이신 예수님께 그 능력을 사용해 굶주림을 달래라고 유혹했다. 그러나 예수님은 마귀의 유혹을 단호히 뿌리치셨다. 우리도 예수님을 본받아 하나님이 주신 은사를 우리 자신의 필요를 채우는 데 사용하지 말고 우리가 속한 하나님 백성 공동체의 필요를 채우는 데 사용해야 한다.

III. 사역 준비(3:1-4:13)
  D. 사탄의 시험(4:1-13)

3. 둘째: 권력에 대한 시험(4:5-8)

⁵ 마귀가 또 예수를 이끌고 올라가서 순식간에 천하 만국을 보이며 ⁶ 이르되 이 모든 권위와 그 영광을 내가 네게 주리라 이것은 내게 넘겨 준 것이므로 내가 원하는 자에게 주노라 ⁷ 그러므로 네가 만일 내게 절하면 다 네 것이 되리라 ⁸ 예수께서 대답하여 이르시되 기록된 바

주 너의 하나님께 경배하고

다만 그를 섬기라

하였느니라

마귀는 두 번째 시험을 위해 예수님을 매우 높은 곳으로 데리고 갔다. 마태는 매우 높은 산으로 데려갔다고 하는데(마 4:8), 누가는 산이라는 말은 하지 않고 천하만국이 보이는 높은 곳이라고 한다. 이 시험

은 환상(vision)을 통해서 왔을 수 있다(Carson, Liefeld & Pao, Wilkins). 마귀는 높은 산 정상에서 예수님께 세상 모든 것을 보여 주었다(5절). 모세가 죽기 전에 느보산 위에 올라가 요단강 건너편 약속의 땅을 본 것을 연상케 한다(Boring, Hill, cf. 신 34:1-4). 예수님은 모세가 얻을 수 없었던 것을 약속받고 있다(Gerhardsson). 그러나 문제는 약속하는 자가 사탄이라는 것이다!

이 세 번째 시험은 예수님께 가장 큰 유혹일 수 있다. 예수님이 이 땅에 오신 이유와 연관이 있기 때문이다(cf. 마 25:31-34). 선지자 다니엘은 예수님에 대해 이렇게 예언했다.

> 내가 또 밤 환상 중에 보니 인자 같은 이가 하늘 구름을 타고 와서 옛적부터 항상 계신 이에게 나아가 그 앞으로 인도되매 그에게 권세와 영광과 나라를 주고 모든 백성과 나라들과 다른 언어를 말하는 모든 자들이 그를 섬기게 하였으니 그의 권세는 소멸되지 아니하는 영원한 권세요 그의 나라는 멸망하지 아니할 것이니라(단 7:13-14).

하나님의 뜻에 따르면 예수님은 이 예언을 이루기 위해 고난의 길을 가셔야 하며, 마지막에는 십자가에서 죽으셔야 한다. 그러므로 예수님은 세상에 대한 권세를 십자가 사건이 있은 후에 받으실 것이다. 이와는 대조적으로 마귀는 예수님이 세상을 얻을 수 있는 쉬운 길을 제시한다. 예수님이 자기에게 엎드려 경배하면 세상의 모든 권세를 당장, 그 자리에서 주겠다고 약속한다(6a절). 즉, 이 시험은 셰마 중 힘(권세)에 관한 것이다(Gerhardsson).

마귀는 천하만국에 대한 모든 권위는 자기 것이므로 누구든지 원하는 자에게 줄 수 있다고 한다(6b절). 마귀가 정말 세상 권세를 가지고 있는가? 성경은 하나님이 세상을 다스리시는 왕이라고 한다. 그러므로 세상 권세는 여호와 하나님의 것이다. 앞서 기록된 다니엘서 말씀에서도 하나님이 인자(메시아)에게 세상에 대한 모든 권세와 영광과 나라를 주신다. 그러나 한편으로 성경은 마귀를 이 세상의 임금이라 하고(요 12:31; 14:30; 16:11), 이 세상의 신이라 한다(고후 4:4; cf. 엡 2:2). 사탄도 하나님이 허락하신 범위 안에서 세상에 대해 어느 정도의 권세를 가지고 있는 것이다. 예수님도 마귀의 주장에 반론을 제기하시지 않는 것으로 보아 그의 말을 사실로 인정하시는 듯하다. 그러나 그가 주장하는 만큼은 아니다. 사탄은 자기기만(self-delusion)에 빠져 있다(Bock).

한마디로 사탄은 예수님이 그를 경배하면 이 권세를 넘기겠다며 예수님께 자기와 손을 잡자고 한다(Bock, Culpepper). 그는 하나님의 아들에게 아버지 하나님을 섬기지 말고, 자기를 섬기라며 우상 숭배를 종용하고 있다! 사탄은 앞서 허기진 예수님을 상대로 먹을 것을 가지고 유혹했다가 실패했다. 이번에는 악의적인 자기기만에서 비롯된 조건을 제시하며 협상하자고 한다. 사탄이 되지도 않을 일에 참으로 애를 쓴다!

예수님은 십계명 중 첫 번째 계명("나 외에는 다른 신들을 네게 두지 말지니라", 신 5:7; 출 20:3)을 범하라는 사탄의 제안을 단칼에 거절하신다. 하나님이 "주 너의 하나님께 경배하고 다만 그를 섬기라"라고 하셨다며 말씀을 인용해 마귀의 유혹을 물리치신다(8절). 신명기 6:13 말씀이다. 바로 앞에 오는 신명기 6:10-12은 이스라엘이 요단강을 건너가 가나안의 풍요를 즐기며 살 때 이것들을 축복으로 주신 여호와를 잊지 말 것을 경고했다. 이어서 하나님은 가나안 사람들의 신들을 숭배해서도 안 된다며 이 말씀을 주셨다(신 6:13-15). 그러므로 이 말씀은 자기를 신으로 숭배하라는 사탄을 물리치는 데 적격이다. 진리를 왜곡하는 자들에게 정확한 성경 말씀처럼 효과적인 것은 없다.

이 말씀은 우리에게 가장 어려운 유혹은 물질과 권력에 관한 것이라고 한다. 마귀는 천하만국과 그 영광을 사용해 예수님을 유혹했다. 우리는 성도의 삶에서도 재물과 권력에 대한 유혹이 가장 뿌리치기 어렵

다는 사실을 인정하고, 하나님을 경배하기 위해 맘몬을 멀리하도록 도
전하고 또 도전해야 한다. 또한 목회자는 나이가 들수록 명예와 권력
에 대한 유혹이 강해진다는 사실을 마음에 새겨야 한다.

> III. 사역 준비(3:1-4:13)
>   D. 사탄의 시험(4:1-13)

4. 셋째: 영성에 대한 시험(4:9-12)

⁹ 또 이끌고 예루살렘으로 가서 성전 꼭대기에 세우고 이르되 네가 만일 하
나님의 아들이어든 여기서 뛰어내리라 ¹⁰ 기록되었으되

하나님이 너를 위하여 그 사자들을 명하사
너를 지키게 하시리라

하였고

¹¹ 또한 그들이 손으로 너를 받들어
네 발이 돌에 부딪치지 않게 하시리라

하였느니라 ¹² 예수께서 대답하여 이르시되

주 너의 하나님을 시험하지 말라

하였느니라

앞서 두 가지 시험에 실패한 마귀가 이번에는 예수님을 예루살렘에
있는 성전 꼭대기로 데려갔다(9절). 이 일도 환상 중에 있었던 일이었
을 가능성이 크다(Bock, Gerhardsson). 당시 성전의 남서쪽 지붕은 수백
미터 아래로 기드론 계곡이 내려다보이는 아찔한 곳이었다(Josephus, cf.
Plummer). 역사가 유세비우스(Eusebius)는 예수님의 동생 야고보가 이곳
에서 던져져 순교했다고 한다(Culpepper). 아마도 마귀는 예수님을 이곳
으로 데리고 갔을 것이다.

두 번이나 예수님이 성경 말씀으로 그의 유혹을 뿌리치신 것에 자극

을 받은 것일까? 이번에는 마귀가 하나님의 말씀을 인용해 예수님을 시험했다. "당신이 하나님의 아들임을 인정할 테니 당신도 스스로 하나님의 아들이라는 사실을 성전 꼭대기에서 뛰어내리는 일로 드러내라"라는 취지의 유혹이다(10-11절). 성경에 따르면 하나님이 천사들을 보내 높은 곳에서 뛰어내리는 메시아가 다치지 않도록 받들게 하실 것이라고 했다는 것이다.

사탄이 인용하는 말씀은 시편 91:11-12이다. "가장 높으신 분의 보호를 받으면서 사는 너는, 전능하신 분의 그늘 아래 머무를 것이다"(시 91:1, 새번역)라는 말씀으로 시작하는 시편 91편은 하나님이 성도들을 철두철미하게 보호하신다는 내용의 노래다. 사탄은 이 시편 말씀이 잘못되었다고 하지 않는다. 단지 이 말씀의 적용을 조금 비틀 뿐이다. 사탄은 성도들을 정면으로 공격하지 않고 주로 옆으로 미끄러지게 하는 방법으로 유혹한다(Wilkins).

사탄은 이 은혜롭고 아름다운 시편의 일부를 인용해 예수님을 유혹하고 있다. 사실 예수님은 마음만 먹으면 얼마든지 천사들을 부르실 수 있다. 예수님은 그분을 잡으러 온 사람들에게서 주님을 보호하겠다며 칼을 빼어 든 베드로를 나무라시며 "너는 내가 내 아버지께 구하여 지금 열두 군단 더 되는 천사를 보내시게 할 수 없는 줄로 아느냐"라고 하셨다(마 26:53).

만일 예수님이 성전 꼭대기에서 기드론 계곡으로 뛰어내리셨다면 어떤 일이 벌어졌을까? 아마도 곧바로 팬클럽(fan club)이 결성되고, 수많은 사람이 예수님을 메시아로 추대하고 따랐을 것이다. 그러나 예수님은 그렇게 하지 않으신다. 그것은 넓은 길이고 하나님의 뜻에 맞지 않는 사역 방식이기 때문이다. 하나님의 뜻은 예수님이 좁고 험난한 가시밭길, 곧 십자가로 향한 길을 가시는 것이다. 또한 하나님은 예수님이 조용하고 은밀하게 묵묵히 하나님 나라의 복음을 선포하면서 때로는 그 복음으로 인해 고난당하는 것을 원하셨다. 하나님의 말씀과 약

227

속은 하나님의 뜻에 따라 적용되기에 합당한 때와 장소가 있다. 그러나 사탄은 이 사실을 인정하지 않는다.

사탄이 하나님의 말씀을 알고 있다는 점이 이상하게 보일 수도 있다. 하지만 생각해 보라. 사람들을 실족하게 하기 위해서라면 무슨 일을 못하겠는가! 게다가 그의 말씀 해석과 적용은 심각한 문제를 안고 있다. 그래서 한 주석가는 사탄의 해석을 '비뚤어진 석의'(perverse exegesis)라고 한다(Carson).

예수님은 앞선 유혹에서 그랬던 것처럼 이번에도 말씀을 인용해 시험을 물리치셨다. "주 너의 하나님을 시험하지 말라"(12절). 이 말씀은 신명기 6:16을 인용한 것이다. 신명기 6장은 요단강 도하를 앞둔 이스라엘 백성에게 그들이 가나안에 입성한 후에 삶의 지침으로 삼아야 할 가장 기본적인 의무를 설명하며 시작한다(신 6:1-3). 백성은 여호와는 오직 한 분이심을 기억하며 모든 것을 다해 하나님을 사랑해야 한다(신 6:4-5). 심지어 옷차림과 시간을 활용하는 일에서도 여호와 하나님에 대한 사랑이 나타나야 한다(신 6:6-9). 가나안의 풍요를 즐기며 살 때 이것들을 축복으로 주신 여호와를 잊어선 안 된다(신 6:10-12). 가나안 사람들의 신들을 숭배해서도 안 된다(신 6:13-15). 이런 일은 옛적에 그들의 조상이 맛사에서 하나님을 시험한 것과 다를 바 없는 일이기 때문이다(신 6:16).

맛사에서 있었던 일은 출애굽기 17:1-7에 기록되어 있다. 홍해를 건너 시내산으로 가던 이스라엘 백성은 목이 말랐다. 그들은 하나님과 모세를 원망했고, 하나님은 모세에게 바위를 쳐서 물을 내어 마시게 하라고 하셨다. 이 일로 인해 그들이 하나님을 시험했기 때문에 이곳이 히브리어로 시험을 의미하는 이름 '맛사'(מסה)로 불리게 된 것이다. 그들은 "여호와께서 우리 중에 계신가 안 계신가"라며 시험했다(출 17:7).

참으로 어이없는 일이다. 이때까지 그들과 함께하시며 이집트에서 온갖 이적을 행하시고, 홍해를 건너게 하시고, 먹이신 하나님을 마실

물이 없다는 이유로 한순간에 의심하고 있다! 하나님은 그들을 떠나시거나 버리신 적이 전혀 없는데도 말이다. 이 같은 그들의 행동은 곧 하나님의 속성(인격)에 문제를 제기한 것이었다. 즉, 하나님을 시험하는 것은 하나님의 속성에 적절하지 않은 요구를 하거나 하나님 말씀의 의도를 왜곡해 적용하는 것을 두고 하는 말이다.

우리 주변에서도 종종 하나님은 하실 수 있다는 믿음의 허울 아래 엉뚱한 짓을 하는 사람들을 본다. 예를 들면, 믿는 사람은 하나님이 보호하시기 때문에 독사에 물려도 죽지 않는다며 독사가 가득한 상자에 손을 넣는 미련한 자들이 있다. 신앙생활을 잘하면 절대 병에 걸리지 않는다고 떠들어대는 어리석은 자들도 있다. 이들의 논리에 따르면 이 세상에는 순교자가 하나도 없어야 한다(Nolland). 이런 것은 믿음의 표현이 아니라, 하나님을 시험하는 것이다.

예수님은 사탄이 하나님의 말씀을 자기 마음대로 적용하는 것을 나무라신다. 한국 교회를 괴롭히는 이단들이 이러하다. 그들도 성경을 읽고 나름 현실과 삶에 적용한다. 그러나 그들의 행위는 오용이고 남용이지 적절한 적용이 아니다. 모든 말씀은 선포된 정황과 의도한 바가 있다. 우리는 말씀의 의도를 잘 깨달아 건전하게 적용해야 한다. 정통 기독교와 사이비 이단들의 가장 큰 차이는 적용에 있다고 해도 과언이 아니다.

사탄은 먹을 것(의식주)으로 예수님을 시험했다가 실패하자 권세로 시험하고, 그것도 실패하자 마지막으로 말씀으로 예수님을 시험한다. 이 시험은 하나님의 말씀을 어떻게 이해하고 적용하느냐, 곧 영성에 관한 시험이다. 이번에도 예수님은 사탄의 유혹을 물리치셨다. 누가는 마귀의 세 가지 시험 중 마지막 유혹에 대한 예수님의 답인 "주 너의 하나님을 시험하지 말라"를 가장 중요한 가르침으로 사용하고 있다.

이 말씀은 사탄이 때로는 하나님의 말씀을 이용해 우리를 유혹할 것이라고 경고한다. 마귀는 예수님이 처한 상황에 그럴싸하게 어울릴 만한 하나님의 말씀을 이용해 유혹했다. 우리 주변에 있는 이단들도 한결같이 말씀을 이용해 성도들을 현혹한다. 이런 유혹에서 성도들을 보호할 유일한 방법은 그들을 성경 말씀으로 무장시키는 것이다. 하나님의 말씀을 잘 알면 이단들이 하나님의 말씀이라며 하는 말이 비(非)성경적이고 허무맹랑한 거짓말이라는 것을 곧바로 알게 된다.

III. 사역 준비(3:1-4:13)
    D. 사탄의 시험(4:1-13)

5. 결론: 마귀가 패하고 떠남(4:13)

¹³ 마귀가 모든 시험을 다 한 후에 얼마 동안 떠나니라

예수님께 3 대 0으로 패한 마귀가 예수님을 떠났다. 그러나 완전히 떠난 것은 아니고 잠시 떠났다. '잠시'(ἄχρι καιροῦ)는 적절한 기회가 올 때까지라는 뜻이다(cf. NAS, NIV, NRS). 마귀는 잠시 후 4:31-44에서 귀신 들린 자들을 통해 모습을 드러낼 것이다. 예수님은 사역을 시작하기 전부터 원수 마귀를 상대로 승리하셨다! 하나님의 아들이신 예수님이 하나님에 대한 흔들리지 않는 믿음으로 마귀의 나라를 침략하기 시작하신 것이다.

우두머리를 물리치셨으니 졸개들인 귀신들은 문제가 되지 않는다. 물론 사탄은 계속 예수님의 주변을 기웃거릴 것이다. 그러나 예수님은 십자가에서 사탄을 상대로 절대적이고 최종적인 승리를 거두실 것이다. 놀라운 것은 예수님이 무력으로 사탄을 이기신 것이 아니라, 죽음과 희생으로 물리치셨다는 사실이다. 이 사실은 주님의 길을 따르고자 하는 그리스도인들에게 시사하는 바가 크다.

믿는 자들에게 사탄은 문제가 되지 않는다. 이미 예수님이 그를 물리치셨고, 우리는 예수님이 사랑하는 사람들이기 때문이다. 그러므로

우리가 예수님 안에 있으면 사탄이 우리를 속일 수는 있지만 해치지는 못한다. 그러니 당당하게 주님의 이름으로 사탄과 졸개들을 내쳐야 한다(cf. 약 4:7; 벧전 5:9).

이 말씀은 끝나지 않을 것 같은 연단과 시험도 반드시 끝날 때가 있다고 한다. 마귀는 예수님을 철저하게 시험한 다음 떠나야 했다. 우리도 시험과 연단을 버텨 내면 끝날 때가 반드시 온다. 그때를 소망하며 시험과 연단을 견뎌 내자.

Ⅳ. 갈릴리 사역

(4:14-9:50)

지금까지 누가는 예수님이 다윗의 후손으로 오신 하나님의 아들이시며 인류를 구원하기 위해 오셨다고 했다. 하나님과 사람들과 천사들과 사탄마저 이러한 사실을 인정했다. 온 세상이 구세주로 오신 하나님의 아들이라고 인정한 예수님이 드디어 사역을 시작하신다. 예수님은 사역을 통해 자신이 하나님의 아들이심을 온 천하에 드러내신다. 예수님은 구약이 그토록 갈망하던 메시아이시며, 온 인류는 이 같은 사실을 베드로와 함께 고백한다(9:18-20). 그러나 모든 사람이 이 사실을 받아들이고 순응하지만은 않는다. 오히려 반대하고 심지어 예수님을 죽이려고 한다. 예수님이 예루살렘을 향해 떠나시기 전 갈릴리 지역에서 사역하신 일을 회고하는 본 텍스트는 다음과 같이 세분화할 수 있다.

A. 초기 사역(4:14-6:16)
B. 평지 수훈(6:17-49)
C. 메시아 예수(7:1-50)
D. 비유와 가르침(8:1-21)
E. 메시아의 권능(8:22-56)

F. 마무리 사역(9:1-50)

A. 초기 사역(4:14-6:16)

예수님의 메시아 사역은 처음부터 쉽지 않았다. 자라나신 나사렛에서
부터 반대와 배척을 당하신다. 하지만 예수님은 아랑곳하지 않고 묵묵
히 소외된 사람들을 찾아다니며 사역하셨다. 병자들을 치료하시고, 하
나님 나라에 대해 가르치셨다. 사람들, 특히 당시 종교 지도자들과 논
쟁도 벌이셨다. 그러나 예수님에게 가장 중요한 일은 제자들을 세우는
것이었다. 그러므로 제자들을 부르신 일이 5:1-11과 5:27-32에 기록
되어 있으며, 열두 제자 목록이 섹션을 마무리한다(6:12-16). 예수님의
갈릴리 사역 초창기를 회고하는 본 텍스트는 다음과 같은 순서로 전개
된다.

A. 갈릴리 사역 요약(4:14-15)
B. 나사렛(4:16-30)
C. 가버나움(4:31-41)
D. 전도 여행(4:42-44)
E. 제자들을 부르심(5:1-11)
F. 치유와 논쟁(5:12-6:11)
G. 열두 제자(6:12-16)

1. 갈릴리 사역 요약(4:14-15)

¹⁴ 예수께서 성령의 능력으로 갈릴리에 돌아가시니 그 소문이 사방에 퍼졌고
¹⁵ 친히 그 여러 회당에서 가르치시매 뭇 사람에게 칭송을 받으시더라

마태와 마가는 세례 요한이 헤롯 안티파스에게 잡힌 후에 예수님이 갈릴리로 돌아가 사역을 시작하셨다고 한다(마 4:12; 막 1:14; cf. 눅 3:20). 본문도 예수님이 사역을 위해 갈릴리로 돌아가셨다고 한다. 메시아의 길을 예비하러 온 요한의 역할이 끝나고 예수님이 사역을 하실 때가 된 것이다.

예수님의 잉태(1:35)와 세례(3:22)와 시험(4:1)에 함께하셨던 성령이 사역에도 능력으로 함께하셨다. 어떤 이들은 '성령의 능력'(δυνάμει τοῦ πνεύματος)을 기적을 행하신 것으로만 해석하는데(Nolland), 그렇게 제한해 해석할 필요는 없다. 이 말씀이 예수님의 갈릴리 사역의 총체적인 요약이라는 점을 고려해 예수님의 삶과 가르침과 행하신 기적을 모두 아우르는 말로 해석하는 것이 바람직하다.

요세푸스는 당시 갈릴리 지역에 204여 개의 도시와 마을이 있었으며, 인구는 30만 명쯤 되었다고 한다(cf. Wilkins). 이에 따르면 예수님이 매일 두세 개 마을을 방문한다 해도 최소 3개월이 걸린다(Carson). 예수님이 사역을 시작하시니 순식간에 소문이 사방에 퍼졌다. 사람들이 전에 경험하지 못했던 가르침과 치유를 하셨으니 소문이 퍼지는 것은 당연한 일이다.

예수님은 여러 회당을 돌며 가르치셨고, 사람들의 칭송을 받으셨다(15절). 칭송을 '받으시다'(δοξαζόμενος)는 현재형 분사이며 지속적인 반응을 암시한다. 예수님의 가르침에 대한 사람들의 긍정적인 반응이 계속되었다는 뜻이다. 그때나 지금이나 유대인들은 회당을 중심으로 신

앙생활을 한다. '회당'(συναγωγή)은 주전 5세기쯤에 시작되었으며 거리와 여러 가지 여건으로 인해 성전에 자주 갈 수 없는 사람들이 집 근처에 있는 회당에 모여 함께 예배드리며 말씀 강론을 들었다. 오늘날의 교회는 성전보다는 회당을 모델로 삼았다고 할 수 있다. 성전은 예루살렘에 딱 하나 있었으며, 그나마 주후 70년에 파괴된 이후로는 없기 때문이다.

예수님이 회당을 중심으로 사역하신 데는 큰 장점이 있었다. 하나님과 말씀에 대해 어느 정도 알고 하나님을 사랑하고자 하는 사람들이 모인 곳이기 때문에 어느 정도 '말이 통했다.' 예수님이 회당을 순회하는 것은 이방인들도 예수님이 이루실 구원의 대상이지만, 맨 처음 사역을 시작할 때는 유대인들에게 집중하셨다는 것을 의미한다. 예수님이 승천하신 후 사도들도 처음에는 회당을 중심으로 사역한다. 이후 기독교와 유대교가 갈라지면서 이방인들이 교회의 주류가 되었다.

이 말씀은 사역에서 가장 중요한 것은 성령이 능력으로 함께하시는 것이라고 한다. 예수님은 성령으로 충만해 가르치시고 병자들을 치료하셨다. 우리에게 좋은 본을 보이신 것이다. 우리도 항상 영적으로 깨어서 성령의 인도하심에 민감한 마음으로 섬기고 사역해야 한다.

IV. 갈릴리 사역(4:14-9:50)
  A. 초기 사역(4:14-6:16)

2. 나사렛(4:16-30)

예수님은 갈릴리 사역을 시작한 지 얼마되지 않은 시점에 자자한 명성을 배경으로 자신이 자라나신 나사렛에 들리셨다. 어떤 이들은 이 이야기가 갈릴리 사역의 시작이라고 하지만, 이미 가버나움에서 여러 가지 기적을 행하신 일을 전제하는 것으로 보아(23절), 갈릴리 사역을 시작하신 후 나사렛에 들리신 것으로 보인다.

많은 사람이 예수님의 가르침에 놀라움을 금치 못한다. 그러나 그들의 놀라움이 회심으로 이어지지는 않는다. 예수님의 메시지로 인해 시험에 들어 주님을 죽이려고 하는 이들도 있다. 예수님은 이러한 반응에 개의치 않고 묵묵히 자기 길을 가신다. 선지자는 고향에서 환영받지 못한다는 말을 실감하게 하는 이 이야기는 다음과 같이 구분된다.

A. 말씀을 읽고 선언하심(4:16-21)
B. 초기 반응(4:22)
C. 가르치심(4:23-27)
D. 폭력적 반응(4:28-30)

IV. 갈릴리 사역(4:14-9:50)
  A. 초기 사역(4:14-6:16)
    2. 나사렛(4:16-30)

---

(1) 말씀을 읽고 선언하심(4:16-21)

¹⁶ 예수께서 그 자라나신 곳 나사렛에 이르사 안식일에 늘 하시던 대로 회당에 들어가사 성경을 읽으려고 서시매 ¹⁷ 선지자 이사야의 글을 드리거늘 책을 펴서 이렇게 기록된 데를 찾으시니 곧
¹⁸ 주의 성령이 내게 임하셨으니
이는 가난한 자에게 복음을 전하게 하시려고
내게 기름을 부으시고 나를 보내사
포로 된 자에게 자유를,
눈 먼 자에게 다시 보게 함을 전파하며
눌린 자를 자유롭게 하고
¹⁹ 주의 은혜의 해를 전파하게 하려 하심이라
하였더라 ²⁰ 책을 덮어 그 맡은 자에게 주시고 앉으시니 회당에 있는 자들이

237

다 주목하여 보더라 [21] 이에 예수께서 그들에게 말씀하시되 이 글이 오늘 너희 귀에 응하였느니라 하시니

대부분 학자는 본문에 기록된 나사렛 방문과 마가복음 6:1-6에 기록된 방문이 같은 것이라고 한다. 그러나 본문과 마가복음 6장이 지니는 차이점을 고려할 때 아마도 이 방문은 마가복음 6장에 기록된 방문 이후에 있었던 일로 생각된다(Carson, Tuckett, Wilkins).

예수님은 로마 황제 아구스도의 호적에 관한 칙령으로 인해 요셉의 고향인 베들레헴에서 태어나셨지만, 부모의 집이 있는 갈릴리 나사렛에서 자라셨다(cf. 2:1-7, 51-52). 그리고 30세쯤 되었을 때 드디어 갈릴리 지역에서 사역을 시작하셨다(cf. 3:23; 4:14). 사역을 시작한 지 얼마 지나지 않아 나사렛을 찾으신 예수님은 안식일에 늘 하시던 대로 회당에 들어가 성경을 읽고 강론하셨다(16절). 이 회당은 아마도 예수님이 어렸을 때부터 다니시던 회당이었을 것이다.

안식일은 금요일 해가 질 때부터 토요일 해가 질 때까지다. 오늘날도 유대인들은 금요일 해가 질 때, 토요일 오전에, 토요일 해지기 전에 세 차례 예배를 드린다. 유대인들은 예나 지금이나 회당을 중심으로 신앙생활을 한다. '회당'(συναγωγή)은 주전 5세기쯤에 시작되었으며, 거리와 여러 가지 여건으로 성전에 자주 갈 수 없는 사람들이 집 근처에 있는 회당에 모여 함께 예배드리며 말씀 강론을 듣는 것이 유래가 되었다.

당시에는 개인이 성경을 소유하는 것은 흔치 않은 일이었다. 귀하기도 하고, 필사로 제작되었기 때문에 비쌌다. 그러므로 사람들은 성경을 읽고 싶으면 회당을 찾았다. 회당에는 성경 일부의 사본이 있었기 때문이다. 회당도 구약 전체를 소유하기에는 재정적인 부담을 느끼는 시대였다. 오늘날 교회는 성전보다는 회당을 모델로 삼았다고 할 수 있다. 성전은 예루살렘에 딱 하나 있었으며, 그나마 파괴된 이후로는

없기 때문이다.

예수님은 지난 30년 동안 나사렛에 사시며 조용히 사역을 준비하셨다. 그러나 랍비 훈련을 받으신 적은 없다. 그럼에도 불구하고 회당에서 성경을 읽고 강론하시는 것은 당시에는 지역을 방문한 랍비나 선생을 청해 회당에서 강론을 듣는 것이 흔한 일이었기 때문이다(cf. 행 14:1; 17:2). 예수님도 언제든 회당에서 말씀을 강론하실 수 있었다. 또한 회당을 찾는 이들은 하나님과 구약에 대해 어느 정도 알고 하나님을 사랑하고자 하는 사람들이기 때문에 공감대를 형성하기 쉬웠다. 지금도 회당에서 성경 말씀을 읽을 때면 회중이 자리에서 일어나 말씀에 대한 경의를 표한다. 예수님도 서서 말씀을 읽으셨다(16절).

예수님은 이사야 61:1-2과 58:6 일부를 읽으셨다(18-19절). 이 이사야서 말씀은 장차 종말에 오실 메시아가 하실 일들을 예언하고 있다. 그러므로 예수님이 이 말씀을 읽으시고 오래전 이사야 선지자가 예언했던 일들이 드디어 자신을 통해 성취될 때가 되었다고 하신 것은 매우 적절하다. 오래된 예언을 성취하시고 사람들에게 하나님의 새로운 때가 시작되었음을 알리시는 예수님은 이사야가 예언한 메시아이시다(cf. Bock).

이사야는 메시아가 사역을 시작하기 전에 먼저 하나님의 성령이 그에게 임하실 것이라고 했다(cf. 18a절). 누가는 이미 여러 차례 성령이 예수님이 잉태될 때부터 함께하셨다고 했다. 구약에서 하나님의 영이 사람에게 임한다는 것은 그에게 특별한 지혜와 능력이 주어지는 것을 의미한다(창 41:38; 출 31:3; 민 11:17). 이사야서에서 하나님의 영은 말씀을 통해 이 세상에 정의를 실현하는 것과 밀접한 관계가 있다(사 11:2; 32:15-16; 42:1; 44:3; 48:16; 59:21). 이 말씀에서도 하나님의 영은 메시아의 능력과 밀접하게 연관되어 있다.

예수님은 하나님의 기름 부음도 받으셨다(18c절). 구약에서 영과 기름 부음이 함께하는 것은 이스라엘의 처음 왕들인 사울과 다윗이 각각 왕으로 추대되었을 때가 유일하다(삼상 10:1, 6-7; 삼상 16:13). 다윗은 죽기 전에 마지막으로 남긴 글에서 메시아의 사역과 연관해 기름 부음과 영을 함께 노래했다(삼하 23:1-7). 그러므로 성령과 기름 부음이 함께했다는 것은 예수님이 왕으로 오셨다는 사실을 암시한다. 예수님이 바로 여호와와 함께 세상을 통치하실 메시아 왕이시다. 다윗 이후로 많은 사람이 메시아의 임재를 기다렸다. 이제 드디어 그분이 오신 것이다.

하나님은 가난한 자들에게 복음을 전하라며 예수님을 보내셨다(18b절). '가난한 자들'(πτωχοῖς)은 경제적인 궁핍함을 겪는 사람뿐 아니라, 억압 당하고 비참하게 사는 사람(BAGD), 곧 사회에서 천대받고 소외된 모든 사람을 뜻한다(Danker, Garland). 이런 사람들의 유일한 소망은 하나님이다. 하나님은 삶에 지치고 좌절하는 사람들에게 복음을 전하도록 예수님을 보내신 것이다.

'복음'(εὐαγγέλιον)은 좋은 소식인데, 어떤 좋은 소식을 전하라고 하셨는가? 복음의 핵심은 해방과 자유이며, 영적 희년을 선포하는 것이다 (cf. 레 25:8-17). 누가는 이사야서를 인용해 네 가지로 설명한다. 첫째, 포로 된 자들에게 자유를 선포하는 것이다(18d절). '자유'(ἄφεσις)는 빚이나 의무나 벌에서 놓아 주는 것이다. 그러므로 '포로들'(αἰχμαλώτοις)은 경제적-사회적 여건에 상관없이 온갖 영적-육적 채무에 시달리는 사람들이다(cf. Bock). 예수님은 이들의 모든 빚을 탕감해 주기 위해 오셨다. "진리를 알지니 진리가 너희를 자유롭게 하리라"(요 8:32)라는 예수님의 말씀이 새롭게 들린다.

둘째, 눈먼 자들을 다시 보게 하는 것이다(18e절). 앞을 보지 못하는 것은 예수님 시대 팔레스타인에서 매우 흔한 병이었다. 그러므로 이 말씀은 실제적인 상황, 곧 맹인들을 보게 하는 일을 의미한다(cf. 7:21-22; 18:35-43). 또한 죄로 인해 영적으로 눈이 멀게 된 것을 의미하기도 한다(1:78-79; 6:39; cf. 신 28:29; 습 1:17). 이 말씀도 영적-육적으로 눈이 먼 사람을 구원에 이르게 한다는 뜻이다(O'Toole, cf. 24:31).

셋째, 눌린 자들을 자유롭게 하는 것이다(18f절). 18-19절은 모두 이사야 61:1-2을 인용한 말씀이지만, 이 구절만 유일하게 이사야 58:6을 부분적으로 인용하고 있다. '눌린 자들'(τεθραυσμένους)은 짓밟힌 자들이라는 의미를 지녔으며, 사회에서 권력과 부를 가진 자들에 의해 희생된 사람들을 의미한다. 하나님은 그들에게 '자유'(ἄφεσις)를 주라며 예수님을 보내셨다. 복음은 사람들에게 영적 해방뿐 아니라, 육체적 해방도 줄 수 있다.

넷째, 주의 은혜의 해를 전파하는 것이다(19절). '주의 은혜의 해'(ἐνιαυτὸν κυρίου δεκτόν)는 '하나님이 사역하시는 해'라는 뜻을 지녔다(Garland). 드디어 하나님이 그분의 백성을 위해 본격적으로 사역하실 때가 되었다는 뜻이다. 하나님은 예수님을 통해 사역하신다.

예수님은 이 말씀을 읽으신 후 책을 덮어 맡은 자에게 주고 자리에 앉으셨다(20절). 앉으셨다는 것은 말씀의 의미를 가르칠 준비가 되셨다는 뜻이다. 당시 스승이 앉으면 제자들은 주변에 둘러앉아 가르침을 청했다.

이사야 말씀에 대한 가르침을 기다리는 사람들에게 예수님은 "이 글이 오늘 너희 귀에 응하였느니라"라고 말씀하셨다(21절). 완료형 동사 '응했다'(πεπλήρωται)는 완성(성취)되었다는 의미다. 예수님은 이사야의 메시아에 대한 예언이 드디어 자신을 통해 성취되었다고 하신다. 또한 '오늘'(σήμερον)을 강조하시며 하나님의 백성이 더는 메시아를 기다릴 필요가 없다고 하신다.

이 말씀은 복음은 모든 얽매임에서 사람들을 자유케 하는 것이라고 한다. 복음은 영적인 억압뿐 아니라, 육체적인 억압(질병 등)에서도 사람을 자유롭게 할 수 있다. 하나님이 이런 일을 하라며 예수님을 보내셨다. 예수님을 영접하면 더는 죄에 속박될 필요가 없다. 이제 죄를 짓지 않고도 살 수 있는 것이다.

> IV. 갈릴리 사역(4:14-9:50)
>   A. 초기 사역(4:14-6:16)
>   2. 나사렛(4:16-30)

(2) 초기 반응(4:22)

> ²² 그들이 다 그를 증언하고 그 입으로 나오는 바 은혜로운 말을 놀랍게 여겨 이르되 이 사람이 요셉의 아들이 아니냐

이 본문과 관련한 학자들의 주장은 예수님의 말씀에 대한 사람들의 첫 반응을 누가가 긍정적으로 표현하고 있는지, 혹은 부정적(냉소적)으로 표현하고 있는지에 따라 나뉜다. 일부는 사람들이 예수님과 선포하신 메시지에 대해 매우 긍정적으로 반응했다고 한다(Culpepper, Garland, Nolland). 그러나 대부분은 누가가 나사렛 회당에 모인 사람들의 부정적인 반응을 묘사하는 것으로 본다(Bock, Bovon, Fitzmyer, Jeremias, Liefeld & Pao).

예수님의 메시지를 들은 사람들이 다 그를 증언했다고 하는데, '증언하다'(μαρτυρέω)는 항상 긍정적인 의미로 사용된다(cf. 요 3:26; 행 6:3; 10:22; 13:22; 14:3; 16:2; 22:12; 히 11:2; 요삼 1:12). 또한 그들은 예수님의 은혜로운 말씀을 놀랍게 여겼다고 하는데, '놀라다'(θαυμάζω)는 하나님이 하시는 일에 대한 사람들의 긍정적인 반응을 묘사한다(마 15:31; 눅 1:21, 63; 요 5:20; 7:21; 행 2:7; 7:31). 이 둘을 합하면 그들은 예수님께 매우 긍정적으로 반응했다고 할 수 있다. 그러므로 모든 번역본은 사람들이 매우 긍정적으로 반응한 것으로 번역했다(새번역, 공동, NAS, NIV, ESV).

그러나 "이 사람이 요셉의 아들이 아니냐?"라는 사람들의 말은 믿을 수 없다는 반응이다. 자신들이 경험하고 목격하는 상황이 도저히 믿기지 않는다는 뜻이다. 그들이 알기로 예수님은 이런 말씀을 하실 만한 교육이나 훈련을 받으신 적이 없다. 예수님의 가정사에 대해 잘 알고

있는데 도저히 메시아로 태어났다고 할 만한 상황이 아니라는 뜻이다. 이사야가 고난받는 종으로 오실 메시아에 대해 예언한 말씀이 생각난다. "우리가 전한 것을 누가 믿었느냐 여호와의 팔이 누구에게 나타났느냐 그는 주 앞에서 자라나기를 연한 순 같고 마른 땅에서 나온 뿌리 같아서 고운 모양도 없고 풍채도 없은즉 우리가 보기에 흠모할 만한 아름다운 것이 없도다"(사 53:1-2).

또한 만일 사람들의 반응이 긍정적이라면, 다음 말씀(4:23-24)을 설명하기가 어렵다. 이 구절은 사람들의 불신을 바탕으로 하고 있기 때문이다. 게다가 만일 본문이 사람들의 긍정적인 반응에 대한 것이라면, 그들이 돌변해 폭력적인 반응을 보이는 것(4:28-30)은 설명하기 더 어렵다. 그러므로 부정적인 반응으로 보아야 한다. 그들은 도저히 믿기지 않는 상황을 접하고 있다고 하는 것이다.

이 말씀은 우리의 편견과 선입견이 진실을 보지 못하게 할 수 있다고 경고한다. 나사렛 사람들은 자신들이 예수님에 대해 너무나 잘 알기 때문에 예수님은 메시아가 될 수 없으며, 그가 전한 메시지는 복음이 될 수 없다고 한다. 때로는 우리도 서로에 대한 편견과 선입견을 없애야 진실을 접할 수 있다.

Ⅳ. 갈릴리 사역(4:14-9:50)
　A. 초기 사역(4:14-6:16)
　　2. 나사렛(4:16-30)

---

(3) 가르치심(4:23-27)

²³ 예수께서 그들에게 이르시되 너희가 반드시

의사야 너 자신을 고치라

하는 속담을 인용하여 내게 말하기를 우리가 들은 바 가버나움에서 행한 일을 네 고향 여기서도 행하라 하리라 ²⁴ 또 이르시되 내가 진실로 너희에게 이르노니 선지자가 고향에서는 환영을 받는 자가 없느니라 [25] 내가 참으로 너희에게 이르노니 엘리야 시대에 하늘이 삼 년 육 개월간 닫히어 온 땅에 큰 흉년이 들었을 때에 이스라엘에 많은 과부가 있었으되 [26] 엘리야가 그 중 한 사람에게도 보내심을 받지 않고 오직 시돈 땅에 있는 사렙다의 한 과부에게 뿐이었으며 [27] 또 선지자 엘리사 때에 이스라엘에 많은 나병환자가 있었으되 그 중의 한 사람도 깨끗함을 얻지 못하고 오직 수리아 사람 나아만 뿐이었느니라

사람들이 믿기지 않는다는 반응을 보이지만 예수님은 굳이 그들을 설득시키려고 하지 않으신다. 이스라엘의 반역과 불신으로 얼룩진 역사를 생각하면 그들의 부정적인 반응은 그다지 놀랄 만한 일이 아니라고 하신다. 그들의 불손한 마음을 꿰뚫어 보시는 예수님은 그들의 부정적인 태도를 두 가지에 비유하신다.

첫째, 나사렛 사람들은 예수님께 '의사야 너 자신을 고치라'는 식의 태도를 취한다(23a절). 예수님이 이 말을 속담이라고 하시는 것으로 보아 당시 모든 사람이 아는 말이었으며, 긍정적인 의미의 격언은 아니었다. 나사렛 사람들은 예수님이 가버나움에서 행하신 기적들을 행해 보라며 이렇게 말한다(23b절). 예수님이 나사렛에 오시기 전에 이미 갈릴리 사역을 시작하셨음을 전제하며(cf. 4:14-15) 다른 곳에서 행하신 기적들을 이곳에서도 행해 보라는 요구다.

어떤 이들은 사람들이 예수님께 기적(치료)은 집에서부터 시작되어야 한다는 의미에서 이렇게 말한 것이라고 하지만(Garland), 이는 "자기 자신도 구원하지 못하는 주제에 사람들을 어떻게 구원한다는 말이냐?"라는 의미를 지녔다(Nolland, cf. 23:35). 그들 생각에는 예수님에게 무언가 비정상적인 것이 있으니 그것부터 먼저 정상적으로 바로 잡은 후에 메시아 사역을 하라는 빈정댐이다(Bock).

'진실로'(ἀμήν)(24절)는 누가복음에서 6차례 사용되며, 히브리어 '아

멘'(אָמֵן)을 헬라어로 음역한 것이다. 어떤 사실을 특별히 강조하고자 할 때 사용되며 9:27을 시작하는 '내가 참으로 너희에게 이르노니'(λέγω δὲ ὑμῖν ἀληθῶς)와 같은 의미를 지녔다(Liefeld & Pao). 선지자가 고향에서는 환영받는 자가 없다는 것이 보편적인 진리라는 것이다(cf. 마 13:57; 막 6:4; 요 4:44). 선지자들은 주로 권면과 경고와 비난과 재앙에 대해 선포했으므로 사람들은 그들의 메시지를 환영하지 않고 기피하거나 거부했다(cf. 11:49-52; 13:32-35; 20:10-12; 행 7:51-53). 신앙이 없는 사람들에게 선지자들의 메시지는 하나님이 들려주시는 음성이 아니라, 귀찮고 짜증 나고 피하고 싶은 잔소리였기 때문이다.

둘째, 예수님은 나사렛 사람들의 태도가 옛적 엘리야-엘리사 시대에 이스라엘 백성이 취했던 자세와 같다고 하신다(25-27절). 엘리야와 엘리사 선지자가 사역했던 시대는 아합이 다스리고 이세벨이 바알과 아세라 종교를 국교화한, 곧 이스라엘 역사에서 가장 어둡고 절망적인 시대였다. 사람들이 예수님의 메시지에 이처럼 부정적인 반응을 보이는 것은 지금 시대가 그때만큼 영적으로 어두운 시대이기 때문이라고 하신다.

엘리야 시대에 하늘이 삼 년 육 개월간 닫혀 온 땅에 큰 흉년이 들었다(25a절). 하늘이 닫힌다는 것은 비가 내리지 않는 것을 뜻한다(신 11:17; cf. 왕상 8:35-36). 삼 년 이상 지속된 기근으로 인해 고통받는 과부가 이스라엘에 참으로 많았지만, 하나님은 엘리야를 그중 한 사람에게 보내지 않으시고 사렙다에 있는 한 과부에게만 보내셨다(26절; 왕상 17:8-24).

한편, 엘리사는 이스라엘에 있는 수많은 나병 환자를 치료하지 않고 오직 수리아 사람 나아만 장군만 치료해 주었다(27절; cf. 왕하 5:1-19). 한 주석가는 '깨끗함'(ἐκαθαρίσθη)을 치료가 된 것이 아니라 정결하게 된 것으로 해석하는데(Garland), 별 설득력이 없다. 정결하게 되는 것은 질병이 낫지 않더라도 성전에 출입할 수 있는 상황을 말하는데, 시리아

장군 나아만에게 성전 출입은 이슈가 아니다. 그러므로 그의 나병이 완치되었다는 뜻이다.

엘리야-엘리사 시대에 하나님의 은총이 이방인들에게 임한 것은 이스라엘이 하나님께 반역하고 선지자들을 영접하지 않았기 때문이다. 그러므로 예수님은 이 사건들을 통해 자기 시대에도 똑같은 일이 벌어지고 있다고 하신다. 유대인들이 예수님을 영접하지 않으면, 하나님의 구원이 하나님 백성이라 자부하는 이스라엘 공동체의 밖에 있는 이방인들에게 임할 것이라는 경고다.

예수님의 경고는 선지자들이 미래에 형성될 '이스라엘 이후 공동체'(post-Israel community)에 대해 예언한 것과 맥을 같이한다. 선지자들은 이 공동체가 남은 자들(하나님께 신실한 사람들)로 구성될 것이라고 하는데, 이 남은 자 공동체는 범위가 넓어지는 면모가 있는가 하면 좁아지는 면모도 지녔다.

남은 자 공동체가 좁아진다는 것은 이런 의미다. 예전에는 누구든 아브라함의 후손, 곧 이스라엘 사람이면 하나님의 백성이 될 수 있었다. 그러나 선지자들이 계시로 받은 남은 자들의 공동체는 더는 혈연으로 이어지는 집단이 아니다. 이스라엘 사람이라 할지라도 믿음이 없으면 남은 자가 될 수가 없다.

한편으로 남은 자 공동체의 범위는 넓어지기도 한다. 예전에는 이스라엘 사람들만 남은 자가 될 수 있었다. 반면에 선지자들이 꿈꾸었던 남은 자들은 이방인들을 포함한다. 이방인 중에서도 믿음이 있는 사람은 남은 자가 될 수 있으며, 심지어 이방인들이 여호와의 제사장이 되어 하나님을 가장 가까운 곳에서 섬기는 일이 있을 것이라고 한다(cf. 사 65-66장). 신약은 이런 시대가 도래했다고 하는데(롬 3:29; 9:24; 엡 2:11-22), 예수님도 이에 대해 나사렛 사람들에게 경고하신다. 이제는 이스라엘만 하나님의 백성인 것이 아니다. 이스라엘이 거부한 메시아가 이방인들을 구원하실 것이다. 옛적에 엘리야와 엘리사가 그랬던 것처럼 말이다.

이 말씀은 하나님의 구원이 예수님을 통해 이방인들에게 임한 것은 처음부터 하나님이 계획하신 일이라고 한다. 우리의 구원이 이스라엘이 예수님을 영접하지 않아서 빚어진 일이라고 해도 어느 정도 사실이다. 또한 하나님은 옛적부터 이스라엘뿐 아니라 온 열방을 품는 백성 공동체를 계획하셨다. 그리고 드디어 예수님을 통해 하나님의 계획이 실현되었다. 그러므로 예수님은 사역을 시작하신 지 얼마 되지 않은 이 시점에 이방인들이 복음을 듣고 하나님의 백성이 될 것에 대해 말씀하신 것이다.

Ⅳ. 갈릴리 사역(4:14-9:50)
  A. 초기 사역(4:14-6:16)
    2. 나사렛(4:16-30)

(4) 폭력적 반응(4:28-30)

²⁸ 회당에 있는 자들이 이것을 듣고 다 크게 화가 나서 ²⁹ 일어나 동네 밖으로 쫓아내어 그 동네가 건설된 산 낭떠러지까지 끌고 가서 밀쳐 떨어뜨리고자 하되 ³⁰ 예수께서 그들 가운데로 지나서 가시니라

예수님의 말씀이 끝나자 회당에 있는 자들이 크게 화를 냈다(28절). 이 세대가 옛적 엘리야-엘리사 시대 이스라엘처럼 하나님을 경외하지 않는다며 이스라엘 역사에서 영적으로 가장 어두웠던 시대에 비교당한 것이 분했다. 편협한 국수주의에 빠져 자신들만 선민이라고 자부하는 사람들에게 하나님의 구원이 이방인들에게 임한다는 사실은 수긍하기 힘든 것이었다.

사람들의 반응은 선지자는 고향에서 환영받지 못한다는 예수님의 말씀(24절)이 사실임을 확인해 주는 결과를 초래했다. 그들이 선지자로

인정하지 않는 예수님이 이런 말씀을 하시는 것은 그들을 더욱더 자극할 뿐이었다.

회당 사람들은 예수님을 동네 밖으로 쫓아냈다. 예수님을 동네 밖 낭떠러지로 끌고 가 밀쳐 떨어뜨리고자 했다(29절). 예수님이 낭떠러지에서 떨어지면 그들은 돌을 던졌을 것이다. 구약 시대에는 거짓 선지자들과 거짓 선생들을 이렇게 처형했다(cf. 신 13:5-6). 훗날 스데반도 사람들의 돌에 맞아 순교했다(행 7:59-60).

사람들은 예수님을 죽이려 했지만, 예수님은 그들 가운데로 지나서 마을을 떠나셨다(30절). 예수님이 어떻게 그들 앞을 당당히 지나가셨는지에 대한 구체적인 내용은 알 수 없다. 누가는 독자들의 상상에 맡기고 있다(Tannehill). 그러나 신학적인 이유는 확실하다. 아직 때가 이르지 않았기 때문이다(cf. 요 7:30).

이 말씀은 예수님이 사람들을 세우기도 하지만 넘어지게도 할 것이라는 시므온의 예언이 실현되고 있음을 암시한다(2:34). 하나님은 모든 사람을 구원하고자 예수님을 보내셨다. 그러나 복음에 대한 사람들의 반응은 영접과 거부로 나뉜다. 심지어 메시아도 모든 사람을 설득시키지 못하셨다. 또한 복음은 때때로 극한 거부 반응을 일으키기도 한다.

IV. 갈릴리 사역(4:14-9:50)
　A. 초기 사역(4:14-6:16)

3. 가버나움(4:31-41)

예수님은 나사렛을 떠나 가버나움으로 가셨다. 가버나움은 갈릴리 사역의 전진 기지가 될 것이다. 이곳에서 예수님은 두 사람을 치료하신다.

A. 더러운 귀신 들린 사람(4:31-37)

B. 시몬의 장모(4:38-41)

(1) 더러운 귀신 들린 사람(4:31-37)

³¹ 갈릴리의 가버나움 동네에 내려오사 안식일에 가르치시매 ³² 그들이 그 가르치심에 놀라니 이는 그 말씀이 권위가 있음이러라 ³³ 회당에 더러운 귀신 들린 사람이 있어 크게 소리 질러 이르되 ³⁴ 아 나사렛 예수여 우리가 당신과 무슨 상관이 있나이까 우리를 멸하러 왔나이까 나는 당신이 누구인 줄 아노니 하나님의 거룩한 자니이다 ³⁵ 예수께서 꾸짖어 이르시되 잠잠하고 그 사람에게서 나오라 하시니 귀신이 그 사람을 무리 중에 넘어뜨리고 나오되 그 사람은 상하지 아니한지라 ³⁶ 다 놀라 서로 말하여 이르되 이 어떠한 말씀인고 권위와 능력으로 더러운 귀신을 명하매 나가는도다 하더라 ³⁷ 이에 예수의 소문이 그 근처 사방에 퍼지니라

예수님은 나사렛을 떠나 가버나움으로 가셨다. 가버나움(Καφαρναούμ, '나훔의 마을')은 갈릴리 호수 북서쪽에 있으며 이스라엘의 최북단이다. 가버나움은 동서가 만나 교류하는 문화적 요충지였을 뿐 아니라 이방인이 많이 살았기 때문에 이 지역의 전도와 선교의 요충지가 되었다(cf. ABD). 시리아의 다마스쿠스에서 시작해 요단강 줄기를 따라 남서쪽으로 나 있는 대로가 가버나움을 거쳐 갈릴리 지방을 가로질러 지중해 연안에 있는 가이사랴(Caesarea on the Mediterranean)까지 이어졌다(France).

가버나움은 옛적 스불론 지파와 납달리 지파와 연관이 있는 곳이기도 하다(cf. 마 4:15). 여호수아 시대에 스불론 지파는 갈릴리 호수 서쪽 내륙에 상당히 협소한 지역에 정착했고, 납달리 지파는 스불론 지파

땅과 맞닿은 지역에서 시작해 갈릴리 호수 서쪽을 감싸는 훨씬 더 넓은 지역을 기업으로 받았다(수 19:10-16, 32-39). 이스라엘의 최북단에 정착한 두 지파는 주전 8세기에 아시리아가 북 왕국 이스라엘을 정복하고 사람들을 아시리아로 잡아갈 때 제일 먼저 끌려갔다(왕하 15:29). 또한 바빌론으로 끌려갔던 유다 사람들이 이 길을 따라 예루살렘으로 돌아왔다(Davies & Allison).

예수님이 속박과 끌려감의 아픈 역사를 지닌 가버나움에서 사역하시는 것은 드디어 억압된 사람들에게 해방의 시간이 임했다는 것을 암시한다(cf. 4:18). 또한 두 지파 사람들이 끌려간 주전 8세기 이후 많은 이방인이 가버나움과 주변 지역에 정착했다. 그러므로 예수님이 이 지역에서 사역하시는 것은 주님이 유대인뿐 아니라 이방인도 구원하는 메시아이심을 암시한다. 마태는 예수님이 가버나움으로 가신 일을 두고 이사야 선지자의 예언을 이루기 위해서라고 한다(마 4:14-16).

예수님은 가버나움을 갈릴리 사역의 전진 기지(베이스캠프)로 사용하신다(cf. 7:1; 10:15). 전략적인 전도와 선교의 요충지이며, 베드로와 안드레 형제의 집이 이곳에 있다는 점도 중요한 이유가 되었을 것이다. 베드로와 안드레는 가버나움의 북동쪽 갈릴리 호숫가에 있는 어부들의 마을 벳새다 출신으로(요 1:44) 가버나움에 살고 있다(cf. 4:38).

예수님이 회당을 순회하시는 것은 이방인도 예수님이 이루실 구원의 대상이지만, 처음 사역을 시작할 때는 유대인에게 집중하셨다는 것을 의미한다. 예수님이 승천하신 후 사도들도 처음에는 회당을 중심으로 사역했다(cf. 사도행전). 이후 기독교와 유대교가 갈라지면서 이방인들이 교회의 주류가 되었다.

예수님은 회당에서 무엇을 가르치셨을까? 누가는 예수님이 무엇을 가르치셨는지 자세하게 언급하지 않는다. 예수님을 실천과 기적을 행하시는 메시아로 부각시키기 위해서다(Hooker). 한 가지 확실한 것은 구약 말씀을 읽으시고 하나님의 나라가 자신을 통해 임한 것에 대해 설명하셨을 것이다. 가르침은 청중이 이미 들어본 말씀의 의미를 설명하는 것이기 때문이다. 오늘날의 설교나 성경 공부와 비슷하다.

예수님의 가르침을 들은 사람들이 놀랐다(32절). 대단한 권위가 느껴졌기 때문이다. 예수님이 메시아의 '권위, 권세'($\dot{\epsilon}\xi ov\sigma i\alpha$)로 말씀을 강론하셨기 때문에 당연한 일이다. 예수님의 가르침에 사람들만 놀란 것이 아니라 귀신들도 놀랐다. 회당에 더러운 귀신 들린 사람이 있었는데, 그가 소리를 지른 것이다(33절). '더러운 귀신'($\pi v\epsilon\hat{v}\mu\alpha$ $\delta\alpha\iota\mu ov i ov$ $\dot{\alpha}\kappa\alpha\theta\dot{\alpha}\rho\tau ov$)을 직역하면 '더러운 마귀의 영'이며 '마귀'($\delta\alpha\iota\mu\dot{ov}\iota ov$)와 같은 말이다. 귀신은 그 자체로도 부정하지만, 귀신 들린 사람도 부정하게 만든다. 부정은 관계를 단절시킨다. 그러므로 귀신을 쫓아내는 것은 귀신 들렸던 사람과 하나님과 가족들과 공동체와의 관계를 회복시키는 첫 단계라 할 수 있다. 그러나 자칫 더러움이 불결함을 뜻하는 것으로 오해할 수 있으므로, '더러운 귀신'보다는 '악한 영'으로 번역하는 것이 좋다(cf. 새번역, NIRV). 더러운 귀신이 회당 안에 있다는 것을 이상하게 생각할 필요는 없다. 우리는 교회 안에서도 종종 이런 일을 경험한다.

귀신은 예수님이 누구인지, 어떤 권세를 가지신 분인지 정확히 알고 있다(34절). '우리가 당신과 무슨 상관이 있나이까?'는 남의 일에 참견하지 말라는 의미의 수사학적인 질문이다. '우리'를 귀신과 그가 들어가 있는 사람으로 해석할 수도 있지만, 귀신과 그들 집단을 두고 하는 말이다. 예수님은 귀신을 내쫓으시되 사람에게는 해를 가하지 않으시기 때문이다. 예수님은 광야에서 사탄의 시험을 받는 일을 통해 이미 사탄과 졸개들의 능력을 무력화하셨다(cf. 4:1-13). 그러므로 귀신들은 예수님의 권세를 두려워한다(cf. Bock). 이제 남은 것은 종말에 그들에게 영원한 벌을 내리시는 일이다.

귀신은 예수님이 '하나님의 거룩한 자'라는 것을 안다고 한다(34절). '하나님의 거룩한 자'($\dot{o}$ $\ddot{\alpha}\gamma\iota o\varsigma$ $\tau o\hat{v}$ $\theta\epsilon o\hat{v}$)는 하나님이 특별한 일(사역)을 맡기기 위해 따로 구분하신 사람이라는 뜻이며, 아론(시 106:16)과 삼손(삿

13:7)과 엘리야(왕하 4:9) 등을 생각나게 한다. 또한 메시아의 타이틀이기도 하다(Beale & Carson, Twelftree). 베드로는 예수님을 '거룩하고 의로운 자'(τòν ἅγιον καὶ δίκαιον)라고 한다(행 3:14). 또한 구약에서 하나님을 칭할 때 사용하는 '거룩하신 이'(קָדוֹשׁ) 혹은 '이스라엘의 거룩하신 이'(יִשְׂרָאֵל קְדוֹשׁ)를 연상케 하는 말이다(cf. 시 22:3; 71:22; 사 1:4; 40:25 등). 귀신은 예수님이 하나님의 권세와 능력을 지니셨다는 사실을 고백하고 있다.

구약에서 강자는 약자에게 자기 이름을 밝힐 필요는 없지만, 강자가 요구하면 약자는 자기 이름을 말해야 한다(cf. 창 32:27). 또한 강자는 약자에게 이름을 지어 주기도 한다(창 32:28; cf. 창 2:19-20). 이를 근거로 어떤 학자들은 예수님을 '하나님의 거룩한 자'라고 부르는 것을 두고 귀신이 예수님을 지배하려는 것으로 해석한다(Hull. cf. Strauss). 그러나 잘못된 해석이다. 귀신이 예수님을 지배하려 한다는 것은 상상할 수 없는 일이다. 귀신이 예수님을 하나님의 거룩한 자로 부르는 것은 단순히 그들과 같은 초자연적인(supernatural) 존재들도 예수님이 메시아이신 것을 알고 인정한다는 의미일 뿐이다(cf. 막 1:34; 3:11-12; 5:6-7). 예수님이 사탄의 시험을 받으신 일로 인해 귀신들 사이에 예수님이 하나님의 아들이라는 소문이 퍼졌을 것이다(cf. 13절).

예수님은 큰 소리로 떠들어 대는 귀신에게 잠잠하고 그 사람에게서 나오라고 꾸짖으셨다(35a절). 귀신에게 잠잠하라고 하신 것은 '메시아적 비밀'(messianic secret)의 첫 번째 사례다(Liefeld & Pao, cf. 4:41). 베르데(Wrede)는 메시아적 비밀을 두고 원래 예수님은 메시아가 아닌데 초대 교회가 예수님을 메시아로 둔갑시키기 위해 고안해 낸 방법이라고 주장했다(Wrede). 그러나 예수님은 적절한 때가 이르면 그분의 방식에 따라 스스로 이러한 사실을 드러내시려고 그때까지 비밀에 부치게 하신다(cf. Tuckett).

예수님이 귀신에게 나오라고 명령하시자 귀신이 그 사람을 넘어뜨리고 나왔지만, 그 사람은 상하지 않았다(35b절). 큰 소리와 경련은 사람의 몸에서 귀신을 쫓아낼 때 종종 일어나는 현상이다. 귀신 들린 자에게서 귀신을 쫓아내는 일은 유대인과 이방인 문헌에 종종 기록되어 있다. 그들은 모두 주술과 예식과 주문 등을 통해 귀신을 쫓았다. 하지만 이와 대조적으로 예수님은 꾸짖어 쫓으셨다. 예수님은 귀신들도 순종해야 하는 하나님의 권세를 지니셨다.

지켜보던 사람들이 모두 놀랐다(36a절). 귀신들도 순종해야 하는 예수님의 권위를 목격했기 때문이다. '권위'(ἐξουσία)는 권세와 같은 말이다(36b절. cf. 32절). 사람들은 앞으로도 계속 놀랄 것이다. 그러나 놀라는 것과 예수님을 영접하는 것은 별개 문제다. 기적을 목격했다고 해서 모두 믿는 것은 아니기 때문이다. 비밀로 하시려던 예수님의 계획과는 상관없이 예수님에 대한 소문이 온 갈릴리 사방에 퍼졌다(37절). 예수님에 대한 소문은 앞으로 더 자자해질 것이다(7:17; 9:43; 13:17; 19:37).

이 이야기에서 우리가 기억해야 할 것은 순서다. 예수님은 먼저 가르치시고(31-32절), 그다음 귀신 들린 자를 치료하셨다(34-35절). 교회가 존재하는 가장 중요한 이유는 천국 복음을 선포하는 것이다. 그다음이 치료다. 그러므로 이 우선권이 바뀐 교회는 건강한 교회가 아니다. 치유 사역은 천국 복음의 능력을 보여 주는 것에 불과하며, 우리가 전파해야 할 복음은 아니다. 그러므로 누구든 말씀 선포보다 치유에 치중하는 사역을 하는 것은 옳지 않다. 복음 전도에 집중해야 한다.

예수님은 사람을 살리는 사역을 하셨다. 말씀으로 살리고, 치료로 살리셨다. 사람들의 육체적 질병뿐 아니라 정신적 질병도 치료하셨다. 오늘날 일부 교회와 이단들이 사람을 살리는 것이 아니라 죽이는 사역을 하는 것을 보면 참 안타깝다. 어떠한 경우에도 성도들을 억압하고 짓눌러서는 안 된다. 그들을 살리고 치유해 자유인의 몸으로 하나님께 돌아가게 해야 한다. 예수님은 우리가 진리를 알면 그 진리가 우리를 자유롭게 할 것이라고 하셨다(요 8:32). 복음으로 성도들을 죄와 질병에서 자유롭게 하는 것이 우리 사역의 목표가 되어야 한다.

　이 말씀은 말씀 선포와 치유 사역 중 말씀 선포가 우선이라고 한다. 예수님은 하나님이 주신 권세로 많은 병자를 치료하셨다. 그러나 그들을 치료하시기 전에 회당에서 권위 있게 가르치시며 천국 복음을 전파하셨다. 우리의 사역에서도 치유를 등한시하면 안 되지만, 언제나 말씀을 가르치는 일이 사람들을 치료하는 것보다 우선 되어야 한다.

IV. 갈릴리 사역(4:14-9:50)
　A. 초기 사역(4:14-6:16)
　　3. 가버나움(4:31-41)

---

(2) 시몬의 장모(4:38-41)

38 예수께서 일어나 회당에서 나가사 시몬의 집에 들어가시니 시몬의 장모가 중한 열병을 앓고 있는지라 사람들이 그를 위하여 예수께 구하니 39 예수께서 가까이 서서 열병을 꾸짖으신대 병이 떠나고 여자가 곧 일어나 그들에게 수종드니라 40 해 질 무렵에 사람들이 온갖 병자들을 데리고 나아오매 예수께서 일일이 그 위에 손을 얹으사 고치시니 41 여러 사람에게서 귀신들이 나가며 소리 질러 이르되 당신은 하나님의 아들이니이다 예수께서 꾸짖으사 그들이 말함을 허락하지 아니하시니 이는 자기를 그리스도인 줄 앎이러라

　예수님이 회당에서 나와 시몬의 집으로 들어가셨다(38a절). 누가는 아직 시몬 베드로를 독자들에게 소개한 적이 없지만, 독자들이 그를 아는 것을 전제하고 이야기를 시작한다. 마가복음 1:16-20에 따르면 예수님이 가버나움 회당에 들어가시기 바로 전에(cf. 4:31), 시몬과 안드레 형제 그리고 세베대의 아들들인 야고보와 요한을 제자로 부르셨다. 그러므로 예수님이 회당에서 사역하시고 시몬의 집에 들어가실 때 이네 명이 예수님과 동행했다.

시몬과 안드레는 원래 가버나움 북동쪽 갈릴리 호숫가에 있는 어부들의 마을 벳새다 출신 어부였으며(요 1:44), 어업을 위해 가버나움으로 옮겨와 살고 있었다. 안드레는 알 수 없지만, 시몬(베드로)은 결혼해 장모와 함께 살고 있었다(cf. 고전 9:5). 당시 갈릴리 지역에는 농업에 종사하는 사람이 가장 많았으며, 그다음이 어업에 종사하는 사람들이었다. 어부들은 경제적으로 낮은 중류층(lower middle class) 혹은 높은 서민층(higher low class)이었다(Davies & Allison). 그러므로 시몬과 안드레 형제는 부유층은 아니지만, 어느 정도 여유 있는 삶을 누렸다. 베드로가 자기 가족과 장모 등 여러 사람과 함께 살 정도로 큰 집을 소유하고 있다는 것도 어느 정도 경제적 여력이 있었다는 것을 암시한다.

고고학자들은 예수님이 가르치신 가버나움 회당 가까운 곳에서 6세기에 세워진 8각형 교회 아래에서 1세기 집 유적을 발견했다. 발견된 것 중에 기독교 흔적이 남아 있어 1세기 때 이미 기독교인들이 이 집을 가정 교회로 사용했다고 결론을 내렸다(Strange & Shanks). 이후 대부분 고고학자는 이 집이 본문에 나오는 베드로의 집이라고 한다(Wilkins, cf. Boring).

예수님이 시몬의 집에 들어가시니 베드로의 장모가 열병으로 앓아누워 있었다(38b절). 마태는 이 사건을 매우 간략하게 기록한다(마 8:14-15). 베드로의 장모가 앓은 병은 아마도 말라리아였을 것이다(Wilkins). 사람들이 그 여인에 대해 예수님께 구했다는 것은(38c절) 그녀의 병에 대한 정보 제공에 그치지 않고 치료해 주시기를 부탁했다는 뜻이다.

예수님이 환자 가까이 가서 열병을 꾸짖으시자 병이 떠났다(39a절). '떠났다'(ἀφῆκεν)를 직역하면 '보냈다, 풀어 주었다'는 뜻이다(cf. 4:18). 열병이 더는 그녀를 붙잡지 못했다는 뜻이다. 마가는 예수님이 그녀를 손으로 잡아 일으켜 치료하셨다고 한다(막 1:31). 아마도 손을 잡아 일으키면서 질병을 꾸짖으셨던 것으로 보인다. 열병은 곧바로 떠나가고 베드로의 장모는 건강을 되찾았다. 그녀는 곧바로 예수님과 사람들에게 수종 들었다(39b절). '수종 들었다'(διηκόνει)는 미완료형 기동 동사 (inceptive imperfect)다(Strauss). 베드로의 장모가 수종을 든 것은 사람들이 요구해서가 아니라, 그녀가 자발적으로 시작한 일이라는 뜻이다. 그녀 는 낫게 해 주신 예수님께 감사한 마음을 섬김으로 표시한 것이다. 예 수님은 그녀의 섬김이 제자들에게 교훈이 되기를 바라셨다(cf. 8:1-3; 10:38-42; 23:49, 55; 24:24).

예수님이 낮에 회당에서 귀신 들린 자를 치료하셨다는 소문이 퍼졌 는지(cf. 4:33-35) 해 질 무렵에 사람들이 온갖 병자와 귀신 들린 자를 예수님께 데리고 왔다(40-41절). 예수님은 일일이 그들 위에 손을 얹으 시고 고치셨다. 모든 환자에게 손을 얹어 치료하신 것은 예수님이 치 유 능력의 근원이 되심과 각 사람을 인격적으로 돌보셨다는 것을 상징 한다(Liefeld & Pao). 그러므로 이 말씀은 예수님의 치유 사역을 요약한다 (cf. Bock).

사람들이 해 질 때 환자들을 데려온 것은 안식일을 의식했기 때문이 다. 이날은 예수님이 회당에서 가르치신 날, 곧 안식일이다. 안식일은 금요일 해 질 때부터 토요일 해 질 때까지다. 율법은 안식일에 일하는 것을 금했고, 율법학자들은 사람을 치료하는 것을 일로 여겼기 때문에 사람들은 안식일이 저물기를 기다렸다가 환자들을 데려온 것이다.

그러나 예수님은 이미 이날 낮에 회당에서 귀신 들린 자를 고치시 고, 베드로의 집에서 그의 장모를 치료하셨다. 선한 일은 안식일에도 하는 것이 좋기 때문이다. 앞으로 예수님은 율법학자들과 안식일에 사 람을 치료해도 되는지에 대해 논쟁을 벌이실 것이다.

예수님은 사람들이 데려온 환자들과 귀신 들린 자들을 모두 고쳐 주 셨지만, 귀신들이 예수님에 대해 아는 바를 떠들어 대는 것은 허락하 지 않으셨다(41절). 귀신들은 예수님이 하나님의 아들이며 메시아라는 사실을 알고 있다. 귀신들의 앎이 사람들의 무지와 대조를 이룬다. 예 수님은 인간 세계와 영적 세계를 정리하고 다스리기 위해 오셨다. 그러므로 사람들만 치료하시는 것이 아니라, 귀신들도 예수님이 명령하시는 대로 해야 한다.

이 말씀은 하나님의 은혜를 입은 사람이 주님과 이웃을 섬기는 것은 당연한 일이라고 한다. 병을 치료받은 베드로의 장모는 곧바로 예수님과 제자들을 섬겼다. 은혜를 입은 것에 대한 감사의 표시이며, 누구든 병을 치료받은 사람이라면 해야 할 당연한 도리라고 생각했을 것이다.

예수님이 모든 병자를 치료하신 일은 종말에 우리가 경험할 치료와 회복에 대한 소망을 갖게 한다. 그날이 되면 예수님은 우리가 앓고 있는 모든 질병과 신체적 연약함을 온전케 하실 것이다. 또한 영적-심적 연약함도 온전하게 해 주실 것이다.

Ⅳ. 갈릴리 사역(4:14-9:50)
  A. 초기 사역(4:14-6:16)

4. 전도 여행(4:42-44)

⁴² 날이 밝으매 예수께서 나오사 한적한 곳에 가시니 무리가 찾다가 만나서 자기들에게서 떠나시지 못하게 만류하려 하매 **⁴³** 예수께서 이르시되 내가 다른 동네들에서도 하나님의 나라 복음을 전하여야 하리니 나는 이 일을 위해 보내심을 받았노라 하시고 **⁴⁴** 갈릴리 여러 회당에서 전도하시더라

예수님은 안식일에 회당에서 가르치시고 밤늦게까지 많은 병자를 치료하셨다(4:40-41). 많이 피곤하셨을 텐데도 다음 날 새벽 날이 밝기 전에 한적한 곳으로 가서 홀로 기도하셨다(42a절; 막 1:35). 홀로 하나님과 시간을 가지기 위해서다. 누가는 예수님이 기도하시는 모습을 자주 언급하는데(cf. 5:16; 6:12; 9:18; 11:1; 22:32) 죽음을 앞두고 겟세마네 동산에서도 간절히 기도하셨다고 한다(22:44). 예수님이 갈릴리 사역을 시작하는 이 시점과 사역의 마무리라 할 수 있는 겟세마네 동산에서

기도하셨다는 것은 기도로 시작해 기도로 마무리하는 사역을 하셨다는 뜻이다.

'한적한 곳'(ἔρημος)은 '광야'로 번역된 단어와 같다(3:4; 4:1). 가버나움 주변에는 광야로 불릴 만한 장소가 없다(Garland, Wessel & Strauss). 그러므로 '한적한 곳'(ἔρημος)은 예수님이 '광야'(ἔρημος)에서 사탄에게 받으셨던 시험을 상기시킨다(Perkins, Strauss). 예수님은 가버나움에서 사역을 시작하자마자 폭발적인 인기를 누리고 계신다. 그러므로 성공과 평안이 보장된 가버나움에 기적을 베푸는 이로 남을 것인지, 혹은 복음을 들고 다른 곳으로 갈 것인지에 대해 시험을 받고 계신다(Garland, Perkins, Strauss).

무리가 예수님을 찾아 나섰다(42b절). 전날 예수님이 회당과 베드로의 집에서 사람들을 치료하셨다는 소문이 퍼져 아침 일찍 많은 사람이 예수님을 찾아온 것이다. 그들은 예수님이 그들에게서 떠나시지 못하도록 만류했다(42c절). 예수님이 모든 병을 고쳐 주시니 그들로서는 얼마나 좋은 일인가! 그러므로 떠나지 못하시게 만류하는 것은 당연한 일이다.

그러나 예수님은 다른 동네에서도 하나님 나라의 복음을 전하도록 보내심을 받았다며 그들을 떠나셨다(43절). 가버나움에 남아 병자들을 치료하는 것도 의미 있는 사역이지만, 다른 지역에 사는 사람들에게도 기회를 주어야 하기 때문이다. 또한 가버나움에 남으면 병자들만 치료하게 된다. 그러나 예수님은 하나님 나라 복음을 전하기 위해 오셨다며 우선순위를 분명히 하신다. 기적과 치료는 하나님 나라가 이 땅에 임했다는 증거일 뿐 예수님이 오신 목적은 아니다. 이적을 행하는 일이 전도를 앞설 수는 없다.

'동네들'(πόλεσιν)은 대도시를 포함해 다양한 크기의 마을을 의미한다 (TDNT). 특이하게도 예수님은 당시 갈릴리 지역에서 큰 도시였던 디베랴(Tiberias)나 세포리스(Sepphoris) 등은 방문하지 않으시고 작은 마을을 찾아다니며 전도하셨다. 아마도 큰 도시로 가면 예수님의 유명세 때문에 사역하기가 쉽지 않았을 것이기 때문이다(cf. 40절).

이 말씀은 기도가 얼마나 중요한지 생각하게 한다. 예수님은 참으로 분주한 일과 중에도 새벽에 한적한 곳을 찾아 기도하셨다. 메시아가 이렇게 기도하셨다면 우리는 얼마나 더 기도해야 하겠는가! 우리는 열심히 기도해야 한다. 또한 우리 일상이 기도가 되게 해야 한다.

복음은 특정한 그룹이나 개인이 독식할 수 있는 것이 아니다. 온 세상 사람들에게 선포되어야 한다. 그래야 사람들이 듣고 결정할 수 있다. 복음을 전하러 가든지, 복음을 전하러 가는 사람을 도와야 한다.

Ⅳ. 갈릴리 사역(4:14-9:50)
  A. 초기 사역(4:14-6:16)

5. 제자들을 부르심(5:1-11)

¹ 무리가 몰려와서 하나님의 말씀을 들을새 예수는 게네사렛 호숫가에 서서 ² 호숫가에 배 두 척이 있는 것을 보시니 어부들은 배에서 나와서 그물을 씻는지라 ³ 예수께서 한 배에 오르시니 그 배는 시몬의 배라 육지에서 조금 떼기를 청하시고 앉으사 배에서 무리를 가르치시더니 ⁴ 말씀을 마치시고 시몬에게 이르시되 깊은 데로 가서 그물을 내려 고기를 잡으라 ⁵ 시몬이 대답하여 이르되 선생님 우리들이 밤이 새도록 수고하였으되 잡은 것이 없지마는 말씀에 의지하여 내가 그물을 내리리이다 하고 ⁶ 그렇게 하니 고기를 잡은 것이 심히 많아 그물이 찢어지는지라 ⁷ 이에 다른 배에 있는 동무들에게 손짓하여 와서 도와 달라 하니 그들이 와서 두 배에 채우매 잠기게 되었더라 ⁸ 시몬 베드로가 이를 보고 예수의 무릎 아래에 엎드려 이르되 주여 나를 떠나소서 나는 죄인이로소이다 하니 ⁹ 이는 자기 및 자기와 함께 있는 모든 사람이 고기 잡힌 것으로 말미암아 놀라고 ¹⁰ 세베대의 아들로서 시몬의 동업자인 야고보와 요한도 놀랐음이라 예수께서 시몬에게 이르시되 무서워하지

말라 이제 후로는 네가 사람을 취하리라 하시니 ¹¹ 그들이 배들을 육지에 대고 모든 것을 버려 두고 예수를 따르니라

본문은 예수님이 시몬 베드로와 그의 형제 안드레, 그리고 세베대의 아들 야고보와 요한 등 네 명을 제자로 세우신 이야기다. 이미 가버나움에 있는 베드로의 집에 머무신 일을 고려하면(4:38-41), 이 이야기는 그 전에 있었던 일이다. 이러한 상황을 고려해 누가는 바로 앞 사건과의 정확한 시대적 순서를 피하기 위해 '하루는 이런 일이 있었다'(Ἐγένετο)라는 말로 1절을 시작한다(공동, 현대어, NAS, NIV, NIRV, ESV). 누가는 예수님이 갈릴리 지역 전도 여행을 떠나실 때(4:42-44) 홀로 가신 것이 아니며, 제자들을 세우신 목적이 주님의 갈릴리 사역을 돕게 하려는 것임을 강조하기 위해 이 내용을 이곳에 둔 것으로 보인다.

게네사렛 호숫가에서 있었던 일이다(1절). 갈릴리 호수로도 불리는 게네사렛 호수는 예루살렘에서 북쪽으로 100km 떨어져 있다. 길이는 남북으로 22km에 달하고, 너비는 동서로 15km가 되는 큰 호수다(ABD). 갈릴리 호수는 해저 215m에 있으며, 요단강을 110km 흘러가 해저 427m인 사해로 흘러든다. 물고기가 많고 호수 주변에 모래사장도 많다. 큰 풍랑이 일 정도이기 때문에 '갈릴리 바다'(τὴν θάλασσαν τῆς Γαλιλαίας)로 불리기도 했다. 구약 시대에는 긴네렛 바다로 불렸고(민 34:11; 신 3:17; 수 12:3; 13:27), 본문은 게네사렛 호수[바다]로, 요한복음은 디베랴 호수[바다]로 부른다(요 6:1; 21:1). 게네사렛과 디베랴는 호수 주변에 있는 지역과 도시(마을) 이름이었으며, 이 중 디베랴는 분봉 왕 헤롯 안티파스(Antipas)가 통치 수도로 삼은 곳이다.

예수님은 제자 중에서도 가장 가까이할 네 사람을 먼저 세우신다. 나중에는 제자의 수가 모두 열둘이 될 것이다(6:12-16). 예수님이 제자로 세우신 사람들은 사회적 지위가 높거나 능력이 뛰어난 이들이 아니다. 갈릴리 호수 주변에서 평범하게 살던 시골 사람들이다. 여러 면

에서 하나님 나라를 선포하기에 적절해 보이지 않는 사람들이라 할 수 있다. 그러므로 예수님이 이런 사람들을 통해 교회를 세우셨다는 사실이 참으로 놀랍다.

예수님은 제자들이 당장 사역에 도움이 될 것을 기대하며 세우신 것이 아니다. 장차 이 땅에 세울 교회를 위해 이들을 훈련하고 준비시키기 위해 세우고 키우셨다. 그러므로 예수님이 제자들을 훈련하시고 양육하시는 모습이 자주 보인다. 그들은 예수님이 승천하신 후 진가를 발휘할 것이다. 하나님은 연약한 자들을 훈련해 큰일을 하게 하시는 분이다.

예수님이 게네사렛 해변을 지나가시다가 배 두 척이 있는 것을 보셨다(2a절). 시몬 형제와 세베대의 아들들의 배다. 그들의 배가 함께 있다는 것은 동업하고 있었음을 암시한다(cf. 10절). 어부들은 밤새 별 수확이 없는 조업을 마치고 그물을 씻는 중이었다(2b절, cf. 5절). 예수님은 두 배 중 시몬의 배에 오르시고는 배를 육지에서 조금 떼라고 하셨다(3a절). 그런 다음 배 위에서 몰려든 무리를 가르치셨다(3b절). 누가는 예수님의 가르침을 하나님의 말씀이라고 한다(1절).

배를 사용했으니 사용료를 지불해야 한다고 생각하셨을까? 예수님은 배를 빌려준 시몬에게 깊은 데로 가서 그물을 내려 고기를 잡으라고 하셨다(4절). '가라'(ἐπανάγαγε)는 단수형, '내리라'(χαλάσατε)는 복수형 명령문이다. 예수님은 시몬에게 함께 물고기를 잡는 이들을 데리고 가라고 하시는 것이다. 아마도 손으로 '저쪽으로 가라'며 방향도 가리키셨을 것이다. 평생 어부로 살아온 시몬이 보기에는 어이없는 일일 수도 있다. 전문가인 그가 밤새 열심히 그물을 던졌지만, 잡은 것이 없기 때문이다(5a절). 게다가 밤새 고기잡이를 하고 돌아온 동료들은 지쳐 있다. 예수님의 명령에 따르지 않을 변명을 찾으려면 얼마든지 찾을 수 있는 상황이었다. 그러나 베드로는 예수님의 비범함을 알기 때문에 "말씀에 의지하여 내가 그물을 내리리이다"라며 예수님의 지시에 따라

팀을 데리고 가 그물을 내렸다.

그런데 이게 웬일인가! 예수님의 말씀대로 하니 고기가 얼마나 많이 잡혔는지 그물이 찢어질 지경이었다(6절, cf. 새번역). 예수님의 말씀은 예언이었던 것이다. 시몬은 급히 다른 배에 있는 동무들에게 손짓해 도움을 구함으로써 위기를 넘겼다. 잡은 고기가 얼마나 많았는지 배 두 척이 모두 물에 잠길 지경이었다(7절). 그러나 베드로와 동업자들에게 이렇게 많은 고기가 잡힌 것은 즐거운 일이 아니라, 놀랍고 두려운 일이었다(9-10절).

본문의 이야기와 예수님이 부활하신 후 베드로가 물고기 153마리를 잡은 이야기는 다음과 같은 공통점을 지닌다(Brown). (1)제자들은 밤새 물고기를 잡지 못했다, (2)예수님이 그들에게 그물을 내리라고 하셨다, (3)그물이 엄청난 양의 고기를 담았다, (4)그물이 찢길 지경이었다, (5)베드로가 상황에 대해 반응한다, (6)예수님이 '주'로 불리신다, (7)함께 물고기를 잡은 사람들은 말을 하지 않는다, (8)예수님을 따르는 일에 대해 말씀하신다, (9)물고기를 잡은 것은 성공적인 기독교 선교를 상징한다, (10)같은 단어들이 두 이야기 곳곳에서 사용된다. 이 같은 공통점을 바탕으로 어떤 이들은 같은 전승에서 비롯된 한 이야기를 요한과 누가가 서로 다른 정황에서 사용하고 있다고 주장한다(Brown, Culpepper). 그다지 설득력 있는 주장은 아니다. 일반적으로 비슷하거나 같은 메시지를 전하는 이야기는 전개도 비슷하게 진행된다. 이런 상황을 '모형장면'(type-scene)이라고 한다. 한 가지 예로 아브라함이 두 차례나 아내 사라를 여동생이라고 바로와 아비멜렉을 속인 일과 이삭이 리브가를 여동생이라며 아비멜렉을 속인 이야기를 들 수 있다(창 12:14-20; 20:2-18; 26:6-11).

예수님이 배 위에서 가르치실 때부터 결코 평범한 분이 아니라고 생각했던 베드로는 예수님은 자신이 결코 범접할 수 있는 분이 아니라는 사실을 깨달았다. 예수님은 물고기도 다스리시는 분이며, 그가 이렇게 많은 물고기를 잡게 된 것은 기적이다. 예수님은 기적을 행하는 거룩하신 분이라는 사실을 베드로는 직감했다. 그러므로 그는 예수님 앞에 엎드려 "주여 나를 떠나소서 나는 죄인이로소이다"라고 말했다(8절).

누가복음에서 예수님을 '주'(κύριος)라고 부르는 것은 베드로가 처음이다. 이때까지 누가는 하나님을 뜻하거나 혹은 예수님이 하나님이심을 암시하며 이 타이틀을 사용했다(1:43; 2:11). '죄인'(ἁμαρτωλός)도 누가복음에서 처음 사용되고 있다. 베드로는 자신이 거룩하신 하나님 앞에 선 초라한 죄인이라고 고백한다(cf. 사 6:5; 겔 1:28).

시몬이 '시몬 베드로'(Σίμων Πέτρος)로 불리는 것은 누가복음-사도행전에서 이곳이 유일하다. 또한 베드로라는 이름은 훗날 예수님이 그에게 주시는 이름이다(6:14). 베드로는 예수님이 너무나도 특별하고 놀라워서 절대 자신이 감당하거나 옆에서 모실 만한 분이 아니라는 사실을 이렇게 고백한다. 예수님은 베드로에게 어느 유행가 가사처럼 '가까이 하기엔 너무 먼 당신'이셨다.

예수님은 두려워하는 시몬에게 무서워하지 말라며 이후로는 그가 사람을 취할 것이라고 하셨다(10절). 그를 제자로 세워 사람을 낚는 어부로 만들겠다는 뜻이다(cf. 막 1:17). 예수님은 당시 정서와 어울리지 않는 파격적인 제안을 하고 계신다. 당시 사람들은 스승으로 모시고 싶은 사람을 찾아가 배웠다. 제자가 스승을 택한 것이다. 이와는 대조적으로 스승인 예수님이 시몬을 제자 삼으셨다. 또한 선지자들은 사람들에게 하나님을 따르라고 권면했는데(cf. 왕상 19:19-21), 예수님은 자신을 따르라고 하신다. 예수님이 곧 하나님이시기 때문이다.

어떤 이들은 예수님이 이처럼 파격적인 제안을 하신 것은 이번이 그들과 초면이 아니기 때문이라고 한다. 한 주석가는 예수님이 이들을 처음 만난 것은 약 1년 전이라고 한다(Wilkins). 그들은 원래 세례 요한의 제자였다가 예수님이 세례를 받으신 지 얼마 지나지 않아 주님을 따르게 된 것으로 보인다(cf. 요 1:35-42).

예수님이 그들에게 제안하는 '어업'은 그동안 시몬이 종사한 어업과 질적으로 다르다. 시몬은 물고기를 잡아 사람들의 식탁에 오르게 했다. 그러나 예수님이 제안하시는 어업은 사람들을 죄와 하나님의 진노에서 구하는 어업이다. 시몬과 안드레의 고기잡이는 죽이는 것이고, 예수님이 제안하시는 고기잡이는 살리는 것이다. 그러므로 예수님은 그에게 사람들을 '산 채로 잡을 것'(ἔσῃ ζωγρῶν)이라고 하신다(10절, cf. BAGD). 그들은 생명을 주기 위해 사람들을 낚는 어부가 될 것이다.

이 말씀을 듣고 그들은 모든 것을 버려두고 예수님을 따랐다(11절). 이 구절은 3인칭 복수로 상황을 묘사하는데, 이는 예수님이 베드로에게 말씀하시자 베드로의 동생 안드레와 동업자인 세베대의 아들 야고보와 요한도 따랐다는 뜻이다(cf. 10절). 예수님이 그들을 부르신 것은 여러 면에서 선지자 엘리야가 엘리사를 부른 일을 연상케 한다(왕상 19:19-21). 그때 엘리사는 가족들과 작별 인사를 할 시간을 달라고 했지만, 이들은 곧바로 예수님을 따른다. 평생 잡지 못한 분량의 고기를 한꺼번에 잡게 하신 기적도 이들이 조금도 주저하지 않고 주님을 따르기로 결정한 일에 일조했을 것이다. 주님의 부르심에 절대적으로 순종하겠다는 각오를 보는 듯하다. 예수님은 어느새 네 명의 제자를 확보하셨다.

이들은 예수님의 제자가 되기 위해 생업을 완전히 버린 것일까? 그렇지는 않은 것으로 보인다. 요한복음 21:1-3은 그들이 예수님이 부활하신 다음에도 배를 소유하고 있었다고 한다. 그러나 예수님을 따르는 일이 그들의 우선순위에서 절대적인 우위에 있었다. 그들은 많은 시간을 예수님과 보내며 많은 가르침을 받았다. 또한 예수님이 갈릴리 호수 주변을 돌면서 가르치실 때면 항상 주님과 함께 있었다. 며칠씩 지속되는 여정은 그들에게 큰 경제적 손실을 의미했다. 그러므로 그들은 주님을 따르기 위해 상당한 손해를 감수했다.

이 말씀은 예수님을 따르는 일은 많은 준비와 능력을 요구하지 않는다고 한다. 제자 중에서도 가장 중요한 네 명 모두 이렇다 할 교육을 받은 적이 없고, 매력적인 직업이나 괄목할 만한 업적을 이루지도 못했다. 예수님은 이런 사람들을 제자 삼으셨다. 주저하지 않고 따르려는 순종만 있으면, 능력은 양육을 통해 키워 주실 것이기 때문이다. 이러한 사실을 알기 때문에 네 사람은 예수님이 부르실 때 생업과 가족을 뒤로하고 순종했다.

예수님은 하나님 나라를 위해 일할 일꾼들을 끊임없이 찾고 계신다. 예수님은 제자로 세울 만한 사람들을 계속 찾으셨다. 지금도 예수님은 함께 하나님 나라를 확장해 나갈 일꾼들을 찾으신다. 우리는 하나님이 찾으시는 선한 종이 되어 주님을 섬겨야 한다.

> IV. 갈릴리 사역(4:14-9:50)
> A. 초기 사역(4:14-6:16)

6. 치유와 논쟁(5:12-6:11)

예수님은 네 제자와 함께 갈릴리 사역을 이어 가신다. 도중에 레위를 제자로 세우시고, 이 섹션이 마무리되고 다음 섹션이 시작될 때는 열두 제자를 모두 세우신다(6:12-16).

예수님의 명성은 사역으로 인해 날로 높아만 간다. 그러나 예수님이 유명해질수록 반대하는 사람도 많아진다. 스스로 하나님을 가장 잘 알고 잘 섬긴다고 자부하는 종교 지도자들의 시기와 질투가 갈수록 심해진다. 이 섹션은 예수님과 그들 사이에 빚어진 네 가지 갈등을 담고 있다. 예수님과 전통을 고수하는 종교 지도자들의 갈등이 시작되었으며, 예수님은 십자가에서 죽으실 때까지 그들과 계속 대립하실 것이다. 하나님을 가장 잘 안다는 자들이 정작 하나님의 아들을 알아보지 못하고 반대하기에 급급한 모습이 참으로 아이러니하다. 이 섹션은 다음과 같이 구분된다.

A. 나병 환자(5:12-16)

B. 중풍병자(5:17-26)

C. 레위를 부르심(5:27-39)

D. 안식일과 밀 이삭(6:1-5)

E. 안식일과 치유(6:6-11)

(1) 나병 환자(5:12-16)

¹² 예수께서 한 동네에 계실 때에 온 몸에 나병 들린 사람이 있어 예수를 보고 엎드려 구하여 이르되 주여 원하시면 나를 깨끗하게 하실 수 있나이다 하니 ¹³ 예수께서 손을 내밀어 그에게 대시며 이르시되 내가 원하노니 깨끗함을 받으라 하신대 나병이 곧 떠나니라 ¹⁴ 예수께서 그를 경고하시되 아무에게도 이르지 말고 가서 제사장에게 네 몸을 보이고 또 네가 깨끗하게 됨으로 인하여 모세가 명한 대로 예물을 드려 그들에게 입증하라 하셨더니 ¹⁵ 예수의 소문이 더욱 퍼지매 수많은 무리가 말씀도 듣고 자기 병도 고침을 받고자 하여 모여 오되 ¹⁶ 예수는 물러가사 한적한 곳에서 기도하시니라

예수님이 제자들과 함께 갈릴리 지역을 다니며 사역하실 때 있었던 일이다. 하루는 한 동네에 계실 때 온몸에 나병 들린 사람이 찾아왔다 (12a절). 이 나병 환자 이야기는 다른 공관복음서에도 거의 그대로 기록되어 있다(마 8:1-4; 막 1:40-45). 율법에 따르면 사람이 성전에 나가는 것을 막는 가장 크고 무서운 질병은 나병/문둥병이다(cf. 레 13-14장). 예수님이 나병 환자를 치료해 성전으로 보내시는 것은 예수님이 어떠한 질병도 치료하실 수 있으며, 질병이 하나님께 나아가는 것을 막을

수 없는 시대가 열리고 있음을 암시한다. 사람이 하나님께 나아가는 것을 막던 질병의 장벽이 무너진 것이다.

나병/문둥병(λέπρα)은 한센병(Hansen's disease)을 포함한 다양한 피부질환을 뜻한다(TDNT, cf. NIDOTTE). 당시에는 나병에서 회복되는 일이 거의 불가능했으며, 구약에서는 모세가 미리암을 치료한 것(민 12:10-15)과 선지자 엘리사가 나아만 장군을 치료한 것이 유일하다(왕하 5:9-14). 그러므로 유대인들은 문둥병 치료하는 것을 죽은 사람을 살리는 일만큼이나 어려운 일로 생각했다(Boring, Garland, cf. 왕하 5:7, 14). 사람들은 이 병을 하나님의 저주로 간주했다(cf. 민 12:10, 12; 욥 18:13). 문둥병을 치료하는 것은 메시아만이 하실 수 있는 어려운 일이었다.

레위기 13:46에 따르면 나병 환자는 다른 사람들과 거리를 두고 격리된 삶을 살아야 한다. 그러나 이 환자는 얼마나 절박했는지 율법을 무시하고 예수님께 나아왔다. '엎드리다'(πίπτω)는 경의를 표하며 선처를 구하는 모습이다(BAGD). 그는 자신이 앓고 있는 불치병에서 낫기를 간절히 원한다. "만일 원하시면 하실 수 있습니다"(ἐὰν θέλῃς δύνασαί)라고 말하며 예수님의 치료 능력과 권세에 대한 전적인 신뢰를 표현한다. 그는 예수님에게 그를 치료하실 능력이 있음을 믿지만, 정작 자기가 병에서 낫는 것은 치료자인 예수님의 의지에 달려 있다는 사실을 고백한다. 이 사람은 신학이 매우 건전하고 잘 정리된 사람이다.

예수님도 환자의 절박함과 간절함에 버금가는 열정으로 그를 치료하길 원하셨다. 손을 내밀어 그에게 대시며 "내가 원하노니(θέλω) 깨끗함을 받으라"라고 말씀하셨다(13절). 예수님이 하나님의 이름이나 능력이 아니라 자기 의지로 나병 환자를 치료하신 것은 그분이 하나님에 버금가는 분이신 것을 암시한다.

율법은 나병 환자만 부정한 것이 아니라, 그를 만진 사람도 부정해진다며 접촉을 금한다. 나병 환자의 부정함이 만진 사람마저 오염시킨다며 접촉을 금한 것은 나병이 전염되는 것을 우려해서였다. 그러므로 예수님이 그를 만지신 일은 율법을 어긴 것이라는 해석이 가능하다. 그러나 예수님은 하나님이시며, 거룩함의 원천이시다. 그러므로 이 이야기에서는 예수님이 나병 환자의 부정함에 오염된 것이 아니라, 예수님의 정결하심이 나병 환자의 부정함을 모두 씻어내고 그를 정결하게 했다. 부정함이 아니라 정결함이 더 큰 능력을 발휘하고 있는 것이다.

예수님은 손으로 만지지 않고 "깨끗함을 받으라"라고 말씀만 하셔도 그를 낫게 하실 수 있었다. 그런데 왜 군이 손을 내밀어 그를 만지신 것일까? 구약에서 손은 내미는 자의 권위를 상징한다(cf. 출 7:5; 14:21; 15:6; 왕상 8:42). 그러나 이곳에서는 자신의 처지를 알기 때문에 쉽게 다가오지 못하는 환자를 치료자가 찾아가는 것을 의미한다. 예수님은 병을 앓고 있는 환자를 불쌍히 여겨 먼저 위로하고 그와 교감하고자 그를 만지신 것이다(cf. 막 1:41).

나병이 곧바로 병자를 떠났다(13b절). 예수님은 나병에서 치유된 사람에게 이 일에 대해 아무에게 아무 말도 하지 말라고 당부하셨다(14a절). 아직 때가 이르지 않았으므로 메시아적 비밀(messianic secret)을 계속 유지하기 위해서다. 예수님은 유대인들이 기다렸던 요란한 정복자(conquering king)가 아니라 사람들의 죄 사함을 위해 오신 고난받는 종(suffering servant)의 삶을 살기를 원하신다(Gundry, Longenecker).

이어서 예수님은 '가라…보이라…드리라'(ἀπελθὼν…δεῖξον…προσένεγκε)라는 세 개의 명령문을 사용해 한 순간도 지체하지 말고 곧바로 성전으로 가서 제사장에게 깨끗해진 몸을 보이고 율법에 따라 제물을 드리라고 하셨다(14b절; cf. 레 14:1-32). 병이 나았을 때 가장 우선적이고 중요한 것은 낫게 해 주신 하나님께 감사하는 것이라는 사실을 암시한다. 또한 성전을 찾아가 하나님께 예물을 드리는 일은 나병 환자들의 염원이기도 하다. 율법은 감염되지 않는 것이 확실한 경우를 제외하고는 나병 앓는 사람들이 성전을 찾지 못하도록 금했기 때문이다(cf. 레 13-14장).

예수님은 병이 나은 사람에게 성전에 가서 제사장들에게 몸을 보이고 예물을 드려 '그들에게 입증하라'(εἰς μαρτύριον αὐτοῖς)고 하시는데 (14b절), 제사장들에게 무엇을 입증하라는 것일까? 이를 두고 학자들 사이에 다소 논쟁이 있다(cf. Davies & Allison, Strauss). 어떤 이들은 나병 환자가 자신이 깨끗하게 되었음을 제사장들에게 입증하라는 것으로 해석하는데(Strauss), 이는 율법이 요구하는 것이 아니며 또한 이 사람이 성전에 갔다는 것 자체가 증거가 되기 때문에 별 설득력이 없다. 학자들이 가장 선호하는 해석은 크게 두 가지다(cf. Beale & Carson, Gundry, France). 첫째는 제사장들이 잘못되었다는 것(예수님이 메시아라는 사실을 부인하는 것)을 입증하는 것이고, 둘째는 예수님이 나병을 낫게 하시는 메시아라는 사실을 입증하는 것이다. 어느 쪽을 택하든 결론은 같다. "예수님은 메시아이시다."

예수님은 아직 때가 이르지 않았으니 비밀로 하라고 하시지만, 은혜를 입은 사람으로서는 조용히 있을 수 없다. 하나님 나라가 이 땅에 임했으므로 메시아인 예수님이 자기를 낫게 하셨다는 복음(good news)을 온 세상에 알려야 한다. 그러므로 마가는 치료를 받아 온전하게 된 사람이 성전을 다녀온 후 곳곳에 돌아다니며 예수님으로부터 경험한 은혜에 대해 간증했다고 한다(막 1:45). 아마도 예수님의 소문이 더욱 퍼진 데는(15a절), 이 사람의 간증도 일조했을 것이다. 그의 간증에 얼마나 열광했는지 사람들이 말씀도 듣고 자기 병도 고침을 받고자 모여들었다(15b절). 예수님은 마을을 떠나 한적한 곳으로 가서 기도하셨다(16절; cf. 3:21; 6:12; 9:18, 28-29; 11:1; 23:46).

이 말씀은 예수님은 병든 사람을 치료하고 보살피는 일을 기뻐하신다고 한다. 메시아가 이렇게 하셨다면, 메시아의 손과 발인 교회도 이렇게 해야 한다. 교회는 병자를 치료하고 돌보는 일을 게을리하면 안 된다. 이는 하나님이 우리를 사역자로 세우신 이유 중 하나다.

(2) 중풍병자(5:17-26)

¹⁷ 하루는 가르치실 때에 갈릴리의 각 마을과 유대와 예루살렘에서 온 바리새인과 율법교사들이 앉았는데 병을 고치는 주의 능력이 예수와 함께 하더라 ¹⁸ 한 중풍병자를 사람들이 침상에 메고 와서 예수 앞에 들여놓고자 하였으나 ¹⁹ 무리 때문에 메고 들어갈 길을 얻지 못한지라 지붕에 올라가 기와를 벗기고 병자를 침상째 무리 가운데로 예수 앞에 달아 내리니 ²⁰ 예수께서 그들의 믿음을 보시고 이르시되 이 사람아 네 죄 사함을 받았느니라 하시니 ²¹ 서기관과 바리새인들이 생각하여 이르되 이 신성 모독 하는 자가 누구냐 오직 하나님 외에 누가 능히 죄를 사하겠느냐 ²² 예수께서 그 생각을 아시고 대답하여 이르시되 너희 마음에 무슨 생각을 하느냐 ²³ 네 죄 사함을 받았느니라 하는 말과 일어나 걸어가라 하는 말이 어느 것이 쉽겠느냐 ²⁴ 그러나 인자가 땅에서 죄를 사하는 권세가 있는 줄을 너희로 알게 하리라 하시고 중풍병자에게 말씀하시되 내가 네게 이르노니 일어나 네 침상을 가지고 집으로 가라 하시매 ²⁵ 그 사람이 그들 앞에서 곧 일어나 그 누웠던 것을 가지고 하나님께 영광을 돌리며 자기 집으로 돌아가니 ²⁶ 모든 사람이 놀라 하나님께 영광을 돌리며 심히 두려워하여 이르되 오늘 우리가 놀라운 일을 보았다 하니라

일부 양식비평가는 이 말씀이 때와 장소가 다른 두 개의 독립적인 이야기, 곧 중풍병자가 낫는 기적 이야기(17-19, 24b-26절)와 죄 용서로 인해 예수님과 서기관들이 갈등을 빚는 이야기(20-24a절)가 하나로 융합된 것이라고 주장한다(Bultmann, Schweitzer, Taylor). 그러나 학자 대부분은 정황과 문맥을 고려해 같은 장소에서 같은 때에 일어난 한 사건으로 본다(cf. Marcus, Wessel & Strauss). 또한 우리에게는 이 이야기가 하

나의 사건으로 전수되었기 때문에 본문 뒤에 두 개의 사건이 있었는지, 혹은 한 개의 사건이 있었는지는 별 의미가 없다.

마가는 이 일이 가버나움에서 있었던 일이라고 한다(막 2:1). 마태도 예수님이 '본동네'(가버나움)로 돌아오셨을 때 있었던 일이라고 한다(마 9:1). 가버나움은 교통과 문화의 요충지이며 베드로와 안드레의 집이 있는 곳이다. 예수님은 그동안 갈릴리 곳곳을 다니며 사역하신 후 갈릴리 사역의 베이스캠프로 삼은 가버나움 집으로 돌아오셨다.

예수님에 대한 소문은 날이 갈수록 자자해졌고, 갈릴리와 유대와 예루살렘에서 사람들이 모여들었다. 그뿐만 아니라 바리새인들과 율법 교사들도 모여들었다(17절). 누가복음에서 바리새인들이 모습을 보이는 것은 이번이 처음이다. '바리새인'(Φαρισαῖος)은 마카비 혁명 시절(주전 160년대) 날이 갈수록 헬라화되어 가는 유대교의 순수성을 보존하고 지키기 위해 시작된 순수주의 운동에 뿌리를 둔 유대교의 평민층(grassroot)이었다. 한편, '율법 교사'(νομοδιδάσκαλος)는 율법을 전문적으로 연구하고 해석하는 사람들이었다. 대체로 율법 교사들은 매우 보수적이던 바리새인들보다 훨씬 진보적이었다(Garland). 잠시 후 이 율법 교사들은 다름 아닌 서기관들로 밝혀진다(21절). 이들은 아마도 예수님의 가르침과 인기를 우려하는 예루살렘 종교 지도자들이 상황을 파악해 보라고 보낸 자들이었을 것이다(cf. 6:7). 예수님은 그들의 감시에도 아랑곳하지 않으시고 평소에 하시던 대로 하셨다. 사람들의 병을 고치신 것이다(17b절).

치료를 바라고 몰려온 사람 중에는 중풍병자도 있었다(18절). '중풍병자'(παραλελυμένος)는 사고나 병으로 인해 스스로 몸을 가누거나 움직이지 못하는 사람이다(BAGD). 누가는 사람들이 그를 메고 왔다고 하는데, 마가는 친구로 보이는 네 사람이 환자를 메고 왔다고 한다(막 2:3). 환자를 메고 온 이들은 수많은 사람에게 에워 쌓인 예수님께 다가갈 길이 없었다(19a절). 그들은 예수님이 이 아픈 사람을 반드시 낫게 하실

271

것이라는 믿음으로 예수님 뵐 날만 손꼽아 기다리던 사람들이다. 그러므로 이대로 포기할 수는 없었다.

그들이 심사숙고해서 결정한 방법은 예수님이 머무시는 집 지붕을 뚫고 친구를 달아 내리는 것이었다(19b절). 가나안 지역의 집에는 모두 평평한 옥상이 있다. 가족들이 이곳에 모여 식사도 하고, 따뜻한 날에는 잠도 잤다. 또한 곡식과 과일도 말리는 등 다목적 공간으로 활용되었다. 매년 가을이면 겨울 우기를 대비해 흙과 지푸라기 등으로 손을 봐야 하는 지붕이었다.

집 건물 바깥쪽에 지붕으로 통하는 계단이 있었기 때문에 친구들은 별 어려움 없이 병든 친구를 들쳐 메고 옥상으로 갈 수 있었다. 그들은 지붕을 뜯어 구멍을 만들고 그 구멍으로 친구가 누운 침상을 달아 내렸다. '침상'(κλινίδιον)은 들것(stretcher)을 의미한다(BAGD, cf. NAS).

생각해 보면 참으로 어이없는 일이 벌어지고 있다. 그들은 환자를 낫게 하겠다며 남의 집 지붕을 뚫었다! 환자를 달아 내릴 정도의 구멍을 뚫기 위해 먼지와 소음을 감수했다. 지붕 위에서는 그렇다 치고, 지붕 아래에서 온통 먼지를 뒤집어쓴 예수님도 그들에게 멈추라고 하지 않으셨다. 자리를 뜨지 않고 환자가 매달려 내려오기를 기다리셨다! 그들에게서 참으로 크고 귀한 믿음을 보셨기 때문이다(20절).

'그들의 믿음'(τὴν πίστιν αὐτῶν)(20절)은 중풍을 앓고 있는 사람뿐 아니라, 그를 위해 이처럼 무모한 일을 하는 사람들의 간절한 믿음이다. 그들의 간절함이 믿음으로 승화된 것이다. 예수님도 이 같은 간절함을 아시기에 끝까지 자리를 지키셨다. 그러므로 이 치유는 병자의 믿음과 그가 낫기를 바라는 사람들의 믿음이 함께 이뤄낸 기적이다. 이 환자는 평소에 어떻게 살았기에 이런 친구들을 둔 것일까? 신체적 장애는 좋은 친구를 두는 데 걸림돌이 될 수 없다.

그들의 믿음을 보신 예수님은 치료의 기적을 바라던 그들이 전혀 예상하지 못한 말씀을 하신다. "이 사람아 네 죄 사함을 받았느니라"(20b절)

라며 병자의 죄를 사해 주셨다. '이 사람아'(ἄνθρωπε)는 누구를 친근하게 부를 때 사용되는 말이다. 그러므로 영어 번역본들은 '친구여'로 번역한다(NAS, NIV, NRS, cf. 아가페).

'너의 죄들이 사함을 받았다'(ἀφέωνταί σοι αἱ ἁμαρτίαι σου)는 신적 수동태이며 완료형이다. 하나님이 그의 모든 죄를 용서하셨다는 뜻이다. 인간의 죄를 사하는 것은 오직 하나님만이 하실 수 있는 일이다(cf. 사 43:25; 44:22). 그러므로 중요한 이슈는 예수님이 죄를 사하시는 권세를 가지셨는가, 혹은 하나님의 대변인으로서 이렇게 말씀하시는가 하는 점이다. 상당수 학자가 대변인 역할을 하는 것이라고 주장하지만(Guelich, Jeremias, Schweitzer), 서기관과 바리새인들이 오직 하나님만 죄를 사하실 수 있다며 예수님의 행위를 신성 모독으로 여기는 것으로 보아 (21절) 예수님은 이 권세를 직접 행사하신다. 예수님은 이 병자의 죄를 사하는 일을 통해 자신이 하나님과 동일한 권한을 가지고 있다는 사실을 드러내신다. 예수님은 인간의 죄를 사하시는 하나님이신 것이다.

예수님이 중풍을 낫고자 찾아온 사람의 죄를 용서하시는 것은 죄와 질병이 서로 연관되어 있음을 암시한다(cf. 레 26:16; 신 28:22, 35; 대하 21:15-19; 사 53:4; 요 5:14; 행 5:1-11; 롬 5:12; 고전 11:29-30). 누가는 죄와 질병이 서로 연관이 있는 것처럼 믿음과 치료도 연관되어 있다고 한다. 그렇다고 해서 일부 학자가 주장하는 것처럼 사람의 모든 질병을 치료받기 위해서는 죄 사함이 선행되어야 한다고 볼 필요는 없다. 죄로 인해 시작되지 않은 질병도 있다(욥 1:8; 눅 13:1-5; 요 9:2-3). 병을 앓고 있는 사람에게 무턱대고 죄를 회개해야 나을 수 있다며 상처 주는 일은 없어야 한다. 우리는 그가 병을 앓게 된 정황을 모르기 때문이다.

죄와 질병이 함께 취급되는 것은 죄가 세상에 들어올 때 죽음과 질병이 함께 왔기 때문이다(cf. 창 3장; 롬 5:14). 하나님이 자기 모양과 형상대로 인간을 창조하실 때 죄는 인간이 지닌 본성의 일부가 아니었다. 죄는 인간이 맨 처음 하나님의 말씀을 거역했을 때부터 앓게 된 일종의 질병이다. 그러므로 구약은 하나님이 질병을 고치시듯 죄를 '치료하신다'(אפר)는 말을 자주 한다(cf. 대하 7:14; 시 41:4). 개역개정은 이 단어를 주로 '고치다'로 번역했다.

육신의 병을 낫고자 예수님을 찾아온 병자에게 영적 질병인 죄가 해결된 것은 복음이다. 그러나 옆에서 듣고 있던 서기관과 바리새인들은 예수님이 신성 모독을 한다고 생각했다(21절). 예수님과 종교 지도자들의 첫 번째 갈등이다. 아마도 그들은 그들을 보낸 자들에게 보고할 것이 생겼다고 생각했을 것이다.

'서기관들'(γραμματεῖς)은 구약 정경을 보존하는 일에 큰 기여를 했으며, 일반인에게 율법을 해석하고 적용하는 것을 가르치는 구약 전문가들이었다. 그들이 보기에 예수님은 율법과 상반되는 가르침을 전할 뿐 아니라, 하나님의 고유 권한인 죄 사함을 갈취하는 망언자다. "오직 하나님 외에 누가 능히 죄를 사하겠느냐"(21절). 서기관들은 하나님은 오직 한 분이시라는 셰마를 생각하며 예수님을 신성 모독자로 낙인찍었을 것이다(Strauss, cf. 신 6:4). 율법은 이런 사람을 돌로 쳐 죽이라고 한다(레 24:10-23; cf. 왕상 21:9-14).

또한 서기관과 바리새인들은 위협을 느끼고 있다. 그들은 이때까지 죄 사함은 예루살렘 성전에서 행해지는 예식을 통해서만 가능하다고 가르쳤다(cf. 레 4:22-5:16; 16:15-16). 그런데 예수님은 예루살렘 성전에서 행해지는 예식과 상관없이 사람의 죄가 사함을 받을 수 있다고 하신다(Chilton). 그들은 예수님의 말씀이 예루살렘 성전을 중심으로 한 자신들의 이권을 침해한다고 생각했다.

이에 서기관과 바리새인들은 아직 공개적으로 예수님을 반대하지는 않지만, 마음으로는 예수님을 부인하기 시작했다. 그들이 예수님을 대적하는 공식적인 이유는 신성 모독이지만, 사실은 예수님이 그들이 누리는 특권과 이권을 위협한다는 생각이 더 크게 작용했다. 예수님의 선풍적인 인기도 그들에게 시기와 질투거리가 되었다. 그들은 자신들만 대중적 인기를 누려야 한다고 생각했던 종교인이었다.

예수님은 서기관들의 생각을 아시고 그들이 악한 생각을 품은 것에 반문하셨다(22절). 그들이 예수님을 망언자로 단정한 것은 악한 생각이다. 그들은 예수님이 정말 죄를 사하실 수 있는 분인지 알아보는 일에는 관심이 없다. 그들의 유일한 관심사는 예수님이 그들의 이권을 침해했다는 것과 전통적인 유대교 가르침에 상반되는 죄 사함을 선포하고 있다는 것이다. 그러므로 진리의 수호자라고 자부하는 서기관과 바리새인들이 이권에 눈이 멀어 예수님의 말씀이 사실인지 아닌지를 알아보지 않고 주님을 망언자로 단정하는 것은 나쁜 일이다.

예수님은 서기관과 바리새인들에게 이 중풍병자에게 죄 사함을 받았다고 선언하는 일과 그에게 일어나 걸어가라고 말하는 것 중에 어느 것이 더 쉽겠냐고 물으셨다(23절). 이 질문은 당시 랍비들이 자주 사용하던 수사학적인 질문 방식이다. 작은 것에서 큰 것으로 가는 논리(a fortiori)를 근거로 하는 질문이다. 인간적인(세상적인) 관점에서는 죄 사함을 받았다고 선포하는 것이 더 쉽다. 사실 여부를 확인하기가 거의 불가능하기 때문이다. 반면에 병자를 낫게 하는 것은 어려운 일이다. 나으면 당장 걸을 수 있지만, 낫지 않으면 병자로 남아 있을 것이기 때문이다.

하나님의 관점에서는 죄를 사하는 일이 병자를 낫게 하는 일보다 더 어렵다. 치료하시는 하나님께 사람의 신체적 결함은 문제가 되지 않는다. 반면에 죄는 하나님과 사람 사이를 갈라놓는 매우 심각한 것이다. 그러므로 죄 문제를 해결하는 것이 더 큰 일이다. 서기관들은 성경적으로는 죄 사함이 더 어려운 일이지만, 현실적으로는 병을 낫게 하는 것이 더 어려운 일이라는 것을 잘 안다. 그러므로 마음으로 예수님을 비난했던 서기관들은 아무런 대답을 하지 못하고 침묵한다.

예수님은 자신에게 땅에서 사람의 죄를 사하는 권세가 있다는 사실을 서기관과 바리새인들이 알고 인정하기를 원하신다(24a절). 그러면서 자신의 신성과 인성을 '인자'(ὁ υἱὸς τοῦ ἀνθρώπου)라는 호칭을 통해 드러 내신다. '인자'는 복음서에서 82차례 등장하며, 항상 예수님이 자신에 대해 사용하신다(요 12:34 예외). 누가복음에서도 상당히 자주 사용되는 호칭이다(6:5, 22; 7:34; 9:22, 26, 44, 58; 11:30; 12:8, 10, 40; 17:22, 24, 26, 30; 18:8, 31; 19:10; 21:27, 36; 22:22, 48, 69). 스스로 메시아라고 하실 때, 메시아의 권위를 강조하실 때, 메시아로서 감당해야 할 고난을 언급하 실 때, 혹은 장차 구원과 심판을 위해 다시 오실 일을 예언하실 때 이 용어를 사용하신다.

한편, 구약에서 '인자'(בֶּן־אָדָם)는 에스겔서에 90차례 이상 사용되며 선 지자 에스겔의 인간적인 한계와 연약함을 강조한다(겔 2:1, 3, 6, 8; 3:1, 3, 4, 10, 17, 25 등; cf. 단 8:17). 선지자는 영원하고 전능하신 하나님 앞에 서 있는 한없이 나약한 인간이라는 의미로 사용된다. 이와는 대조적으 로 다니엘서에서 이 타이틀은 영광스러운 통치자 메시아를 뜻한다. 인 자는 '옛적부터 항상 계신 이'(하나님)로부터 온 세상을 다스리는 권세를 받으셨다(단 7:13-14). 그러므로 인자는 예수님의 신성과 인성을 부각 시키는 가장 적절한 표현이다.

사람들의 잘못된 기대감으로 인해 예수님의 사역은 그리스도의 정 체성에 대해 수많은 오해를 불러일으켰다. 예수님이 자신을 인자로 칭 하신 것도 이러한 혼선에 별로 도움이 되지 않았다. 그러나 누가복음 21:27에서는 예수님이 하나님이 보내신 아들이시며 장차 다시 오셔서 이스라엘을 심판하실 하나님이라는 사실이 확실히 드러난다. "그 때에 사람들이 인자가 구름을 타고 능력과 큰 영광으로 오는 것을 보리라."

어떤 사람들은 예수님이 '땅에서'(ἐπὶ τῆς γῆς)(24절) 죄를 사하는 권세 를 가졌다고 하신 것을 두고 당시 사람들이 그 시대에 지은 죄만 용서 하신다는 등 지나치게 제한적으로 해석한다. 그러나 예수님은 하늘에 계신 아버지처럼 그분 자신도 사람의 모든 죄를 용서할 수 있다고 하 신다. 하늘에 계신 하나님의 죄를 사하는 권세가 이 땅에 있는 자신에게도 있다고 하시는 것이다(France, Marcus, Wessel & Strauss).

예수님은 서기관과 바리새인들 보란 듯이 중풍병자를 치료하시며 그에게 일어나서 실려 온 들것(침상)을 가지고 집으로 가라고 하셨다 (24b절). 예수님께는 죄를 사하는 권세도 있고, 병을 치료하는 권능도 있다는 사실을 확인해 주신 것이다. 병자는 예수님의 말씀대로 일어나 실려 온 들것을 챙겨서 모든 사람이 보는 앞에서 하나님께 영광을 돌리며 걸어서 집으로 갔다(25절). 그와 그를 데려온 사람들에게는 예수님이 반드시 치료하실 것이라는 믿음이 있었다(cf. 18-19절). 예수님은 그러한 믿음을 보시고 중풍병자를 치유하신 것이다(20절).

중풍병자는 육체적인 병에서 해방되기 위해 들것에 실려 주님을 찾아왔는데, 떠날 때는 죄까지 용서받은 완전히 새로운 사람이 되어 걸어서 돌아갔다. 그러므로 그가 병에서 회복된 것은 곧 하나님이 그의 죄를 용서하셨다는 증거가 되었다.

이 모든 것을 지켜보던 무리가 놀랐다(26절). '놀랐다'(ἔκστασις)는 믿기지 않는 상황을 보고 참으로 흥분했다는 뜻이다(cf. BAGD). '오늘'(σήμερον)은 예수님이 나사렛 설교에서 이사야의 말씀이 '오늘' 성취되었다고 하신 것을 상기시키며(4:21), 또한 선지자들이 종말에 있을 하나님의 역사라고 했던 일들이 '오늘' 시작되었음을 강조한다(Liefeld & Pao). 종말이 예수님의 사역을 통해 시작된 것이다. 그들은 이 일을 하신 하나님께 영광을 돌리며 하나님을 심히 두려워하게 되었다. 하나님이 베푸시는 은총은 이처럼 우리 안에 경건한 두려움을 조성한다.

서기관과 바리새인들처럼 많이 배웠다고 해서, 혹은 성경에 대해 많이 안다고 해서 반드시 하나님이 하시는 일을 보고 깨닫는 것은 아니다. 이들은 이미 예수님에 대한 부정적인 편견을 가지고 이곳에 왔기 때문에 진실을 볼 수 없다. 오히려 배운 것은 없지만 마음이 순수한 사람들이 하나님의 사역을 더 쉽게 더 빨리 알아본다.

이 말씀은 예수님이 인간의 질병을 치료하시고, 죄도 용서하시는 분이심을 강조한다. 또한 육체적인 치유보다 영적인 치유(죄 사함)가 더 중요하고 우선적이라고 한다. 육체적인 치유는 이 땅에서의 삶에만 영향을 미치지만, 영적인 치유는 영생에 영향을 끼치기 때문이다. 그러므로 질병을 치료받는 것보다 죄를 용서받는 것이 하나님의 더 큰 은혜를 경험하는 일이다.

IV. 갈릴리 사역(4:14-9:50)
  A. 초기 사역(4:14-6:16)
    6. 치유와 논쟁(5:12-6:11)

(3) 레위를 부르심(5:27-39)

본 텍스트는 예수님이 레위를 제자로 부르신 일로 인해 빚어진 몇 가지 일을 회고한다. 레위는 베드로처럼 모든 것을 버리고 예수님을 따랐다(cf. 5:1-10). 이 일을 기념하기 위해 잔치도 벌였다. 그러나 이를 지켜보는 서기관과 바리새인들은 예수님과 제자들이 못마땅하다. 예수님은 그들에게 새 시대가 시작되었다며 그들의 낡은 사고방식에 한계가 있다는 것을 분명히 하셨다. 본문은 다음과 같이 구분된다.

  A. 레위가 제자가 됨(5:27-28)
  B. 세리와 죄인과 함께한 잔치(5:29-32)
  C. 금식과 제자들(5:33-35)
  D. 새 시대와 옛 제도(5:36-39)

a. 레위가 제자가 됨(5:27-28)

²⁷ 그 후에 예수께서 나가사 레위라 하는 세리가 세관에 앉아 있는 것을 보시고 나를 따르라 하시니 ²⁸ 그가 모든 것을 버리고 일어나 따르니라

중풍병자를 고치신 일(5:17-26)이 있은 지 얼마 후 예수님은 길을 가시다가 세관에 앉아 있는 레위를 보고 따라오라고 하셨다(27절). 마가는 그가 알패오의 아들이었다고 한다(막 2:14). '나를 따르라'는 '내 제자가 되어라'라는 뜻이다. '따르라'(ἀκολούθει)는 현재형 명령(present imperative)이며, 평생 따르라는 의미를 지녔다(Best). 당시에는 스승이 제자를 부르는 것이 아니라 제자가 스승을 정했던 것을 고려하면 이번에도 예수님은 파격적인 행보를 보이셨다. 예수님 말씀에 레위가 모든 것을 버리고 일어나 예수님을 따랐다(cf. 5:11). 제자가 되었다는 뜻이다.

예수님이 사회적으로 소외된 사람들 치료에 집중하시고, 낮은 자들을 제자로 세우신 것은 메시아의 오심을 갈망하던 유대인들이 전혀 상상하지 못했던 충격적인 일들이다. 예수님은 사회적 계층 사이의 벽을 허무셨고, 신앙적으로 잘 사는 것에 대한 이해를 뒤집으셨으며, 종교적 문화와 전통에 대한 집착을 파괴하셨다(Wilkins). 또한 당시 종교인들이 혐오하던 사람들과 친구가 되셨다. 이번에도 전혀 예측하지 못한 세리를 제자로 부르셨다. 마태복음은 세리인 알패오의 아들 레위를 마태라고 한다(마 9:9; 10:3).

마태와 레위가 각기 다른 사람이라고 주장하는 이들도 있지만, 같은 사람이 확실하다(France, Strauss, cf. 마 10:2-4; 막 3:16-19; 눅 6:13-16; 행 1:13). 당시에는 한 사람이 여러 이름으로 불리는 것은 흔한 일이었다.

베드로는 시몬이라고 불렸고, 바울은 사울로 불렸다. 레위는 그의 회심 전 이름이며, 회심 후에는 마태로 불렸을 수 있다(Hagner). 혹은 태어날 때부터 '마태 레위'로 불렸을 수도 있다(Carson).

그가 레위라는 이름을 지닌 것은 레위 지파에 속했던 사람임을 암시한다(Albright & Mann). 유대인 중에서는 레위 지파 사람들이 히브리어와 율법을 가장 잘 알았다. 또한 그가 세리로 일했다는 점을 고려하면 그는 헬라어와 히브리어와 아람어와 라틴어를 읽고 쓸 수 있었을 것이다. 율법에 대한 익숙함과 언어적 능숙함이 훗날 마태복음을 기록하게 했다.

당시 유대인들은 여러 가지 직접세와 간접세를 내야 했다. 예를 들면, 집을 소유한 사람들은 재산세를 내고, 갈릴리 호수에서 물고기를 잡는 어부들은 수익의 일정한 비율을 세금으로 냈다. 로마 제국은 다스리는 모든 나라에서 세금을 징수했는데, 구역을 나누어 매년 가장 많은 세금을 거둬 주겠다는 사람들에게 징수 권한을 주었다. 로마 제국으로부터 징수 권한을 받은 사람들은 상납해야 할 금액보다 훨씬 더 많이 거두어서 남은 것을 착복했다.

그러다 보니 온갖 부정과 부패가 난무했으며, 세리들은 로마 사람들을 위해 일하면서 자기 백성을 착취한다 하여 매국노로 취급받기 일쑤였다. 랍비들은 세리가 남의 집에 들어가기만 해도 그 집이 부정하게 된다고 했다. 사람들은 세관들을 멀리할 뿐 아니라 미워했고(cf. 19:7), 자기중심적으로 사는 이기주의의 상징으로 대했다(마 5:46). 이러한 상황에서 예수님이 레위를 제자로 부르신 것은 가히 충격적이라 할 수 있다. 사회적으로 지탄받을 뿐만 아니라 사람들이 꺼리는 사람을 측근으로 삼겠다고 하셨기 때문이다.

레위는 아마도 북쪽에서 시작해 가버나움을 거쳐 남쪽으로 이어지는 주요 상업 도로였던 '마리스 도로'(Via Maris)에서 관세와 통행세를 징수하는 일을 했을 것이다(Wilkins, cf. Garland, Wessel & Strauss). 그는 삭개오

같은 세리장은 아니었다(Liefeld & Pao, cf. 19:2). 예수님은 그에게 제자가 되라고 하셨다.

예수님의 명령에 레위는 곧바로 예수님을 따라나섰다. 어떤 이들은 그가 처음 만난 예수님을 즉흥적으로 따라나선 것이라고 하지만(Long, Osborne), 이미 오랫동안 형성된 예수님과의 관계를 바탕으로 이렇게 결단한 것이라고 해석하기도 한다(McKnight, Wilkins). 그가 예수님의 제자가 되기로 한 것이 즉흥적인 결심이었든지 혹은 오랜 심사숙고 끝에 결정한 것인지는 그다지 중요하지 않다. 예수님이 그를 제자 삼으신 것이 중요하기 때문이다.

마태는 모든 것을 버리고 예수님을 따랐다(28절). 생각해 보면 레위는 예수님을 따르기 위해 다른 제자들보다 훨씬 더 많은 것을 포기했다. 세리로서 그는 부유한 삶을 살았다. 또한 어부였던 제자들은 언제든 본업으로 돌아갈 수 있지만, 세리였던 마태는 한 번 떠나면 옛 직업으로 돌아갈 수가 없다. 그러므로 그의 결단은 예수님의 부르심만큼이나 파격적이라 할 수 있다.

이 말씀은 누구든지 의지만 있으면 예수님의 부르심에 응할 수 있다고 한다. 레위는 예수님의 제자가 되기에 참으로 많은 결격 사유를 지녔다. 그가 예수님의 제자가 되면 처음에는 주님께 덕을 끼치기보다는 해를 더 많이 끼칠 것이다. 세리에 대한 부정적인 편견 때문이다. 그러나 예수님은 상관하지 않고 그를 제자로 세우셨다. 그의 잠재력을 보셨기 때문이다. 훗날 마태는 예수님의 이 같은 안목에 부응하듯 마태복음을 저작해 하나님께 영광을 돌렸다. 누구든지 하나님의 부르심에 응하는 사람은 하나님이 놀랍게 쓰실 것을 기대해도 좋다.

b. 세리와 죄인과 함께한 잔치(5:29-32)

²⁹ 레위가 예수를 위하여 자기 집에서 큰 잔치를 하니 세리와 다른 사람이 많이 함께 앉아 있는지라 ³⁰ 바리새인과 그들의 서기관들이 그 제자들을 비방하여 이르되 너희가 어찌하여 세리와 죄인과 함께 먹고 마시느냐 ³¹ 예수께서 대답하여 이르시되 건강한 자에게는 의사가 쓸 데 없고 병든 자에게라야 쓸 데 있나니 ³² 내가 의인을 부르러 온 것이 아니요 죄인을 불러 회개시키러 왔노라

이날 큰 잔치가 열렸다. 레위가 남에게 해를 끼치는 세리의 삶을 접고 예수님의 제자로서 덕을 끼치는 새로운 삶을 시작하는 것을 친구들과 친지들에게 알리기 위해 잔치를 연 것이다. 이는 마태가 상당한 부를 누리는 부자였음을 암시한다. 예수님은 손님들과 함께 앉아 음식을 잡수셨다(29절). '앉다'(κατάκειμαι)는 비스듬히 누운 자세를 묘사하며, 로마 사람들의 풍습에서 비롯되었다(BAGD). 그들은 음식이 차려진 식탁을 중앙에 두고 그 주위에 비스듬히 누워 교제하며 음식을 나눴다.

당시 음식을 함께 먹는 것은 동료와 사회적 지위를 정의하는 행위였다(Wessel & Strauss). 그러므로 음식을 함께 먹는 그룹에 속하기 위해 때로는 여러 가지 예식 등을 치르기도 했다(ABD). 마태도 자신이 소속된 사회적 그룹이라 할 수 있는 동료 세리들을 초대해 잔치를 했다. 아마도 새로운 스승으로 모시게 된 예수님을 소개하고 자신이 세리직을 떠나는 것을 알리기 위해서였을 것이다.

잔치가 한창 무르익었을 때 바리새인과 그들의 서기관들이 시비를 걸어 왔다(30절). 누가는 이 서기관들을 가리켜 '그들[바리새인들]의 서

기관들'(οἱ γραμματεῖς αὐτῶν)이라 하는데, 율법 전문가인 서기관 중 바리새인 출신을 뜻한다. 당시 서기관 중 상당수가 바리새인이었고, 그 외에 사두개인과 이 두 부류에 속하지 않은 이들도 있었다. 시기와 질투로 예수님의 일거수일투족을 감시하던 자들이 드디어 문제가 될 만한 일을 포착했다. 바리새인들은 제자들에게 예수님이 어찌 세리들과 죄인들과 함께 음식을 잡수시느냐며 문제를 제기했다. 그들은 예수님이 세리들과 죄인들과 함께 잡수시는 것을 곧 그들의 악한 행실을 용납하시는 의미로 해석하고 있다.

바리새인들은 세리들이 이방인을 자주 접하고 안식일에도 일을 한다며 혐오했다. 그러므로 그들이 마태의 잔치에 참석할 리는 없다. 그들은 분리(separation)로 구원을 정의했으며, 이와 대조적으로 예수님은 유대 관계(association)로 구원을 베푸셨다(Bock, Culpepper, Garland). 바리새인들은 아마도 마태의 집 밖에서 광경을 지켜보다가 문제를 제기했을 것이다. '죄인들'(ἁμαρτωλῶν)은 보통 사람들처럼 하나님 앞에 떳떳하지 못한 사람이 아니라, 눈에 띄는 심각한 죄를 지은 사람들을 뜻한다. 그들이 생각하기에는 지금 예수님이 경건한 이스라엘 사람이라면 도저히 상상도 할 수 없는 일을 하고 계신다.

여기서 죄인에 대한 관점의 차이를 볼 수 있다. 바리새인들은 그들의 율법 해석과 적용을 어긴 사람을 죄인이라 한다. 그러므로 그들은 자신들이 만들어 낸 기준으로 의인과 죄인을 판단한다. 그러나 예수님은 누구든지 하나님의 뜻에 반대하는 사람이 죄인이라 하신다. 가장 경건하다고 자부하는 바리새인들도 죄인이 될 수 있다고 하신다.

바리새인과 서기관들은 예수님을 직접 비방하지는 못하고, 예수님의 제자들을 비방했다(30a절). 예수님을 우회적으로 비난한 것이다. 예수님이 그들의 문제 제기에 직접 대답하신다. "건강한 자에게는 의사가 쓸 데 없고 병든 자에게라야 쓸 데가 있나니"(31절; cf. 4:23). 이 말씀은 당시 사용되던 격언이다. 예수님은 이 말씀을 통해 병자가 의사를 필

요로 하는 것처럼 죄인들에게는 하나님의 긍휼이 필요하다는 사실을
강조하신다. 예수님이 세리와 죄인들과 함께하시는 것은 하나님의 긍
휼이 필요한 그들에게 자비를 베풀기 위해서라는 의미다. 반면에 바리
새인과 서기관들은 자신들이야말로 영적으로 가장 건강하다고 자부하
는 자들이다. 그러므로 예수님은 그들과 함께 식사하실 필요가 없다.

예수님은 이어서 자신은 의인을 부르러 온 것이 아니라 죄인을 불러
회개시키러 왔다고 하신다(32절). 이 말씀은 건강한 자에게는 의사가
쓸데없고 병든 자에게라야 쓸데 있다는 말씀과 맥을 같이한다. 누구보
다도 영적으로 건강하다고 자부하며 스스로 의인이라 생각하는 바리
새인과 서기관들은 의사이신 예수님에 대한 필요를 느끼지 못한다. 반
면에 하나님 앞에서 한없이 부끄럽고, 자신을 죄라는 질병을 앓는 병
자로 고백하는 죄인들은 그들의 죄를 사하시고 고치실 메시아 예수님
에 대한 필요를 절실히 느낀다(cf. 5:20-24). 그러므로 예수님은 당연히
죄인을 구원하고 치료하기 위해 그들을 찾아가실 것이다. 심령이 가난
한 사람만이 천국을 맛볼 수 있다(마 5:3).

이 말씀은 예수님이 우리를 구원하시고 하나님의 백성으로 삼으신
이유를 분명하게 알려 준다. 우리는 하나님의 의롭다 하심을 입을 만
한 사람이 못 된다. 영적-육적으로 병을 앓던 사람들이다. 그런 우리
에게 의사이신 예수님이 찾아와 온전케 하셨다. 그러므로 우리는 하나
님과 사람들 앞에 교만할 만한 명분이 없다. 우리가 죄인 되었을 때 주
님이 먼저 찾아오셨기 때문이다. 서로를 대할 때 이 같은 겸손한 자세
로 대하면 많은 갈등이 해소될 것이다.

c. 금식과 제자들(5:33-35)

³³ 그들이 예수께 말하되 요한의 제자는 자주 금식하며 기도하고 바리새인의 제자들도 또한 그리하되 당신의 제자들은 먹고 마시나이다 ³⁴ 예수께서 그들에게 이르시되 혼인 집 손님들이 신랑과 함께 있을 때에 너희가 그 손님으로 금식하게 할 수 있느냐 ³⁵ 그러나 그 날에 이르러 그들이 신랑을 빼앗기리니 그 날에는 금식할 것이니라

바리새인과 서기관들이 계속해서 문제를 제기했다. 세례 요한의 제자들과 바리새인들의 제자들이 모두 금식할 때 예수님의 제자들은 먹고 마신다는 것이다(33절). 율법은 속죄일에 금식할 것을 요구한다(레 16:29-34; 23:27-32; 민 29:7). 그 외에는 모두 자원해서 하는 금식이다. 구약 시대 유대인들은 특별한 날에 금식했다(cf. 슥 7:5; 8:19).

바리새인들은 금식을 하나님을 경외하는 표현으로 생각했다(Bock). 그러므로 그들은 속죄일 외에도 매주 월요일과 목요일에 금식했다(cf. 18:11-12). 바리새인들과 요한의 제자들이 함께 언급되는 것으로 보아 요한의 제자들도 매주 월요일과 목요일에 금식했던 것으로 보인다. 요한의 제자들과 바리새인들은 금욕주의(asceticism)를 지향하는 삶을 살았다(cf. 마 11:18).

'바리새인의 제자들'은 바리새파 사람들을 지지하며 따르는 일반인들이다(Marcus, Wessel & Strauss, cf. 마 22:15-16). 그러므로 바리새인과 서기관들은 바리새인뿐 아니라 그들을 지지하는 일반인들도 금식을 하는데, 더 높은 신앙의 경지에 있다는 예수님의 제자들은 왜 금식하지 않는지 묻고 있다.

285

예수님과 제자들도 속죄일에는 금식했던 것이 확실하다(France). 율법이 요구하기 때문이다. 그러므로 그들이 문제 삼는 것은 매주 이틀씩 하는 금식이다. 왜 예수님의 제자들은 월요일과 목요일에 금식하지 않느냐는 것이다. 이들의 질문에 예수님은 머지않아 주님의 제자들도 금식할 날이 닥치겠지만, 지금은 금식할 때가 아니라고 하신다(34-35절). 바리새인과 서기관들은 '금식과 기도'에 대해 문제를 제기했지만(33절), 예수님은 '금식'에 대해서만 답하신다(34절). 예수님의 제자들도 기도하고 있기 때문이다. 다만 바리새인과 서기관들이 보는 앞에서 가식적으로 하지 않고 조용하고 은밀한 곳에서 하나님을 찾는다. 따라서 이 문제 제기는 그들의 오해에서 비롯된 것이므로 대답할 가치도 느끼지 못하신다(cf. Culpepper). 금식은 때와 장소를 구별해서 하는 것이지 무턱대고 하는 것이 아니라는 가르침이다.

예수님은 주님의 백성이 학수고대하던 하나님 나라를 드디어 세우셨다. 그러므로 지금은 혼인식에 버금가는 기쁜 잔치를 할 때다(34절). 또한 레위 같은 죄인이 예수님의 제자가 되는 은혜를 입었으니 당연히 축하할 때다. 옛 유대인들은 혼인 잔치를 일주일 동안 진행했다. 일주일 동안 많은 음식과 술이 제공되었으며(cf. 요 2:1-11), 온 공동체가 함께 매우 행복한 시간을 보냈다.

이 혼인 잔치의 신랑은 바로 예수님이시다(cf. 마 22:2; 25:1-13; 엡 5:23-32; 계 19:7-9; 21:2). 구약은 자주 하나님을 이스라엘의 신랑으로 묘사한다(사 54:5-6; 62:4-5; 렘 3:14; 호 2:19-20). 하나님이 시내산 언약을 통해 이스라엘과 결혼하셨기 때문이다. 또한 장차 오실 메시아가 바로 그들의 신랑이 되실 것이다. 그러므로 예수님이 자신을 신랑으로 묘사하시는 것은 메시아 시대가 시작되었음을 뜻한다(Beale & Carson). 예수님을 메시아로 맞이하는 사람들에게 새로 시작된 하나님 나라는 결혼식에 버금가는 기쁨과 축하의 잔치가 열릴 만한 일이다.

그러나 이 잔치는 오래 지속되지 않을 것이다. 신랑을 빼앗길 날이

다가오고 있기 때문이다(35절). '빼앗기다'(ἀπαίρω)는 원하지 않는 상황에서 폭력적인 방법으로 제거될 것을 뜻한다(France). 이 말씀은 고난받는 종(사 53:8, cf. LXX)에 대한 이사야 선지자의 예언을 반영하고 있으며, 십자가 사건에 대한 첫 암시다. 그때가 되면 예수님은 도수장으로 끌려가는 어린양과 털 깎는 자 앞에 잠잠한 양같이 조용히 죽음을 맞이하실 것이며(사 53:7-8), 제자들은 슬퍼하며 금식할 것이다. 그러나 그들은 잠시 슬퍼할 것이다. 예수님이 부활하셔서 그들의 슬픔을 기쁨으로 바꿔 주실 것이기 때문이다.

이 말씀은 모든 일에는 때가 있다고 한다. 어떤 그리스도인들은 금욕주의를 지향하는 것이 신앙이라고 한다. 그러나 무엇이든 과하면 부족함만 못하다. 금식할 때가 있으면 잔치해야 할 때도 있다. 죄에 대해 슬퍼할 때가 있으면, 용서하심에 감사하고 기뻐할 때가 있다. 우리는 신앙과 삶에 균형을 추구해야 한다. 또한 균형을 추구하기 위해서는 항상 선택해야 한다. 많은 기도를 통해 하나님의 인도하심을 받아 올바른 선택을 해야 한다.

d. 새 시대와 옛 제도(5:36-39)

36 또 비유하여 이르시되 새 옷에서 한 조각을 찢어 낡은 옷에 붙이는 자가 없나니 만일 그렇게 하면 새 옷을 찢을 뿐이요 또 새 옷에서 찢은 조각이 낡은 것에 어울리지 아니하리라 37 새 포도주를 낡은 가죽 부대에 넣는 자가 없나니 만일 그렇게 하면 새 포도주가 부대를 터뜨려 포도주가 쏟아지고 부대도 못쓰게 되리라 38 새 포도주는 새 부대에 넣어야 할 것이니라 39 묵은

포도주를 마시고 새 것을 원하는 자가 없나니 이는 묵은 것이 좋다 함이니라

예수님은 요한의 제자들과 바리새인들이 지향하는 옛 율법(구약)과 자신과 제자들이 추구하는 하나님 나라의 복음을 두 가지 비유를 통해 대조하신다. 첫째, 옛 율법은 낡은 옷과 같고 예수님이 선포하시는 하나님 나라의 복음은 새 옷에서 찢어낸 조각과 같다(36절). 만일 새 옷의 조각을 낡은 옷에 덧대어 기우면 어떻게 될까? 기웠을 때는 표가 잘 나지 않는다. 하지만 빨아서 말리면 낡은 옷은 줄 대로 줄어 있기 때문에 변화가 없지만, 그 위에 덧댄 새로운 생베 조각은 줄어들어서 낡은 옷을 찢게 된다. 이와 같이 모세가 시내산에서 받은 율법과 예수님이 선포하신 하나님 나라의 복음은 결코 융합될 수 없다. 예수님은 구멍 난 오래된 옷과 같은 옛 종교적 전통을 때우려고 오신 것이 아니라, 완전히 새로운 옷을 주기 위해 오셨다(Wilkins).

둘째, 옛 율법은 낡은 가죽 부대와 같고 하나님 나라의 복음은 새 포도주와 같다(37-38절). 그 당시 액체를 담는 가죽 부대는 주로 무두질한(tanned) 염소 가죽으로 만들었는데, 오래 사용할수록 빳빳해지고 단단해졌다. 한편, 새 포도주는 이제 막 발효가 시작된 것을 뜻하며, 시간이 지날수록 발효 작용으로 인해 부피가 팽창한다. 따라서 새 포도주는 빳빳하고 단단해져 늘어나지 않는 낡은 가죽 부대에는 넣지 않는 것이 바람직하다. 내용물의 부피가 팽창하면서 부대를 찢을 것이기 때문이다. 그렇게 되면 내용물도 버리고, 부대도 못 쓰게 된다.

예수님이 시작하신 하나님 나라는 새 포도주와 같다(38절). 그래서 오래된 가죽 부대와 같은 옛 시스템과 전통에 담을 수 없다. 예수님은 옛 율법을 새 생명으로 채우려고 오신 것이 아니다. 하나님 나라의 복음은 새 시스템에 담아야 한다. 이제는 제자도가 융통성 없이 기계적으로 율법을 지키는 것을 지향하는 유대교 시스템을 대신한다.

예수님은 바리새인과 서기관들이 예수님이 메시아이신 것과 예수님을 통해 새로운 시대가 도래했다는 사실에 강력히 반발하는 정서를 이해하신다. 그들을 포함한 대부분 유대인은 '묵은 포도주'(옛 율법)에 매우 익숙해져 있다. 그들은 묵은 포도주가 최고라고 생각한다(39절). 그러므로 "묵은 것이 좋다"라고 한다. 이 말은 당시 유행하던 격언이다(Bock). 그들은 새 포도주(예수님이 선포하시는 하나님 나라의 복음)의 필요성을 알지 못하며, 변화를 원하지 않는다. 어느 시대나 사람들은 변화를 싫어한다. 우리 말에도 "구관이 명관이다"라는 말이 있다. 유대인중에 예수님이 선포하시는 복음에 긍정적으로 반응하는 사람의 숫자가 극히 제한적일 것임을 암시한다.

이 말씀은 옛 언약(구약)과 새 언약(신약) 사이에는 분명한 차이가 있다고 한다. 그러므로 하나님 나라의 복음을 구약 율법과 섞으려고 하는 것은 마치 새 옷에서 찢은 생베 조각을 낡은 옷에 붙이는 것과 같고, 새 포도주를 낡은 가죽 부대에 넣으려는 것과 같다. 두 언약은 분명 지속성을 지니고 있지만, 동시에 대조적인 점도 지닌다. 학자들은 이것을 구약과 신약의 연속성(continuity)과 단절성(discontinuity)이라고 한다.

우리는 옛것에 편안함을 느끼고 익숙해진 탓에 필요한 변화까지 거부하는 오류를 범하지 않아야 한다. 바리새인과 서기관들의 문제가 여기에 있었다. 우리는 옛것을 누리고 즐기면서도 영적인 예민함을 가지고 하나님의 말씀을 통해 끊임없이 변화를 추구해야 한다.

Ⅳ. 갈릴리 사역(4:14-9:50)
  A. 초기 사역(4:14-6:16)
    6. 치유와 논쟁(5:12-6:11)

---

(4) 안식일과 밀 이삭(6:1-5)

¹ 안식일에 예수께서 밀밭 사이로 지나가실새 제자들이 이삭을 잘라 손으로

비비어 먹으니 ² 어떤 바리새인들이 말하되 어찌하여 안식일에 하지 못할 일을 하느냐 ³ 예수께서 대답하여 이르시되 다윗이 자기 및 자기와 함께 한 자들이 시장할 때에 한 일을 읽지 못하였느냐 ⁴ 그가 하나님의 전에 들어가서 다만 제사장 외에는 먹어서는 안 되는 진설병을 먹고 함께 한 자들에게도 주지 아니하였느냐 ⁵ 또 이르시되 인자는 안식일의 주인이니라 하시더라

가나안 지역에서는 3-4월에는 보리를, 4-5월에는 밀을 수확한다. 그러므로 이 일은 밀을 수확하는 4-5월쯤에 있었던 일이다. 안식일에 예수님이 제자들과 함께 길을 가시는데, 제자들이 배가 고파 길옆 밀밭에서 이삭을 잘라 먹었다(1절). 이 광경을 지켜보던 바리새인들이 제자들과 예수님에게 안식일에 해서는 안 되는 일을 했다며 문제를 제기했다(2절). 마태와 마가는 제자들이 밀 이삭을 잘라 먹었고, 이를 본 바리새인들이 예수님에게 항의했다고 한다(마 12:2; 막 2:24). 한편, 누가는 예수님은 이삭을 잘라 드시지 않았지만, 바리새인들이 예수님과 제자들을 한통속으로 취급했다고 한다. 스승이 제자들을 잘못 가르쳤다고 생각했기 때문이다. 우리도 행실을 바로 하지 않으면 스승이신 예수님이 욕을 먹는다는 사실을 기억하며 살아야 한다.

오늘날 정서에서는 남의 물건인 밀에 손을 댄 것이 문제가 아니라, 안식일에 손을 댄 것이 문제라는 바리새인들의 주장이 잘 이해되지 않을 수도 있다. 율법은 길을 가다가 허기를 채우기 위해 허락 없이 남의 밭에 들어가 곡식을 먹는 일을 허용한다(레 19:9-10; 신 23:24-25). 다만 여유분을 챙겨 나오면 안 된다. 그러므로 유대인들은 배고픈 여행자들과 가난한 사람들을 위해 밭의 가장자리에서 자라는 곡식은 아예 수확하지 않았다(레 23:22; 신 24:21; 룻 2:2-3). 또한 포도나 올리브 농사를 하는 과수원에서도 주인은 한 해에 한 번만 수확했다. 남은 과일과 열매는 배고픈 사람과 가난한 자들의 몫이었다.

그러므로 바리새인들이 문제 삼는 것은 제자들이 남의 농산물을 허

락 없이 먹은 일이 아니다. 그들이 곡식을 털어 먹는 과정에서 일을 했다는 것이다. 이삭을 손으로 비비는 것이 추수 행위로 간주될 수도 있고, 비빈 곡식을 입으로 불어 껍질을 날려 보내는 것이 일이 될 수도 있다. 무엇이 일이고 아닌지에 대해 당시 율법학자들과 랍비들의 개인적인 해석이 분분했다. 오늘날에도 보수적인 유대인들은 안식일에 먹을 음식을 전날에 준비해 둔다. 요리하는 것은 일이기 때문이다.

율법뿐 아니라 십계명은 안식일은 거룩한 날이므로 사람과 짐승 모두 일하지 않게 하라고 한다(출 20:8-11). 이에 따라 당시 유대교는 할례와 음식법과 안식일 준수는 사람이 지켜야 할 가장 중요한 율법이라고 가르쳤다. 안식일 준수가 당시 유대교의 정체성을 정의했다고 해도 과언이 아니다.

안식일 율법의 중요성은 십계명에서도 잘 나타난다. 십계명 중 처음 네 계명은 우리가 어떻게 하나님을 섬길 것인가에 대한 것들인데, 이 중 네 번째인 안식일 율법이 가장 자세하게 기록되어 있다. 매우 중요하다는 뜻이다. 또한 처음 세 계명이 가치관과 마음 자세에 초점을 두고 있다면, 안식일 계명은 순종 여부가 겉으로(삶으로) 드러난다. 이러한 이유로 유대인들은 안식일 율법을 목숨 걸고 지키려 했다.

율법도 안식일 율법을 위반하는 일은 처형될 정도로 심각한 죄라고 한다(cf. 출 31:14-15; 35:2). 마카비 혁명(Maccabean Revolt, 주전 167-160) 당시, 처음에는 안식일에 적들과 싸우느니 차라리 죽겠다며 적의 공격에 어떠한 저항도 하지 않고 전사하는 사람들이 나왔다. 이후 유대인들은 방어 목적으로 하는 전쟁은 안식일에도 할 수 있다고 구전 율법(oral law)을 수정했다. 이들의 율법 해석(구전 율법)에서 안식일에 일을 해서는 안 된다는 율법이 유일하게 적용되지 않는 상황은 성전에서 드리는 예배와 연관된 일을 하거나 생명이 위협을 받을 때였다.

문제는 안식일에 사람이 할 수 있는 일과 할 수 없는 일을 누가 어떻게 정의하느냐 하는 것이다(cf. 사 58:13-14; 렘 17:21-22). 당시 랍비들은 안식일에 하면 안 되는 일을 39가지로 정의했다. 예를 들면 안식일에는 한꺼번에 2,000규빗(전통적으로 900m, 그러나 한 랍비 문헌은 1,100m로 규정하기도 함) 이상 걸으면 안 된다. 사도행전 1:12은 이것을 '안식일에도 걸을 수 있는 거리'라고 한다. 오늘날에도 보수적인 유대인들은 회당 가까운 곳에 산다. 이 율법을 위반하지 않기 위해서다. 바리새인들이 예수님과 제자들이 이 구전 율법을 위반했다고 하지 않는 것으로 보아 이 부분에는 별문제가 없었다.

당시 율법학자들과 랍비들이 안식일에 해서는 안 되는 일로 규정한 내용 일부를 보면 참으로 비상식적이고 어리석다는 생각이 든다. 한 예로 본문의 내용을 생각해 보자. 율법은 나그네가 길을 가다가 배가 고프면 주인의 허락 없이도 남의 밭에 들어가 곡식을 비벼 먹어 허기를 달랠 수 있다고 했다. 그러나 사람들이 만든 규정에 따르면 곡식을 손으로 비비거나 껍질을 입으로 부는 것은 일이다. 그러므로 안식일에는 아무리 배가 고파도 율법이 허락한 대로 곡식을 비벼 먹으면 안 된다. 안식일에 일을 해서는 안 되기 때문이다. 결국 당시 율법학자들은 하나님이 모세를 통해 주신 구약 율법보다 더 우선되는 강력한 율법을 만들어 사람들에게 강요했다. 그들은 사람들에게 구약 율법보다 더 무거운 짐을 지워 준 것이다.

안식일에 해서는 안 되는 일을 정의한 것은 성경이 아니라 사람이다. 이러한 이유로 당시 모든 유대교 종파가 바리새인들의 율법 해석에 동의하지는 않았다. 따라서 그들의 문제 제기는 의도적으로 시비를 걸어오는 행위이며(Daube), 바리새인들이 예수님을 본격적으로 공격하기 시작한 것으로 볼 수 있다. 그들은 예수님이 자신들의 전유물이라고 생각했던 구약을 새로 해석하고 가르치는 것에 위협을 느끼고 있다.

예수님은 바리새인들의 문제 제기에 다윗의 이야기를 예로 들며 반박하신다. 다윗이 예루살렘 남쪽 근교 놉에 있는 성막에서 제사장들로부터 진설병을 얻어먹은 이야기다(3-4절; cf. 삼상 21:1-6). '진설병'(τοὺς ἄρτους τῆς προθέσεως, cf. 출 25:30; 레 24:5-9)은 하나님과 이스라엘 사이에 맺은 언약을 상징하는 것으로, 안식일마다 제사장들이 이스라엘의 지파 수에 따라 빵 열두 개를 만들어 성전 안에 있는 진설병을 전시하는 상 위에 두었다. 이 빵들은 하나님이 이스라엘을 먹이시는 것을 상징했다. 안식일에 전시된 빵은 다음 안식일에 새로운 빵으로 대체되었으며, 일주일 동안 전시되었던 빵은 거룩하기 때문에 제사장들만 먹을 수 있었다. 제사장들이 빵을 먹지 않고 있었다는 것은 다윗이 놉에 있는 성막을 방문했을 때가 안식일이었음을 암시한다.

다윗과 소년들이 진설병을 먹은 것은 율법을 위반하는 일이었다. 게다가 다윗은 이 진설병을 얻기 위해 거짓말까지 했다. 그래서 어떤 이들은 예수님이 다윗이 거짓말을 하고도 무탈한 것을 염두에 두고 이 말씀을 하시는 것이라고 하는데(Marcus), 설득력이 부족한 논리다.

한편, 아히멜렉 제사장이 그들에게 진설병을 준 것도 율법이 금하는 행위였다. 그런데도 구약은 그 어디에서도 이 율법 위반 사례에 문제를 제기하지 않는다. 그러므로 예수님은 다윗과 소년들이 율법을 어기면서 진설병을 먹은 일이 문제가 되지 않는다면, 제자들이 안식일에 배가 고파 밀 이삭을 비벼 먹은 것은 더욱더 문제가 되지 않는다고 하신다(Bock). 만일 다윗과 그의 부하들이 거룩한 음식을 먹어도 괜찮았다면, 다윗보다 더 위대하신 메시아와 그의 제자들은 더욱더 그러하다(Collins, Perkins, Strauss, cf. 5절). 예수님이 사용하시는 논리는 작은 것에 근거해 더 큰 것을 논하는 논법(a fortiori)이다.

예수님은 제자들의 행동을 옹호하면서 왜 이 사건을 언급하시는 것일까? 이에 대해 학자들은 최소한 여덟 가지 해석을 내놓았다(cf. Davies & Allison). 이 중 어느 정도 본문 해석에 기여하는 것은 (1)사람의 가장 기본적인 필요가 법률상의 사소한 절차(legal technicality)보다 우선이다, (2)예수님은 구약 율법이 아니라 바리새인들의 구전 율법(oral law)의 잘못됨을 지적하신다, (3)선한 일을 위해서는 율법을 어길 수 있다, (4)하나님의 기름 부음을 받은 다윗의 권위가 예수님의 메시아적 권위를 상징한다 등이다. 이 같은 이유가 본문에 복합적으로 작용하고 있다.

첫 번째와 네 번째 해석이 본문의 취지를 설명하는 데 도움이 된다 (cf. Beale & Carson). 원래 안식일과 안식일에 관한 율법은 사람들에게 평안과 안식을 주기 위해 제정되었다. 안식일 율법을 지키는 일은 하나님이 사람들에게 지우신 짐이 아니라, 하나님과 특별한 관계를 지닌 사람들만 누릴 수 있는 특권이다. 그러므로 신명기는 율법이 하나님 백성의 평안과 행복을 보장하는 '행복보장헌장'이라고 한다(cf. 『엑스포지멘터리 신명기』).

예수님은 다윗 이야기에 한 가지를 더하신다(5절). 예수님이 안식일의 주인이라는 사실이다. 메시아이신 예수님은 안식일에 대한 권위 (authority)를 가지셨고, 안식일과 안식일 율법을 제정하신 하나님과 동등하신 분이라는 뜻이다. 어떻게 이런 일이 가능한가? 예수님은 본문에서 자신을 '인자'(ὁ υἱὸς τοῦ ἀνθρώπου)로 칭하시며 '옛적부터 계신 이'(하나님)에게 모든 권세와 영광과 나라와 백성을 받으신 '인자'이심을 암시한다(cf. 단 7:13-14). 따라서 예수님은 모든 율법을 최종적으로 해석할 권위를 가지셨다. 또한 율법을 완성하셨다(cf. 마 5:17-20). 그러니 안식일의 주인이신 예수님이 안식일에 제자들에게 자비를 베푸신 것이 무슨 문제가 되겠는가!

한 학자는 이 말씀이 원래 '사람이 안식일의 주인이다'였는데 마가와 누가가 '인자가 안식일의 주인이다'로 바꿨다고 주장한다(Bultmann, Creed). 그러나 모든 사람이 예수님처럼 율법을 재해석하는 권한을 지니지는 않았다. 그러므로 근거 없는 해석이다(France, Guelich, Morris).

이 말씀은 우리가 하나님의 말씀에 순종하며 살 때, 말씀의 취지(의도)를 존중하며 실천하는 것이 중요하다고 한다. 말씀이 표면적으로 요구하는 것을 준수하는 것보다, 하나님이 말씀을 주신 이유와 목적을 이해하고 실천하는 것이 더 중요하다는 뜻이다. 말씀의 취지를 제대로 살리지 못하면 우리도 율법주의자가 될 수 있다.

성경이 제시하는 기준과 가이드라인에 따라 살다 보면 어떤 때는 두 기준이 대립할 때가 있다. 안식일에 밀을 비벼 먹어 배고픔을 달래는 일과 안식일에 일을 하면 안 되는 것처럼 말이다. 이럴 때는 어떤 기준을 준수해야 할 것인지 하나님의 인도하심을 받아야 한다. 예수님은 단연코 배고픔을 달래는 일이 더 중요하다고 하셨다. 안식일이 사람을 위해 있는 것이지, 사람이 안식일을 위해 있는 것이 아니기 때문이다.

Ⅳ. 갈릴리 사역(4:14-9:50)
  A. 초기 사역(4:14-6:16)
    6. 치유와 논쟁(5:12-6:11)

---

(5) 안식일과 치유(6:6-11)

⁶ 또 다른 안식일에 예수께서 회당에 들어가사 가르치실새 거기 오른손 마른 사람이 있는지라 ⁷ 서기관과 바리새인들이 예수를 고발할 증거를 찾으려 하여 안식일에 병을 고치시는가 엿보니 ⁸ 예수께서 그들의 생각을 아시고 손 마른 사람에게 이르시되 일어나 한가운데 서라 하시니 그가 일어나 서거늘 ⁹ 예수께서 그들에게 이르시되 내가 너희에게 묻노니 안식일에 선을 행하는 것과 악을 행하는 것, 생명을 구하는 것과 죽이는 것, 어느 것이 옳으냐 하시며 ¹⁰ 무리를 둘러보시고 그 사람에게 이르시되 네 손을 내밀라 하시니 그가 그리하매 그 손이 회복된지라 ¹¹ 그들은 노기가 가득하여 예수를 어떻게 할까 하고 서로 의논하니라

제자들이 밀 이삭을 비벼 먹은 일로 인해 바리새인들과 갈등을 빚은 안식일 이후 또 다른 안식일이 되었다(6a절). 이번에도 예수님은 회당에 들어가 가르치셨다(6b절). 예수님은 기회만 되면 회당을 찾으셨다. 가르치기 위해서였다. 하나님께 예배드리기 위해 모인 사람 중 오른손

이 마른 사람이 있었다.

손이 '말랐다'(ξηρός)는 것은 팔이 마비되어 사용할 수 없는 상황을 뜻한다(BAGD). 옛적에 북 왕국 이스라엘을 시작했던 여로보암이 우상 숭배로 인해 이런 일을 경험했다가 선지자의 도움으로 치료된 적이 있다(cf. 왕상 13:1-10). 당시에는 이런 장애가 있으면 불편함보다 경제적인 어려움이 더 큰 이슈였다. 몸을 움직여서 하는 일이 대부분이었던 시대에 팔을 쓸 수 없다는 것은 생계와 직결되었기 때문이다. 그러므로 이 사람은 하루하루 살아가는 것이 참으로 고단했을 것이다. 그는 예수님이 병을 고치신다는 소문을 듣고 낫고자 수소문해서 찾아왔다. 또한 그는 예수님이 안식일에도 사람을 치료해 주신다는 소문도 들었다(cf. 4:31-41).

모든 사람이 메시아이신 예수님을 좋아하거나 사모하는 것은 아니다. 서기관과 바리새인들은 예수님을 곤경에 빠트릴 증거를 수집하고 있다(7절). 아마도 그들 역시 예수님이 안식일에 병자들을 고치신다는 소문을 듣고 예수님이 가르치시는 회당으로 감시하러 나왔을 것이다. 그들은 병을 고치는 것을 일로 생각한다. 그러므로 예수님이 안식일에 병자를 고치는 일을 직접 목격하면 그들을 보낸 자들에게 보고할 거리가 생긴다. 이 땅에 사는 사람 중 자기만큼 하나님을 잘 아는 사람은 없다고 자부하던 자들이 정작 하나님의 아들이자 메시아이신 예수님을 알아보지 못하고 주님을 고발할 것만 찾으려 하는 모습이 참으로 안타깝다.

바리새인과 서기관들이 예수님이 하나님의 아들이라는 사실을 깨닫지 못하는 것은 그들의 무관심 때문이다. 그들은 예수님이 메시아인지, 혹은 참 선지자인지에 대해 어떠한 관심도 없다. 만약 그들이 예수님의 가르침과 행하신 기적들을 한 번이라도 깊이 생각해 보았다면 상황이 많이 달라졌을 수도 있다. 예수님이 하나님의 아들로 오신 메시아라는 사실을 한 번쯤은 고민해 보았을 것이기 때문이다. 그러나 그들에게 예수님은 그동안 누리던 이권과 전통을 위협하는 무례하고 위험한 사람일 뿐이다. 병든 사람을 치료하는 것은 참으로 좋은 일이고 하나님의 영광을 드러내는 일인데, 이 사람들은 아픈 사람의 어려운 형편에도 관심이 없다.

당시 유대인 종교 지도자들은 안식일에 해서는 안 되는 일 39가지를 정해 놓고 성전에서 제사장들이 하는 일과 산파들이 출산을 도울 때 생길 수 있는 다급한 상황 등 생명을 위협하는 경우에만 예외로 삼았다. 그들 생각에는 사람의 손이 말랐다고 해서 생명을 위협받지는 않는다. 그러므로 그들은 예수님이 이 사람을 안식일인 이날 치료하면, 곧 율법을 어기는 것이라고 생각한다. 사실 예수님이 손 마른 사람에게 이날은 안식일이니 다음 날 찾아오면 치료해 주겠다고 하셨다면 아무 문제도 발생하지 않았을 것이다.

그러나 예수님은 안식일을 기념하기 위해 오신 것이 아니라, 생명을 구하러 오셨다. 또한 한시라도 더 빨리 낫고 싶어 하는 병자의 마음을 헤아리신다. 게다가 유대교 지도자들의 안식일 율법에 대한 해석과 적용은 이 율법의 의도와 전혀 상관없는 잘못되어도 한참 잘못된 것이다. 이에 예수님은 이 상황을 안식일 율법의 취지를 가르치는 기회로 삼으셨다.

예수님은 고발할 빌미를 찾는 바리새인들을 포함한 모든 사람이 볼 수 있도록 손 마른 사람을 회중 한가운데 세우셨다(8절). 당시 종교 지도자들을 대표하는 바리새인과 서기관들과 맞서기로 결단하신 것이다. 복음서에서 예수님이 누구를 치료하겠다고 먼저 나서시는 경우는 이곳이 유일하다. 다른 치료 사역에서는 항상 치료를 바라는 병자들이 먼저 예수님께 나아온다.

병자를 회중 가운데 세우신 예수님은 사람들, 특히 율법에 박식하다는 바리새인과 서기관들을 향해 안식일과 일에 관해 두 파트로 구성된 질문을 하셨다(9절). (1)안식일에 선을 행하는 것과 악을 행하는 것 중 어느 것이 옳은가? (2)안식일에 생명을 구하는 것과 죽이는 것 중 어느 것이 옳은가?

좋은 일은 어느 때든지 날을 가리지 않고 해야 한다. 안식일이라 해도 어려움에 처한 사람을 돕는 것은 당연하다. 안식일이 사람을 위해 있는 것이지 사람이 안식일을 위해 있는 것이 아니기 때문이다(막 2:27). 또한 안식일에 사람을 돕는 것은 하나님이 기뻐하시는 선하고 옳은 일이다. 물론 바리새인과 서기관들은 듣지 않을 것이다(cf. 11절). 이미 그들은 예수님께 마음을 닫았다. 예수님이 어떤 일을 하시고, 어떤 가르침을 주시든 간에 그들은 아무것도 보려 하지 않고 들으려 하지 않는다.

예수님은 안식일의 의미를 가르쳐 주신다. 안식일은 어떤 일을 하지 않는 날이 아니라, 선한 일과 생명을 구하는 일을 하는 날이다. 이러한 해석이 당시 유대인들에게는 다소 생소한 가르침일 수 있지만, 예수님은 율법을 최종적으로 해석할 권한을 가지신(cf. 마 5:17-20; 10:40-41; 11:10) 안식일의 주인이시다(막 2:28).

첫 번째 질문(안식일에 선을 행하는 것과 악을 행하는 것 중 어느 것이 옳은가?)은 손이 마른 사람에 관한 질문이라 할 수 있다. 그 사람을 치료하는 것은 좋은 일이며 계속 방치하는 것은 나쁜 일이기 때문이다. 두 번째 질문(안식일에 생명을 구하는 것과 죽이는 것 중 어느 것이 옳은가?)은 일반적인 원리를 제시하지만, 또한 예수님에 관한 질문이기도 하다. 화가 잔뜩 난 바리새인과 서기관들이 이 안식일에 예수님을 어떻게 할까 하고 서로 의논하기 때문이다(11절).

예수님의 두 가지 질문에 바리새인과 서기관들은 묵묵부답이다. 안식일에 선을 행하고 생명을 구하는 것이 옳다고 하면 그동안 사람들에게 왜 아무 일도 하면 안 된다고 가르쳤냐고 질책을 받을 것이다. 그렇다고 안식일에 악을 행하고 죽이는 것이 옳다고 말할 수도 없는 일이다. 그러므로 그들은 어떠한 대답도 하지 않는다.

예수님은 서 있는 사람에게 손을 내밀라고 하셨고, 그가 손을 내미니 곧바로 회복되었다(10절). 병자에게는 예수님이 안식일에 자기 손을 치료하실 수 있다는 믿음이 있었다. 이에 말씀에 따라 손을 내밀어 치유를 받은 것이다(France). 예수님은 환자를 만져 치료하시기도 하는데(cf. 1:31, 41), 이번에는 말씀으로만 치료하셨다. 바리새인들이 트집을 잡을 만한 '일'을 하지 않으신 것이다(France). 그러나 이 같은 사실은 바리새인들에게 중요하지 않다. 그들은 이미 예수님을 대적하기로 결단했기 때문이다. 우리는 기적의 한계를 목격하고 있다. 기적은 모든 사람을 설득시키지는 못한다. 특히 마음이 강퍅한 사람들은 기적으로 인해 더 강퍅해진다.

광경을 지켜보던 바리새인과 서기관들은 회심하거나 반성하기는커녕 오히려 더 악랄해졌다. 그들은 화를 잔뜩 내며 예수님을 어떻게 할까 하고 서로 의논했다. 마가는 그들이 예수님을 죽이기로 결정했다고 한다(막 3:6).

이권과 전통에 눈이 먼 바리새인과 서기관들은 진리를 눈앞에 두고도 보기를 거부하는 사람들이다. 진리를 추구하는 사람들이 진리와 진실에는 관심이 없다. 안식일은 하나님을 예배하기 위해 주님의 백성이 회당에 모이는 날이다. 예배 중 손 마른 사람이 수많은 사람이 보는 앞에서 치유받음으로써 하나님의 은혜와 영광이 온 회중에 임하는 것이 얼마나 좋은 일인가! 예수님이 바로 이 좋은 일을 하시며 하나님의 영광을 드러내셨다. 그러나 예수님의 선한 일은 원수를 만들어 냈다(van der Loos). 마음이 강퍅한 바리새인들이 하나님의 영광을 드러내신 예수님을 죽이고자 음모를 꾸민 것이다!

이 말씀은 하나님을 가장 사랑한다고 하는 자들이 실제로는 하나님의 사역을 가장 반대하는 자들이 될 수 있다고 경고한다. 바리새인들은 스스로 하나님을 가장 잘 섬긴다고 자부하면서도 주님을 예배하는 목적과 기쁨을 오래전에 상실한 자들이다. 또한 지성이 마비되어 상식도 없는 자들이다. 이 같은 바리새인들의 모습을 우리 주변에서도 볼 수 있다. 오늘날 여러 기독교 연합 단체와 교단 총회 그리고 노회를 좌지우지하는 자들이 이런 모습을 보인다. 교회의 주인이신 주님을 모르는 교회, 이것이 우리의 자화상이 아닌지 두렵다.

> Ⅳ. 갈릴리 사역(4:14-9:50)
>   A. 초기 사역(4:14-6:16)

7. 열두 제자(6:12-16)

¹² 이 때에 예수께서 기도하시러 산으로 가사 밤이 새도록 하나님께 기도하시고 ¹³ 밝으매 그 제자들을 부르사 그 중에서 열둘을 택하여 사도라 칭하셨으니 ¹⁴ 곧 베드로라고도 이름을 주신 시몬과 그의 동생 안드레와 야고보와 요한과 빌립과 바돌로매와 ¹⁵ 마태와 도마와 알패오의 아들 야고보와 셀롯이라는 시몬과 ¹⁶ 야고보의 아들 유다와 예수를 파는 자 될 가룟 유다라

예수님이 기도하기 위해 산으로 가셨다(12a절). 예수님이 산에 오르시는 것을 옛적에 모세가 하나님과 홀로 있으면서 율법을 받기 위해 시내산에 올랐던 일과 연관해 신학적인 상징성을 지닌 일로 해석하는 이들이 있다. 그러나 누가복음에서 예수님이 산이나 한적한 곳을 찾으시는 이유는 기도하기 위해서다. '산으로 가사'(ἐξελθεῖν εἰς τὸ ὄρος)는 '언덕으로 가다'라는 의미도 지녔다(BAGD). 예수님이 가신 산의 이름이 언급되지 않는 것으로 보아 갈릴리 호수 주변에 있는 언덕을 오르신 것으로 보인다.

예수님은 밤새워 기도하시고 날이 밝자 제자들을 모두 부르셨다(12b-13a절). 그러고는 모인 제자 중 열둘을 택해 사도라고 칭하셨다(13b절). 누가는 이 열두 명을 자주 사도라 부른다(6:13; 9:10; 11:49; 17:5; 22:14; 24:10, 사도행전에서는 28차례). '사도'(ἀπόστολος)는 '보내심을

입은 자'라는 뜻이며, 하나님과 예수님이 자신을 대신해 보내시는 대리
인들(agents)이다. 앞으로 사도들은 예수님께 배우며 주님의 사역을 돕
기도 할 것이다. 또한 예수님의 부활 후 세워진 교회에서 중추적인 역
할을 할 것이다.

사도들의 숫자 '12'은 이스라엘의 열두 지파를 상징한다. 예수님이
옛 이스라엘의 열두 지파를 상징하는 열두 제자를 세우신 것은 예수님
이 곧 이스라엘을 자기 백성 삼으셨던 여호와이심을 드러낸다(Strauss).

이때까지 누가는 독자들에게 제자 중 시몬(베드로), 안드레, 야고보,
요한, 레위(마태) 등 다섯 명의 이름만 알려 주었는데 드디어 열두 명의
이름을 모두 제시한다. 열두 제자의 이름으로 구성된 사도 목록은 마
태복음 10:2-4과 누가복음 6:13-16과 사도행전 1:13에도 있지만, 책
마다 순서가 다르고 나열되는 이름에도 다소 차이가 있다. 마태는 예
수님이 그들을 파송하시는 일과 연관해 목록을 제시하는 반면, 마가와
누가는 예수님이 그들을 제자로 부르신 일과 연관해 목록을 제시한다.
다음을 참조하라(cf. Culpepper, Wilkins).

	마태복음 10:2-4	마가복음 3:16-19	누가복음 6:13-16	사도행전 1:13
첫 번째 그룹	시몬 베드로	시몬 베드로	시몬 베드로	베드로
	그의 형제 안드레	세베대의 아들 야고보	안드레	요한
	세베대의 아들 야고보	요한	야고보	야고보
	그의 형제 요한	안드레	요한	안드레
두 번째 그룹	빌립	빌립	빌립	빌립
	바돌로매	바돌로매	바돌로매	도마
	도마	마태	마태	바돌로매
	세리 마태	도마	도마	마태

세 번째 그룹	알패오의 아들 야고보	알패오의 아들 야고보	알패오의 아들 야고보	알패오의 아들 야고보
	다대오	다대오	셀롯이라는 시몬	셀롯이라는 시몬
	가나나인 시몬	가나나인 시몬	야고보의 아들 유다	야고보의 아들 유다
	가룟 유다	가룟 유다	가룟 유다	

열두 사도는 각각 네 명으로 구성된 세 그룹을 형성한다. 리스트가 나올 때마다 베드로와 빌립과 알패오의 아들 야고보가 각 그룹의 첫 번째 인물로 언급된다. 아마도 이들이 네 명으로 구성된 각 팀의 리더 였기 때문일 것이다(Carson, Wilkins).

제자 목록에서 항상 제일 먼저 등장하는 시몬 베드로는 열두 명 중에 서도 가장 중요한 위치에 있는 수제자다. 베드로의 형제 안드레는 요 한복음 1:35-51에서 중요한 사도로 부각되지만, 예수님이 가장 가까 이하셨던 제자 그룹(베드로, 야고보, 요한)에는 들지 못했다. 예수님은 야 이로의 딸을 살리실 때와 변화산과 겟세마네 동산에서 세 제자와 함께 하시지만, 안드레는 데려가지 않으셨다.

야고보와 요한은 세베대의 아들들인데(5:10), '세베대'(Ζεβεδαῖος)는 천 둥이라는 의미를 지녔다. 예수님은 그들에게 '보아너게 곧 우레의 아 들'(Βοανηργές, ὅ ἐστιν υἱοὶ βροντῆς)이라는 이름을 더하셨다(막 3:17). '보 아너게'(Βοανηργές)는 '우레의 아들'이라는 의미를 지녔지만, 이 단어가 어느 언어에서 어떻게 유래되었는지는 추측만 난무할 뿐이다(Guelich). 아마도 이 두 제자의 성격이 불같았다는 것을 암시하는 듯하다(Strauss).

빌립(14절)은 공관복음에는 언급되지 않지만 요한복음 1:43-51, 6:5, 12:21-22, 14:8-14 등에 활동하는 모습이 기록되어 있다. 바돌로매 (14절)는 다시 언급되지 않는다. 아마도 그가 빌립과 연관된 것으로 보아 그의 다른 이름은 나다나엘이었을 것이다(cf. 요 1:44-50). 누가는 마태

(15절)를 레위라 부르는데(5:27), 마태는 부르심을 받기 전에 세리였다.

도마(15절)는 디두모라는 이름으로도 불렸다(요 11:16; 21:2). '디두모'(Δίδυμος)는 쌍둥이라는 의미를 지녔다(BAGD). '도마'(Θωμᾶς)도 아람어로 쌍둥이라는 뜻이다(TDNT). 그는 예수님이 부활하셨다는 사실을 믿지 못해 '의심하는 도마'(Doubting Thomas)로 알려지게 되었으며(cf. 요 20:24-29), 전승에 따르면 인도에서 선교했다고 한다(cf. Ferguson).

누가는 야고보가 알패오의 아들이라고 하는데(15절), 마가복음 2:14은 레위(마태)를 '알패오의 아들'이라고 한다. 그러므로 마태와 야고보는 형제이거나, 혹은 그들의 아버지가 동명이인일 가능성이 있다. 시몬(15절)은 셀롯으로도 불렸다(cf. 행 1:13). '셀롯'(ζηλωτής)은 당시 로마 제국에 저항하기 위해 형성된 혁명당(cf. 공동, 새번역)을 의미한다. 일종의 레지스탕스 같은 것이었다(cf. Hengel). 마가는 시몬이 가나나인이었다고 하는데(막 3:18), '가나나인'(Κανανᾶιος)은 아람어에서 온 단어이며, 이 또한 혁명당원을 뜻하는 '열성파'(enthusiast, zealot)라는 의미를 지녔다(BAGD, cf. 새번역, 공동, NAS, NIV).

어떤 이들은 예수님이 로마 제국에 폭력적으로 저항하는 혁명당원을 제자로 받아들이셨을 리 없다며 시몬은 철저하게 율법대로 사는 '율법을 지키는 일에 열성당원'이었다고 해석한다(Davies & Allison, Keener). 그러나 당시 매국노로 취급되었던 세리 마태를 제자로 받으신 예수님이 혁명당원이라는 이유로 시몬을 거부하실 리 없다. 이런 점에서 마태와 시몬은 큰 상징성을 지닌 제자들이다. 길거리에서 만나면 서로 칼을 겨누는 사이지만, 예수님의 제자들이 되어 평안히 산다! 이들은 예수님이 사람들에게 주시는 평화가 얼마나 큰지 잘 보여 준다.

야고보의 아들 유다(16절; cf. 행 1:13)는 다대오로도 불린다(막 3:18). 아마도 가룟 유다와 구분하기 위해 다대오라는 이름을 사용하는 것으로 보인다. '다대오'(Θαδδαῖος)는 사랑받는 자라는 뜻을 지녔다(BAGD).

가룟 유다(16절)는 제자 목록에서 항상 마지막에 언급된다. 그가 예수님을 팔았기 때문이다. '가룟'(Ἰσκαριώθ)은 별로 알려진 바가 없는 유대 마을 '기리옷 사람'(man from Kerioth)이라는 의미다(Strauss). 이렇게 해석할 경우 유다는 예수님의 열두 제자 중 유일한 유대 출신이다. 요한복음은 유다가 예수님을 팔기 전부터 예수님과 제자들이 함께 쓸 돈을 훔쳤다고 한다(요 12:6).

예수님은 옛 언약을 갱신해(covenant renewal) 종말론적으로 이스라엘을 회복하기 위해 오셨다(McKnight). 열두 사도는 새로 시작될 하나님 나라의 백성을 구성하는 이스라엘의 의로운 남은 자들을 상징하며 세상 끝 날에 특별한 지위를 부여받을 것이다(cf. 마 19:28; 눅 22:30). 예수님은 이 열두 명을 통해 하나님의 언약 공동체를 재구성하신다(Beale & Carson). 사도들은 하나님의 구속사적인(salvation history) 계획에 따라 먼저 이스라엘 사람들에게 복음을 들고 가며, 이어서 이방인들에게 갈 것이다. 새로 시작된 이스라엘은 아브라함의 후손뿐 아니라, 이방인도 포함한다. 인종과 민족은 더는 하나님의 백성을 제한하지 않는다. 그러나 하나님은 새 언약 공동체에 속할 기회를 이스라엘에 먼저 주신다.

사도들은 단지 새 언약 공동체를 형성하는 이스라엘의 열두 지파를 상징하는 데 머물지 않는다. 종말이 되면 그들은 주님과 함께 이스라엘의 열두 지파를 심판하는 자리에 앉을 것이기 때문이다(마 19:28; 눅 22:30).

당시 스승-제자 관계에서는 항상 제자가 스승을 선택했는데, 예수님과 사도들의 관계에서는 예수님이 그들을 선택해 제자로 세우셨다. 참으로 파격적인 일이라 할 수 있다. 예수님은 두 가지 일을 맡기기 위해 제자들을 세우셨다. 첫째, 전도하게 하기 위해서다. 하나님 나라의 복음을 선포하라는 것이다. 둘째, 귀신을 내쫓는 권능(권세)을 가지게 하기 위해서다. 권능(권세)은 마귀를 꼼짝 못 하게 하는 능력이다. 하나님 나라의 권세로 마귀의 영역을 침범해 무력화하라는 것이다.

사도들이 이런 일을 하기 위해서는 먼저 훈련받아야 한다. 이에 예수님은 열두 사도로 하여금 자신과 함께 있게 하셨다. 가장 좋은 교육 방법은 옆에 두고 지켜보게 하는 것이다. 훈련이 끝나면 그들을 보내 전도하고 귀신을 내쫓게 하실 것이다. 예수님이 하시는 일을 그들도 할 수 있도록 위임(empowering)하시겠다는 뜻이다. 이 또한 파격적이다. 당시 제자들은 스승을 옆에서 지켜보기만 할 뿐 스승을 대신해 어떤 일을 하지는 않았다. 스승이 권한을 주지 않았기 때문이다.

이 말씀은 하나님의 일을 하기에 앞서 많이 기도해야 한다고 한다. 예수님은 밤이 새도록 기도하신 다음 제자들을 세우셨다. 메시아 예수님이 이처럼 많은 기도로 준비하셨다면, 우리도 모든 일을 많은 기도로 준비해야 한다. 하나님은 우리가 기도한 만큼 우리를 쓰실 것이다.

하나님은 다양한 사람을 들어 쓰신다. 예수님이 사도로 세우신 열두 명은 참으로 특이한 사람들이다. 네 명은 어부, 한 명은 세리, 한 명은 정치적 성향이 투철한 폭력적인 사람이다. 나머지 여섯 명은 알려진 바가 거의 없는 평범한 사람들이다. 이처럼 열두 사도는 다양한 배경에서 부르심을 받았다.

인격과 취향도 매우 다양하다. 심지어는 한곳에 도저히 같이 있을 수 없어 보이는 사람들이 함께하기도 한다. 주님은 이들의 과거를 문제 삼지 않으시고 3년 동안 곁에 두고 훈련하실 것이다. 누구든 노력하면 변할 수 있기 때문이다. 예수님이 제자 삼지 못하실 사람은 없다. 누구든지 주님의 제자가 되길 원한다면 겸손히 자신을 드리면 된다. 그러나 한 가지 기억해야 할 것은 열두 제자 중에는 주님도 변화시키지 못한 사람(가룟 유다)이 있었다는 사실이다.

B. 평지 수훈(6:17-49)

마태복음에 산상 수훈(Sermon on the Mount, 마 5-7장)이 있는 것처럼 누가복음에는 평지 수훈(Sermon on the Plain)이 있다. 본문이 바로 이 평지 수훈을 형성하고 있다. 이 수훈들은 믿는 사람들이 추구해야 할 매우 높은 도덕적 기준을 제시한다. 학자들이 예수님의 '대표작'(magnum opus)이라고 부르기도 하는 이 수훈들은 기독교인들이 정말 사랑하는 성경 말씀 중 하나다.

대부분 학자는 산상 수훈과 평지 수훈을 두고 예수님이 오랜 시간에 걸쳐 여러 곳에서 가르치신 것을 간추려 요약한 것이라고 주장한다(Calvin, Culpepper, Davies, France, Jeremias). 이러한 주장은 예수님이 두루 다니시면서 한 곳에서 한 가지만 가르치시고, 다른 곳에서는 같은 가르침을 반복하지 않았다는 것을 전제한다. 별로 바람직한 전제는 아니다.

스피커들이 곳곳에서 비슷하거나 같은 메시지를 반복적으로 선포하는 것은 오늘날에도 흔히 있는 일이다. 게다가 누가는 평지 수훈을 "예수께서 그들과 함께 내려오사 평지에 서시니…"로(6:17) 시작해 "예수께서 모든 말씀을 백성에게 들려 주시기를 마치신 후에 가버나움으로 들어가시니라"(7:1)로 마무리한다. 이러한 묘사는 예수님이 한 곳에서 이 모든 말씀을 하셨다는 것을 암시한다. 그러므로 평지 수훈은 예수님이 이곳저곳 다니시면서 다양한 주제로 가르치신 것을 정리해 한 곳에서 한꺼번에 선포하신 것으로 보아야 한다(cf. Bock, Blomberg, Carson, Liefeld & Pao, Morris).

마태복음의 산상 수훈과 본문이 형성하는 평지 수훈의 관계도 계속 논란이 되고 있다. 초대교회 시대부터(Chrysostom, Origen) 지금까지 이 둘을 같은 수훈으로 보는 견해가 있는 있는 반면(Calvin, Carson, France, Hagner), 서로 다른 수훈이라는 주장도 있다(Augustine, Morris). 스피커가 같은 메시지를 여러 번 반복할 수 있다는 것을 전제하면 큰 이슈는 아니다.

'산상'과 '평지'는 같은 장소를 뜻할 수 있다. '평지'(τόπου πεδινοῦ)가

산의 정상을 의미할 수 있기 때문이다(Osborne). 또한 두 텍스트 모두 스피치의 시작과 끝을 알리는 형식이 비슷하다. 게다가 평지 수훈의 내용이 산상 수훈에 모두 기록되어 있다. 그러므로 이 두 수훈이 같은 수훈이며, 마태와 누가가 서로의 필요에 따라 다르게 제시했거나 혹은 누가가 마태의 수훈을 요약한 것으로 간주하는 것이 오늘날 대부분 학자의 생각이다(cf. Bock, Culpepper, Liefeld & Pao).

두 수훈의 가장 큰 차이는 마태는 시내산 율법을 상당히 많이 언급하는 데 반해, 누가는 율법에 대해 아예 언급하지 않는다는 점이다. 이러한 차이는 두 복음서가 서로 다른 그룹을 대상으로 저작되었기 때문이다. 마태복음과 누가복음은 모든 그리스도인을 위해 저작된 책이다. 그러나 더 구체적으로 말하면 마태는 유대인 그리스도인들을 대상으로 예수님이 구약의 예언과 말씀에 따라오신 메시아이심을 강조한다. 그러므로 마태는 그 어느 복음서보다 구약 말씀을 많이 인용해 예수님이 곧 유대인이 그토록 학수고대하던 왕이시라고 한다. 반면에 누가는 이방인 그리스도인들을 위해 책을 저작했다(cf. 6:17). 그러다 보니 마태만큼 구약 율법과 예수님의 연관성을 강조하지 않는다. 그러므로 평지 수훈에서도 율법을 언급하지 않는다. 평지 수훈은 다음과 같이 구분된다.

A. 큰 무리가 모임(6:17-19)

B. 네 가지 복(6:20-23)

C. 네 가지 화(6:24-26)

D. 원수를 사랑하라(6:27-36)

E. 심판하지 말라(6:37-38)

F. 자신을 성찰하라(6:39-42)

G. 열매와 나무(6:43-45)

H. 반석 위에 지은 집(6:46-49)

IV. 갈릴리 사역(4:14-9:50)
B. 평지 수훈(6:17-49)

1. 큰 무리가 모임(6:17-19)

17 예수께서 그들과 함께 내려오사 평지에 서시니 그 제자의 많은 무리와 예수의 말씀도 듣고 병 고침을 받으려고 유대 사방과 예루살렘과 두로와 시돈의 해안으로부터 온 많은 백성도 있더라 18 더러운 귀신에게 고난 받는 자들도 고침을 받은지라 19 온 무리가 예수를 만지려고 힘쓰니 이는 능력이 예수께로부터 나와서 모든 사람을 낫게 함이러라

예수님이 사도들과 함께 산에서 평지로 내려오셨다. 산에서 내려오시는 예수님의 모습은 옛적에 모세가 하나님이 주신 율법을 받아 들고 시내산을 내려오던 것을 연상케 한다(Liefeld & Pao). 예수님께 산은 기도를 통해 하나님과 교제하는 곳이며, 평지는 사람들을 가르치는 곳이다(Craddock). 하나님과 많은 시간을 보내신 예수님이 드디어 사람들을 가르치려고 하산하신 것이다.

예수님이 내려오시자 제자들과 사방 곳곳에서 온 사람들이 모여들었다. 그들은 예수님의 말씀을 듣고 병 고침도 받고자 나왔다. 일석이조의 상황이다. 누가가 유대 사방과 예루살렘을 언급하는 것은 당연하지만, 두로와 시돈의 해안을 언급하는 것은 놀라운 일이다. 이방인들의 땅이기 때문이다. 누가는 예수님의 사역이 처음부터 이방인들을 포함했다고 하는 것이다.

지중해 연안에 있는 두로와 시돈은 큰 상선을 이용해 아프리카에서 유럽까지 교역하는 매우 부유한 도시였다. 도시의 반(半)이 뭍에 있었고, 반은 약 800m 떨어진 섬에 있었다. 이러한 이유로 알렉산더 대왕 때까지 두로를 온전히 정복한 왕은 없었다. 그러나 도저히 함락될 것 같지 않던 두로도 주전 332년에 알렉산더 대왕의 손에 최후를 맞았다. 알렉산더 대왕이 뭍에 있는 두로를 파괴해 폐허물로 섬까지 둑길

(causeway)을 놓았기 때문이다(ABD).

구약에서 두로와 시돈은 사치와 교만과 하나님 백성을 억압하는 이방인을 상징한다(cf. 사 23장; 렘 25:22; 27:3-7; 47:4; 겔 26-28장; 욜 3:4-8; 암 1:9-10; 슥 9:2-4). 유대인들은 두로와 시돈을 이스라엘을 위협하는 가장 강력한 적으로 생각했다(Josephus). '해안'(παράλιος)도 열방을 상징한다(사 11:11; 40:15; 41:5; 42:4). 그러므로 잠시 후에 시작될 '원수를 사랑하라'는 가르침(6:27-36)에 가장 잘 어울리는 대상들이다. 시돈과 두로에서 사람들이 왔다는 것은 예수님 안에서 모든 적대적인 관계와 감정이 녹아내렸음을 암시한다.

예수님은 가르치시면서 그들에게서 더러운 귀신도 내쫓아 주셨다(18절). 하나님 아들의 권세를 사용하신 것이다. 사람들은 예수님에게서 낫게 하는 능력이 나온다는 것을 알고 어떻게든 주님을 만지려고 안간힘을 썼다(19절). 이들도 열두 해 동안 혈루증을 앓았던 여인과 같은 믿음을 지녔던 것이다(8:43-44). 누가는 예수님의 사역을 묘사하며 권세와 능력이 함께했음을 지속적으로 강조한다.

이 말씀은 하나님 나라의 복음은 모든 사람에게 선포되어 공평한 기회를 주어야 한다고 한다. 기독교를 핍박하는 등 특별한 경우가 아니라면 복음은 소수에게 은밀하게 전하는 것이 아니다. 복음은 온 천하에 드러나도 부끄러울 것이 없으며, 하나님 구원의 은총을 선포하는 것이다. 그러므로 우리는 당당하게 모든 사람에게 복음을 전해야 한다.

예수님이 선포하신 복음은 영적인 병과 육체적인 병을 동시에 치료했다. 교회도 한쪽으로 치우쳐서는 안 된다. 두 가지 사역을 균형 있게 하고자 노력해야 한다.

IV. 갈릴리 사역(4:14-9:50)
  B. 평지 수훈(6:17-49)

2. 네 가지 복(6:20-23)

²⁰ 예수께서 눈을 들어 제자들을 보시고 이르시되

너희 가난한 자는 복이 있나니

하나님의 나라가 너희 것임이요

²¹ 지금 주린 자는 복이 있나니

너희가 배부름을 얻을 것임이요

지금 우는 자는 복이 있나니

너희가 웃을 것임이요

²² 인자로 말미암아 사람들이 너희를 미워하며 멀리하고 욕하고 너희 이름을 악하다 하여 버릴 때에는 너희에게 복이 있도다 ²³ 그 날에 기뻐하고 뛰놀라 하늘에서 너희 상이 큼이라 그들의 조상들이 선지자들에게 이와 같이 하였느니라

예수님은 '…하는 사람은 복이 있다. …이기 때문이다'라며 세 가지 복을 각각 두 행(clause)으로 구성된 형식의 시(詩)로 말씀하신다(20-21절). 네 번째 복은 처음 세 가지와 다르게 '…하면 복이 있다'로 표현되어 있다(22절). 처음 세 가지는 장차 누릴 축복이 기다리고 있으니 복이 있다고 하셨는데, 네 번째 것에서는 이 땅에서 핍박을 경험하면 복이 있다고 할 뿐 장차 누릴 축복을 구체적으로 언급하지 않으신다.

처음 세 가지 복에서 1행은 사람이 이 땅에 살면서 경험하는 궁핍과 슬픔을 언급하며, 2행은 하나님이 그들의 궁핍함과 슬픔을 풍요와 기쁨으로 대체하실 것이라는 축복이다. 이 말씀은 이 땅에서 이러한 부족함에도 불구하고 선하게 사는 사람들을 하나님이 반드시 축복하실 것이라는 약속이다.

'복이 있는 사람들'(μακάριοι)은 구약의 지혜 문헌에 속한 시편, 특히

시편 1편을 배경으로 한다. 칠십인역(LXX)은 이 시편의 '복이 있는 사람'(אַשְׁרֵי־הָאִישׁ)을 단수형(μακάριος ἀνήρ)로 번역했는데, 예수님은 '복 있는 사람들'을 의미하는 복수형(μακάριοι)으로 사용하신다. 사람이 복이 있다는 것은 무엇을 의미하는가? 히브리어와 헬라어에서 '복'의 가장 기본적인 의미는 '행복'(happiness)이다(HALOT, BAGD). 사람은 언제 행복한가? 복을 누릴 때다.

복은 하나님이 사람들에게 선물로 주시는 것이라고 성경은 말한다. 히브리어 '복이 있는 사람'(אַשְׁרֵי־הָאִישׁ)과 헬라어 '복이 있는 사람들'(μακάριοι) 모두 하나님의 축복을 받아 행복하게 사는 사람을 의미한다(Bock, Liefeld & Pao, Schweizer). 그러므로 '복이 있는 사람' 혹은 '행복한 사람' 둘 다 좋은 번역이다(cf. 새번역, 공동, 아가페, 현대어). 또한 본문의 배경이 되는 시편 1편은 행복한 사람은 삶에서 한순간의 희열보다는 꾸준히 유지되어야 하는 가치관과 기준, 곧 삶의 방식을 추구하는 사람이라는 점을 강조한다(cf. 『엑스포지멘터리 시편 1권』). 또한 예수님이 선포하시는 복은 이사야 61:1-2을 바탕으로 한다.

예수님은 그분을 사랑하고 따르는 제자들에게 이 가르침을 주시는데, 그들이 언제 이런 복을 누린다고 하시는가? 당장 이 순간인가, 혹은 종말인가? 둘 다라고 하신다. 첫 번째 복인 "하나님의 나라가 너희 것임이요"(ὅτι ὑμετέρα ἐστὶν ἡ βασιλεία τοῦ θεου, 20절)와 네 번째 복(22절)의 시제는 현재형(present)이다. 반면에 이 두 절이 감싸고 있는 21절의 두 가지 복은 모두 미래형이다. 복음서들은 하나님 나라가 예수님을 통해 이 땅에 임했고, 종말에 최종적으로 임할 것(already-not yet)이라고 하는데, 여기서도 그 논리가 적용되고 있다.

첫째, 가난한 자들은 복이 있다(20b절). 이 말씀은 이사야 61:1을 배경으로 한다(cf. 4:18-19). 예수님은 자신이 메시아에 관한 이사야의 예언에 따라 이 땅에 오신 메시아임을 암시하시는 것이다(Guelich). 그러므로 본문이 언급하는 '가난한 자들'(οἱ πτωχοὶ)은 이사야 61:1의 '가난한 자들'(עֲנָוִים)이며 경제적으로 어려운 사람들을 뜻한다(cf. Carson, Schweizer).

그러나 이 말씀이 사회의 모든 경제적인 약자가 복을 받는 것을 의미하는 것은 아니다. 이사야 59장은 사람들이 회개하는 모습을 그리고 있으며, 이어지는 60-62장은 그들이 회개하자 시온에 임하신 하나님이 베푸시는 축복에 관한 말씀이다. 그러므로 이사야서의 문맥을 바탕으로 해석하면, 본문에서 복을 받은 가난한 사람들은 자신의 죄를 회개하고, 자신의 한계를 주님께 고백하며, 오직 하나님만이 그들의 필요를 채우실 것을 확신하면서 하나님만 의지하는 사람들이다. 이런 점에서 '가난한 자들'(οἱ πτωχοί, עֲנָוִים)은 종교적인 뉘앙스도 지닌 개념이다 (cf. Carson).

세상은 가난한 사람들을 짓누르고 억압하기 일쑤다. 그들을 겸손케 한다. 세상에서 겸손해진(낮아진) 사람은 영혼도 가난해진다(낮아진다). 가난한 사람들이 자신이 처한 상황을 개선하기 위해 스스로 할 수 있는 일은 별로 없다. 이런 사람들은 겸손한(가난한) 마음으로 오직 하나님을 바라보며 의지한다. 하나님만이 그들을 도우실 수 있기 때문이다.

어떤 이들은 그리스도인은 부자로 살아야 한다고 떠들어 대는데 성경적인 생각은 아니다. 가난은 사람을 불편하게 하지만 죄는 아니다. 만일 가난이 죄라면 예수님과 바울과 사도들은 죄인 중의 괴수들이다. '금수저-흙수저' 이야기가 만연한 세상이 알려 주듯 가난은 우리의 잘못으로 빚어진 일이 아니다. 또한 하나님은 가난을 사용해 우리로 하여금 일용할 양식을 주시는 주님을 더욱더 의지하게 하기도 하신다. 가난하지 않아(겸손하지 않아) 하나님을 모르는 부자와 가난해(겸손해) 하나님을 아는 사람, 이 둘 중에 누가 복이 있는 사람인가? 예수님은 분명 후자라고 말씀하신다.

옛적 아모스 선지자 시대 때 부자들은 온갖 악행으로 재산을 모으고는 자신들의 부(富)는 곧 하나님이 그들의 의로움을 인정하신 결과라고 했다. 그들의 논리는 이러했다. 그들이 누리는 풍요로움은 하나님이 내려 주신 축복이다. 하나님은 왜 그들을 축복하셨는가? 그들이 의롭기 때문이다. 한마디로 그들의 풍요로움이 그들의 의로움을 입증한다는 논리다. 그러므로 그들은 '부유함=의로움'이라고 했다. 이에 대해 아모스는 그들의 공식에 '빗금(/)을 그어 '부유함≠의로움'이라며 그들의 잘못된 신학을 파괴했다(cf. 『엑스포지멘터리 소선지서 1권』). 오늘날에도 사람들은 종종 물질적인 풍요로움과 하나님의 인정하심을 연계한다. 그러나 잘못된 생각이며, 이 첫 번째 복과 완전히 상반되는 말씀이다.

가난한 사람들은 왜 복이 있는 사람들인가? 하나님 나라가 그들의 것이기 때문이다(20c절). 예수님은 베드로의 집이 있는 가버나움을 떠나 다른 곳으로 가셔야 하는 이유를 '하나님의 나라'(ἡ βασιλεία τοῦ θεοῦ) 복음을 다른 동네에서도 전해야 하기 때문이라고 하셨다(4:43). 이 하나님의 나라는 예수님이 새로 세우시고 왕으로 다스리시는 나라다. 그러므로 예수님이 하나님 나라가 그들의 것이라고 하시는 것은 가난한 사람들을 자신이 다스리는 나라의 백성으로 삼을 것이라는 의미다. 중요한 것은 하나님 나라는 장차 그들이 들어갈 곳이 아니다. 그들은 이미 하나님 나라에 입성했다. 하나님의 나라는 앞으로 임할 것이지만, 이미 임했기 때문이다. 그러므로 우리는 하늘나라 시민으로서 이 땅에서 살다가 장차 임할 나라에 입성해야 한다.

둘째, 지금 주린 자는 복이 있다(21a절). '주린 자들'(οἱ πεινῶντες)은 먹을 것이 부족하고 마실 것이 없는 기근을 생각나게 하는 표현이다. 아모스 선지자는 장차 세상에 임할 기근에 대해 이렇게 예언했다(암 8:11).

주 여호와의 말씀이니라
보라 날이 이를지라
내가 기근을 땅에 보내리니
양식이 없어 주림이 아니며

물이 없어 갈함이 아니요
여호와의 말씀을 듣지 못한 기갈이라

지금 당장 배고픈 사람은 자신이 발휘할 수 있는 가장 강력한 의지와 열정으로 먹을 것을 찾아 나선다. 생존과 연관된 일이기 때문이다. 예수님은 이 땅에서 자신이 당면한 불행한 상황(굶주림)에 좌절하지 않고 처한 상황을 극복하기 위해 열정으로 삶에 임하는 사람은 복이 있다고 하신다. 그들이 배부름을 얻을 것이기 때문이다(21b절).

'배부름을 얻을 것이다'(χορτασθήσεσθε)는 미래형 수동태다. 그러므로 하나님이 미래에 주실 배부름과 그들이 '지금'(νῦν) 경험하고 있는 굶주림이 대조를 이룬다. 하나님은 굶주림을 해소하기 위해 노력하는 사람들에게 배부름을 주실 것이다. 가까운 미래에 주실 수도 있고, 먼 미래에 주실 수도 있다. 한 가지 확실한 것은 반드시 주신다는 사실이다. 구약은 종말에 하나님이 그분의 백성을 위해 잔치를 베푸실 것이라고 한다(시 107:3-9; 132:15; 146:7; 사 25:6; 55:1-2). 또한 이사야 55:1-3은 다음과 같이 권면한다.

1 오호라 너희 모든 목마른 자들아 물로 나아오라
돈 없는 자도 오라 너희는 와서 사 먹되 돈 없이,
값 없이 와서 포도주와 젖을 사라
2 너희가 어찌하여 양식이 아닌 것을 위하여 은을 달아 주며
배부르게 하지 못할 것을 위하여 수고하느냐 내게 듣고 들을지어다
그리하면 너희가 좋은 것을 먹을 것이며
너희 자신들이 기름진 것으로 즐거움을 얻으리라
3 너희는 귀를 기울이고 내게로 나아와 들으라
그리하면 너희의 영혼이 살리라
내가 너희를 위해 영원한 언약을 맺으리니

곧 다윗에게 허락한 확실한 은혜이니라

셋째, 지금 우는 자는 복이 있다(21c절). '우는 자들'(οἱ κλαίοντες)은 무엇 때문에 슬퍼하는 것일까? 무엇이든 간에 사람은 귀한 것을 잃으면 슬퍼한다. 예수님 시대에는 이스라엘이 처한 형편을 보고 슬퍼하는 경건한 사람이 많았다(Boring). 또는 자신이 처한 경제적 어려움 때문에 우는 이들도 있었다. 주님을 사랑하기 때문에 핍박과 박해를 받고 슬퍼하는 사람들도 있었으며(22절; cf. 사 60:15, 18), 부당한 대우를 받아 우는 사람들도 있었다(시 126:5-6; 137:1). 더불어 자신의 죄를 생각하며 우는 사람들도 있었다(cf. 스 10:6; 시 51:4; 사 59:9-14; 단 9:19-20). 본문의 우는 사람들은 이 모든 사람 외에도 어떠한 이유로든 슬퍼하는 사람들이다(Blomberg, Bock, Morris, Schnackenburg, Strecker, Wilkins). 그러므로 종교적인 이유로 인한 슬픔(cf. 시 119:136; 스 9:4)으로 제한할 필요가 없다. 본문의 배경이 되는 이사야 61:2은 '모든 슬픈 자를 위로하되'라고 말하기 때문이다.

지금 우는 사람들은 왜 복이 있는가? 그들이 미래에는 웃을 것이기 때문이다(21d절). '웃을 것이다'(γελάσετε)는 미래형 능동태다. 하나님이 지금 우는 사람들이 반드시 웃을 수 있게 하실 것이다. 이는 이 땅의 삶에서 일어날 수 있는 일이며, 하나님의 나라가 최종적으로 임할 때는 확실히 일어날 일이다(cf. 계 7:17). 또한 이러한 소망은 예수님의 사역을 통해 이미 시작되었다. 이사야 40:1은 "너희는 위로하라 내 백성을 위로하라"라며 구원이 멀지 않았다고 한다. 우리의 삶은 고통과 슬픔으로 가득하다. 그렇다고 해서 포기하고 절망해서는 안 된다. 하나님이 웃게 하실 날이 다가오고 있기 때문이다. 그날을 소망하며 오늘 이 순간을 견디는 것이 선하신 하나님의 뜻이다.

셋째, 예수님으로 말미암아 핍박을 받으면 복이 있다(22절). 세상은 예수님을 사랑해 선을 행하며 사는 사람들을 미워한다. 그러므로 우리가 하나님의 뜻에 따라 살면 핍박을 피할 수 없다. 영광스러운 정복자로 오실 메시아를 기다리던 세상은 고난받는 종으로 오신(cf. 사 53장) 인자를 좋아하지 않는다. 그러므로 세상은 예수님을 따르는 사람들을 미워하고, 멀리하고, 욕하고, 그들의 이름을 악하다 하여 버린다(22절). 이 말씀은 앞으로 제자들이 예수님으로 인해 겪어야 할 고통을 구체적으로 설명한다. '미워하다'(μισέω)는 감정적으로 싫어한다는 뜻이다(BAGD). '멀리하다'(ἀφορίζω)는 차별한다는 의미다(TDNT). '욕하다'(ὀνειδίζω)는 모욕과 수모를 준다는 뜻이다(cf. 새번역, 공동, NAS, NIV, NRS). '버리다'(ἐκβάλλω)는 내쫓는다는 의미다. 공동체에서 배척시키는 것을 말한다.

온갖 박해와 비방에도 불구하고 끝까지 인자(예수님)를 따르는 사람들은 복이 있다. 그들은 어떤 복을 누리게 될 것인가? 이때까지 예수님은 성도가 이 땅에서 경험하는 부족함을 채우는 복을 말씀하셨다. 가난한 사람은 하나님 나라를 소유하게 되고, 주린 자는 배부름을 얻고, 우는 자는 웃게 될 것이라고 하셨다(20b-21절). 이번에는 구체적으로 말씀하시지 않고 하늘에서 그들의 상이 클 것이라고만 하신다(23절). '상'(μισθός)은 노동의 대가(wage)를 뜻한다(BAGD). 우리가 주님으로 인해 경험하는 핍박이 크면 클수록 우리의 상도 클 것이다. 이 상은 우리가 이 땅에서 사는 동안 당장 받는 것이 아니라 장차 하늘에서 받을 상이다. '하늘에서'(ἐν τῷ οὐρανῷ)는 주님을 사랑하는 사람들이 받을 상이 영원하며, 그들이 영생에서 이 상을 누리게 될 것을 의미한다.

구체적으로 어떤 상인지는 알 수 없지만, 얼마나 좋고 큰지 '기뻐하고 뛰놀라'(χάρητε…καὶ σκιρτήσατε)고 하신다. 둘 다 명령문이다. 핍박이 찾아오면 기뻐하라는 예수님의 명령은 성도 대부분이 핍박을 당하지 않게 된 것에 감사하고 찬양하는 오늘날 교회의 모습과는 사뭇 다른 말씀이다. 그렇다면 신앙 때문에 핍박을 당할 때 어떻게 하면 고통 속에서도 기뻐하고 즐거워할 수 있을까? 성경이 가르쳐 주는 세 가지 진리를 마음에 품고 묵상하면 환란 중에도 기뻐하고 즐거워할 수 있다.

첫째, 우리가 이 땅에서 고통과 핍박을 당할수록 장차 하늘에서 받을 상이 더 커진다. 오늘날 설교자들은 온갖 죄인이 하늘나라에 들어가는 은혜를 강조하느라 각 성도가 받을 상급에 대해 별로 가르치지 않는다. 그러나 성경은 분명 하늘에 상급이 있다고 말한다. 이 땅에서 성실하고 신실하게 하나님의 말씀에 순종하며 산 사람들은 큰 상급을 받을 것이다. 반면에 '겨우 턱걸이해서' 하늘나라에 들어가는 사람도 있을 것이다. 이런 사람들은 구원을 얻기는 했지만, 한없이 부끄러운 구원을 얻은 것이다. 우리는 최선을 다해 큰 상을 받으려고 노력해야 한다. 상이 중요해서가 아니라, 하나님께 인정받는 것이 중요하기 때문이다.

둘째, 하나님은 고통 중에 있는 성도들과 특별히 함께하시며 그들의 기도에 귀를 기울이신다. 그래서 가장 고통스러운 상황에 처한 사람들이 하나님의 임재를 가장 확실하게 체험하기도 한다. 이런 점에서 때로는 고통이 하나님께 가까이 나아가는 지름길이 되기도 한다. 믿음 때문에 받는 고통이라면 더욱더 그렇다.

셋째, 예수님 때문에 핍박을 받는 것은 하나님이 우리를 그리스도의 고통에 동참하게 할 정도로 특별히 사랑하신다는 뜻이다. 초대교회 성도들은 핍박을 이렇게 이해했기 때문에 고통과 죽음을 두려워하지 않았다. 이에 그들은 로마 제국의 어느 지역에서 기독교인들을 잡아 죽인다는 소문이 돌면 순교를 각오하고 그곳으로 찾아갔다. 자신들의 죽음과 고통으로 그리스도의 고난에 동참하기 위해서다. 재판을 통해 기독교인으로 판결이 나서 순교하는 순간, 그들은 감사 찬송을 부르며 감격의 눈물을 흘렸다. 하나님이 자신을 그리스도의 고난에 동참시키실 정도로 존귀하게 생각해 주신 것에 대한 감격 때문이었다.

우리가 보기에는 고난과 죽음을 자청하는 것이 어리석어 보일 수 있다. 그러나 십자가 구원을 경험한 가난한 성도들로서는 충분히 그럴

수 있다. 복음의 은혜가 참으로 놀라운데 그들에게는 주님께 드릴 만한 것이 아무것도 없기 때문이다. 그러므로 만일 하나님이 허락하신다면 목숨이라도 드리고자 했다. 그런 상황에서 고난과 순교는 하나님이 그들의 염원을 허락하셨다는 증표가 되었던 것이다. 그리스도의 고난에 동참하는 일은 책임이나 의무가 아니라, 소수만이 누릴 수 있는 특권이자 영광스러운 일이다.

예수님은 옛적부터 선지자들도 하나님 때문에 온갖 박해를 당했다고 하신다(23절). 그러므로 제자들이 예수님 때문에 당하는 고통은 결코 새로운 것이 아니며, 사고로 빚어진 것도 아니며, 불합리한 것도 아니다. 선지자들은 이미 오래전부터 믿음으로 인한 고통을 당했기 때문이다(cf. 대하 24:21; 느 9:26; 렘 20:2). 그리스도의 고난에 동참하는 사람들은 옛적 선지자들이 당한 거룩한 고통의 맥을 잇는다는 뜻이다.

교회에서 선포되는 복음이 참 많이 변질된 것 같다. 많은 설교자가 예수님을 믿으면 잘 먹고 잘 살며 세상에서도 승승장구할 수 있다고 전한다. 마치 성공병에 미쳐 있는 사람들 같다. 그들은 성공을 위해 하나님을 이용하는 일도 서슴지 않는다. 매주 강단에서 외치는 메시지는 하나님과 믿음을 이용해 성공하는 비법이 주류를 이룬다. 부흥회도 어떻게든 성령을 이용해 자기 욕심을 채우는 데 초점이 맞춰져 있다.

예수님이 말씀하시는 믿음으로 인한 고난은 다 어디로 간 것일까? 기독교를 십자가 종교라고 하는데, 십자가는 세상적인 성공을 상징하는 것이 아니다. 여호와 종교가 바알 종교나 아세라 종교 등 이방 종교들과 다른 가장 기본적인 차이는 도덕적인 청렴함을 요구한다는 점이다. 바알과 아세라 종교는 신도들이 어떻게 살든 제때 예물을 바치고 예배하면 이 신들이 풍요로움으로 축복한다고 했다. 반면에 시내산 율법의 상당 부분은 도덕과 윤리에 관한 것이다.

세상이 동의하지 않는 높은 도덕성과 윤리적 기준에 따라 살고자 하면 당연히 세상은 그를 미워하고 핍박한다. 그러므로 구약 시대부터 신앙은 고난을 동반했다. 예수님도 주님을 따르는 일은 온갖 고통을 동반할 것이라고 하신다. 그런데 오늘날 우리 교회는 어떻게 된 것일까? 어찌 설교자들은 주님을 사랑하기 때문에 받아야 하는 고통에 대한 메시지는 기피하고, 그저 잘될 것이라는 메시지만 선포하는 것일까? 본문을 묵상하면서 이러한 강단 행태가 매우 아쉽다는 생각이 든다.

이 말씀은 믿음으로 인한 핍박이 우리 삶의 일부가 되어야 한다고 한다. 예수님을 사랑하는 사람은 거짓된 세상의 박해를 피해 갈 수 없다. 그러므로 믿음으로 인한 고난이 우리를 찾아올 때 이상하게 여기기보다는 감사함으로 이겨내며 그리스도의 고난에 동참하는 영광을 주신 하나님을 찬양해야 한다. 사탄은 감사하며 찬양하는 성도를 절대 이길 수 없다. 세상은 하나님을 미워하기 때문에 예수님을 따르는 우리도 미워한다.

하나님은 어떠한 이유로든 삶에서 아픔과 고통을 겪는 성도들을 위로하실 것이다. 가난한 사람과 주린 사람과 우는 사람은 눈을 들어 결핍을 채우시는 하나님을 바라보아야 한다. 세상은 어떠한 위로도 줄 수가 없다. 오직 하나님을 바랄 때 하나님은 이 세상 그 누구와 무엇도 줄 수 없는 위로를 주실 것이다. '괴로울 때 주님의 얼굴 보라'는 찬송이 생각난다.

3. 네 가지 화(6:24-26)

24 그러나 화 있을진저 너희 부요한 자여
너희는 너희의 위로를 이미 받았도다
25 화 있을진저 너희 지금 배부른 자여
너희는 주리리로다

화 있을진저 너희 지금 웃는 자여
너희가 애통하며 울리로다
²⁶ 모든 사람이 너희를 칭찬하면 화가 있도다
그들의 조상들이 거짓 선지자들에게 이와 같이 하였느니라

이 섹션은 네 개의 '화가 있도다'(οὐαὶ) 스피치로 구성되어 있다. 앞 섹션을 구성한 네 개의 '복이 있다'(μακάριοι)와 완전히 대조된다. 내용도 정반대인 상황이다. 사도와 제자 중에는 부자가 없었던 점을 고려하면 곳곳에서 몰려온 무리(cf. 6:17-18)에게 경고하신 말씀이다 (Garland). '화 있을진저'는 상당히 강력한 비판의 표현이지만, 고라신과 벳새다를 향한 저주에 가까운 비판은 아니다(Marshall, cf. 10:13-14).

경고를 받는 부자들과 배부른 자들과 웃는 자들은 모두 이웃을 보살피지 않고 하나님께 관심을 쏟지 않는 사람들이다. 그들은 미래의 축복보다는 현재의 만족을 추구한다(Liefeld & Pao). 그러므로 그들이 삶에서 중요하게 여기는 것(부요함, 배부름, 웃음)이 하나님의 나라에 입성하는 일에 걸림돌이 된다.

예수님은 부자들에게 그들의 부를 가난한 이웃들과 나누라고 하지 않으신다(24절). 나눔은 그들이 알아서 해야 할 일이기 때문이다. 이 가르침의 배경은 어리석은 부자 비유(12:13-21)와 부자와 나사로 이야기 (16:19-31)다. 당시 부자들은 가난한 사람들을 외면하거나 착취해 부를 쌓기 일쑤였다(cf. 약 2:6-7). 그러므로 이 말씀은 하나님을 모르고 영적 실체를 부인하는 부자뿐 아니라 하나님을 경외하는 그리스도인 부자 모두를 향한 동일한 경고다. 부는 쌓는 것이 중요한 것이 아니라 나누는 것이 중요하다.

네 번째 복이 처음 세 가지와 달랐던 것처럼(6:20-23), 네 번째 화도 처음 세 가지와 다르다. 예수님은 모든 사람이 너희를 칭찬하면 화가 있다며, 이러한 상황은 옛적에 조상들이 거짓 선지자들을 칭찬한 것과

같기 때문이라고 하신다(26절). 이 말씀을 조금 더 확실하게 이해하려면 거짓 선지자들이 지닌 두 가지 성향을 생각해 보아야 한다.

첫째, 거짓 선지자들은 정치적인 기회주의자들이었다. 그들은 현존하는 정치적-사회적 구조나 정권이 좋으며, 조금만 노력하면 모든 사람이 행복할 수 있다고 생각했다. 그래서 어느 시대든 맹목적으로 정권을 지지하기 일쑤였다. 현존하는 정권을 지지하는 대가로 권력자들로부터 다양한 후원과 지원을 받기도 했다. 학자들은 이러한 현상을 '현실 정치'(Realpolitik)라고 한다. 거짓 선지자들은 현실 정치에 능한 사람들이었으며, 권세자들의 지지와 후원을 받았다. 그들이 권세자들을 맹목적으로 지지했기 때문이다.

둘째, 거짓 선지자들은 하늘의 소리(vox Dei)보다는 민중의 소리(vox populi)에 집중하는 사람들이었다. 일반적으로 선지자가 민중의 소리를 의식하는 것은 좋은 일이지만, 학자들이 거짓 선지자들에게 이 용어를 적용할 때는 다른 의미를 지닌다. 쉽게 말해 거짓 선지자들은 하나님이 자기 백성에게 주시고자 하는 메시지보다 백성이 듣고자 하는 메시지에 관심을 갖는다는 뜻이다. 그들은 주님의 백성이 들어야 하는 메시지보다 백성이 듣고자 하는 메시지를 선포한다. 그러다 보니 하나님께 받은 메시지가 아니라 자신들이 만들어 낸 메시지를 선포하고, 그러다 보니 당연히 사람들의 칭찬을 받게 된다. 사욕과 인기를 탐하는 것이 빚어내는 결과다.

이러한 차원에서 예수님은 모든 사람이 칭찬하는 자는 화가 있다고 하신다. 기독교의 가치관과 세계관은 세상의 것과 많이 다르다. 그러므로 신앙적으로 도덕적으로 잘못된 가치를 지향하는 사회가 칭찬하는 사람이라면 하나님 보시기에는 많이 잘못되었다고 할 수 있다. 그러므로 이런 사람에게는 화가 있다고 하신다.

이 말씀은 현재의 만족과 미래의 축복 중 무엇을 더 사모하고 있는지 돌아보게 한다. 하나님의 백성이라고 하면서도 정작 이 땅에서 누릴 것을 모두 누리느라 하늘나라에서 누릴 것에 대한 소망이 없다면 심각한 문제다. 그러므로 이 세상에서 너무나 많은 것을 얻고 누리고자 하는 것은 바람직하지 않다.

목회자들은 교인들의 칭찬에 민감해서는 안 된다. 교인들은 듣고 싶어 하는 메시지에 열광한다. 그러나 영적으로 성장하기 위해 반드시 선포해야 하는 하나님의 메시지는 그들이 원하는 메시지와 다를 수 있다. 또한 교인들은 반드시 들어야 하는 메시지를 싫어할 수도 있다. 그러므로 교인들의 인기에 집착하지 않는 목회자가 되어야 한다.

```
IV. 갈릴리 사역(4:14-9:50)
   B. 평지 수훈(6:17-49)
```

4. 원수를 사랑하라(6:27-36)

본 텍스트는 이웃을 어떻게 대해야 하는지에 대한 개인 윤리에 관한 말씀이다. 섹션을 시작하는 '원수를 사랑하라'(27절)가 섹션이 마무리될 즈음에 다시 사용되면서 중앙에 있는 말씀을 감싼다(35절). 핵심은 남에게 대접받고자 하는 대로 남을 대하라는 황금 법칙(31절)이며, 나머지는 이 법칙에 대한 부연 설명이라 할 수 있다. 이 말씀은 다음과 같이 구분된다.

  A. 악을 선으로 대하라(6:27-29)
  B. 남을 대접하라(6:30-31)
  C. 죄인들과 다르게 살라(6:32-34)
  D. 원수를 사랑하라(6:35-36)

┌─────────────────────────────────┐
│ Ⅳ. 갈릴리 사역(4:14-9:50)   │
│   B. 평지 수훈(6:17-49)   │
│   4. 원수를 사랑하라(6:27-36)   │
└─────────────────────────────────┘

(1) 악을 선으로 대하라(6:27-29)

²⁷ 그러나 너희 듣는 자에게 내가 이르노니 너희 원수를 사랑하며 너희를 미워하는 자를 선대하며 ²⁸ 너희를 저주하는 자를 위하여 축복하며 너희를 모욕하는 자를 위하여 기도하라 ²⁹ 너의 이 뺨을 치는 자에게 저 뺨도 돌려대며 네 겉옷을 빼앗는 자에게 속옷도 거절하지 말라

예수님은 말씀에 귀를 기울이고 있는 '듣는 자들'에게 말씀하신다(27절). 지금 이곳에는 사도들과 제자들 외에도 많은 사람이 모여 있다. 그러므로 이 말씀은 모여 있는 모든 사람에게 예수님을 영접하고 제자가 되라는 권면과 도전을 내포하고 있다(Tannehill).

예수님은 원수를 사랑하라고 하신다(27b절). '원수들'(ἐχθρούς)은 우리를 힘들게 하고 우리에게 적대적인 감정을 가지고 있는 모든 사람이다. 그들은 정치적인 이유나 종교적인 요인, 혹은 결코 정당화할 수 없는 개인적인 감정으로 인해 우리를 미워한다. '사랑하다'(ἀγαπάω)는 원래 헬라 사람들에게는 이렇다 할 의미를 지니지 않았다. 그러므로 이 동사가 사용되는 상황에서 무엇이 사랑인지를 정의했는데, 칠십인역(LXX)이 히브리 단어 '사랑하다'(אהב)를 이 단어로 번역하면서 사랑이 선을 행하는 것으로 정의되었다(Bovon, cf. TDNT). 사랑은 이기적이지 않으며, 원수가 바뀔 것을 소망하며, 바뀌지 않더라도 분개하지 않는 선한 행동이다(Garland).

'원수를 사랑하라'는 예수님의 권면은 당시 사람들이 익숙하게 여기는 상황을 고려하면 참으로 파격적이라 할 수 있다. '눈은 눈으로, 이는 이로 갚으라'는 '복수법'(lex talionis)은 누구에게 해코지를 당하면 당한 대로 똑같이 갚아 주라는 취지의 법이다. 이 유형의 법은 이스라엘

323

뿐 아니라 고대 근동 전역에서 사용되었다. 함무라비 법전도 이런 법을 포함하고 있다.

구약 율법이 '눈은 눈으로, 이는 이로'를 적용하는 상황은 세 가지가 있다. 첫째, 개인이 남에게 상해를 입었을 때다(출 21:12-36). 상해에 대한 보상은 대부분 금전적으로 이뤄졌다. 이러한 상황에서 '눈은 눈으로, 이는 이로' 갚으라는 법은 피해자가 가해자에게 지나친 보복을 하거나 과중한 돈을 요구하는 것을 금하는 것이다. 그러므로 이 법은 가해자를 보호하는 차원에서 제정된 것이다. 당시 힘이 없고 가난한 범죄자는 가혹한 처벌을 받기 일쑤였다.

둘째, 불경스러운 말을 해 하나님을 모욕한 자를 돌로 칠 때다(레 24:10-20). 셋째, 위증할 때다(신 19:15-21). 이 두 상황에서는 '눈은 눈으로, 이는 이로' 법이 온 공동체에 교육 효과를 낸다. "그리하면 그 남은 자들이 듣고 두려워하여 다시는 그런 악을 너희 중에서 행하지 아니하리라 네 눈이 긍휼히 여기지 말라 생명에는 생명으로, 눈에는 눈으로, 이에는 이로, 손에는 손으로, 발에는 발로이니라"(신 19:20-21). 이 또한 피해자가 가해자에게 직접 보복하는 것과는 거리가 멀다.

구약은 어떠한 이유에서든 개인이 사적으로 보복하는 일을 지양한다. "원수를 갚지 말며 동포를 원망하지 말며 네 이웃 사랑하기를 네 자신과 같이 사랑하라 나는 여호와이니라"(레 19:18; cf. 잠 20:22; 24:29). 그러므로 이 '복수법'(lex talionis)은 개인이 입은 피해에 사적으로 보복하는 상황에 적용되는 것이 아니라, 법적 소송을 통해 손해를 변상받는 일에 적용되는 것이다. 법정은 가해자에게 피고가 손해 본 만큼만(이에는 이, 눈에는 눈) 변상하게 함으로써 가해자를 보호할 책임이 있다는 취지의 율법이다. 예수님 시대에는 이 좋은 법이 많이 악용되었다(cf. Meier).

예수님은 우리에게 여러 가지 피해를 입힌 원수에게 복수하거나 보상을 요구하지 않아야 한다고 하신다. 오히려 원수를 사랑하라고 하신다. 하나님의 자녀들은 결코 스스로 사랑할 수 없는 자들을 하나님의 도움을 받아 사랑해야 한다는 뜻이다.

또한 예수님은 미워하는 자를 선대하라고 하신다(27c절). '미워하는 자들'(μισοῦσιν)은 매우 강한 감정으로 누구를 싫어하는 자들이다(BAGD). '선대하라'(καλῶς ποιεῖτε)는 그들에게 선을 행하라는 뜻이다. 손익을 계산하지 않고 우리를 싫어하고 미워하는 사람들을 조건 없이 친절하고 따뜻하게 대하는 것 또한 어렵다. 그러므로 이 또한 하나님의 도움을 받아 실천해야 한다.

어떻게 하는 것이 원수를 사랑하는 것이며, 미워하는 자를 선대하는 것인가? 예수님은 네 가지 예를 들어 설명하신다(28-29절). 모두 다 구체적인 행동을 언급한다. 사랑은 이론적인 것이 아니라 실천적인 것이며, 마음에 담아 두는 것이 아니라 표현하는 것이다(cf. Bock). 네 가지 사례 중 처음 두 가지(28절)는 언어적으로 학대를 당했을 때 어떻게 그들을 사랑해야 하는가에 관한 것이다. 나머지 두 가지(29절)는 물리적으로 학대를 당했을 때 어떻게 그들을 대할 것인가에 관한 것이다.

첫째, 우리를 저주하는 자들을 축복해야 한다(28a절). '저주하다'(καταράομαι)는 불행과 악과 파멸과 죽음이 삶에 가득하기를 비는 일이다(NIDNTT). 종교적으로는 하나님의 심판을 받아 타지 않는 불에서 영원히 마귀와 함께 있는 것이다(마 25:41). '축복하다'(εὐλογέω)는 하나님의 은총과 자비가 함께하기를 빌어 주는 일이다(cf. 롬 12:14; 약 3:9). 예수님은 악의적으로 우리에게 나쁜 일이 있기를 바라고 비는 자들에게 하나님이 자비와 좋은 일로 채워 주시도록 복을 빌어 주라고 하신다. 악을 선으로 갚으라는 뜻이다.

둘째, 우리를 모욕하는 자들을 위해 기도해야 한다(28b절). '모욕하다'(ἐπηρεάζω)는 매도하거나 구박하고 학대하는 것을 뜻한다(TDNT). 누가는 예수님이 주님을 죽이기 위해 십자가에 매달고 옷을 나눠 가지는 자들을 위해 하신 기도를 좋은 사례로 제시한다. "아버지 저들을 사하여 주옵소서 자기들이 하는 것을 알지 못함이니이다"(23:34). 스데반도 가해자들을 위해 "주여 이 죄를 그들에게 돌리지 마옵소서"라고 기도하면서 순교했다(행 7:60).

셋째, 우리의 뺨을 때리는 자에게 다른 뺨도 내주어야 한다(29a절). 마태는 예수님이 오른편 뺨을 치는 사람에게 왼편도 돌려 대라고 하셨다고 한다(마 5:39). 뺨을 맞는 것은 무척 수치스러운 일이다. 그런데 예수님은 왼편도 때리도록 대 주라고 하신다. 대부분 사람이 오른손잡이이므로 오른손잡이가 상대방의 왼편 뺨을 때리려면 손등으로 때려야 한다. 당시 손등으로 뺨을 때리는 것은 더 심한 수치를 의미했다(Ellis, Morris). 누가가 오른쪽 뺨과 왼쪽 뺨을 이 뺨과 저 뺨으로 대체하는 것은 이러한 유대인들의 정서를 이해하지 못하는 헬라인 그리스도인들을 위해서다(Garland).

신체적인 학대는 그를 거부하는 것을 상징한다(cf. 행 18:17; 21:32; 23:2). 오늘날 '왕따'가 피해자에게 가장 고통스러운 것도 이 때문이다. 또한 신체적인 폭력은 피해자의 가치를 훼손한다(cf. 22:63-64; 행 23:2-5). 그러므로 누군가에게 신체적인 학대를 당하고 참는 것은 결코 쉬운 일이 아니다.

우리가 뺨을 맞았을 때 곧바로 복수하면 화난 마음이 조금 풀릴 수 있다. 그러나 우리가 직접 보복하는 것은 하나님이 기뻐하지 않으시는 잘못된 일이다. 복수는 하나님의 것이기 때문이다(신 32:35). 그러므로 예수님은 보복하지 말고 수치를 택하라고 하신다. 하나님의 말씀을 거역하는 죄를 짓는 것보다 수치를 당하는 것이 더 낫기 때문이다.

넷째, 우리의 겉옷을 빼앗는 자에게 속옷도 거절하지 말아야 한다(29b절). 겉옷은 속옷보다 훨씬 귀하고 값진 것으로, 밤이면 가난한 사람들에게 이불이 되었다. 그러므로 율법은 겉옷을 담보로 잡을 경우 저녁에는 돌려주라고 한다(출 22:25-26; 신 24:12-13).

마태복음 5:40은 속옷을 가지고자 하는 자에게 겉옷까지 벗어 주라며 본문과 옷의 순서를 바꾸고 있다. 마태복음은 고소를 당해 법정에 서는 일에 관한 것이고, 본문은 강도를 당한 상황에 대해 말씀하고 있기 때문이다(Bock, Garland, Liefeld & Pao). 누군가가 고소해 작은 것(속옷)을 빼앗고자 하면 큰 것(겉옷)까지 내주라는 것이고(마태복음), 길을 가다가 강도를 당해 큰 것(겉옷)을 강탈하려고 하거든 작은 것(속옷)까지 내어 주라는 뜻이다(누가복음).

강도가 겉옷을 강탈하는데 속옷까지 벗어 주면 강도는 충격에 빠질 것이다. 또한 사건의 주도권이 피해자에게 넘어온다(Betz). 따라서 이렇게 하면 강도 행위를 우리의 자선 행위로 바꿀 수 있다. 이 말씀은 선교 여행 중인 사람의 모습과 잘 어울린다(Bock, Ellis, 고후 11:26).

예수님은 제자들이 당장은 이렇게 살 수 없다는 것을 아신다. 그럼에도 불구하고 종말에 가서는 그들이 이렇게 살 것이라는 기대 속에 구약의 복수법을 완전히 새로 쓰셨다(Carson). 옛 율법에서 모세는 보복을 제한했다. 한편, 새 율법에서 예수님은 보복을 사랑과 친절로 대체하라고 하신다.

이 말씀은 악을 악으로 보복하지 않음으로써 악이 반복되는 것을 멈추게 하라고 한다. 하나님 나라 백성은 보복하지 않고 악인들이 원하는 것보다 더 많이 주는 사람이 되어야 한다. 이렇게 함으로써 악인들을 하나님 나라의 진리로 개종하게 하는 기회로 삼아야 한다(Hays).

우리는 남이 우리에게 행하는 악을 악으로 되갚지 말고 차라리 억울함과 손해를 감수해야 한다. 사람이 이렇게 살 수 있을까? 우리에게는 끝까지 어떠한 보복도 하지 않고 십자가에서 죽으신 예수님이 있다. 당장은 어렵더라도 주님을 바라보며 주님이 주시는 힘으로 이렇게 살도록 노력해야 한다.

(2) 남을 대접하라(6:30-31)

³⁰ 네게 구하는 자에게 주며 네 것을 가져가는 자에게 다시 달라 하지 말며
³¹ 남에게 대접을 받고자 하는 대로 너희도 남을 대접하라

당시 사람들은 대부분 가난했다. 하루 벌어 하루 사는 삶에 갑자기 어려움이 닥치면 반드시 다른 사람의 도움을 청해야 했다. 이런 정서를 고려해 유대인들은 가난한 사람을 돕는 일을 가장 중요한 선행으로 간주했다. 구약도 어려움에 처한 이웃을 도와야 한다고 가르친다(cf. 신 15:7-8; 시 37:21, 26; 잠 19:17; 21:26).

문제는 당시 도움을 주고받는 일이 타협과 협상(give and take)을 의미했다는 것이다. 세상에 공짜는 없으며, 어떤 형태로든 갚을 만한 사람에게만 베풀었다. 도움을 주고받는 일이 상업적 거래가 된 것이다.

예수님은 누군가 어려운 일이 생겨 도움을 청하면 형편이 되는 데까지 베풀고, 베푼 것을 돌려받을 생각은 아예 하지 말라고 하신다(30절). 당시 정서를 고려할 때 참으로 파격적인 가르침이다. 우리 모두 언젠가는 꼭 이루고 싶은 세상이다.

남에게 대접받고자 하는 대로 남을 대접하라는 말씀(31절)은 보복법(lex talionis)을 긍정적으로 표현한 것이라 할 수 있다. 마태복음 7:12은 이 말씀이 율법이요 선지자라고 한다. '율법과 선지자'는 구약 전체를 상징하는 표현이다. 그러므로 우리가 대접받고자 하는 대로 남을 대접하는 것이 구약의 골자라고 하신 것이다. 예수님은 현재형 동사를 사용해 남에게 대접받고자 하는 대로 남을 대접하는 일을 세상이 끝날 때까지 계속해야 한다고 하신다.

예수님보다 10여 년 전에 활동한 유대교의 위대한 선생 힐렐(Hillel)

은 한 이방인이 던진 '율법을 한마디로 요약하면 무엇인가?'라는 질문에 비슷한 말로 대답했다. "너 자신에게 해로운 일을 남에게도 하지 말라"(Carson). 222-235년에 로마 제국의 황제였던 세베루스(Alexander Severus)는 궁전 벽에 이 말씀을 황금으로 새겼다고 한다(France). 이 일을 배경으로 18세기부터 이 말씀이 '황금 법칙'(Golden Rule)으로 불리기 시작했다(Boring).

이 말씀은 원수와 친구의 경계선을 허문다(Nolland). 원수들을 이렇게 대하면 그들도 우리의 이웃이 될 것이기 때문이다. 우리가 이웃을 이렇게 대하면 이웃도 우리를 자기 자신처럼 대할 것이다. 그러므로 이 말씀은 "네 이웃 사랑하기를 네 자신과 같이 사랑하라"(레 19:18)라는 율법을 실천하는 것이라 할 수 있다. 사랑과 섬김은 서로 주고받을 때 가장 빛이 난다. 하나님은 우리가 이웃에게 베푸는 사랑과 존중이 다시 우리에게 돌아오게 하신다.

(3) 죄인들과 다르게 살라(6:32-34)

³² 너희가 만일 너희를 사랑하는 자만을 사랑하면 칭찬 받을 것이 무엇이냐 죄인들도 사랑하는 자는 사랑하느니라 ³³ 너희가 만일 선대하는 자만을 선대하면 칭찬 받을 것이 무엇이냐 죄인들도 이렇게 하느니라 ³⁴ 너희가 받기를 바라고 사람들에게 꾸어 주면 칭찬 받을 것이 무엇이냐 죄인들도 그만큼 받고자 하여 죄인에게 꾸어 주느니라

이 말씀은 6:27-30 내용의 일부—원수를 사랑하는 것(27절), 미워하는 자를 선대하는 것(27절), 구하는 자에게 조건 없이 주는 것(30절)—를 재구성한 것

이다. 이 말씀을 기록하는 마태복음 5:46-47은 '죄인들'(ἁμαρτωλοί) 대신 '세리들'(τελῶναι)과 '이방인들'(ἐθνικοί)이 이렇게 한다고 한다. 누가는 이방인 성도들을 주 대상으로 삼고 있기 때문에 '죄인들'로 대체한다.

첫째, 예수님은 우리를 사랑하는 자들을 사랑하는 것은 죄인들도 하는 일이므로 칭찬받을 일이 아니라고 하신다(32절). '칭찬받을 것'으로 번역된 헬라어 단어(χάρις)는 '은혜, 자비'라는 뜻이며, 하나님이 인간에게 조건 없이 베푸시는 은총을 표현하는 데 자주 사용된다(TDNT). 이 은혜는 경험해 본 사람만이 남에게 베풀 수 있다. 그러므로 이웃에게 매정하게 구는 것은 그가 하나님의 은혜를 경험해 보지 못했다는 간접 증거이기도 하다. 예수님은 죄인들도 그들이 사랑할 만한 사람들(동료들과 가족들)은 사랑한다고 하신다. 그리스도인은 사랑할 수 없는 사람들을 사랑하라는 명령을 받았다. 하나님은 우리가 도저히 사랑할 수 없는 사람도 사랑하시기 때문이다.

둘째, 예수님은 우리를 선대하는 자들만 선대하는 것은 칭찬받을 일(은혜를 베푸는 일)이 아니라고 하신다(33절). 죄인들도 이렇게 하기 때문이다. 예수님은 하나님 나라에 입성하는 사람들은 달라야 한다고 하신다. 세상의 기준에 따라 사는 사람은 하늘나라에 들어갈 자격이 없다.

셋째, 예수님은 되돌려 받기를 바라고 사람들에게 꾸어 주는 것도 칭찬받을 일(은혜를 베푸는 일)이 아니라고 하신다(34절). 이자를 바라고 혹은 다른 대가를 바라고 꾸어 주는 일은 죄인들 사이에도 있는 일이기 때문이다. 조건 없이, 대가를 바라지 않고 서로를 섬기고 보살피는 것이 그리스도인들의 윤리가 되어야 한다.

이 말씀은 결코 사랑할 수 없는 사람을 사랑하라는 참으로 따르기 어려운 말씀이다. 이런 사랑이 가능할까? 계속 예수님을 닮으려고 노력하다 보면 언젠가는 가능할 것이다. 십자가에 손과 발이 못 박히신 예수님은 군인들의 망치가 그 못을 내리칠 때마다 그들은 자신들이 무슨 짓을 하고 있는지 알지 못하니 그들을 용서해 달라고 기도하셨다(눅

23:34). 잔인하고 혹독한 고통도 십자가에 망치질하는 원수들을 위한 예수님의 기도를 멈추지 못했다(Stott).

(4) 원수를 사랑하라(6:35-36)

35 오직 너희는 원수를 사랑하고 선대하며 아무 것도 바라지 말고 꾸어 주라 그리하면 너희 상이 클 것이요 또 지극히 높으신 이의 아들이 되리니 그는 은혜를 모르는 자와 악한 자에게도 인자하시니라 36 너희 아버지의 자비로우심 같이 너희도 자비로운 자가 되라

예수님은 본 텍스트에서 앞서 6:27-34에서 말씀하신 것을 다시 한 번 정리하신다. 원수를 사랑하고(27, 32절) 그들을 선대하며(27, 33절), 대가를 바라지 말고 꾸어 주라고 하신다(30, 34절). 또한 그렇게 하는 사람은 상이 클 것이라고 하신다(35b절). '상'(μισθός)은 포상이 아니라 선한 일을 한 것에 대한 대가다(BAGD).

예수님은 원수들을 사랑하라고 하신다(35a절). 구약은 이스라엘 백성에게 그들의 땅에 정착해 사는 이방인들을 사랑하고(레 19:33-34) 원수들에게 자비를 베풀라는 권면은 하지만(출 23:4-5; 욥 31:29-30; 잠 17:5; 24:17), 원수를 사랑하라는 말은 하지 않는다. 그러므로 예수님의 말씀은 참으로 파격적이라 할 수 있다. '사랑'(ἀγάπη)은 다른 사람을 자비롭고 따뜻하게 대하며, 그를 위해 큰 희생을 마다하지 않는 것이다 (Carson).

일부 학자는 본문의 원수들을 누가 공동체를 핍박하는 자들로 해석한다. 하지만 설령 그들이 훗날 누가 공동체를 핍박하는 자들을 가리킨다고 할지라도 예수님이 이 말씀을 하실 무렵에는 누가 공동체가 존재하지도 않았다. 그러므로 원수를 이처럼 제한해 해석할 필요는 없으며, 예수님을 따르는 사도들이나 제자들과 달리 예수님을 따르지 않는 사람들을 이렇게 구분하는 것으로 간주하는 것이 바람직하다. 하나님 나라 백성은 공동체 밖에 있는 사람을 이렇게 대해야 한다는 것이다.

세상 모든 사람을 하나님의 사랑으로 사랑하라는 이 말씀의 가장 좋은 예는 선한 사마리아인 이야기다(10:33-37). 이러한 사랑이 예수님이 제자들에게 요구하는 '서기관과 바리새인보다 더 나은 의'다(마 5:20; cf. 롬 12:14; 고전 4:12). 우리가 사랑할 만한 사람을 사랑하고, 미워할 만한 사람을 미워한다면 우리의 의가 세상 사람들의 것보다 나은 것이 무엇이겠는가? 하나님 나라의 능력은 우리가 사랑할 수 없는 자들을 사랑할 때 나타난다.

또한 원수를 사랑하라고 하시는 것은 개인적인 원수를 만들지 말라는 뜻이다. 원수도 우리의 이웃이기 때문이다(Blomberg). 이 말씀은 나라와 나라가 전쟁을 하지 말라는 말씀이기도 하다(Boring). 그래서인지 신약에는 성전(聖戰, holy war)에 관한 말씀이 아예 없다.

"선을 악으로 갚는 것은 악하고(evil), 선을 선으로 갚는 것은 인간적이고(human), 악을 선으로 갚는 것은 신적이다(divine)"(Plummer). 그러므로 예수님은 우리가 원수를 사랑하고 그들을 선대하며 대가를 바라지 않고 그들에게 꾸어 줄 때 비로소 지극히 높으신 이(하나님)의 아들이 될 것이라고 하신다(35a-c절). 당장은 아니지만 조금씩 하나님을 닮아간다는 뜻이다(McNeile). 우리가 원수를 사랑하는 것은 하나님의 사랑이 우리 안에 있다는 증거다. 또한 원수를 사랑하는 것은 예수님의 형제가 되는 길이기도 하다(마 12:48-50).

하나님은 은혜를 모르는 자와 악한 자에게도 인자하시다(35d절). 선하든 악하든 모든 사람은 하나님의 모양과 형상대로 창조되었다는 사실 하나만으로 주님의 인자하심을 누린다(cf. 창 1:26-28). 햇빛은 악인과 선인을 차별하지 않는다. 비도 의로운 자와 불의한 자를 차별하지 않는다. 하나님이 세상 모든 사람에게 똑같이 내려 주시는 은혜가 있다. 우리는 이것을 '보편 은총'(common grace)이라 한다. 보편 은총은 하나님이 무분별하게 모두를 사랑해서 내리시는 것이 아니다. 혹은 하나님께 윤리 기준이 없어서도 아니다. 하나님은 보편 은총을 받은 모든 사람을 분명히 심판하신다. 단지 심판이 임할 때까지 창조주를 알고 회개하라며 은혜를 모르는 자들과 악한 자들에게도 보편 은총을 내리신다.

예수님은 우리도 하나님 아버지처럼 자비로워야 한다는 말씀으로 이 섹션을 마무리하신다(36절). '자비로움'(οἰκτίρμων)은 관대함(너그러움)을 강조하는 단어다. 구약 선지자들은 하나님의 법대로(원칙대로) 심판하시겠다는 말씀을 참으로 두려워했다. 하나님이 법대로 심판하시면 살아남을 사람이 하나도 없기 때문이다. 다행히 하나님은 죄인들에게 한없이 자비로우시다. 여기에 우리의 소망이 있다. 예수님은 우리에게 하나님의 자비로움을 닮아 서로에게 자비로운 자가 되라고 하신다. 예수님이 우리에게 사랑할 수 없는 사람들을 사랑하라고 하시는 것은 우리로 하여금 그들에게 하나님 축복의 통로가 되게 하기 위해서다.

그러나 남을 용서하고 자비를 베푸는 일은 결코 쉽지 않다. 이러한 사실을 잘 아시기에 예수님은 '너희 아버지'(ὁ πατὴρ ὑμῶν)의 자비로우심같이 너희도 자비로운 자가 되라고 하신다. 제자들에게 하나님을 '너희 아버지'라고 하시는 것은 이번이 처음이다(cf. 12:30). 누구를 용서하고 자비를 베푸는 일은 결코 쉽지 않다. 그러므로 예수님은 하나님을 닮든지 혹은 하나님을 생각해서 용서하라는 의미로 하나님을 '우리 아버지'라고 하신다.

날이 갈수록 우리가 사는 세상은 편협한 개인주의로 치닫고 있다. 자기에게는 한없이 관대하지만, 이웃에게는 잔인할 정도로 냉정하다. 이러한 정서에서 우리도 자칫 잘못하면 세상의 분위기에 휘말릴 수 있다. 예수님은 우리에게 세상 사람들이 가지고 있는 모든 편견과 경계를 초월해 그들을 섬기고 사랑하라고 하신다. 이것이 하나님을 닮아가는 것이기 때문이다. 또한 그렇게 해야 우리가 그들과 다르다는 것을 세상이 깨닫게 될 것이다.

이 말씀은 우리에게 원수를 포함한 모든 사람을 조건 없이 사랑하라고 한다. 그들도 우리처럼 하나님의 모양과 형상대로 창조되었기 때문이다. 이웃을 사랑하는 것은 곧 그들이 지닌 하나님의 형상과 모양을 사랑하는 것이다. 그렇다면 하나님은 우리와 불신자들을 동일하게 취급하시는 것일까? 만일 그렇다면 우리의 신앙은 무슨 의미가 있는가?

복음서들은 하나님을 예수님의 아버지 혹은 믿는 자들의 아버지라고 하지, 한 번도 세상 모든 사람의 아버지라고 하지 않는다. 이 사실 하나만으로도 우리는 하나님처럼 사랑하며 살아야 할 이유가 있고, 세상 사람들을 조건 없이 사랑할 힘이 생긴다. 우리는 교회를 미워하거나 비난하는 사람들까지도 사랑해야 한다. 그렇게 하지 않으면 전도의 기회도 없다.

IV. 갈릴리 사역(4:14-9:50)
  B. 평지 수훈(6:17-49)

5. 심판하지 말라(6:37-38)

³⁷ 비판하지 말라 그리하면 너희가 비판을 받지 않을 것이요 정죄하지 말라 그리하면 너희가 정죄를 받지 않을 것이요 용서하라 그리하면 너희가 용서를 받을 것이요 ³⁸ 주라 그리하면 너희에게 줄 것이니 곧 후히 되어 누르고 흔들어 넘치도록 하여 너희에게 안겨 주리라 너희가 헤아리는 그 헤아림으로 너희도 헤아림을 도로 받을 것이니라

'비판하지 말라'(μή κρίνετε)는 현재형 명령으로 언제든지 항상 하지

말라는 뜻이다(Hill, Guelich, Schweizer). '비판하다'(κρίνω)는 법정에서 이뤄지는 재판부터 사람의 개인적인 판단에 이르기까지 매우 다양하고 광범위한 의미를 지녔다(TDNT). 본문은 법정 재판과 상관이 없으며, 옳고 그름에 대한 개인적인 분별을 금하는 것도 아니다. 성경은 오히려 분별을 권장한다(요 7:24; cf. 고전 5:5; 갈 1:8-9; 6:1; 빌 3:2; 히 3:13; 요일 4:1). 공의와 정의로 책망과 비난을 하되 겸손을 겸비해야 한다는 의미다. 오늘은 내가 책망과 비난을 통해 당신을 도울 테니 내일은 당신이 책망으로 나를 도우라는 태도가 필요하다(Craddock).

사랑하는 마음 없이 남을 책망하고 비난하는 것은 옳지 않다. 또한 사랑이 없는 것은 하나님의 용서와 자비를 제대로 경험하지 못했다는 것을 의미한다. 비판하지 말라는 이 말씀은 남을 긍휼히 여기는 자는 복이 있다는 팔복 중 다섯 번째 복(마 5:7)과 주기도문 중 우리의 죄를 사해 달라는 다섯 번째 간구의 다른 측면이다(Bruner, Wilkins).

우리는 왜 남을 비판하지 않아야 하는가? 우리가 비판하면 우리도 비판받을 것이기 때문이다(37b절). 우리의 비판을 받은 사람들과 하나님은 우리를 향해 '너 자신을 알라'고 할 것이다. 성경은 오직 하나님만 사람을 심판하실 수 있다고 한다(약 4:12). 그러므로 비판하지 말라는 것은 이웃의 잘못에 눈을 감으라는 뜻이 아니라 이웃에게 하나님처럼 굴고자 하는 야심을 버리라는 의미다(Stott).

예수님은 같은 원리를 정죄하는 일을 통해 한 번 더 강조하신다(37c-d절). '정죄하다'(καταδικάζω)는 누군가를 죄인으로 단정하는 행위다(NIDNTTE). 우리가 남을 죄인으로 낙인찍으면 하나님도 우리를 죄인으로 단정하시고 죗값을 물으실 것이다. 그래서 예수님은 "우리가 우리에게 죄 지은 자를 사하여 준 것 같이 우리 죄를 사하여 주시옵고"라고 기도하라고 하신다(마 6:12).

그렇다면 우리는 서로를 어떻게 대해야 하는가? 예수님은 서로 용서하라고 하신다(37e-f절). '용서하다'(ἀπολύω)는 떠나보낸다는 의미다

335

(BAGD). 우리가 누구를 용서하면 용서한 죄를 더는 마음에 담아 두지 말고 잊어야 한다. 이사야 선지자는 하나님이 우리를 용서하시면 더는 그 죄를 기억하시거나 문제 삼지 않으신다고 한다. "내가 네 허물을 빽빽한 구름 같이, 네 죄를 안개 같이 없이하였으니 너는 내게로 돌아오라 내가 너를 구속하였음이니라"(사 44:22). 하나님은 우리가 잘못한 이웃을 용서하는 것만큼 우리를 용서하실 것이다. 또한 남을 용서하는 것은 하나님의 용서를 경험한 사람만이 할 수 있는 일이다.

또한 예수님은 어려운 사람들에게는 주라고 하신다(38a절). 현재형 명령 '주라'(δίδοτε)는 계속 나누라는 뜻이다. 그렇게 하면 하나님이 우리에게 갚아 주시는데, 우리가 이웃에게 나눈 것만 주시는 것이 아니라 후히 되어 누르고 흔들어 넘치도록 주실 것이다(38b절). 구약적인 언어로 표현하자면 '삼십 배, 육십 배, 백 배'로 돌려주실 것이라는 뜻이다. 어려운 이웃을 돕는 것은 우리가 할 수 있는 가장 좋은 투자다.

적선하는 것도 좋지만 상대방의 자존심이 상하지 않도록 배려하며 돕는 것은 더 좋은 일이다. 보아스는 자기 밭에 나타난 룻을 안전하게 지켜 주고, 마음껏 먹으며 이삭을 줍게 했다. 일꾼들에게는 그녀가 곡식단 사이에서 줍는 것을 허용하고, 심지어 곡식 다발에서 조금씩 뽑아 그녀 앞에 뿌려 주라고 했다(룻 2:15-16). 보아스는 룻과 나오미에게 아낌없이 주었고, 하나님은 그에게 다윗의 조상이 되는 축복을 내리셨다.

남을 헤아리는 그 헤아림으로 헤아림을 받을 것이라는 말씀(38c절)은 곡식 거래에서 유래한 유대인들의 잠언이다(Carson, Culpepper, Nolland, cf. 막 4:24). '헤아림'(μέτρον)은 곡식 양을 무게나 부피로 계산하는 유닛이며, 길이를 계산하는 단위이기도 하다(NIDNTTE). 본문에서는 '잣대 혹은 기준'을 뜻한다. 우리가 남에게 들이대는 기준(잣대)에 따라 우리도 판단받을 것이라는 뜻이다. 그러므로 우리는 이웃에게 더욱더 자비로워야 한다. 이웃을 자비와 사랑으로 대할수록 하나님도 우리를 그렇게 대하실 것이기 때문이다.

이 말씀은 이웃을 판단하는 그 잣대로 하나님이 우리를 판단하실 것이라고 한다. 우리가 이웃에게 선을 베풀면 우리를 선대하실 것이요, 우리가 이웃에게 매정하고 잔인하게 굴면 하나님도 우리를 적절하게 심판하실 것이다. 그러므로 이웃에게 되도록이면 많이 베풀고 섬겨야 한다. 우리의 베풂과 섬김은 수십 배가 되어 우리에게 돌아올 것이다.

> IV. 갈릴리 사역(4:14-9:50)
> B. 평지 수훈(6:17-49)

6. 자신을 성찰하라(6:39-42)

39 또 비유로 말씀하시되 맹인이 맹인을 인도할 수 있느냐 둘이 다 구덩이에 빠지지 아니하겠느냐 40 제자가 그 선생보다 높지 못하나 무릇 온전하게 된 자는 그 선생과 같으리라 41 어찌하여 형제의 눈 속에 있는 티는 보고 네 눈 속에 있는 들보는 깨닫지 못하느냐 42 너는 네 눈 속에 있는 들보를 보지 못하면서 어찌하여 형제에게 말하기를 형제여 나로 네 눈 속에 있는 티를 빼게 하라 할 수 있느냐 외식하는 자여 먼저 네 눈 속에서 들보를 빼라 그 후에야 네가 밝히 보고 형제의 눈 속에 있는 티를 빼리라

예수님은 비유로 말씀을 이어 가신다(39a절). 맹인이 가이드가 되어 다른 맹인의 길을 인도하면 둘 다 구덩이에 빠지는 것은 불 보듯 뻔하다(39b절). 서기관과 바리새인들을 염두에 둔 말씀이다(Bock, Garland). 그들은 하나님이 하시는 일을 보지 못하며, 예수님이 하나님의 아들이라는 것도 보지 못한다. 또한 자기 자신의 부족함도 보지 못한다. 그런 사람들이 다른 사람들을 인도하는 영적 가이드다! 그러므로 그들은 자신들이 인도하는 사람들과 함께 구덩이에 빠진다. 구덩이는 불행을 뜻할 수도 있지만(시 7:15; 잠 22:14; 26:27; 전 10:8; 사 24:18), 스올을 뜻할 수도 있다(욥 17:1, 13; 시 16:10; 31:17; 141:7; 잠 1:12; 사 38:18; 겔 32:21-27).

맹인이 맹인의 인도를 받으면 둘 다 파멸에 이를 것이라는 경고다.

제자는 선생보다 높지 못하다(40a절). 학생은 선생이 아는 것을 모두 알 수는 없다는 뜻이다. 다만 온전하게 된 자는 선생과 같다(40b절). '온전하게 된 자'(κατηρτισμένος)는 잘 배워서 완전히 훈련된 자(fully trained)라는 뜻이다(새번역, 공동, NAS, NIV, ESV). 제자는 잘 배워도 스승만큼밖에는 되지 못한다(공동). 사도들의 경우에는 이 말씀이 뼈아프게 들린다. 그들은 예수님께 3년이나 훈련받고도 예수님을 남겨 두고 도망쳤다.

형제를 비판하는 것은 그의 눈 속에 있는 티는 보면서 자기 눈 속에 있는 들보는 깨닫지 못하는 행위와 같다(41-42절). 예수님이 '형제'(ἀδελφός)를 사용하시는 것은 이 말씀이 하나님 나라 백성에게 하시는 말씀임을 암시한다. '티'(κάρφος)는 나무의 작은 입자를, '들보'(δοκός)는 건축물의 기둥으로 사용하는 큰 목재를 의미한다(BAGD). 목수이셨던 예수님께 익숙한 비유다.

예수님은 자기 자신의 큰 잘못은 생각하지 않고 남의 작은 잘못을 비난하는 사람을 외식하는 자라고 하신다(42절). '외식하는 자'(ὑποκριτής)는 연극에서 가면을 쓰고 연기하는 연기자다(TDNT). 연기는 자신이 아닌 다른 캐릭터를 자신인 것처럼 속이는 일이다. 그러므로 외식(위선)은 큰 문제를 안고 있으면서도 마치 아무 문제 없는 것처럼 행세하는 것이다. 외식하는 자는 잘 보이지도 않는 이웃의 아주 작은 과오를 비난하기 전에 매우 크고 심각한 자신의 잘못과 죄를 먼저 제거해야 한다. 소크라테스의 "너 자신을 알라"가 새롭게 들린다.

그리스도인은 절대 남을 비판하면 안 되는가? 그렇게 해석하는 학자가 많다(Hill, Guelich, Schweizer, Strecker). 그러나 성경에 보면 예수님이 직접 비판하거나 판단하신 사례가 여럿 있다. 예수님은 성전에서 장사하는 사람들을 쫓아내시며 그들의 상을 엎으셨다(마 21:12-13). 헤롯이 죽이려고 한다는 소식을 듣고는 그를 여우라고 부르셨다(13:31-32). 또한 제자들에게도 분별력을 사용하라고 하신다. 이 말씀에서도 먼저 자기 눈에 있는 들보를 빼고 난 후에 형제의 눈 속에서 티를 빼라고 하신다 (42b절). 자기 자신의 결함을 먼저 해결한 다음 이웃을 판단하라는 말씀이다(Carson, Osborne, Wilkins). 그러므로 이웃을 비판하면 안 된다고 하지는 않으신다.

이 말씀은 남을 비판하기 전에 먼저 자기 자신을 돌아보라고 한다. 자신의 연약함과 결함이 비판하려고 했던 사람이 안고 있는 문제보다 더 심각하다는 사실을 깨닫게 될 것이기 때문이다. 또한 남을 인도하는 리더는 항상 영적 시력을 유지해야 한다. 맹인이 맹인을 인도하면 둘 다 망하기 때문이다. 자신의 연약함을 아는 겸손한 사람은 남을 비판하지 않는다.

7. 열매와 나무(6:43-45)

⁴³ 못된 열매 맺는 좋은 나무가 없고 또 좋은 열매 맺는 못된 나무가 없느니라 ⁴⁴ 나무는 각각 그 열매로 아나니 가시나무에서 무화과를, 또는 찔레에서 포도를 따지 못하느니라 ⁴⁵ 선한 사람은 마음에 쌓은 선에서 선을 내고 악한 자는 그 쌓은 악에서 악을 내나니 이는 마음에 가득한 것을 입으로 말함이니라

좋은 나무는 못된(썩은) 열매를 맺지 않고, 못된 나무는 좋은 열매를 맺을 수 없다(43절). '못된 열매'(καρπὸν σαπρόν)는 썩은 열매를, '못된 나무'(δένδρον σαπρὸν)는 썩은 나무를 뜻한다(BAGD). 썩은 나무는 열매를 거의 맺지 못하며, 맺어도 나쁜 열매를 맺는다. 반면에 좋은 나무는 좋은 열매를 맺는다. 그러므로 무엇이 좋은 나무이고 나쁜 나무인지는 그 나무가 맺는 열매로 판단하면 된다.

그리스도 안에서 성장하는 나무(교회)는 의와 선한 열매를 맺는다(빌 1:11; 골 1:10). 반면에 거짓 선지자들은 삶에서 선한 열매를 맺지 못한다. 사도 요한은 그들의 영이 하나님께로 왔는지 시험해 보라고 한다(요일 4:1). 회개에 합당한 열매를 맺으라는 세례 요한의 경고를 생각나게 하는 말씀이다(cf. 3:8).

교회와 교인들은 거짓 지도자들에 대해 절대 긴장감을 놓아서는 안된다. 역사를 보면 너무나도 많은 거짓 지도자가 와서 교회를 괴롭혔기 때문이다. 윤리적이고 도덕적인 삶이 없는 설교자의 설교는 모두 거짓이다(Bruner, Osborne). 지도자는 말이 아니라 열매로 평가받아야 한다(44a절; cf. 히 13:17; 약 3:9-12; cf. 갈 5:16-24). 그러므로 한 학자는 모든 성도가 목회자들의 '열매 감독관'(fruit inspector)이 되어야 한다고 한다(Wilkins).

가시나무에서 무화과를 얻을 수 없고, 찔레에서 포도를 따지 못한다(44b-c절). 먼발치에서는 '가시나무'(ἄκανθα)와 '무화과나무'(σῦκον)가 비슷하게 보일 수 있다. 그러나 가까이 가면 전혀 다른 나무다. '포도'(σταφυλή)와 '찔레'(βάτος)도 마찬가지다. 가시나무에서 무화과를 수확할 수 없고, 찔레에서 포도를 딸 수 없다.

선한 사람과 악한 사람도 마찬가지다(45절). 선한 사람은 마음에 쌓아 둔 선에서 선을 내고, 악한 자는 마음에 쌓아 둔 악에서 악을 낸다. 사람의 마음에 있는 것이 입을 통해 밖으로 나오기 때문이다. 예수님은 우리가 하는 말이 마음에 있는 것들을 드러낸다고 하신다. 그러므로 마음에 선한 것들이 있으면 선한 말을 하고, 마음에 악한 것들이 있으면 악한 말이 나온다. 사람을 판단하는 기준으로 삼을 '열매'는 바로 그가 사용하는 언어라는 뜻이다.

사람들은 영성을 자꾸 은사(방언, 예언, 치유 등)로 정의하려 든다. 은사가 많거나 강하게 나타날수록 좋은 영성이라고 생각한다. 그러나 은 사는 잠시 있다가 사라지는 것이다. 그러므로 이것들은 우리의 영성이 될 수 없다. 성경은 우리가 추구해야 할 영성은 '사랑과 희락과 화평과 오래 참음과 자비와 양선과 충성과 온유와 절제'(갈 5:22-23) 같은 평생 수양해야 할 인격이라 하지 은사라고 하지 않는다.

이 말씀은 사람의 영성을 분별하는 가장 기본적이고 중요한 기준은 삶의 열매라고 한다. 나무는 열매로 판단해야 한다. 아무리 아름다운 말로 설교를 하고 '사역의 열매'를 많이 맺는 사람이라 할지라도 삶이 부도덕하면 그 사람은 양의 탈을 쓴 이리에 불과하다. 특히 내뱉는 말을 보면 그가 어떤 사람인지 알 수 있다. 우리는 사용하는 언어가 나쁜 자들을 피해야 한다.

Ⅳ. 갈릴리 사역(4:14-9:50)
  B. 평지 수훈(6:17-49)

8. 반석 위에 지은 집(6:46-49)

⁴⁶ 너희는 나를 불러 주여 주여 하면서도 어찌하여 내가 말하는 것을 행하지 아니하느냐 ⁴⁷ 내게 나아와 내 말을 듣고 행하는 자마다 누구와 같은 것을 너희에게 보이리라 ⁴⁸ 집을 짓되 깊이 파고 주추를 반석 위에 놓은 사람과 같으니 큰 물이 나서 탁류가 그 집에 부딪치되 잘 지었기 때문에 능히 요동하지 못하게 하였거니와 ⁴⁹ 듣고 행하지 아니하는 자는 주추 없이 흙 위에 집 지은 사람과 같으니 탁류가 부딪치매 집이 곧 무너져 파괴됨이 심하니라 하시니라

예수님은 다시 한번 행함의 중요성을 말씀하신다. 예수님의 가르침에 대해 말만 할 뿐 실천하지 않으면 나쁜 열매를 맺는 나무와 같다(6:43-44). 또한 예수님을 주님으로 부른다 할지라도 주님의 가르침을 실천하지 않으면 주추 없이 흙 위에 집을 지은 사람과 같다(46, 49a절).

그의 집은 곧바로 탁류에 부딪혀 무너지고 파괴될 것이다(49b절).

구약은 듣는 자들에게 들은 것을 삶에서 실천할 것을 요구한다(신 28:15; 31:12; 수 1:7-8; 겔 33:31-32). 또한 히브리어뿐 아니라 헬라어도 '행할'(ποιέω) 때까지는 '들었다'(ἀκούω)고 하지 않는다(Osborne). 들은 말씀을 행할 때 비로소 들었다고 한다. 이 점을 강조하기 위해 예수님은 본문에서 '행하다, 순종하다'(ποιέω)를 세 차례나 반복하며 말씀 실천의 중요성을 강조하신다. 예수님은 우리가 주님의 말씀대로 행하면 얼마나 큰 축복을 누릴 수 있는지 베드로의 이야기(5:1-11)를 통해 이미 보여 주셨다.

예수님은 목수였기 때문에 갈릴리 지역의 건축 방식에 익숙하셨을 것이다. 갈릴리 호수 주변에는 모래가 많아 건축가들은 3m까지 모래를 파서 단단한 바탕이 나오면 그 위에 기둥을 세우고 집을 지었다. 가나안 지역은 거의 1년 내내 지속되는 건기에는 땅과 시내(wadi)가 완전히 말라 있다가, 10월쯤 되면 우기가 시작되어 순식간에 홍수가 나고 시내가 범람한다. 그러므로 가을비는 집의 지반을 테스트하는 시간이다(Guelich).

예수님의 가르침에 따라 사는 사람은 지혜로운 건축가다. 어리석은 건축가는 듣지만 행함이 없는 사람이다. 이 둘의 대조는 열 처녀 비유와 비슷하다(마 25:1-13). 지혜로운 건축가가 반석 위에 지은 집은 비와 홍수와 바람에도 끄떡없다(48절). 반면에 어리석은 건축가가 주추 없이 흙 위에 지은 집은 탁류에 부딪혀 무너진다(49절). 무너짐이 심하다는 것은 완전히 파괴되었다는 뜻이며, 최종 심판을 상징한다.

대부분 학자가 집에 들이닥치는 홍수와 탁류는 종말에 있을 최종 테스트라고 한다(cf. 사 8:7-8; 28:2, 17-19; 겔 13:10-15; 벧후 3:5-7). 그러나 우리가 하나님의 자녀로서 이 땅에 살면서 수시로 맞이하는 위기이기도 하다. 그러므로 이 말씀은 우리의 바른 선택을 요구한다. 반석 위에 집을 지을 것인지 아니면 흙 위에 집을 지을 것인지 선택해야 한다. 집을 지을 것인가, 짓지 않을 것인가는 이슈가 아니다. 우리는 모두 집을 짓고 있기 때문이다. 이슈는 어떤 집을 지을 것인가 하는 점이다. 반석 위에 집을 짓고자 한다면 하나님의 말씀대로 행하며 사는 일은 피할 수 없다.

이 말씀은 우리가 얼마나 하나님의 말씀을 삶에서 실천하며 살고 있는지 돌아보게 한다. 행함이 없는 삶은 주추 없이 흙 위에 집을 짓는 것이므로 그런 사람은 하나님의 심판을 견딜 수 없다. 오직 온전히 순종하는 삶을 살 때 비로소 하나님의 최종 심판을 견딜 수 있는 반석 위의 집을 지을 수 있다. 아직 기회가 있을 때 반석이신 예수님 위에 집을 지어야 한다.

C. 메시아 예수(7:1-50)

본 텍스트는 예수님은 누구이신가에 초점이 맞춰져 있다. 사람들은 예수님을 선지자 정도로 생각하고, 요한은 그가 예비한 길을 오시는 메시아이신지 묻는다. 예수님은 자신이 죽은 사람을 살리고 사람의 죄를 사하는 하나님의 아들임을 드러내신다. 예수님은 이스라엘의 구세주이실 뿐 아니라 이방인들의 구세주로 오셨다. 백부장 이야기(7:1-10)는 이 같은 사실을 보여 줄 뿐 아니라 복음이 이방인들에게 본격적으로 선포되기 시작하는 고넬료 사건(행 10장)과 쌍을 이룬다(Liefeld & Pao). 예수님은 이미 나사렛 회당에서 엘리사와 시리아 장군 나아만의 이야기를 통해 구원이 이방인들에게 임했다고 선언하셨다(4:25-27).

그렇다면 사람은 예수님이 이루시는 구원에 어떻게 반응해야 하는가? 믿음으로 예수님을 구세주로 영접해야 한다. 본 텍스트는 다음과 같이 구분된다.

A. 백부장의 종(7:1-10)

B. 나인성 과부의 아들(7:11-17)

C. 세례 요한(7:18-35)

D. 향유를 부은 여인(7:36-50)

1. 백부장의 종(7:1-10)

¹ 예수께서 모든 말씀을 백성에게 들려 주시기를 마치신 후에 가버나움으로 들어가시니라 ² 어떤 백부장의 사랑하는 종이 병들어 죽게 되었더니 ³ 예수의 소문을 듣고 유대인의 장로 몇 사람을 예수께 보내어 오셔서 그 종을 구해 주시기를 청한지라 ⁴ 이에 그들이 예수께 나아와 간절히 구하여 이르되 이 일을 하시는 것이 이 사람에게는 합당하니이다 ⁵ 그가 우리 민족을 사랑하고 또한 우리를 위하여 회당을 지었나이다 하니 ⁶ 예수께서 함께 가실새 이에 그 집이 멀지 아니하여 백부장이 벗들을 보내어 이르되 주여 수고하시지 마옵소서 내 집에 들어오심을 나는 감당하지 못하겠나이다 ⁷ 그러므로 내가 주께 나아가기도 감당하지 못할 줄을 알았나이다 말씀만 하사 내 하인을 낫게 하소서 ⁸ 나도 남의 수하에 든 사람이요 내 아래에도 병사가 있으니 이더러 가라 하면 가고 저더러 오라 하면 오고 내 종더러 이것을 하라 하면 하나이다 ⁹ 예수께서 들으시고 그를 놀랍게 여겨 돌이키사 따르는 무리에게 이르시되 내가 너희에게 이르노니 이스라엘 중에서도 이만한 믿음은 만나보지 못하였노라 하시더라 ¹⁰ 보내었던 사람들이 집으로 돌아가 보매 종이 이미 나아 있었더라

예수님이 이번에는 이방인을 치료하신다. 하나님의 구원이 유대인 뿐 아니라 이방인도 포함한다는 것을 암시한다. 또한 이 사건은 이스

라엘에 대한 경고다. 만일 그들이 회개하고 예수님이 선포하시는 하나님 나라를 받아들이지 않으면, 하나님의 구속사가 이방인 중심으로 진행될 수 있다는 경고다. 구약도 이미 이러한 상황을 경고했다(사 2:1-3; 미 4:1-2). 지금부터는 아브라함의 후손이라는 족보가 아니라, 유대인과 이방인에 상관없이 믿음으로 하늘나라에 들어갈 수 있다. 그러므로 이 이야기의 핵심은 치료가 아니라 믿음이다.

예수님은 말씀 사역을 마치시고 갈릴리 사역의 전진 기지라 할 수 있는 가버나움으로 돌아오셨다(1절). 어떤 백부장의 사랑하는 종이 병들어 죽게 되었다(2절). 같은 사건을 회고하면서 마태는 이 종이 중풍병을 앓고 있었다고 한다(마 8:6). 예수님이 돌아오셨다는 소문을 듣고 백부장이 유대인의 장로 몇 사람을 예수님께 보내 종을 구해 달라고 청했다(3절).

이 사람은 로마 사람이거나 다른 나라 출신의 이방인이었을 것이다. 그가 로마 사람이든 다른 나라 사람이든 유대인이 보기에 부정하기는 마찬가지다. '백부장'(ἐκατοντάρχης)은 로마 제국 군대의 가장 기본적이고 중요한 장교로, 각각 8명으로 구성된 10개 소대를 지휘했다(Ferguson). 당시 백부장들은 부유했을 뿐 아니라 큰 권세를 누렸다(Fitzmyer). 이런 지위에 있는 사람이 예수님께 사람을 보내 간구한다. 평소에는 명령을 내리는 일에만 익숙해 있던 사람인데, 지금은 예수님의 자비를 구하고 있다.

당시 이방인들과 유대인들이 서로 싫어했다는 점을 고려할 때 로마 군대의 대장이 앓아누운 종을 위해 유대인인 예수님께 고개를 숙이는 것이 이상하게 보일 수도 있다. 그러나 그는 유대교 문화에 매우 익숙한 사람이며, 심지어 회당을 세우는 데 큰 도움을 준 하나님을 두려워하는 사람(God-fearer)이었다(5절). 그러므로 유대교 장로들은 그가 하나님 백성에게 참으로 고마운 사람이니 꼭 도와야 한다며 예수님께 간절히 도움을 청했다(4절). 장로들은 예수님께 로비를 하고 있다(Bock).

장로들의 진심 어린 간청을 들으신 예수님이 백부장의 종을 치료하고자 사람들과 함께 그의 집으로 향하셨다(6a절). 백부장은 예수님이 자기 집으로 오신다는 소식을 듣고 급히 친구들을 보냈다. 그는 친구들을 통해 예수님이 자기 집으로 들어오시는 것을 감당하지 못하겠다고 했다(6b절). 어떤 이들은 백부장이 유대인이 이방인의 집에 들어가는 것을 금기시한 것을 반영하는 것으로 해석한다(Hagner, Harrington, Hill). 실제로 유대인들은 이방인의 집에 들어가면 부정해진다고 생각했다(cf. 행 10:28). 하나님을 경외하는 사람으로서 백부장은 이러한 유대인 정서에 민감하지만, 그는 이 순간 예수님이 자기 종을 회복시키기 위해 직접 찾아오시는 일을 감당할 수 없다고 고백하고 있다.

백부장은 자신이 감당하기에는 예수님이 너무나 위대하신 분이니 직접 집으로 찾아오시지 말고 말씀만 하셔서 하인을 낫게 해 주시기를 부탁한다(7절). 아직까지 예수님은 먼발치에서 누구를 치료하신 적이 없다. 그러므로 이러한 부탁은 참으로 믿음의 도약(leap of faith)이라고 할 수 있다(Keener).

백부장은 자기 경험을 통해 예수님의 '나으라'라는 한마디가 얼마나 큰 능력을 가지고 있는지 고백한다(8절). 그도 남의 수하에 있기 때문에 윗사람이 명령하면 아랫사람이 그대로 해야 한다는 것을 잘 알고 있다. 특히 그는 군인이기 때문에 이 같은 문화에 매우 익숙하다. 상관이 그에게 내리는 명령과 그가 부하들에게 내리는 명령 모두 로마 황제의 권위로 내려지는 것들이다. 이와 같이 예수님의 말씀도 곧 그를 보내신 창조주 하나님의 말씀이다. 그러므로 예수님이 직접 찾아오실 필요 없이 종에게 나으라고 말씀하시면 그렇게 될 것이라고 한다. 예수님은 그렇게 하실 만한 권세를 가지셨다는 믿음의 고백이다.

백부장은 겸손히 자신을 낮추며 예수님을 '주'(κύριος)라고 부른다 (6, 7절). 예수님의 창조주 권위를 인정하는 고백이다. 그가 하인에 대해 과하다고 할 정도의 관심과 사랑을 표현하는 것으로 보일 수도 있지만, 이는 낮은 자의 안녕까지 챙기는 그의 인품이 참으로 따뜻하고 자상함을 암시한다. 로마 제국의 직업 군인은 대체로 20년간 복무했는데, 이 기간에 파견을 나가면 가족을 파견지로 데려갈 수 없었다. 그러므로 이 하인은 그의 유일한 가족이라고 할 수 있다(Keener). 백부장은 예수님이 중풍병을 고치셨다는 소문을 들었을 것이다(cf. 5:17-26).

백부장의 말을 들은 예수님이 놀라신다(9a절). 누가복음에서 예수님이 놀라시는 장면은 이곳이 유일하다. 마가복음 6:6은 예수님이 유대인들의 불신에 놀라셨다며 같은 단어(θαυμάζω)를 사용한다. 예수님이 이곳에서는 이방인의 믿음에 놀라시고, 마가복음에서는 유대인들의 불신에 놀라신다. 이방인들과 유대인들의 신앙이 강력한 대조를 이룬다. 하나님이 놀라시는 것은 적절하지 않지만, 예수님은 인간의 몸과 감정을 지니셨기 때문에 이렇게 놀라시는 것이 당연하다(Calvin).

예수님은 따르는 무리, 곧 이 광경을 지켜보는 사람들에게 '이스라엘 중에서도 이만한 믿음'(ἐν τῷ Ἰσραὴλ τοσαύτην πίστιν)을 보지 못했다고 하신다(9b절). '이만한 믿음'(τοσαύτην πίστιν)은 이보다 더 좋을 수 없다는 뜻이다(cf. BAGD). 예수님은 예수님이 멀리서도 그의 종을 낫게 하실 수 있다고 확신하는 백부장의 믿음 때문에 놀라신 것이 아니다. 예수님의 권위가 그를 보내신 하나님께로 왔다는 사실을 정확히 알고 있는 것에 놀라셨다(Carson). 백부장은 로마 황제가 그에게 모든 권위를 위임해 보낸 것처럼, 하나님이 모든 권위를 위임해 예수님을 보내셨다는 사실을 아는 사람이다.

장로들은 백부장이 한 일을 칭찬하고(4-5절), 예수님은 백부장의 믿음을 칭찬하신다. 백부장이 예수님께 보냈던 사람들이 집으로 돌아오니 종이 이미 나아 있었다(10절). 환자를 직접 접하지 않고 멀리서 치료하는 것은 매우 특이한 일이다. 이런 점에서 이 사건은 예수님의 능력이 어느 정도인지를 잘 보여 준다. 백부장의 믿음이 기적을 일으킨 것이 아니다. 그는 믿음으로 예수님이 행하시는 기적에 동참했다.

누가복음에서 믿음은 매우 중요한 주제다. 누가는 믿음을 지적(知的)으로 하늘나라에 대한 진리를 인정하는 것, 예수님의 메시지를 받아들이고 충성하는 것, 그리고 예수님이 어떠한 기적도 행하실 수 있다는 것을 확신하는 것(기적 이야기들) 등 세 가지로 정의한다. 백부장은 이미 이러한 믿음을 가지고 있다.

이 말씀은 믿음은 불가능한 일도 해낸다고 한다. 이방인이었던 백부장의 믿음은 우리가 추구해야 할 믿음이 어떤 것인지 생각하게 한다. 그의 믿음은 예수님이 환자를 대면하지 않고도 치료하시는, 인간적인 관점에서 볼 때 불가능한 일을 해냈다. 그러므로 예수님은 겨자씨만큼 작은 믿음으로도 산을 움직일 수 있다고 하신다. 우리도 이 백부장처럼 예수님을 놀라게 할 만한 큰 믿음을 가질 수 있다.

IV. 갈릴리 사역(4:14-9:50)
  C. 메시아 예수(7:1-50)

2. 나인성 과부의 아들(7:11-17)

¹¹ 그 후에 예수께서 나인이란 성으로 가실새 제자와 많은 무리가 동행하더니 ¹² 성문에 가까이 이르실 때에 사람들이 한 죽은 자를 메고 나오니 이는 한 어머니의 독자요 그의 어머니는 과부라 그 성의 많은 사람도 그와 함께 나오거늘 ¹³ 주께서 과부를 보시고 불쌍히 여기사 울지 말라 하시고 ¹⁴ 가까이 가서 그 관에 손을 대시니 멘 자들이 서는지라 예수께서 이르시되 청년아 내가 네게 말하노니 일어나라 하시매 ¹⁵ 죽었던 자가 일어나 앉고 말도 하거늘 예수께서 그를 어머니에게 주시니 ¹⁶ 모든 사람이 두려워하며 하나님께 영광을 돌려 이르되 큰 선지자가 우리 가운데 일어나셨다 하고 또 하나님께서 자기 백성을 돌보셨다 하더라 ¹⁷ 예수께 대한 이 소문이 온 유대와 사방에 두루 퍼지니라

예수님은 바로 앞 이야기에서 병으로 죽어 가는 백부장의 종을 살리셨다(7:1-10). 이 이야기에서는 한 과부의 죽은 아들을 살리신다. 백부장과 과부를 비교하면 백부장은 큰 권세와 부를 가진 사람이다. 반면에 과부는 참으로 어려운 형편에 처한 사람이다. 예수님은 사회적-경제적으로 차별하지 않고 구원하신다.

또한 이번에는 과부의 아들을 살리시고, 나중에는 야이로의 딸을 살리신다(8:41-56). 예수님의 구원에는 성적 차별도 없다. 예수님은 이 사건들을 통해 사탄이 가장 큰 무기로 사용하는 죽음을 무력화시키신다.

예수님의 명성이 날이 갈수록 높아진다. 그러므로 이제는 어디를 가시든 제자들뿐 아니라 무리가 따라다닌다. 예수님이 가버나움을 떠나 나인이라는 성으로 가셨다(11절). '나인'(Ναΐν)의 위치는 확실하지 않지만(Bock), 엔돌에서 서쪽으로 5㎞, 가버나움에서 남서쪽으로 30㎞ 떨어진 곳으로 생각된다(Marshall, cf. ABD, Liefeld & Pao).

성문에 가까이 가실 때 사람들이 한 죽은 자를 메고 나왔다(12a절). 죽은 사람은 과부의 독자였다(12b절). 많은 사람이 운구 행렬을 이루고 있었다. 당시 사람들은 운구 행렬에 동참하는 것을 좋은 일로 간주했다. 게다가 유일한 아들을 잃은 과부의 상황이 많은 사람의 마음을 아프게 해 행렬이 컸던 것으로 보인다.

예수님은 통곡하며 아들의 시신을 따라가는 과부를 불쌍히 여기시고 "울지 말라"라고 하셨다. 예수님은 자식을 잃은 과부의 아픔을 헤아리셨다. 그러므로 그녀의 삶을 예전처럼 돌려놓기를 원하신다. 보통은 사람들이 예수님을 찾아와 고쳐 주시기를 구하는데, 이번에는 예수님이 먼저 슬퍼하는 과부에게 구원의 손길을 내밀어 위로하고자 하신다.

예수님의 위로는 이런 일을 겪은 사람들에게 우리가 상투적으로 하는 말인 '좋은 곳으로 갔으니 울지 말라'와 차원이 다르다. 예수님은 인간의 슬픔을 기쁨으로 바꾸실 수 있는 하나님이시다(cf. 사 25:8; 30:15-21; 계 7:17; 21:4). 하나뿐인 아들을 잃고 망연자실한 과부에게 곧 그녀의 아들을 살릴 것임을 암시하며 이렇게 말씀하셨다. 그러므로 내레이터가 책이 시작된 이후 처음으로 이 이야기에서 예수님을 죽은 자를 살리시는 하나님이라며 '주'(ὁ κύριος)라고 부른다(13절; cf. 7:19; 10:1, 39, 41; 11:39; 12:42; 13:15; 16:8; 17:5-6; 18:6).

예수님은 가까이 가서 관에 손을 대셨다(14a절). 주검에 손을 대면 부정해진다는 율법(민 19:11)에 개의치 않으셨다. 예수님은 부정에 오염되는 것이 아니라 오히려 부정을 정하게 하시는 분이기 때문이다. '관'(σορός)은 상여를 뜻하는데, 당시에는 박스가 아니라 널빤지 위에 천으로 감은 시신을 올려놓았다. 예수님은 시신이 되어 누워 있는 사람에게 "청년아 내가 네게 말하노니 일어나라"라고 명령하셨다(14b절).

예수님의 말씀에 죽었던 자가 일어나 앉고 말도 했다(15a절). 그렇다고 해서 이 청년이 부활한 것은 아니다. 그는 잠시 더 살다가 다시 죽는다. 부활은 죽은 사람이 영적인 몸으로 살아나 영원히 사는 것을 말한다. 그러므로 성경은 예수님이 부활의 첫 열매가 되셨다고 한다(고전 15:20, 23).

예수님은 살아난 청년을 어머니에게 주셨다(15b절). 삶의 전부를 잃고 슬퍼하던 과부가 예수님이 살리신 아들을 껴안고 얼마나 기뻐했을까! 옛적에 엘리야가 살아난 아이를 안고 다락에서 방으로 내려와 그의 어머니에게 주었던 일을 연상케 한다(왕상 17:23).

지켜보던 모든 사람이 두려워하며 하나님께 영광을 돌렸다(16a절). 예수님은 이 이야기에서처럼 공개적으로 사람을 살리기도 하시지만, 야이로의 딸처럼 비공개적으로 살리기도 하신다(8:49-56). 중요한 것은 예수님이 기적을 행하시는 것이 하나님의 권세와 능력에 근거한다는 사실이다(McComiskey). 사람들은 이러한 사실을 알고 있기 때문에 예수님이 행하신 기적을 보고 두려워하며 하나님께 영광을 돌렸다.

사람들이 하나님을 경외하며 영광을 돌린 이유는 두 가지다. 첫째, 예수님을 하나님이 보내신 큰 선지자로 생각했기 때문이다(16b절). 구약 선지자 중 사람을 살린 이들은 엘리야와 엘리사가 유일하다(왕상 17:17-24; 왕하 4:8-37). 그러므로 사람들은 예수님이 엘리야와 엘리사에 버금가는 큰 선지자라고 생각한다. 그러나 예수님은 그들보다 더 위대하시다. 엘리야는 세 차례 시신 위에 자기 몸을 누여 아이를 살렸고, 엘리사는 지팡이를 이용해 아이를 살렸다. 반면에 예수님은 한마디 말씀으로 청년을 살리셨다. 또한 이 선지자들은 각각 한 명씩 살렸지만, 예수님은 앞으로 야이로의 딸(8:49-56)과 나사로도 살리실 것이다(요 11장).

둘째, 예수님이 베푸신 기적을 하나님이 자기 백성을 돌보시는 증거로 생각했기 때문이다(16b절). 구약에서 하나님이 돌보신다는 것은 은총을 내려 주신다는 뜻이다(룻 1:6; 삼상 2:21; 렘 15:15). 사람들은 하나님이 예수님을 통해 앞으로도 그분의 백성 이스라엘에 은총을 내려 주실 것을 기대한다. 예수님에 대한 소문이 온 유대와 사방에 두루 퍼졌다. 아마도 하나님이 자기 백성에게 은총을 베풀기 위해 엘리야만큼 큰 선지자를 보내셨다는 소문이었을 것이다.

이 말씀은 예수님이 인간의 아픔을 온전히 헤아리시는 하나님이시라고 한다. 예수님은 죽은 청년을 살리심으로써 아들을 잃고 절망하는 그의 어머니에게 살아갈 소망을 주셨다. 우리도 예수님처럼 절망하는 사람들에게 먼저 손을 내밀어 그들을 도와야 한다. 그들이 살아갈 수 있도록 하늘나라 소망을 나누어야 한다.

Ⅳ. 갈릴리 사역(4:14-9:50)
    C. 메시아 예수(7:1-50)

3. 세례 요한(7:18-35)

어머니 태중에 있을 때 요한은 예수님을 알아보고 기뻐했다(1:44). 그로부터 30년이 지났고 요한은 헤롯 안티파스에 의해 감옥에 갇혔다.

요한이 예수님께 제자들을 보내 자신이 길을 예비한 그분이 맞느냐고 묻는다. 감옥에서 쉽게 풀려날 것 같지 않아 초조해진 요한이 한 번 더 확인하고자 한 것이다. 예수님은 긍정적으로 대답하신 후 요한은 주의 길을 예비하도록 하나님이 보내신 특별한 종이라고 하신다. 세례 요한이 구속사의 흐름에서 어떤 일을 한 하나님의 종인지에 관한 내용을 담은 본 텍스트는 다음과 같이 세 파트로 구분된다.

  A. 요한의 질문과 예수님의 대답(7:18-23)
  B. 요한과 하나님의 구속사(7:24-30)
  C. 요한과 만족을 모르는 세대(7:31-35)

```
Ⅳ. 갈릴리 사역(4:14-9:50)
  C. 메시아 예수(7:1-50)
    3. 세례 요한(7:18-35)
```

(1) 요한의 질문과 예수님의 대답(7:18-23)

[18] 요한의 제자들이 이 모든 일을 그에게 알리니 [19] 요한이 그 제자 중 둘을 불러 주께 보내어 이르되 오실 그이가 당신이오니이까 우리가 다른 이를 기다리오리이까 하라 하매 [20] 그들이 예수께 나아가 이르되 세례 요한이 우리를 보내어 당신께 여쭈어 보라고 하기를 오실 그이가 당신이오니이까 우리가 다른 이를 기다리오리이까 하더이다 하니 [21] 마침 그 때에 예수께서 질병과 고통과 및 악귀 들린 자를 많이 고치시며 또 많은 맹인을 보게 하신지라 [22] 예수께서 대답하여 이르시되 너희가 가서 보고 들은 것을 요한에게 알리되 맹인이 보며 못 걷는 사람이 걸으며 나병환자가 깨끗함을 받으며 귀먹은 사람이 들으며 죽은 자가 살아나며 가난한 자에게 복음이 전파된다 하라 [23] 누구든지 나로 말미암아 실족하지 아니하는 자는 복이 있도다 하시니라

세례 요한은 예수님이 갈릴리 지역에서 사역을 시작하시기 바로 전에 감옥에 갇혔다(마 4:12). 헤롯 안티파스(Herod Antipas)는 요한을 사해 동쪽에 있는 마케루스(Machaerus) 산성에 가두었다(Josephus). 요한은 이곳에서 1년 정도 감옥 생활을 하다가 처형되었다(cf. 마 14:1-14). 그가 감옥에 있을 때 그의 제자들이 이 모든 일에 대해 알려 주었다(18절). '이 모든 일'(πάντων τούτων)(18절)은 예수님의 가르침과 행하신 기적을 모두 포함하는 포괄적인 용어다.

요한은 예수님이 참으로 그가 예비한 길을 오신 메시아인지 알고 싶다. 그러나 감옥에 갇혀 직접 갈 수 있는 상황이 아니기에 두 제자를 대신 보냈다(19a절). 만일 요한의 제자들이 스승이 수감된 마케루스 산성에서 예수님을 찾아왔다면 거의 160㎞ 되는 길을 걸어서 온 것이다(Wilkins).

요한이 제자들을 보내 알고자 했던 것은 간단하다. 예수님이 그가 길을 예비하고 오시기를 기다리던 메시아이신지, 혹은 다른 사람을 기다려야 하는지를 알고자 했다(19b절). '오실 그이'(ὁ ἐρχόμενος)(19, 20절)는 메시아를 의미한다(cf. 3:16). 요한은 예수님께 세례를 줄 때 그가 메시아이심을 알았다(cf. 마 3:14). 그런데 왜 이제 와서 이런 질문을 하는 것일까?

학자들은 다양한 추측을 제시했다. 예수님이 공식적으로 또한 공개적으로 자신이 메시아이심을 선포할 기회를 제공하기 위해서(cf. Garland), 또는 요한이 자기 제자들로 하여금 예수님이 메시아이심을 깨닫게 하기 위해서라고 주장하는 이들이 있다. 혹은 투옥된 요한이 낙심하고 초조해서 이런 질문을 하는 것이라고 주장하는 이들도 있다(Liefeld & Pao, cf. Morris).

요한이 예수님께 질문한 이유는 그가 선포한 메시지에서 어느 정도 추론해 볼 수 있다. 요한은 매우 철저한 회개를 요구했고(3:7), 삶에서 회개에 부응하는 열매를 맺을 것을 명령했다(3:8). 또한 도끼가 나

353

무의 뿌리에 이미 놓였다며 회개하지 않으면 머지않아 하나님의 심판이 불로 임할 것이라고 경고했다(3:9). 그러므로 요한은 '곧 임할 불 심판'을 외친 선지자로서 예수님의 사역이 의외라고 생각했을 것이다(cf. Fitzmyer). 예수님은 곧 임할 불 심판은 말씀하지 않으시고 치료하고 위로하며 가르치는 일에 전념하셨기 때문이다. 그러므로 혼란스러운 요한이 생각을 정리하고자 제자들을 보낸 것이다. 만일 예수님이 '오실 그이'가 아니라면, 그는 더 기다려야 한다. '기다리다'(προσδοκάω)는 적극적으로 찾아보는 것을 뜻한다(NIDNTTE).

요한의 제자들이 스승의 질문을 가지고 예수님을 찾아왔을 때 예수님은 병든 사람들과 귀신 들린 사람들과 맹인들을 치료하고 계셨다(21절). 그러므로 예수님은 요한의 제자들에게 그들이 보고 들은 것을 스승에게 알리라며 맹인이 보며, 못 걷는 사람이 걷고, 나병 환자가 치료되고, 귀먹은 사람이 듣고, 죽은 사람이 살아나며, 가난한 사람들에게 복음이 전파되고 있다고 전하라고 하셨다(22절). 예수님은 이러한 일들이 계속되고 있다는 사실을 강조하기 위해 현재형 동사를 사용하신다.

이사야는 이러한 기적들이 메시아가 오시면 일어날 일들이라고 예언했다. 즉, 보지 못하는 사람이 보게 되고(사 29:18; 35:5; 42:18), 걷지 못하는 사람이 걷게 되고(사 35:6), 듣지 못하는 사람이 듣게 되고(사 29:18; 35:5; 42:18), 죽은 자가 살아나고(사 26:19), 문둥병이 낫고(사 53:4), 가난한 사람에게 복음이 선포된다(사 61:1). 이 기적 중 앞을 못 보는 사람을 보게 하고, 듣지 못하는 사람을 듣게 하는 일은 특별하다. 선지자 엘리야와 엘리사는 죽은 사람을 살리는 기적을 행했다. 그러나 그 어느 선지자도 앞 못 보는 사람을 보게 하지 못했고, 듣지 못하는 사람을 듣게 하지 못했다. 그러므로 구약 시대 사람들은 이런 일은 너무나도 어려워서 오직 메시아만 하실 수 있는 일이라고 생각했다. 그런데 예수님이 바로 이런 일을 행하셨다. 예수님이 바로 '오실 그이'이신 것이다(20절). 누가도 이 같은 사실에 동의하기 때문에 요한이 '주께'(τòν κύριον) 제자들을 보냈다고 한다(19절).

선지자들은 메시아가 이 같은 일을 하실 때 심판도 반드시 임할 것이라고 했다(Carson, Turner, Wilkins, cf. 사 35:4; 61:2). 그러나 아직 예수님은 죄인들과 세상에 심판을 내리지 않으셨다. 그러므로 세례 요한이 예수님께 제자들을 보내 질문하게 된 것도 심판이 지연되고 있기 때문이었을 것이다.

예수님은 누구든지 자기로 말미암아 실족하지 않는 자는 복이 있다고 하셨다(23절). 수훈(beatitude) 양식을 취하고 있는 이 말씀은 믿음을 요구한다. 예수님이 선포하시는 하나님 나라 복음을 영접함으로써 하나님 나라에 입성해 영생을 누릴 사람들은 복이 있다는 뜻이다. 또한 이 말씀은 세례 요한에게 "만일 내가 네가 기대하던 메시아와 다르다며 실족하지 않는다면, 요한아 너는 복이 있다"라는 개인적인 메시지가 된다(Bruner). 복음은 듣는 사람에게 예수님을 따를 것인지, 혹은 반대할 것인지 결정할 것을 요구한다.

이 말씀은 우리가 이웃에게 복음을 전하는 가장 효과적인 방법은 하나님이 우리의 삶을 변화시키신 것에 대해 증언하는 것이라고 한다. 하나님 나라는 말에 있지 않고 변화시키는 능력에 있기 때문이다. 예수님도 가부를 묻는 질문에 사람들이 고침을 받고 있는 광경을 보고 들은 대로 전하라는 말로 대답하셨다.

> Ⅳ. 갈릴리 사역(4:14-9:50)
>   C. 메시아 예수(7:1-50)
>   3. 세례 요한(7:18-35)

(2) 요한과 하나님의 구속사(7:24-30)

²⁴ 요한이 보낸 자가 떠난 후에 예수께서 무리에게 요한에 대하여 말씀하시되 너희가 무엇을 보려고 광야에 나갔더냐 바람에 흔들리는 갈대냐 ²⁵ 그러

면 너희가 무엇을 보려고 나갔더냐 부드러운 옷 입은 사람이냐 보라 화려한 옷을 입고 사치하게 지내는 자는 왕궁에 있느니라 ²⁶ 그러면 너희가 무엇을 보려고 나갔더냐 선지자냐 옳다 내가 너희에게 이르노니 선지자보다도 훌륭한 자니라 ²⁷ 기록된 바

보라 내가 내 사자를 네 앞에 보내노니

그가 네 앞에서 네 길을 준비하리라

한 것이 이 사람에 대한 말씀이라 ²⁸ 내가 너희에게 말하노니 여자가 낳은 자 중에 요한보다 큰 자가 없도다 그러나 하나님의 나라에서는 극히 작은 자라도 그보다 크니라 하시니 ²⁹ 모든 백성과 세리들은 이미 요한의 세례를 받은지라 이 말씀을 듣고 하나님을 의롭다 하되 ³⁰ 바리새인과 율법교사들은 그의 세례를 받지 아니함으로 그들 자신을 위한 하나님의 뜻을 저버리니라

요한의 제자들을 돌려보낸 다음 예수님은 무리에게 요한이 어떤 사람인지 말씀하셨다(24a절). 요한에 대한 예수님의 말씀은 감옥에 갇힌 그의 심경에 변화가 와서 제자들을 보낸 것이 아니라, 하나님의 구속사가 어디까지 진행되었는지 알아보기 위해 그들을 보냈음을 암시한다. 요한은 자신이 길을 준비하며 기다리던 메시아가 예수님이라는 것을 어느 정도 확신하며 제자들을 보냈던 것이다.

예수님은 무리에게 요한이 사역하던 광야에 누구를 만나러 갔는지 질문하시며 가능한 답 세 가지를 제시하신다(24-26절). 첫째, 그들은 바람에 흔들리는 갈대를 보러 광야에 나갔는가(24절)? 갈대는 요단강 주변에서 자라는 식물로 연약함과 흔들림의 상징이다. 그러므로 이 질문은 요한이 갈대처럼 연약하고 사람들의 말에 쉽게 마음이 흔들리는 사람이었냐는 것을 묻는다(Fitzmyer, Wilkins, cf. Bock). 요한은 심지가 굳고 듬직하며 단호한 선지자였으며, 여론에 좌지우지되는 정치인이 아니었다. 그는 이러한 성품 때문에 감옥에 갇혔다.

둘째, 그들은 부드러운 옷을 입은 사람을 보러 광야에 나갔는가

(25절)? '부드러운'(μαλακός)은 고와서 여성스럽기까지 하다는 뜻이다 (BAGD). 거친 낙타털 옷과 가죽띠를 두른(cf. 마 3:4) 요한은 부드러운 옷과는 거리가 멀다. 예수님은 화려한 옷을 입고 사치하는 사람들은 왕궁에 있다고 하시는데, 왕궁에서 화려한 옷을 입은 헤롯 안티파스 가 거친 옷을 입은 요한을 가둔 일을 우회적으로 비판하시는 듯하다 (Dunn, Garland, Theissen).

셋째, 그들은 선지자를 보기 위해 광야에 나갔는가(26절)? 요한은 이 스라엘 역사에서 400여 년의 침묵을 깨고 온 선지자로 유명했다. 그러 므로 헤롯이 요한을 감옥에 감금한 일은 참으로 충격적이었다. 요한이 사역하는 동안 사람들은 선지자를 보기 위해 광야를 찾았다. 예수님도 이러한 사실을 아신다. 그러나 예수님은 요한이 선지자보다 더 나은 자라고 하신다.

구약의 선지자 전통에 따라 선지자로 온 요한이 어떻게 해서 구약의 선지자들보다 더 위대하다는 말인가? 그는 메시아의 길을 준비하기 위 해 이 땅에 왔기 때문이다. 다른 선지자들은 메시아에 대해 예언했을 뿐 그의 길을 예비하는 사역을 하지는 않았다. 반면에 요한은 구체적 으로 메시아가 걸으실 길을 예비하기 위해 왔다. 심지어 구약은 요한 의 사역에 대해 예언까지 했다(27절; cf. 출 23:20; 말 3:1). "보라 내가 내 사자를 네 앞에 보내노니"는 출애굽기 23:20을 인용한 말씀이다. 하나 님이 천사를 보내 백성의 길을 예비하실 때 하신 말씀이다. "그가 네 앞에서 네 길을 준비하리라"는 말라기 3:1을 인용한 말씀이다. 하나님 이 가나안에 입성하는 백성을 위해 천사들을 먼저 보내신 것처럼 요한 을 먼저 보내 예수님의 길을 준비하게 하신 것이다.

그러므로 예수님은 여자가 낳은 자 중에 세례 요한보다 큰 자가 없다 고 하신다(28a절). 요한은 보통 선지자보다 더 나은 사람이다(26절). 그 는 지극히 높으신 이의 선지자다(1:76). 또한 옛 시대를 마감하며 동시 에 새 시대의 시작을 알리는 역할을 한 사람이다. 그러므로 예수님은

357

그보다 더 위대한 사람이 없다고 하신다.

예수님은 요한이 참으로 대단한 사람이지만, 천국에서는 극히 작은 자라도 요한보다 크다고 하신다(28b절). 이 말씀의 의미에 대해 상당한 해석적인 차이가 있다. 첫째, 어떤 이들은 '작은 자'(μικρός)를 '어린 자'로 해석해 요한보다 [몇 개월] 어리신 예수님이 그보다 더 위대하다는 뜻으로 해석한다(Chrysostom, Augustine, cf. TDNT). 둘째, 이 말씀을 종말론적으로 해석하는 사람들은 현재 가장 위대한 사람인 요한도 장차 임할 하나님 나라에서는 지극히 작은 자에 불과하다는 의미로 간주한다(Davies & Allison, McNeile, Verseput). 셋째, 대부분 학자는 예수님이 새로 시작하신 하나님 나라의 백성 중 가장 작은 사람이라도 옛 시대에 가장 위대했던 요한보다 더 크다는 의미로 해석한다(France, Hill, Plummer, Schnackenburg, Schweizer, Wilkins). 가장 설득력 있는 해석이다.

요한은 새 언약의 시작을 알렸지만 새로 시작된 하나님 나라의 일부는 아니었다. 그는 옛 언약을 완성시킨 사람이었다. 그러므로 예수님은 옛 시대와 새 시대를 대조하시면서 요한은 옛 시대의 최고 인물이지만 새 시대에서는 가장 작은 자보다도 더 작다고 하신다. 우리가 바로 예수님이 말씀하시는 새 시대를 살고 있다.

누가는 세례 요한에 대한 예수님의 말씀에 무리가 어떻게 반응했는지 알려 준다(29-30절). 이 부분은 마태복음에는 없으며, 일부 사본에도 없는 내용이다(cf. 공동). 이야기의 흐름에 반드시 필요한 내용은 아니며 누가가 고유적으로 곁들인 정보다. 그러므로 많은 번역본이 29-30절을 괄호로 표기한다(새번역, 공동, NIV, NRS, ESV).

요한에게 세례를 받은 사람들(백성과 세리)은 예수님의 말씀을 듣고 하나님은 의로운 분이시라고 찬양하며 영광을 돌렸다(29절). 그러나 요한에게 세례를 받지 않은 바리새인들과 율법 교사들은 그들을 위한 하나님의 뜻을 저버렸다. 마리아는 하나님이 낮은 자들을 높이시고, 높은 자들을 낮추실 것이라고 했는데(1:52), 이 같은 하나님의 계획이 이미 실현되고 있었던 것이다(Garland). 스스로 자신을 낮춘 일반인들은 하나님의 구원을 맛보고 있으며, 스스로 자신을 높인 종교 지도자들은 하나님의 벌을 피하기 어렵게 되었다. 그러므로 이 말씀은 사람들에게 바리새인과 서기관들의 가르침과 인도를 따르지 말라는 경고이기도 하다(Bock). 맹인과 다름없는 그들이 다른 사람들을 인도하려는 것과 같다.

사람들은 예수님의 말씀에도 비슷하게 반응할 것이다. 어떤 이들은 영생으로 인도하는 복음이라 할 것이지만, 어떤 이들은 완강하게 거부할 것이다. 또한 마음이 순수하고 유대교에 대한 지식이 많지 않은 낮은 자들은 하나님의 아들이신 예수님을 영접하지만, 유대교에 대해 많이 알고 하나님을 가장 잘 안다며 스스로 높이는 자들은 예수님을 거부할 것이다.

이 말씀은 우리가 신앙생활에서 무엇을 추구하고 있는지 돌아보게 한다. 하나님 나라와 선하신 뜻을 분별하며 하나님의 구원 역사의 한 부분을 살고 있는지, 혹은 바리새인들처럼 종교적 타산에 젖어 하나님과 상관없는 신앙생활을 하고 있는지 스스로 돌아보아야 한다. 하나님과 상관없는 신앙생활은 우상 숭배다.

기도하면서 소문이나 여론에 휩쓸리지 않고 이슈를 정확히 볼 수 있는 분별력을 키워야 한다. 또한 자신의 이권으로 인해 진리에 눈을 감는 일도 없어야 한다. 우리는 사람들이 형성하는 여론에 묻히는 진리를 분별하고 발굴하는 영성을 회복해야 한다.

```
IV. 갈릴리 사역(4:14-9:50)
  C. 메시아 예수(7:1-50)
    3. 세례 요한(7:18-35)
```

(3) 요한과 만족을 모르는 세대(7:31-35)

³¹ 또 이르시되 이 세대의 사람을 무엇으로 비유할까 무엇과 같은가 ³² 비유
하건대 아이들이 장터에 앉아 서로 불러 이르되

우리가 너희를 향하여 피리를 불어도

너희가 춤추지 않고

우리가 곡하여도

너희가 울지 아니하였다

함과 같도다 ³³ 세례 요한이 와서 떡도 먹지 아니하며 포도주도 마시지 아니
하매 너희 말이 귀신이 들렸다 하더니 ³⁴ 인자는 와서 먹고 마시매 너희 말
이 보라 먹기를 탐하고 포도주를 즐기는 사람이요 세리와 죄인의 친구로다
하니 ³⁵ 지혜는 자기의 모든 자녀로 인하여 옳다 함을 얻느니라

'이 세대'(τῆς γενεᾶς ταύτης)(31절)는 바리새인과 서기관들 곧 종교 지
도자들과 그들을 추종하는 무리 등을 부정적으로 일컫는 말이다(Bock,
Culpepper, Nolland). 하나님이 베푸신 수많은 은총을 경험하고도 순종하
지 않은 출애굽과 광야 세대에서 비롯된 말이다(Liefeld & Pao, cf. 신 1:35;
32:5, 20). 다행히 예수님은 당시 사람들이 모두 나쁘다고는 하지 않으
신다(cf. Garland). 제자들과 몇몇 사람은 하나님 나라의 복음에 긍정적
으로 반응해 주님의 나라에 입성하고 있기 때문이다. 다만 안타까운
것은 소수에 불과하다는 사실이다.

예수님은 장터에 앉아 노는 아이들의 말에 빗대어 말씀하시는데(32절),
당시 부모를 따라 장터에 온 아이들이 부모가 볼일을 보는 동안 함께
모여 노는 것은 흔한 풍경이었다. 장터에 모여 노는 아이들은 자신들
이 노래를 불러도 사람들이 적절하게 호응하지 않는다며 불만을 토한

다. '이 세대' 사람들은 노래를 부르는 아이들과 같다. 예수님은 이 세대 사람들이 어떠한 메시지를 들어도 그들이 부르는 노래와 다르다며 트집만 잡는다고 탄식하신다. 그러나 불평하는 아이들과 트집 잡는 어른들 사이에는 중요한 차이가 있다. 아이들은 순진해서(childlike, cf. 18:1-5) 놀이에 만족하지 않지만, 어른들은 유치해서(childish) 선포된 메시지에 트집만 잡는다(Wilkins).

피리를 불며 춤을 추는 것은 결혼식과 연관된다. 그러므로 아이들은 결혼식을 배경으로 한 놀이를 하고 있었을 것이다. 또한 곡을 하는 것은 장례식과 연관된 모습이다. 그러므로 이 놀이는 장례식을 배경으로 했을 것이다. 어떤 이들은 전통적으로 결혼식에서 춤을 추는 사람은 남자들이고 장례식에서 곡을 하는 사람은 여자들이었다며, 피리를 불고 춤을 추는 놀이는 사내아이들의 것이고 슬피 울며 가슴을 치는 놀이는 여자아이들의 놀이라고 한다(Gundry, Jeremias). 그러나 본문은 아이들의 성별을 구분하지 않는다. 따라서 단순히 남녀 아이들이 한데 어우러져 하는 놀이로 간주하는 것이 좋다.

많은 학자가 슬피 울고 가슴을 치는 놀이는 금욕주의를 지향했던 세례 요한의 사역(cf. 3:7-14)을, 피리를 불고 춤을 추는 놀이는 잔치를 즐기셨던 예수님의 사역을 상징하는 것으로 해석한다(Blomberg, McNeile, Schweizer, Verseput). 천국의 메시지가 어떤 식으로 선포되든 간에 사람들은 무조건 거부한다. 이스라엘은 하나님 나라의 어떠한 '놀이'에도 참여하지 않으려고 한다(Davies & Allison, Hagner, Keener). 결국 '이 세대'는 예수님과 요한을 둘 다 거부했다.

요한이 금욕주의적인 삶을 살며 메시지를 전파하자 그들은 그가 귀신이 들렸다고 했다(33절). 요한은 광야에 살면서 낙타털 옷을 입고 가죽띠를 차며, 메뚜기와 석청을 먹으며(마 3:4) 장례식에서 애곡하고 근신하는 사람의 모습과 잘 어울리는 삶을 살았다. 아마도 그의 라이프 스타일은 신명기 29:6 등을 배경으로 했을 것이다. 성경에는 사람들이 이렇게 사는 요한을 가리켜 귀신 들렸다고 했다는 말이 기록되어 있지 않다. 그러나 예수님을 보고 귀신 들렸다고 하는 자들이 있었던 것으로 보아(11:18-19), 요한에 대해서도 이렇게 말했을 것이다. 이 사람들은 요한의 옷차림과 음식을 핑곗거리로 삼았을 것이다. 그가 사는 곳과 모습이 귀신 들린 자들과 비슷했기 때문이다. 정상적인 사람들은 이렇게 살지 않는다는 것이다.

한편, 예수님은 요한과 달리 먹고 마시며 즐기셨다(34절). 그러므로 예수님의 삶과 사역은 결혼 잔치 같았다. 세례 요한도 자신을 신랑이 아니라 들러리를 서는 친구에 비유하며 예수님을 신랑이라 했다(요 3:28-29). 당시 유대인 문화에서 누군가와 음식을 함께 먹는 것은 그와 삶을 나누는 것을 상징했다. 함께 음식을 나누는 것은 동료로 받아들인다는 의미를 지녔기 때문이다. 그러므로 누구와 음식을 함께 먹는지는 그 사람의 사회적 지위와 소속 계층을 정의했다. 바리새인들은 여기에 종교적인 의미를 더해 집에서도 정결한 사람들하고만 음식을 먹었다(DJG).

이러한 정서에서 예수님이 세리와 죄인들과 음식을 함께 나누신 것은 그들과 친구가 되기 위해서이며, 장차 그들을 하나님 나라로 인도하기 위해서였다. 그러나 사람들이 보기에 예수님은 사회적 안정을 위협하는 혁명적인 사람이었다. 그러므로 위협을 느낀 그들은 예수님을 음식과 술을 탐하는 사람 정도로 평가 절하한 것이다(34절).

예수님은 이러한 상황에 대해 지혜는 자기의 모든 자녀로 인해 옳다 함을 얻는다고 하신다(35절). '지혜'(σοφία)는 사람들이 일상에 적용해 좋은 결과를 얻게 하는 슬기로움이다. 잠언 8장 이후로 '지혜'(σοφία)는 의인화되기도 한다. 본문을 두고 예수님을 성육신한 지혜(Wisdom Incarnate)로 일컫는 것이라고 주장하는 이들도 있지만(Suggs), 예수님이 자신뿐 아니라 요한도 이 말씀의 범위에 포함하시는 만큼 다소 지나친 해석으로 생각된다.

한편, 제자들이 바른 행실을 통해 그들을 보내신 예수님이 의로우신 분이라는 것을 드러낸다는 의미로 해석하거나(Morris), 예수님을 보내신 하나님이 예수님의 삶과 사역을 통해 의롭다함을 받으시는 것을 의미하는 것으로 해석하는 이들도 있다(Keener, Witherington). 그러나 이 말씀은 예수님뿐 아니라 요한에게도 적용되어야 한다. 예수님은 자신과 세례 요한의 삶이 그들을 비난하는 자들의 주장이 잘못되었음을 입증한다고 하신다(France, Verseput). 반대로 말하면, 만일 사람들이 지혜로워서 하나님이 메시아가 시작하실 하나님 나라의 전령(forerunner)으로 세례 요한을 보내신 것과 예수님이 바로 그 메시아라는 사실을 믿는다면, 예수님과 요한의 삶과 사역이 곧 그들의 결정이 옳았다는 것을 입증한다는 의미다(Carson, France, Wilkins).

이 말씀은 아무리 좋은 일을 하고, 좋은 메시지를 전해도 오로지 불만만 표하는 자들이 있다고 한다. 시대와 장소를 막론하고 비관주의자들과 음모론자들은 항상 있다. 편견과 선입견이 그들을 이렇게 만든다. 성경에 대해 많이 알고 신앙생활을 오래 할수록 나쁜 편견이 생길 수도 있다. 그러므로 항상 우리의 신앙 자세를 점검해야 한다.

교회에는 명령만 하거나 불만만 늘어놓는 자들도 있고, 비판을 위한 비판을 일삼는 자들도 있다. 사역자들은 이러한 사람에게 발목을 잡혀서는 안 된다. 세상에는 할 일이 참으로 많으므로 이런 사람들의 근거 없는 불만과 비판에 시간을 소모할 필요가 없다. 심지어는 예수님도 이런 사람들을 만족시키지 못하셨다.

IV. 갈릴리 사역(4:14-9:50)
  C. 메시아 예수(7:1-50)

4. 향유를 부은 여인(7:36-50)

[36] 한 바리새인이 예수께 자기와 함께 잡수시기를 청하니 이에 바리새인의

집에 들어가 앉으셨을 때에 ³⁷ 그 동네에 죄를 지은 한 여자가 있어 예수께
서 바리새인의 집에 앉아 계심을 알고 향유 담은 옥합을 가지고 와서 ³⁸ 예
수의 뒤로 그 발 곁에 서서 울며 눈물로 그 발을 적시고 자기 머리털로 닦
고 그 발에 입맞추고 향유를 부으니 ³⁹ 예수를 청한 바리새인이 그것을 보고
마음에 이르되 이 사람이 만일 선지자라면 자기를 만지는 이 여자가 누구며
어떠한 자 곧 죄인인 줄을 알았으리라 하거늘 ⁴⁰ 예수께서 대답하여 이르시
되 시몬아 내가 네게 이를 말이 있다 하시니 그가 이르되 선생님 말씀하소
서 ⁴¹ 이르시되 빚 주는 사람에게 빚진 자가 둘이 있어 하나는 오백 데나리온
을 졌고 하나는 오십 데나리온을 졌는데 ⁴² 갚을 것이 없으므로 둘 다 탕감
하여 주었으니 둘 중에 누가 그를 더 사랑하겠느냐 ⁴³ 시몬이 대답하여 이르
되 내 생각에는 많이 탕감함을 받은 자니이다 이르시되 네 판단이 옳다 하
시고 ⁴⁴ 그 여자를 돌아보시며 시몬에게 이르시되 이 여자를 보느냐 내가 네
집에 들어올 때 너는 내게 발 씻을 물도 주지 아니하였으되 이 여자는 눈물
로 내 발을 적시고 그 머리털로 닦았으며 ⁴⁵ 너는 내게 입맞추지 아니하였으
되 그는 내가 들어올 때로부터 내 발에 입맞추기를 그치지 아니하였으며
⁴⁶ 너는 내 머리에 감람유도 붓지 아니하였으되 그는 향유를 내 발에 부었느
니라 ⁴⁷ 이러므로 내가 네게 말하노니 그의 많은 죄가 사하여졌도다 이는 그
의 사랑함이 많음이라 사함을 받은 일이 적은 자는 적게 사랑하느니라 ⁴⁸ 이
에 여자에게 이르시되 네 죄 사함을 받았느니라 하시니 ⁴⁹ 함께 앉아 있는
자들이 속으로 말하되 이가 누구이기에 죄도 사하는가 하더라 ⁵⁰ 예수께서
여자에게 이르시되 네 믿음이 너를 구원하였으니 평안히 가라 하시니라

이 이야기는 네 복음서가 모두 기록하고 있는 사건이다. 예수님이
이 여인이 한 일을 두루 기념하라고 하셨기 때문이다(마 26:13; 막 14:9).
그러나 네 복음서의 버전이 서로 다르기 때문에 서로의 관계를 정확하
게 파악하는 일은 쉽지 않다. 초대교회 시대부터 이미 여러 교부가 이
러한 어려움을 의식하고 네 복음서에 한 개가 아닌 세 개의 각기 다른

기름 부음 사건이 기록된 것이라고 하기도 했다. 오리겐(Origen)에 따르면 첫 번째 향유 부음은 예수님이 갈릴리를 떠나시기 전에 있었던 일이며, 본문이 이 일을 기록하고 있다. 두 번째 향유 부음은 요한복음 12:2-8에 기록된 것이며, 마가복음과 마태복음에 기록된 사건보다 며칠 전에 있었던 일이다. 세 번째 기름 부음은 마태복음과 마가복음에 기록된 것이며, 마태가 마가복음 14:3-9을 인용한 것이다.

한편, 양식비평가(form-critics) 대부분은 향유 부음은 한 번 있었던 일이며, 구전으로 전승되는 과정에서 디테일이 달라진 것이라고 한다(cf. Holst). 이와는 대조적으로 향유 부음이 두 차례 있었다고 주장하는 학자도 많다(Broadus, Carson, France, McNeile, Turner). 그들이 주장하는 첫 번째 향유 부음은 예수님이 갈릴리 지역을 떠나시기 전에 그곳에서 있었던 일이며, 본문에 기록되었다. 두 번째 향유 부음은 영광스러운 예루살렘 입성 전날인 토요일에 있었던 일이며, 이는 요한복음에 기록되었다. 마가복음과 마태복음은 요한복음에 기록된 사건을 입성 전이 아니라 입성 후, 곧 십자가에 매달리시기 바로 전에 있었던 일로 기록하고 있다는 것이다. 이 해석이 가장 설득력이 있다.

그렇다면 마가와 마태는 왜 이 사건을 예수님의 예루살렘 입성 후에 있었던 일로 기록한 것일까? 예수님의 가르침과 사역을 시간 순서가 아닌 주제별로 기록하는 두 복음서는 이를 통해 한 여인이 예수님을 메시아로 예배하는 사건과 가룟 유다가 예수님을 배신하는 사건(마 26:14-16; 막 14:10-11)을 대조하고자 한 것이다. 예수님을 온전히 따르는 소수가 있는가 하면, 노골적으로 훼방하는 자들이나 혹은 따르는 척하며 배반하는 자들이 훨씬 더 많았다는 것이다.

예수님이 시몬이라 하는 한 바리새인의 초청을 받아 그의 집에서 사람들과 식사를 하고 계셨다(36절). 이때까지 바리새인들이 예수님을 메시아가 아니라 하나님에 대해 망언하는 사람 정도로 생각한 점(cf. 5:17-6:11)을 고려하면 시몬도 그다지 좋은 의도로 예수님을 초청한 것은 아닌 듯하다. 그는 예수님이 어떤 사람인지 직접 경험해 보고 싶어서 식사 한 끼 하자고 초청했다(cf. 39절).

예수님이 바리새인인 시몬의 집에 오셨다는 소문을 듣고 한 여인이 찾아왔다(37b절). 그녀는 동네에서 죄인으로 낙인찍힌 여인이었다(37a절). 누가는 이 여인이 어떤 죄를 지었는지 알려 주지 않는다. 이 이야기와 별 상관없는 디테일이기 때문이다. 다만 자신들도 죄인인 동네 사람들이 이 여인을 죄인이라고 하는 것을 보면 상당히 심각한 죄(아마도 매춘)를 지은 여인인 것은 확실하다(Culpepper). 베드로가 자신을 가리켜 죄인이라고 한 것과는 차원이 다르다(5:8). 여인이 예수님이 시몬의 집에 오셨다는 소문을 듣고 찾아온 것을 보면 예전에 예수님을 만난 적이 있든지, 혹은 예수님에 대해 소문을 들었을 것이다.

여인은 향유를 담은 옥합을 가져와 예수님 발 곁에 서서 울면서 눈물로 주님의 발을 적시고, 자기 머리털로 닦고, 그 발에 입을 맞추고, 향유를 부었다(38절). 참회의 눈물이며(Bovon) 오랫동안 기다렸던 메시아를 만난 감격의 눈물이었을 것이다(Kilgallen). 이 사건에서 예수님의 발이 여섯 차례 언급되며 강조되는데, 오래전에 이사야는 좋은 소식을 외치기 위해 오시는 이의 발에 대해 선포한 적이 있다. "좋은 소식을 전하며 평화를 공포하며 복된 좋은 소식을 가져오며 구원을 공포하며 시온을 향하여 이르기를 네 하나님이 통치하신다 하는 자의 산을 넘는 발이 어찌 그리 아름다운가"(사 52:7). 여인은 하나님으로부터 좋은 소식을 가져오신 예수님을 이렇게 맞이하고 있다.

'옥합'(ἀλάβαστρος, alabaster jar)은 대리석처럼 표면이 반짝이는 연석(軟石, soft stone)으로 만들었으며 이집트에서 수입한 귀중품이었다. 주로 향수나 향유를 담아 두는 병으로 사용되었다. '향유'(μύρον)는 감람과 식물에서 채집하는 고무 수지로 향료의 원료였다(TDNT). 이 향유의 가격이 얼마나 되었는지 알 수 없지만, 옥합처럼 귀한 용기에 담은 것으로 보아 상당히 고가품이었을 것이다.

366

예수님을 초청한 바리새인 시몬은 속으로 만일 예수님이 선지자라면 이 여자가 누구며 어떠한 죄인인 줄 알았을 것이라고 생각했다(39절). 그는 예수님을 '이 사람'(οὗτος)이라고 하는데, 더 정확하게 표현하면 경멸하는 투로 '이 자'(this one)라고 부르고 있다(Garland). 예수님이 선지자라면 이 여인에 대해 알았을 것이고, 알았다면 이런 일을 하도록 용납하지 않았으리라는 뜻이다(cf. Liefeld & Pao). 이 바리새인은 여인의 눈물이 어떤 의미를 지녔고, 그녀가 왜 예수님의 발에 향유를 부었는지에는 어떠한 관심도 없다. 그는 단지 여인이 죄인이라는 사실을 문제 삼는다.

시몬의 생각을 읽으신 예수님이 그에게 말씀하셨다(40절). '네게 이를 말이 있다'(ἔχω σοί τι εἰπεῖν)는 상대방이 별로 원하지 않는 말을 직설적으로 할 때 사용되던 표현이다(Bailey). 이에 긴장한 시몬이 "선생님 말씀하소서"라며 가르침을 주실 예수님과 배움을 받아야 하는 자신의 위치를 확인했다(Garland).

예수님은 시몬에게 비유로 말씀하셨다. 한 사람이 두 사람의 빚을 탕감해 주었는데, 하나는 50데나리온을 다른 사람은 500데나리온을 탕감해 주었다(41절). 금액이 열 배나 차이가 난다. 데나리온(δηνάριον)은 당시 노동자들의 하루 품삯이었다. 그러므로 500데나리온은 매우 큰 금액이고, 50데나리온도 두 달 치 월급에 달하는 큰 금액이었다. 이 정도 금액이면 돈을 회수하겠다며 채권자가 채무자들을 노예로 팔 수도 있다(cf. 암 2:6; 8:6). 그러나 채권자는 두 사람의 빚을 모두 탕감해 주었다. 예수님은 시몬에게 이 두 사람 중 누가 빚을 탕감해 준 이를 더 사랑하겠냐고 물으셨다(42절). 시몬은 자기 생각에는 더 많이 탕감받은 사람, 곧 500데나리온을 탕감받은 사람이 더 사랑할 것이라고 답했다. '내 생각에는'(ὑπολαμβάνω)은 마지못해 하는 답이다(Liefeld & Pao). 그는 자기가 하는 이 대답을 통해 함정에 빠질 것을 직감하고 있다(Culpepper, Garland). 예수님은 주저하며 마지못해 대답하는 그의 말이 옳다고 하셨다(43절).

예수님은 시몬의 대답을 바탕으로 여인에 대해 말씀하셨다(44절). 시몬은 예수님을 초청해 놓고 정작 발 씻을 물도 주지 않았다. 당시에는 대부분 샌들을 신고 다녔기 때문에 손님이 집에 들어오면 발 씻을 물을 내주든지, 혹은 귀한 손님이 오면 종을 시켜 손님의 발을 씻어 주었다(cf. 창 18:2-8; 19:2; 24:32; 43:24; 삿 19:21). 그러나 시몬은 예수님께 기본적인 접대도 하지 않았다(cf. Bovon). 그가 왜 예수님을 식사에 초청했는지 어느 정도 추측해 볼 수 있는 대목이다. 그는 예수님을 대접하고 싶어서가 아니라, 예수님에 대해 알아보고 염탐하기 위해 초대했다(cf. 49절). 예수님께 기본적인 접대도 하지 않은 시몬과 달리 여인은 씻지 못해 더러워진 주님의 발을 눈물로 적시고 머리털로 닦았다(44절).

당시 사람들은 볼에 입을 맞추는 것을 인사로 삼았다. 제자들은 스승들의 손에 입을 맞춤으로 인사했다. 입맞춤은 매우 흔한 인사법이었다. 시몬은 입맞춤으로 예수님께 인사하지 않았지만, 여인은 예수님이 들어오실 때부터 지금까지 계속 주님의 발에 입을 맞추었다(45절). 축하할 일이 있을 때 손님의 머리 위에 기름을 붓는 것 역시 흔히 있었던 일이다. 시몬은 예수님의 머리에 그 흔한 감람유도 붓지 않았지만, 여인은 주님의 머리에 붓는 것은 감히 엄두를 못 내고 발에 향유를 부었다(46절).

예수님은 이 일로 인해 여인의 많은 죄가 용서되었다고 하셨다(47절). 시몬은 적게 탕감받은 자보다 많이 탕감받은 사람이 채권자를 더 사랑한다고 했다(43절). 예수님은 같은 논리로 하나님께 더 많은 죄를 용서받은 이 여인이 시몬보다 하나님을 더 사랑한다고 하신다(47절).

예수님은 눈물을 흘리며 예수님의 발을 붙잡고 있는 여인에게 "네 죄 사함을 받았느니라"라고 선포하셨다(48절). 함께 앉아 식사하던 자들이 겉으로는 드러내지 못하고 속으로 "이 사람이 도대체 누구이기에 죄도 사하는가!"라며 분개했다(49절; cf. 5:21). 그러나 예수님은 아랑곳하지 않으시고 여인에게 "네 믿음이 너를 구원하였으니 평안히 가라"라고 복을 빌며 그녀를 보내셨다(50절).

이 말씀은 예수님은 어떤 죄인의 어떠한 죄라도 용서하실 수 있다고 한다. 예수님을 찾아온 여인은 동네에 소문난 죄인이었지만, 믿음으로 죄 사함을 받고 평안을 누리게 되었다. 하나님의 용서에는 한계가 없다. 오직 경배하는 마음으로 주님께 나와 용서를 구하면 된다. 다만 용서받고 나면 남들보다 하나님을 더 사랑해야 한다. 많은 죄를 용서받은 사람이 적게 용서받은 사람보다 더 큰 은혜를 경험했기 때문이다.

D. 비유와 가르침(8:1-21)

이 섹션은 예수님의 사역에 대한 몇 가지 정보와 가르침을 중심으로 형성되어 있지만, 그중에서 가장 핵심이 되는 것은 씨 뿌리는 사람의 비유다. 예수님은 이 비유를 말씀하시고 나서 의미를 해설해 주실 뿐만 아니라, 왜 비유로 가르침을 주시는지도 말씀하신다. 또한 예수님의 사역을 도운 사람들 이야기로 시작하는 이 섹션은 누구든지 하나님의 말씀을 듣고 행함으로써 하나님 나라의 사역을 돕는 자들이야말로 예수님의 가족이라는 가르침으로 마무리된다. 본 텍스트는 다음과 같이 구분된다.

A. 사역을 도운 사람들(8:1-3)
B. 씨 뿌리는 사람 비유(8:4-8)
C. 비유로 말씀하신 목적(8:9-10)
D. 씨 뿌리는 사람 비유 설명(8:11-15)
E. 비밀은 반드시 드러남(8:16-18)

F. 예수님의 어머니와 형제들(8:19-21)

1. 사역을 도운 사람들(8:1-3)

¹ 그 후에 예수께서 각 성과 마을에 두루 다니시며 하나님의 나라를 선포하시며 그 복음을 전하실새 열두 제자가 함께 하였고 ² 또한 악귀를 쫓아내심과 병 고침을 받은 어떤 여자들 곧 일곱 귀신이 나간 자 막달라인이라 하는 마리아와 ³ 헤롯의 청지기 구사의 아내 요안나와 수산나와 다른 여러 여자가 함께 하여 자기들의 소유로 그들을 섬기더라

이 말씀은 예수님의 갈릴리 지역 사역이 어떠했고, 어떻게 재정적으로 뒷받침되었는지에 대한 요약이라 할 수 있다. 예수님은 갈릴리 지역에 있는 각 성과 마을을 두루 다니시며 하나님 나라를 선포하셨다(1a절). 예수님께 가장 중요한 것은 병자 치료나 귀신 들린 사람을 온전하게 하는 것이 아니라, 하나님 나라의 복음을 선포하는 일이었다. 우리도 사역하면서 이 우선순위에 대해 혼란을 빚어서는 안 된다.

이때 열두 제자는 아직 예수님이 하시는 사역을 보조하지는 못하고, 따라다니며 옆에서 지켜보았다(Bauckham, Bovon). 또한 여인 몇 명이 함께하며 예수님과 제자들을 섬겼다. 여인 중에는 예수님이 일곱 귀신을 쫓아내 주신 막달라 마리아(2절)가 있었다. 막달라는 헤롯 안티파스의 수도 디베랴(Tiberias) 근처에 있었다(ABD). 헤롯의 청지기인 구사의 아내 요안나도 여인 중에 있었다(3a절). 구사는 헤롯왕의 재산을 돌보는 일을 하거나 혹은 지위가 높은 귀족이었을 것이다(Fitzmyer). 복음이 상류층에게도 영향을 미치기 시작한 것이다(Bock, Nolland). 이런 남편을 둔 여인이 자유로이 예수님과 함께 다니는 것으로 보아 요안나는 아마도 남편이 죽은 과부였을 것으로 보인다(Garland). 요안나는 훗날 예수님의 부활을 처음으로 목격한 여인 중에 있었다(24:8-10). 그 외에도 수산나라는 여인과 다른 여인들이 자기 소유로 그들을 섬겼다.

　예수님은 병자들을 치료하고 돈을 받지 않으셨기 때문에 사역이 지속되려면 사람들의 재정적인 헌신이 필요했다. 이런 상황에서 이 여인 제자들이 그들의 재산으로 예수님과 제자들을 섬기겠다고 나선 것이다. 예수님의 발등에 향유를 부은 여인처럼(7:36-50), 이 여인들도 아낌없이 드렸다. 모두 예수님께 병 고침 등 특별한 은혜를 입고 감사한 마음으로 섬겼다. 열병을 앓던 베드로의 장모가 치료받은 후 곧바로 예수님 일행을 수종 들었던 일을 연상케 한다(4:38-39).

　이 말씀은 하나님 나라의 복음을 선포하는 일에는 다양한 사람의 참여와 헌신이 있어야 한다고 한다. 예수님은 사람들을 치료하고 돈을 받지 않으셨기 때문에 주님의 사역을 후원할 사람들의 도움이 필요했다. 여인들은 기쁜 마음으로 예수님의 사역을 재정적으로 뒷받침했다. 이와 같이 하나님 나라 일에는 선포하는 이들과 그들을 후원하는 것을 영광으로 생각하는 이들이 필요하다.

Ⅳ. 갈릴리 사역(4:14-9:50)
　D. 비유와 가르침(8:1-21)

2. 씨 뿌리는 사람 비유(8:4-8)

⁴ 각 동네 사람들이 예수께로 나아와 큰 무리를 이루니 예수께서 비유로 말씀하시되 ⁵ 씨를 뿌리는 자가 그 씨를 뿌리러 나가서 뿌릴새 더러는 길 가에 떨어지매 밟히며 공중의 새들이 먹어버렸고 ⁶ 더러는 바위 위에 떨어지매 싹이 났다가 습기가 없으므로 말랐고 ⁷ 더러는 가시떨기 속에 떨어지매 가시가 함께 자라서 기운을 막았고 ⁸ 더러는 좋은 땅에 떨어지매 나서 백 배의 결실을 하였느니라 이 말씀을 하시고 외치시되 들을 귀 있는 자는 들을지어다

날이 갈수록 예수님의 명성이 높아만 갔다. 가시는 곳마다 큰 무리가 몰려와 가르침과 치유를 받았다(4절). 예수님은 하나님 나라에 대해 가르치실 때 자주 비유로 말씀하셨다. 예수님의 비유는 당시 사람들이 일상에서 경험하는 일들을 배경으로 한다. 사람들이 비유의 정황을 쉽게 이해할 수 있게 하기 위해서다. 이 비유는 농업에서 비롯된 것이다.

갈릴리 지역은 땅이 비옥했기 때문에 농사를 많이 지었다. 그러므로 예수님의 씨 뿌리는 사람 비유는 모든 사람이 주변에서 쉽게 목격할 수 있는 익숙한 상황이다. 농부들은 매년 10월 말에서 12월 초까지 이른 비(늦가을에 내리는 비)가 내리면 파종했다. 이때 씨를 뿌리기 전에, 혹은 씨 뿌린 후에, 혹은 씨를 뿌리기 전·후로 두 차례 밭을 갈았다(Fitzmyer, Payne).

이 비유가 가르치고자 하는 메시지는 무엇일까? 만일 씨 뿌리는 농부가 이 비유의 핵심이라면 이 이야기는 씨 뿌리는 농부로 묘사되는 예수님에 대한 기독론이 중심이 된다(Wenham). 만일 씨앗이 가장 중요한 요소라면 하나님 나라의 복음이 비유의 핵심이 된다. 농부가 뿌린 씨앗이 떨어지는 흙이 중심이라면 예수님이 선포하시는 하나님 나라 복음에 대한 사람들의 다양한 반응이 비유의 가장 중요한 부분이다. 예수님이 이 비유에서 씨앗이 떨어지는 네 가지 흙(토양)에 관해 가장 자세하게 언급하시는 것으로 보아 농부(예수님)나 씨앗(하나님 나라 복음)보다 흙(복음에 대한 사람들의 반응)이 가장 중요하다(cf. Bovon, Liefeld & Pao, Nolland, Wilkins).

농부가 뿌린 씨앗은 각기 다른 네 곳에 떨어지는데, 첫 번째 씨앗은 길가에 떨어졌고 곧바로 새들이 와서 먹어 버렸다(5절). 농부가 사람들이 다니는 길에 일부러 씨앗을 뿌리는 일은 없을 것이다. 당시에는 마을에서 마을을 잇는 길이 밭을 가로지르기 일쑤였기 때문에 밭에 뿌린 씨앗의 일부가 길에 떨어진 것이다. 흙에 묻히지 않고 표면에 노출된 씨앗은 새들의 좋은 먹잇감이다. 그러므로 새들이 와서 먹었다.

두 번째 씨앗은 흙이 얕은 바위(돌밭)에 떨어져 싹이 나왔다(6절). 그러나 흙이 머금고 있던 습기가 모두 증발해 버렸고 결국 뿌리가 말라 죽었다. 가나안 지역의 밭은 대부분 석회암(limestone) 위에 얕게 덮인 흙으로 이뤄졌던 상황을 배경으로 하는 말씀이다(Payne, cf. ABD). 농부들은 11월쯤에 상당히 많은 양의 이른 비가 내려 메마른 땅을 적시고 부드럽게 하면 씨앗을 파종했다. 그리고 4월쯤에 늦은 비가 와서 곡식을 영글게 해야 풍성히 수확할 수 있었다. 두 번째 씨앗이 싹을 틔운지 얼마 되지 않아 말라 죽는 것으로 보아 이는 가을에 내리는 이른 비에 젖은 얕은 땅에 떨어진 씨앗이다.

세 번째 씨앗은 가시떨기 속에 떨어졌으므로 가시가 자라서 기운을 막았다(7절). 가시떨기(ἄκανθα)는 주로 울타리로 사용되는 식물로, 매우 강인해 가뭄이나 홍수에도 끄떡없다. 또한 주변 흙에서 마지막 물기를 빨아들여서 주변에 있는 식물들을 질식시킨다. 이런 상황을 본문은 기운을 막는다고 한다.

네 번째 씨앗은 좋은 땅에 떨어져서 백 배의 결실을 보았다(8a절). 어떤 이들은 당시 팔레스타인 농부들이 파종한 씨앗의 5-10배를 수확했다며 100배의 결실은 지나치다고 주장한다(Culpepper, Jeremias, cf. Bock). 그러므로 예수님이 넘치는 메시아 시대의 축복을 강조하기 위해 일종의 과장법 또는 기적적인 수확을 언급하시는 것이라고 한다. 그러나 바빌론 문헌은 300배의 수확을 언급하며(Nolland), 구약은 이삭이 100배의 수확을 올린 것으로 기록한다(창 26:12). 충분히 가능한 일이다(France, Keener, Payne).

예수님은 이 비유를 "들을 귀 있는 자는 들을지어다"라는 말씀으로 마무리하신다(8b절). 요한계시록 2-3장에 기록된 일곱 교회에 주신 권면에 자주 등장하는 말씀이다. 메시지를 알아들은 사람은 메시지에 따라 적절한 행동을 취하라는 권면이다. 예수님은 우리 모두 하나님 나라의 복음을 영접하고 100배의 열매를 맺는 삶을 살기를 원하신다.

이 말씀은 하나님의 말씀이 우리 삶에서 풍성한 열매로 드러나야 한다고 한다. 우리가 말씀을 연구하고 배우는 이유는 열매를 맺기 위해서다. 그러므로 말씀 공부는 새로운 정보를 습득하는 것으로 끝나는 것이 아니라, 그 말씀이 우리의 삶을 변화시킬 때 비로소 목적을 달성한다.

IV. 갈릴리 사역(4:14-9:50)
　D. 비유와 가르침(8:1-21)

3. 비유로 말씀하신 목적(8:9-10)

⁹ 제자들이 이 비유의 뜻을 물으니 ¹⁰ 이르시되 하나님 나라의 비밀을 아는 것이 너희에게는 허락되었으나 다른 사람에게는 비유로 하나니 이는
그들로 보아도 보지 못하고
들어도 깨닫지 못하게 하려 함이라

예수님이 무리를 보내신 후 제자들과 홀로 계실 때 제자들이 비유의 의미를 물었다(9절; cf. 막 4:10). 어떤 이들은 제자들과 사람들이 비유의 의미를 모두 알아듣고도 예수님이 비유로 말씀하신 이유를 알고자 했다고 주장하지만, 예수님이 그 의미를 설명하시는 것으로 보아(cf. 11-15절) 제자들도 비유가 무엇을 의미하는지 혼란을 겪고 있다.

예수님은 하나님 나라의 비밀을 아는 것이 다른 사람에게는 허락되지 않고, 제자들에게만 허락되었기 때문이라고 하신다(10절). '비밀'(μυστήριον)은 바울이 자주 사용하는 단어인데, 공관복음에서는 이곳과 이 말씀과 평행을 이루는 곳에서만 사용된다(마 13:11; 막 4:11). 비밀은 감춰진 것이라는 의미보다는 하나님이 계시를 통해 주시는 놀라움(신비로움)을 의미한다(Garland, Liefeld & Pao, cf. 단 2:28-30; 고전 2:6-16). 하나님이 종말에 행하시는 놀라운 일들을 뜻하는 단어다(Brown, Tuckett).

'주어지다'(δέδοται)는 신적 수동태(divine passive)며, 사람을 주신 자들과 주시지 않은 자들로 구분한다. 오직 하나님께 택함받은 사람들에게만 천국 비밀이 주어진 것이라며 하나님의 선택(election)을 암시한다. 하나님이 세워 가시는 천국의 백성이 되도록 이미 선택받은 사람들에게만 천국의 비밀이 제공된다는 것이다. 요즘 말로 하자면 '인싸'(insider)만이 하나님 나라의 비밀을 알 수 있다.

인사이더에게만 공개된 천국의 비밀은 무엇인가? 유대인들은 하나님의 나라가 종말에 임할 것으로 생각했다. 그러나 하나님은 예수님을 통해 이미 하나님 나라를 세워 가고 계신다. 이것이 바로 제자들에게만 공개된 비밀이다. 바리새인과 서기관들을 포함한 다른 사람들은 이 사실을 믿지 않거나 사실이 아니라고 한다. 그러므로 이 비밀은 오직 제자들에게만 공개된 것이다.

예수님은 무리가 듣고도 깨닫지 못하는 것은 이사야의 예언이 그들에게 이루어졌기 때문이라고 하신다(10c-d절). 이 말씀은 이사야 6:9을 인용한 것이다. 이 이사야서 말씀이 인용되는 것은 비유로 가르치시는 것이 심판을 전제하고 있음을 암시한다. 외인들(외부자들)이 돌이키는 것을 하나님이 원치 않으신다는 의미다.

반면에 이미 예수님을 하나님의 아들 메시아로 영접한 사람들은 보는 눈을 가진 사람들이며, 듣는 귀를 지닌 사람들이다. 귀가 있어도 듣지 못하고, 눈이 있어도 보지 못하는 외인들과 강력한 대조를 이룬다. 하나님이 주님을 영접한 사람들을 보는 눈과 듣는 귀로 축복하셨기 때문에 그들이 볼 수 있고 들을 수 있게 되었다.

예수님 주변에 앉아 이 말씀을 듣는 제자들과 소수의 사람은 자신이 얼마나 큰 복을 받았는지 잘 모를 것이다. 또한 그들이 얼마나 큰 특권을 누리고 있는지도 별로 생각해 보지 않았을 것이다. 그러나 그들은 예수님께 이런 말씀을 듣고 난 후에는 하나님이 그들에게 하나님 나라의 비밀을 알게 하신 일에 대해 감사해야 한다.

이 말씀은 우리가 얼마나 큰 복을 받았으며, 얼마나 큰 특권을 누리고 있는지 생각하게 한다. 하나님은 우리에게 듣는 귀와 보는 눈을 주셔서 하나님 나라의 비밀을 깨닫게 하셨다. 이 사실 하나만으로도 우리는 감사할 수 있으며, 감격의 제단을 쌓는 것이 당연한 일이다.

IV. 갈릴리 사역(4:14-9:50)
　D. 비유와 가르침(8:1-21)

4. 씨 뿌리는 사람 비유 설명(8:11-15)

11 이 비유는 이러하니라 씨는 하나님의 말씀이요 12 길 가에 있다는 것은 말씀을 들은 자니 이에 마귀가 가서 그들이 믿어 구원을 얻지 못하게 하려고 말씀을 그 마음에서 빼앗는 것이요 13 바위 위에 있다는 것은 말씀을 들을 때에 기쁨으로 받으나 뿌리가 없어 잠깐 믿다가 시련을 당할 때에 배반하는 자요 14 가시떨기에 떨어졌다는 것은 말씀을 들은 자이나 지내는 중 이생의 염려와 재물과 향락에 기운이 막혀 온전히 결실하지 못하는 자요 15 좋은 땅에 있다는 것은 착하고 좋은 마음으로 말씀을 듣고 지키어 인내로 결실하는 자니라

예수님이 제자들에게 비유의 의미를 설명하신다. '씨'(σπόρος)는 '하나님의 말씀'(ὁ λόγος τοῦ θεου)이다. 농부가 뿌린 씨앗은 하나님 나라의 복음이라는 뜻이다. 씨를 뿌리는 농부는 일차적으로 하나님 나라를 선포하신 예수님이지만, 또한 나중에 제자들을 포함해 하나님 나라의 복음을 선포하는 사람들이다. 누구든지 하나님 나라의 복음을 선포하면 씨 뿌리는 사람이 될 수 있다. 그러므로 농부와 씨앗은 둘 다 좋다. 그러므로 이 비유에서 결과를 결정하는 것은 흙이다. 네 가지 종류의 흙은 예수님이 선포하신 복음에 대한 사람들의 다양한 반응이다.

첫째, 길가에 뿌려진 씨앗은 복음을 들었지만 마귀가 그의 마음에서

들은 말씀을 곧바로 **빼앗아** 가는 사람을 뜻한다(12절). 마귀는 사람들이 말씀을 듣고 이를 믿어 구원에 이르는 것을 원하지 않기에 이렇게 훼방한다. 이런 사람은 왜 복음을 마음에 간직하지 못하고 마귀에게 빼앗기는가? 가장 큰 이유는 스스로 마음의 문을 닫았기 때문이다. 이런 사람은 하나님 나라 복음을 들어도 듣지 못하고, 보아도 보지 못한다. 복음이 자신을 변화시키지 못하도록 하나님께 마음 문을 굳게 닫은 것이다.

반면에 사탄에게는 마음을 열어 두었다. 그러므로 사탄이 즉시 와서 뿌려진 복음을 **빼앗아** 그 사람의 마음에 뿌리를 내리지 못하게 한다. 바리새인과 서기관들처럼 예수님이 메시아이심을 인정하지 않는 자들의 마음에 뿌려진 복음의 씨앗을 사탄이 새처럼 먹어 치우는 것이다. '빼앗다'(αἴρει)는 현재형 동사며, 지속성을 강조한다. 이런 사람에게는 사탄의 영향력이 계속된다는 뜻이다.

둘째, 바위 위(돌밭)에 뿌려진 씨앗은 복음을 들을 때는 기쁨으로 받지만, 뿌리가 없어 잠시 견디다가 환난이나 박해가 오면 곧바로 배반하는 자들이다(13절). 이들은 무엇을 얻을까 해서 복음에 긍정적으로 반응했다가, 믿음으로 인해 시련을 당하게 되면 곧바로 떠난다. 별 고민 없이 하나님 나라를 받아들인 것처럼 버리는 것도 신속하다. 신앙을 통해 좋은 것 얻기를 원할 뿐 시련을 견딜 만한 믿음을 소유한 자들이 아니기 때문이다.

이런 사람들은 영적 유행에 민감하다. 한 지역에 부흥이 일어날 때면 이런 일이 생긴다. 우리나라도 1970-80년대에 큰 부흥이 있었고, 많은 사람이 하나님 나라의 복음을 기쁨으로 받아들였다. 하지만 지금은 그중 많은 사람이 타락하고 실족해 교회를 떠났다. 이런 사람은 예수님을 반쯤 따르다가 실족하는 자들이며, 영원한 하늘나라가 아니라 지금 이 순간 이곳에서의 삶이 전부인 것처럼 사는 자들이다.

왜 이런 일이 일어나는가? 하나님 나라 메시지를 처음 듣고 감탄하지만, 헌신은 하지 않기 때문이다. 예수님의 말씀을 들은 무리 중 감탄은 하지만 제자가 되기를 주저하는 자들이 바로 이런 사람이다. 말씀이 뿌리를 내리는 것은 헌신을 상징하는데, 이들은 뿌리를 내리기 전에 환난이나 박해가 일어나면 잠시 견디다가 곧바로 넘어진다. 그리스도인의 삶에 환난과 박해는 항상 있다. 결국 환난과 박해를 견뎌내는 사람만이 예수님의 제자가 될 수 있다.

셋째, 가시떨기에 뿌려진 씨앗은 말씀을 듣지만 세상의 염려와 재물과 향락에 기운이 막혀 결실하지 못하는 사람들이다(14절). 두 번째 유형(바위 위에 떨어진 씨앗)과 다른 점은 세상의 핍박이 아니라, 세상의 염려와 재물에 대한 욕심이 그들의 신앙을 망친다는 것이다. 바위 위에 떨어진 씨앗은 외부적인 압박으로 인해 하나님에게서 멀어지지만, 가시떨기에 뿌려진 씨앗은 내부적인 요인으로 인해 스스로 하나님에게서 멀어진다. 염려와 재물의 유혹과 욕심을 하나님의 다스림 아래 내려놓지 않으면 예수님의 제자가 될 수 없다. 영원히 유효한 경고다.

왜 이런 일이 벌어지는가? 복음이 그 사람의 우선순위에서 첫 번째가 아니기 때문이다. 여러 가지 세상적인 것이 높은 위치를 차지하고, 복음이 낮은 순서를 차지한다. '향락'(ἡδονή)은 세상적 즐거움을 의미한다(BAGD). 재물에 유혹된 사람은 하나님 나라의 복음이 그의 삶을 조정하도록 허락하지 않는다. 하나님 나라는 그의 삶에서 최우선이 아니기 때문이다.

넷째, 좋은 땅에 뿌려진 씨앗은 말씀을 듣고 실천하는 사람이다(15절). 이런 사람은 '착하고 좋은 마음'(καρδία καλῇ καὶ ἀγαθῇ)을 지녔으며, 인내로(ἐν ὑπομονῇ) 결실해 100배의 열매를 맺는다. 하나님 나라의 복음을 받아들여 경건하게 사는 것은 쉬운 일이 아니다. 착하고 좋은 마음이 필요하며, 인내가 있어야 열매를 맺을 수 있다. 이는 길에 떨어진 씨앗과 가장 강력한 대조를 이룬다. 사람이 열매를 맺는다는 것은 하나님께 순종하며 윤리적인 삶을 산다는 뜻이다. 제자도는 고백에 멈추

378

지 않고 순종과 도덕적인 삶으로 정의되기 때문이다(Wilkins). '결실하다'(καρποφοροῦσιν)는 현재형 동사며, 평생 계속해서 열매 맺을 것을 뜻한다.

이 말씀은 하나님 나라의 복음에 대한 사람들의 반응이 매우 다양하게 나타난다고 한다. 복음을 거절하거나 어떠한 변화도 경험하지 못하는 사람도 있고 풍족한 열매를 맺는 사람도 있다. 또한 사탄은 복음이 사람의 마음에 뿌리내리지 못하도록 안간힘을 쓴다. 복음과 전도는 영적인 전투다. 많은 기도로 준비해야 한다.

한 영혼은 온 천하보다 귀하다. 그러므로 복음을 영접한 사람이 당장은 흡족한 열매를 맺는 삶을 살지 못하더라도 격려하며 기다려 주어야 한다. 복음을 거부하지 않는 한 언젠가는 튼튼하게 뿌리를 내리고 열매를 맺을 소망이 있기 때문이다. 우리는 착하고 좋은 마음으로 인내하면서 열매를 맺게 하신 하나님께 감사하며 살아야 한다.

IV. 갈릴리 사역(4:14-9:50)
    D. 비유와 가르침(8:1-21)

5. 비밀은 반드시 드러남(8:16-18)

¹⁶ 누구든지 등불을 켜서 그릇으로 덮거나 평상 아래에 두지 아니하고 등경 위에 두나니 이는 들어가는 자들로 그 빛을 보게 하려 함이라 ¹⁷ 숨은 것이 장차 드러나지 아니할 것이 없고 감추인 것이 장차 알려지고 나타나지 않을 것이 없느니라 ¹⁸ 그러므로 너희가 어떻게 들을까 스스로 삼가라 누구든지 있는 자는 받겠고 없는 자는 그 있는 줄로 아는 것까지도 빼앗기리라 하시니라

예수님은 등불을 예로 들며 가르침을 이어 가신다. 어두움을 밝히기 위해 등불을 켠 사람은 그 불을 그릇으로 덮거나 평상 아래에 두지 않

는다(16a절). '그릇'(σκεῦος)은 다양한 크기의 용기를 뜻하며(NIDNTTE, cf. NAS, NRS), '평상'(κλίνη)은 침대나 식사를 하기 위해 앉는 긴 의자를 의미한다(NIDNTTE). 둘 다 등불이 어두움을 밝히는 역할을 제대로 할 수 없도록 숨기는 장소다. 사람들은 등불을 켜면 집 안 곳곳을 가장 환하게 밝힐 수 있는 등경 위에 둔다(16b절). 등불을 등경 위에 두어야 집에 들어오는 사람들의 앞을 밝혀 준다.

이처럼 사람이 예수님을 영접하면 하나님의 말씀이 그 사람의 삶을 가장 잘 비출 수 있게 해야 한다(France, cf. Cranfield, Hooker). 성경은 하나님을 온 세상을 밝히는 빛으로 묘사한다(시 18:12; 104:2; 딤전 6:16; 요일 1:5). 예수님도 세상을 비추는 빛이시다(마 4:16; 요 1:7; 8:12; 9:5; 12:46). 이러한 맥락에서 주님의 백성도 빛이다(cf. 사 42:6; 49:6; 엡 5:8; 빌 2:15; 살전 5:5). 그러므로 우리는 가치관과 우선권에서 하나님 나라의 복음을 가장 중요한 위치에 두어야 한다. 또한 각자가 접한 복음으로 온 세상을 밝게 비춰야 한다.

하나님 나라의 복음은 오랫동안 비밀로 남아 있지는 않을 것이다. 숨긴 것은 언젠가는 드러나기 마련이며, 감추인 것은 얼마 지나지 않아 알려지고 나타나기 때문이다(17절). 이 말씀은 당시의 격언이다(Perkins). 예수님이 부활하신 후 제자들이 온 세상에 복음을 선포할 일을 염두에 두고 하신 말씀으로 보인다(Strauss). 우리는 하나님 나라의 복음을 몸소 살아내야 한다. 일부러 알리려고 할 필요도 없다. 말씀이 우리의 삶을 다스리면 사람들은 우리 삶에서 자연스럽게 드러나는 하나님 나라의 비밀을 보게 될 것이기 때문이다.

이런 가르침을 모든 사람이 동의하거나 알아들을 수 있는 것은 아니다. 영적으로 깨어 있는 사람만 받아들일 수 있다. 그러므로 예수님은 "너희가 어떻게 들을까 스스로 삼가라"라고 하신다(18절). '어떻게 들을까 스스로 삼가라'(Βλέπετε οὖν πῶς ἀκούετε)는 신중하게 듣고 마음에 새기라는 뜻이다(cf. 새번역, 공동, NIV, NRS, ESV). 제자들처럼 하나님이 들을 귀를 주신 사람들은 별 탈 없이 듣고 순종할 것이다.

예수님은 누구든지 있는 자는 받겠고 없는 자는 그 있는 줄 아는 것
도 빼앗길 것이라는 경고로 이 섹션을 마무리하신다(18절). 이 말씀은
원래 부(富)에 관한 격언이었는데(cf. 잠 9:9; 11:24; 15:6), 예수님은 하나
님 나라의 영성(cf. 21-22절)을 의미하며 사용하신다. 예수님은 비슷한
말씀을 달란트 비유에서도 사용하신다. "무릇 있는 자는 받아 풍족하
게 되고 없는 자는 그 있는 것까지 빼앗기리라"(마 25:29).

어떤 이들은 이 말씀이 종말에 주님의 백성이 누릴 축복에 관한 것이
라고 한다. 하지만 이 말씀은 언제 어디서든 주님의 자녀들이 하나님
나라에 대한 진리를 알면 알수록 더 많이 알게 될 것이라는 뜻이다. 하
나님이 천국을 사모하는 사람들에게 더 많은 것을 보여 주시고 가르쳐
주실 것이기 때문이다. 반면에 예수님을 메시아로 영접하지 않은 사
람들은 그나마 그들이 하나님 나라에 대해 가지고 있는 이해와 지식도
모두 빼앗길 것이다. 그들에게는 이러한 지식이 필요 없기 때문이다.

이 말씀은 우리는 하나님 나라의 복음에 합당한 삶을 살면서 세상에
하나님의 거룩한 빛을 발해야 한다고 한다. 복음은 숨길 수 있는 것이
아니며, 성도의 삶에서 드러난다. 또한 하나님 나라의 영성은 사모하
고 추구할수록 더 많이 주어질 것이다.

Ⅳ. 갈릴리 사역(4:14-9:50)
   D. 비유와 가르침(8:1-21)

6. 예수님의 어머니와 형제들(8:19-21)

[19] 예수의 어머니와 그 동생들이 왔으나 무리로 인하여 가까이 하지 못하니
[20] 어떤 이가 알리되 당신의 어머니와 동생들이 당신을 보려고 밖에 서 있나
이다 [21] 예수께서 대답하여 이르시되 내 어머니와 내 동생들은 곧 하나님의
말씀을 듣고 행하는 이 사람들이라 하시니라

누가는 예수님의 사역을 헌신적으로 도운 사람들의 이야기로 8장을 시작했는데(8:1-3), 이번에는 누가 예수님의 가족인지에 관한 말씀으로 섹션을 마무리한다. 예수님의 어머니와 동생들이 찾아왔지만 예수님을 둘러싸고 있는 사람이 너무 많아 가까이 가지 못했다(19절). 예전에 들 것에 실려 온 중풍병자의 길이 막혔던 일을 생각나게 한다(5:18-19).

마가복음은 예수님의 가족들이 예수님이 미쳤다는 소문을 듣고 집으로 데려가려고 베드로의 집을 찾아왔다고 한다(막 3:21). 그러나 예수님의 가족들이 찾아온 이유를 알 리 없는 무리는 가족이 찾아온 것을 좋은 소식으로 생각해 예수님께 알렸다(20절).

'동생들'(οἱ ἀδελφοὶ)은 '형제들'이라는 뜻이지 반드시 동생을 뜻하는 것은 아니다. 그래서 성모 마리아의 '평생 동정'(Perpetual Virginity)을 주장하는 그리스 정교와 가톨릭 학자들은 예수님을 찾아온 형제들은 아버지 요셉이 마리아와 결혼하기 전에 다른 여자와 결혼해 얻은 예수님의 이복형들(Clements of Alexandria, Eusebius, Origen) 혹은 사촌들(Jerome, Augustine)이라고 했다(cf. Wessel & Strauss). 그러나 만일 요셉에게 예수님보다 더 큰 아들이 있었다면, 예수님은 장자가 아니므로 '다윗의 아들' 타이틀을 받으실 수 없다. 가톨릭교회는 비성경적인 교리를 만들어 놓고 그것을 정당화하기 위해 성경을 왜곡하고 있는 것이다.

무리가 예수님께 가족이 밖에 와 있다는 소식을 전하자, 예수님은 무리에게 가르침을 줄 좋은 기회로 여기셨다. 예수님은 누구든지 제자의 삶을 사는 사람, 곧 하나님의 말씀을 듣고 행하는 사람이 바로 자기 가족이라고 하신다(21절). 영적인 관계가 가족 관계보다 더 깊고 중요하다는 뜻이다. 집 밖에 서 있는 가족들과 집 안에서 앉아 예수님의 말씀을 듣고 있는 사람들이 극명한 대조를 이루며 누가 참 '인싸'(insider)이고 누가 '아싸'(outsider)인지를 명확하게 보여 준다(Strauss).

가족을 매우 소중히 여겼던 당시 사회에서는 참으로 충격적인 말씀이다. 그렇다고 해서 예수님이 가족의 중요성을 부인하시는 것은 아니

382

다. 제자들과 영적으로 맺은 관계가 혈육 관계보다 더 중요하다고 하시는 것뿐이다.

이 말씀은 우리의 영적 가족이 육신적 가족보다 더 중요하다고 한다. 믿음 공동체는 하나님의 나라를 세워 나가고자 함께 모인 천국 가족이다. 이 가족은 영생을 함께할 가족이기도 하다. 그러므로 육신의 가족보다 더 소중하다. 교회는 서로를 존중하고 아끼며 섬기는 공동체가 되어야 한다.

> Ⅳ. 갈릴리 사역(4:14-9:50)

E. 메시아의 권능(8:22-56)

본 텍스트에서는 오직 하나님만 하실 수 있는 일들을 예수님이 행하신다. 예수님은 구약이 예언한 하나님의 아들이시다. 메시아로 오신 예수님은 하나님의 권세로 사람을 괴롭히는 네 가지(자연재해, 악령, 질병, 죽음) 권세를 모두 꺾으신다. 본 텍스트는 다음과 같이 구분된다.

   A. 자연에 대한 권세(8:22-25)
   B. 악령들에 대한 권세(8:26-39)
   C. 질병과 죽음에 대한 권세(8:40-56)

> Ⅳ. 갈릴리 사역(4:14-9:50)
>   E. 메시아의 권능(8:22-56)

1. 자연에 대한 권세(8:22-25)

²² 하루는 제자들과 함께 배에 오르사 그들에게 이르시되 호수 저편으로 건너가자 하시매 이에 떠나 ²³ 행선할 때에 예수께서 잠이 드셨더니 마침 광풍

이 호수로 내리치매 배에 물이 가득하게 되어 위태한지라 ²⁴ 제자들이 나아
와 깨워 이르되 주여 주여 우리가 죽겠나이다 한대 예수께서 잠을 깨사 바
람과 물결을 꾸짖으시니 이에 그쳐 잔잔하여지더라 ²⁵ 제자들에게 이르시되
너희 믿음이 어디 있느냐 하시니 그들이 두려워하고 놀랍게 여겨 서로 말하
되 그가 누구이기에 바람과 물을 명하매 순종하는가 하더라

이 사건은 누가복음에 기록된 사건 중 유일하게 갈릴리 호수(바다)에
서 일어난 기적이다. 마태와 마가는 이 사건과 더불어 예수님이 바다
를 걸으신 일도 기록한다(마 14:22-33; 막 6:45-52; cf. 요 6:16-21). 초대
교회 때부터 이 이야기는 알레고리적으로 해석되기 일쑤였다. 배는 교
회고, 풍랑은 세상의 핍박과 고난이며, 배를 타고 있는 제자들은 성도
들로, 오직 예수님만 이 모든 문제를 해결하실 수 있다는 은혜로운 해
석이다. 그러나 이러한 해석은 이 이야기가 실제 있었던 일이 아니라
비유라며 역사성을 희석시키는 문제를 안고 있다.

이 사건의 핵심 주제도 논쟁이 된다. 어떤 이들은 제자도가 이야기
의 핵심이라고 하는가 하면, 기독론이 핵심이라고 하는 이들도 있다
(cf. Bock, Bovon, Fitzmyer, Nolland). 구약에서 파도 치는 바다를 잠잠케 하
는 것은 하나님만 하실 수 있는 일이다(삼하 22:16; 시 18:15; 89:9; 104:7;
106:9; 107:28-29; 사 50:2). 그러므로 이 사건은 풍랑을 잠잠케 하시는
예수님이 다름 아닌 여호와이시라며 기독론을 정립하는 것으로 보는
것이 바람직하다. 이 기적의 가장 큰 의미는 예수님의 신성(神性)을 드
러내는 데 있다. 천재지변을 조장하는 악령들이 예수님 앞에 속절 없
이 무너진 것이다.

어떤 이들은 이 이야기가 요나 1-2장의 흐름과 구조를 바탕으로 구
성되었다고 주장한다(Cope). 그러나 불과 다섯 절밖에 되지 않는 내용
을 두 장 분량에 비교하다 보니 상당히 억지스러운 부분들이 있으며,
지나치게 두리뭉실하다는 생각을 떨칠 수 없다. 또한 요나는 하나님께

반역해 풍랑을 겪었지만, 제자들은 예수님을 따르다가 이런 일을 겪었다. 비슷한 점보다는 차이점이 훨씬 더 많다.

하루는 예수님이 제자들과 함께 배에 오르셔서 호수 저편으로 건너가자고 하셨다(22절). 갈릴리 호수를 건너 이방인들이 모여 사는 동편으로 가자고 하신 것이다. 마가복음은 제자들이 예수님을 모시고 가고, 나머지 사람들은 다른 배 여러 척에 나눠 타고 예수님을 따랐다고한다(막 4:36). 당시 갈릴리 호수에서 운항하는 고기잡이배는 보통 5명(4명은 노를 젓고, 1명은 키를 조정)이 탔다. 또한 16명까지 타는 배도 흔했다(cf. Strauss). 예수님이 배에서 주무시는 것으로 보아 아마도 예수님 일행이 탄 배도 이 정도 규모였을 것이다.

얼마쯤 노를 저었을까? 호수에 큰 풍랑이 일어 물이 배 안으로 들어온 탓에 배가 잠길 지경이 되었다(23절). 갈릴리 호수는 세상에서 가장낮은 민물 호수(해저 210m)며 바닷물 호수인 사해(해저 430m) 다음으로낮은 호수다. 호수의 서쪽과 동쪽은 호수 수면에서 800m에 달하는 높은 산들이 산맥을 형성하고 있다. 봄철과 가을철에 동쪽 산에서 불어내려오는 바람은 순식간에 배를 뒤집을 수 있는 2-3m 높이의 파도를만들어 냈다(ABD).

이러한 상황을 아시는지 모르시는지, 예수님은 잠이 드셨다(23절). 파도가 요동치는 상황에서 깊은 잠에 드는 것은 하나님을 전적으로 의지하는 것을 상징한다(Garland, Marcus, cf. 욥 11:18-19; 시 3:5-6; 4:8; 잠 3:24-26). 그러므로 예수님의 평안함과 제자들의 극에 달한 불안감이극명한 대조를 이룬다.

두려움에 휩싸인 제자들이 예수님을 깨웠다. "주여 주여 우리가 죽겠나이다"(24a절). '주'(ἐπιστάτης)는 주인이나 스승을 부르는 호칭이다. 이 제자들은 지금 죽을 정도로 힘들다며 예수님의 개입을 호소하고있다. 사람들의 눈에 선생이신 분이 사실은 풍랑을 다스리는 하나님이시다.

잠에서 깨어난 예수님이 바람과 물결을 꾸짖으시니 호수가 아주 잔잔하게 되었다(24b절). '꾸짖다'(ἐπιτιμάω)는 귀신을 쫓아낼 때 사용되는 단어이기도 하다(4:35; 4:41; 9:42). 그러므로 이 이야기에서 요동치는 바다를 하나님을 대적하는 마귀의 세력(demonic force)을 상징하는 것으로 해석하는 이들도 있다(Guelich, Hooker, Marcus, Moloney, cf. 욥 38:8–11; 시 74:13–14; 77:16–18; 89:9–10; 104:7; 사 27:1; 계 21:1).

구약에서는 하나님이 세상을 위협하는 바다를 꾸짖으시는 것으로 묘사된다(삼하 22:16; 시 18:15; 104:7; 106:9; 107:23–29; 사 50:2). 예수님은 하나님과 같은 능력을 지니셨다. 하나님의 아들이시며 하나님이 세상을 창조하실 때 그를 도우셨기 때문이다(요 1:3; 고전 8:6; 골 1:16; 히 1:2). 그러므로 예수님이 자연을 다스리는 것은 당연하다.

성난 바다를 잠잠케 하신 예수님은 제자들이 믿음이 없는 사람처럼 행동한다며 그들을 책망하셨다(25a절). 예수님이 배에 올라 호수 저편으로 가자고 하셨을 때 제자들은 그들이 안전하게 목적지에 도착하게 될 것을 믿어야 했다(Garland). 믿음과 두려움은 공존할 수 없는 관계다(cf. 마 6:25–34; 요 14:1–2; 빌 4:6). 삶에서 믿음이 두려움을 내몰든지, 두려움이 믿음을 내몰 것이다. 믿음은 처한 상황이 아무리 좋지 않아도 하나님이 보호하실 것을 확신하며 두려워하지 않게 하기 때문이다.

제자들은 심히 두려워하고 놀랍게 여기며 "그가 누구이기에 바람과 물을 명하매 순종하는가?"라며 서로에게 물었다(25b절). 그들은 요동친 바다도 무서웠지만, 그 바다를 잠잠케 하신 예수님이 더 무섭다. 제자들의 이 같은 두려움은 경건한 두려움, 곧 '경외'다. 너무나 많은 그리스도인이 하나님을 '친구' 정도로 생각하는 이 세상에 잔잔한 깨우침을 준다. 예수님은 절대 우리가 가볍게 대할 수 있는 분이 아니다. 제자들이 예수님을 따르겠다며 나서기는 했지만, 아직 예수님에 대해 모르는 것이 많다. 앞으로 그들은 예수님이 세상을 창조하고 다스리시는 하나님이심을 점차 알아갈 것이다. 조금씩 주님에 대해 더 알아 가는 것이 바로 우리가 평생 추구해야 할 삶의 방식이다.

이 말씀을 읽으면서 우리는 실존적인 질문을 해 보아야 한다. 우리가 힘들고 어려운 일을 겪을 때 우리는 과연 누구에게 도움을 청할 것인가? 혹은 청하고 있는가? 우리를 가장 확실하게 도울 수 있는 분은 온 세상을 창조하고 다스리시는 예수님이다. 예수님은 우리가 처한 상황을 다스리시고 그 상황을 조장하는 악령들도 몰아내실 것이다. 그러므로 오직 예수님만 바라보아야 한다.

> Ⅳ. 갈릴리 사역(4:14-9:50)
>   E. 메시아의 권능(8:22-56)

2. 악령들에 대한 권세(8:26-39)

[26] 그들이 갈릴리 맞은편 거라사인의 땅에 이르러 [27] 예수께서 육지에 내리시매 그 도시 사람으로서 귀신 들린 자 하나가 예수를 만나니 그 사람은 오래 옷을 입지 아니하며 집에 거하지도 아니하고 무덤 사이에 거하는 자라 [28] 예수를 보고 부르짖으며 그 앞에 엎드려 큰 소리로 불러 이르되 지극히 높으신 하나님의 아들 예수여 당신이 나와 무슨 상관이 있나이까 당신께 구하노니 나를 괴롭게 하지 마옵소서 하니 [29] 이는 예수께서 이미 더러운 귀신을 명하사 그 사람에게서 나오라 하셨음이라 (귀신이 가끔 그 사람을 붙잡으므로 그를 쇠사슬과 고랑에 매어 지켰으되 그 맨 것을 끊고 귀신에게 몰려 광야로 나갔더라) [30] 예수께서 네 이름이 무엇이냐 물으신즉 이르되 군대라 하니 이는 많은 귀신이 들렸음이라 [31] 무저갱으로 들어가라 하지 마시기를 간구하더니 [32] 마침 그 곳에 많은 돼지 떼가 산에서 먹고 있는지라 귀신들이 그 돼지에게로 들어가게 허락하심을 간구하니 이에 허락하시니 [33] 귀신들이 그 사람에게서 나와 돼지에게로 들어가니 그 떼가 비탈로 내리달아 호수에 들어가 몰사하거늘 [34] 치던 자들이 그 이루어진 일을 보고 도망하여 성내와 마을에 알리니 [35] 사람들이 그 이루어진 일을 보러 나와서 예수께 이르러 귀신 나간 사람이

옷을 입고 정신이 온전하여 예수의 발치에 앉아 있는 것을 보고 두려워하거늘 ³⁶ 귀신 들렸던 자가 어떻게 구원 받았는지를 본 자들이 그들에게 이르매 ³⁷ 거라사인의 땅 근방 모든 백성이 크게 두려워하여 예수께 떠나가시기를 구하더라 예수께서 배에 올라 돌아가실새 ³⁸ 귀신 나간 사람이 함께 있기를 구하였으나 예수께서 그를 보내시며 이르시되 ³⁹ 집으로 돌아가 하나님이 네게 어떻게 큰 일을 행하셨는지를 말하라 하시니 그가 가서 예수께서 자기에게 어떻게 큰 일을 행하셨는지를 온 성내에 전파하니라

마태는 이 사건을 상당히 간단하게 묘사하는 데 반해(마 8:28-34), 누가는 마가처럼 매우 자세하게 회고한다. 누가가 이 이야기를 통해 이루고자 하는 목적은 예수님이 어떻게 사람에게서 귀신을 내치셨는지를 알리는 것이 아니다. 예수님은 이미 많은 사람에게서 귀신을 내쫓으셨으므로 그렇게 할 필요가 없다(4:31-37, 40-41; 6:18; 8:2). 물론 이 일이 이방인들이 사는 곳에서 일어났다는 점과 예수님이 '군대'로 달려드는 귀신들을 상대로 승리하신 점은 새롭다.

이 이야기를 이 부분에서 회고하는 목적은 바로 앞 섹션에서 제자들이 스승인 예수님에 대해 던진 질문 "그가 누구이기에 바람과 물을 명하매 순종하는가"(8:25)에 답하는 것이다. 누가는 예수님은 귀신들도 알아보는 하나님의 아들이라고 한다. 앞 이야기처럼 기독론에 대해 말하기 위해 이 이야기를 이곳에 둔 것이다.

예수님은 제자들과 함께 배를 타고 호수 건너편 이방인들이 주로 사는 지역으로 가셨다(8:22). 그곳에서도 마귀의 활동이 왕성했고, 하나님의 구원이 필요한 사람이 많이 있었다. 갈릴리 호수를 건너며 바람과 바다를 꾸짖으신(8:24) 예수님이 이번에는 악의 세력을 꾸짖어 하나님의 권세를 드러내신다.

예수님은 제자들과 함께 갈릴리 호수 동편에 있는 '거라사인'(거라사)에 도착하셨다(26절). 마가와 누가는 '거라사(인)'(Γερασηνός)로 가셨다고

하는 것에 반해(cf. 막 5:1), 마태는 '가다라'(Γαδαρηνός) 지방으로 가셨다고 한다(마 8:28). 두 도시 모두 갈릴리 호수 동편에 위치한 데카폴리스(그리스화된 10개 도시의 연합체)에 속했다. 거라사인은 갈릴리 호수에서 50㎞ 남동쪽에 있으며, 가다라는 호수에서 8㎞ 남동쪽으로 떨어진 곳이다(cf. Garland). 인근에 케르사(Khersa 혹은 Kursi라고도 불림)로 불리는 조그만 항구가 있던 곳이다(ABD). 이 사건이 예수님이 배에서 내리시자마자 일어난 일로 묘사되는 것으로 보아 거라사인은 케르사 항구를 의미하는 것으로 생각된다(Blomberg, Wilkins).

마가와 누가는 이 사건을 회고하면서 귀신 들린 자가 한 명이었다고 하는데(cf. 막 5:2-5), 마태는 예수님이 귀신 들린 자 둘을 만나셨다고 한다(마 8:28). '둘'은 마태복음의 특성이다. 다른 공관복음은 하나를 언급할 때 마태는 자주 둘을 언급한다. 마태의 두 맹인(마 9:27-31; 20:29-34)을 마가와 누가는 한 명으로(막 10:46-52; 눅 10:35-43), 마태의 두 나귀(마 21:1-7)를 마가와 누가는 한 마리로(막 11:1-11; 눅 19:28-38), 마태의 들에서 일하는 두 사람과 맷돌질하는 두 여인(마 24:40-41)을 마가와 누가는 각각 한 명(막 13:32-37; 눅 17:26-30)으로, 마태의 두 종(마 24:45-51)을 누가는 한 종으로(눅 12:41-48) 묘사한다. 이러한 상황을 가리켜 도저히 설명할 수 없는 미스터리라고 하는 이들도 있지만, 대부분 비평학자는 마태가 한 명을 두 명으로 왜곡한 것으로 생각한다. 마태가 사실을 왜곡하는 이유는 신명기 19:15이 최소한 두 명 이상의 증인을 요구하는 데서 비롯된 것이라고 한다.

그러나 이 이야기는 증인이나 증언에 관한 것이 아니다. 예수님이 하나님의 아들이심을 귀신들이 증언하는 것과 상관없이 독자들은 이미 그분이 하나님의 아들이심을 익히 알고 있다. 게다가 귀신들의 숫자는 둘이 아니라 군대다(30절). 이야기의 핵심은 예수님은 자연을 다스리실 뿐 아니라 귀신들도 꼼짝 못 하게 하시는 메시아라는 데 있다. 그러므로 마태가 귀신들을 증인으로 세우기 위해 사실을 왜곡한다고 보는 것보다, 자신의 고유 출처를 사용해 두 번째 사람에 대해 알게 된 일을 회고하는 것으로 생각하는 것이 바람직하다. 혹은 마태가 본문과 비슷한 상황에서 예수님이 귀신 들린 자를 치료하신 일을 이 사건에 더해 하나로 묘사하는 것으로 해석할 수도 있다(cf. 막 1:23-28; 8:22-26).

그곳 사람 중 무덤 사이에서 살던 귀신 들린 자 하나가 예수님을 만났다(27절). 풍랑으로 인해 만신창이가 된 제자들처럼 이 사람도 귀신으로 인해 만신창이가 되어 있다(Minear). 당시 무덤은 언덕에 파 놓은 굴이었으며, 부자들은 가족묘로 사용하기 위해 상당히 정교하고 길게 팠다. 그러므로 무덤 입구는 귀신 들린 자나 나병 환자처럼 집에서 쫓겨난 사람들에게 좋은 안식처가 되었다. 시체가 있어 부정하고 (레 11:24-28; 민 19:11, 14-16), 사람들이 기피하는 곳이기 때문에 해치려는 사람들이 찾아오지도 않았다. 또한 죽음은 악과 무거운 분위기를 자아내기 때문에 이 이야기의 배경으로도 안성맞춤이다. 이 사람은 오랫동안 옷도 입지 않고 무덤을 떠돌며 살았다. 그 당시 사람이 입은 옷은 그의 신분과 정체성을 상징했으며, 옷을 입지 않았다는 것은 최고의 수치를 뜻한다(Garland, cf. 10:30).

귀신 들린 사람은 예수님을 보자마자 단번에 알아보았다. 즉시 예수님께 달려와 절하며 큰 소리로 부르짖었다. "지극히 높으신 하나님의 아들 예수여!"(28a절). 귀신들의 우두머리 사탄도 예수님을 곧바로 알아보았던 것(cf. 4:1-13)을 고려하면 그다지 새로운 일은 아니다. 예수님을 잘 아는 귀신들은 예수님이 누구인지 아직 잘 모르는 제자들과 대조를 이룬다(cf. 8:25). 그러나 제자들도 예수님이 하나님의 아들이라는 것을 점차 알아갈 것이다.

고대 근동 사회에서는 모든 사람이 자신의 정체성을 드러내는 숨겨진 이름을 지녔다고 생각했다. 또한 영적 전쟁에서 이 이름을 알아내면 우위를 선점하는 것으로 여겼다. 그런 점에서 이 부분을 두고 귀신이 예수님의 숨은 이름을 알고 있다면서 영적 싸움에서 어느 정도 우위를 선점하고자 시도하는 것으로 해석하는 이들도 있다(cf. Garland). 그러나 본문이 의미하는 바는 다르다. 귀신은 예수님을 하나님의 아들로 부름으로써 신분이 낮은 자신의 운명이 가장 높으신 예수님에 의해 결정된다는 것을 고백하고 있다. 복음서에서 가장 확실한 기독론은 악령들의 고백에서 나온다.

귀신은 예수님을 보자 "당신이 나와 무슨 상관이 있나이까?"라며 절망한다(28b절). 자신과 예수님은 어떠한 연관성도 없으니 그냥 내버려 두라는 숙어다(삿 11:12; 삼하 16:10; 막 1:24; 요 2:4). 그러므로 귀신은 예수님께 "구하노니 나를 괴롭게 하지 마옵소서"라고 호소한다(28c절). 귀신은 자신의 자유가 끝이 났다는 것을 직감하고 있다. 예수님이 더러운 귀신에게 그 사람에게서 나오라고 명령하셨기 때문이다(29a절).

귀신들은 억울하다. 하나님의 아들이 '때가 이르기 전'에 오셨기 때문이다(마 8:29). 그들이 말하는 '때'(καιρός)는 사탄과 졸개들이 모두 심판을 받아 유황불 붙는 못에 던져지는 최종 심판이 이뤄지는 때를 의미한다(계 19:20; 20:10, 14; cf. 유 1:6). 누가는 이 같은 종말론적인 때를 전제한다. 귀신이 심판의 때가 다가오고 있다는 것을 알면서도 회개하지 않고 계속 악한 짓을 하는 것은 사람들과 별반 다르지 않다. 심지어 그를 심판하실 메시아를 보고도 회개하지 않는 모습 역시 똑같다. 귀신은 분명 심판의 때가 오고 있음을 알면서도, 지금은 그때가 아닌데 예수님이 너무 일찍 오셨다며 억울하다고 소리를 지르고 있다.

예수님은 이미 더러운 귀신에게 그 사람에게서 나오라고 명령하셨다(29a절). 귀신이 그 사람을 괴롭히는 것을 더는 용납하지 않겠다는 굳은 의지를 표현하신 것이다. 귀신은 하루 24시간 온종일 귀신 들린 사람을 붙잡는 것이 아니라 가끔 붙잡는다. 귀신이 붙잡을 때면 그 사람은 쇠사슬도 끊고 광야로 나갔다(29b-c절). 통제 불능 상태가 되어 주변 사람들을 위협한 것이다.

예수님은 귀신에게 이름을 물으셨고, 귀신은 자기 이름은 군대라며 숫자가 많아서 그렇다고 대답했다(30절). 로마 제국에서 '군대'(λεγιών)는 보병 6,000명과 마병 120명으로 구성된 큰 부대였다(Perkins). 일곱 귀신에게 시달린 막달라 마리아(8:2)에 비하면 이 사람의 상태는 참으로 심각하다. 이 용어가 전문적인 군사 용어라는 점에서 어떤 이들은 예수님이 유대를 로마의 지배에서 해방시키실 것을 암시하는 내용으로 해석한다(Myers). 전혀 설득력 없는 추측이다(cf. Strauss). 귀신이 예수님께 자신의 이름을 군대라고 밝힌 것은 단순히 주님의 권세에 복종하고 처분을 기다린다는 뜻이다.

예수님은 이미 귀신에게 그 사람에게서 나오라고 명령하셨기 때문에 (29절), 귀신은 자신이 쫓겨날 것을 기정사실화하면서 무저갱으로 보내지 말고 그 지역에 머물게 해 달라고 간구한다(31절). '무저갱'(ἄβυσσος)은 도저히 가늠할 수 없는 깊은 곳을 뜻하며(cf. 신 33:13; 욥 28:14; 시 42:7), 사람이 죽어서 가는 '저세상'을 상징하기도 한다(TDNT, 시 71:20). '간구했다'(παρεκάλουν)는 3인칭 미완료 복수형 동사다. 귀신은 30절에서 이미 '군대'라며 자신들의 숫자가 많다는 것을 고백했기 때문에 31절에서는 복수형인 '그들'(αὐτοῖς)을 쫓아내지 말라며 복수형 동사로 간구한다. '간구하다'(παρακαλέω)는 구걸하다시피 간청한다는 뜻이다(BAGD). 그들이 갈 곳을 결정할 권한이 예수님께 있다는 뜻이다.

귀신들은 예수님께 마침 근처에 있는 큰 돼지 떼에 들어가는 것을 허락해 달라고 간구했다(32절). 성경은 악령들이 쫓겨가는 곳은 물 없는 곳(광야; 마 12:43; 눅 11:24)과 무저갱(눅 8:31)과 지옥(벤후 2:4) 등이라고 한다. 귀신들은 예수님께 생명이 없고 고통만 있는 이런 곳으로 보내지 말고 살아 있는 돼지에게 보내 달라고 간구하는 것이다. 귀신들도 지옥을 싫어한다(Garland). 당시 사람들은 귀신들이 한 지역을 점령하고 있으며, 이 지역을 벗어나면 무저갱으로 가서 최종 심판을 기다려야 한다고 생각했다(Hooker, cf. 벤후 2:4; 유 1:6).

돼지는 부정한 짐승이다(레 11:7; 신 14:8). 따라서 유대인들이 돼지를 키울 리 없다. 이곳에 돼지 농장이 있는 것은 이방인들의 땅이기 때문에 가능한 일이다. 예수님과 제자들은 주로 유대인들을 전도하지만, 이 이야기는 이방인들을 전도하기 위해 이곳에 오셨음을 암시한다.

예수님이 귀신들의 간구를 허락하셨다(32d절). 당장 이 귀신들을 무저갱으로 보내셨으면 좋았을 것이라는 아쉬움이 남기도 하지만, 예수님은 마지막 심판 날까지 귀신들이 거쳐야 할 과정을 거치도록(evil run its course) 그들의 간구를 들어주신 것이다(Wilkins). 모든 일에는 절차가 있고 순서가 있어서 아무리 좋은 일(악령을 없애는 일)이라 할지라도 때를 기다려야 한다.

예수님의 명령과 허락에 따라 더러운 귀신들이 그 사람에게서 나와 돼지 떼에 들어갔다(33a절). 마가는 돼지 떼가 2,000여 마리에 달했다고 하는데(막 5:13), 이는 이 기적이 얼마나 놀라운 일이며 얼마나 큰 파장을 몰고 왔는지를 증언하는 것이다. 귀신들이 돼지 떼에 들어가자 약 2,000마리의 돼지가 갈릴리 호수를 향해 내리달아 물로 뛰어들어 몰사했다(33b절). 군대(6,000명)와 돼지 떼(2,000마리), 둘이 잘 어울리는 규모다. 또한 부정한 돼지와 악한 귀신도 잘 어울리는 쌍이다. 종말에 사탄과 그의 졸개들이 당할 일을 예고하는 듯하다(Evans).

마을 사람들의 생계 수단이었던 돼지 농장이 한순간에 파괴되었다. 악령들이 자주 하는 짓이 파괴하는 것이다. 2,000마리의 돼지가 한꺼번에 죽어 물에 떠 있는 광경을 상상해 보라! 참으로 끔찍하다. 비록 우리는 악령을 볼 수 없지만, 그들이 하는 짓은 볼 수 있다. 악령들이 하는 짓을 보고도 깨닫지 못하는 자들은 앞으로 이런 광경을 목격하는 것이 아니라, 이런 광경의 일부가 될 것이다! 돼지들이 죽은 것은 안타까운 일이지만, 예수님은 귀신 들린 자를 살리는 것을 더 중요하게 여기셨다(France). 한 영혼이 온 천하보다 귀하기 때문이다. 구원하시는 예수님과 달리 귀신들은 파괴한다.

돼지를 치던 자들이 도망가 성내와 마을에 알렸다(34절). 그들이 귀신들을 본 것은 아니지만 귀신들이 한 짓(돼지 약 2,000마리를 몰살한 것)을 목격했으므로 알려야 했다. 소식을 들은 사람들이 몰려와 사실을 확인했다(35a절). 그들은 예수님이 낫게 하신 사람이 정신이 온전해져서 옷을 입고 보통 사람처럼 앉아 있는 것을 보고 두려워했다(35b절). 그동안 귀신 들려서 온갖 고생을 했던 사람은 이제 정상적인 삶을 살아갈 만반의 준비를 마쳤다.

귀신 들렸던 사람이 어떻게 구원받았는지 옆에서 지켜본 사람들이 몰려온 동네 사람들에게 무슨 일이 있었는지 알려 주었다(36절). 자초지종을 들은 거라사인 사람들은 크게 두려워하며 예수님께 그 지방에서 떠나시기를 간구했다(37절). 그들은 귀신 들렸던 사람이 구원받은 일에는 관심이 없다. 귀신들이 예수님께 머물게 해 달라고 간구한 것과 사람들이 예수님께 그 지방에서 떠나 달라고 간구하는 것이 큰 대조를 이룬다. 귀신을 쫓은 사도들에게 떠나 달라고 하는 일은 앞으로도 있다(행 16:16-22).

참으로 두려운 나머지 이런 부탁을 한 것은 이해가 되지만(cf. 37절), 그들을 찾아오신 메시아에게 떠나 달라고 하는 것은 참으로 안타까운 일이다. 예수님이 주실 영생과 치료와 도움을 스스로 거부하는 것이기 때문이다. 바로 앞 풍랑 이야기(8:22-25)에서 믿음은 두려움을 몰아내고, 두려움은 믿음을 밀어낸다고 했다. 이 사람들이 두려워하는 것은 믿음이 없다는 증거다. 그들에게 예수님은 삶의 터전인 돼지 떼를 앗아간 고약한 사람일 뿐이다(cf. 막 5:16). 사람들은 자기 사업과 수입에 악영향을 미치지 않는다면 어떠한 종교도 용납하지만, 악영향을 미칠 경우에는 단호하게 거부한다(Garland, cf. 행 16:19; 19:24-27).

이 사람들이 구세주보다 돼지 떼를 선호하는 것이 참으로 안타깝다(Plummer). 그러나 이는 인류 역사에서 꾸준히 반복되는 일이다. 마을 사람들이 예수님께 떠나시기를 구하는 것은 유대인들만 예수님을 거부하는 것이 아니라, 이방인들도 주님을 거부할 것을 예고한다(Tasker).

예수님은 사람들의 요구에 따라 그곳을 떠나려고 배에 오르셨다(37c절). 귀신에게서 해방된 사람은 주님과 함께 있기를 간구했다(38a절). 그는 평생 예수님처럼 자신을 따뜻하고 자비롭게 대해 준 사람을 만나 본 적이 없었다(Wessel & Strauss). 그래서 예수님의 제자가 되고자 했다(Boring, Stein). 예수님께 떠나 달라고 요청한 동네 사람들과 자기를 데려가 달라는 이 사람이 강력한 대조를 이룬다. 보는 눈과 듣는 귀가 있는 사람은 하나님 나라를 환영하지만, 그렇지 않은 사람들은 거부한다.

예수님은 그를 제자로 받지 않으시고 집으로 돌아가 자신에게 있었던 일을 말하며 하나님이 하신 일을 증거하게 하셨다(39a절). 귀신 들렸던 막달라 마리아를 제자로 받으신 일을 고려하면(8:2), 예수님은 각자 이루어 갈 역할에 따라 다른 소명을 주신다. 예수님은 이 사람이 할 수 있는 가장 선한 일은 이곳에 남아 친지들과 주변 사람들에게 하나님이 하신 일을 증언하는 것이라고 생각하셨다. 이렇게 해서 귀신들에게서 해방된 사람은 최초의 '이방인 전도자'가 되라는 소명을 받았다.

그는 예수님의 말씀에 따라 가족에게 돌아가 예수님이 자기에게 어떻게 큰일을 행하셨는지 온 성내에 전파했다(39b절). 예수님은 그에게 '하나님이 하신 큰일'을 전하라고 했는데(39a절), 그는 '예수님이 그에게 하신 큰일'을 전했다. '하나님'(ὁ θεός)과 '예수님'(ὁ Ἰησοῦς, 20절)이 동일시되는 것은 하나님과 예수님의 특별한 관계를 의미한다. 그는 예수님을 하나님으로 영접한 것이다. 누가는 예수님이 곧 하나님이라며 매우 높은 차원의 기독론(Christology)을 보여 주고 있다.

이 말씀은 예수님이 귀신들도 두려워하고 복종하는 하나님의 아들이심을 증언한다. 예수님은 악령(들)으로 인해 괴롭힘당하는 사람들을 자유롭게 하실 수 있다. 심지어 귀신이 군대로 모여도 예수님을 당할 수 없다. 누구든지 예수님을 구세주로 영접하고 예배하면 이런 일이 가능하다. 영적으로 미약한 사람일수록 예수님께 가까이 가야 한다.

한편, 하나님의 역사를 목격하는 사람들이 모두 주님을 기뻐하는 것

은 아니다. 자신들의 경건하지 못한 삶이 드러나거나 새로운 삶을 시
작하는 것이 싫어서 주님을 멀리하려고 할 수도 있다. 거라사인 사람
들처럼 말이다. 따라서 어떤 사람들은 예수님이 매우 특별한 능력을
지닌 하나님의 아들이라는 것을 인정하면서도 구세주로 영접하지는
않을 것이라고 한다. 우리는 최선을 다해 전도하되, 결과는 하나님께
맡겨야 한다.

사람이 예수님을 따르고자 해도 예수님이 허락하지 않으시면 제자
가 될 수 없다. 나음을 입은 귀신 들린 자처럼 말이다. 그러므로 주님
이 제자로 받아 주신 우리는 그 은혜에 참으로 감사드리며 부르심(허락
하심)에 합당한 삶을 살아야 한다.

> IV. 갈릴리 사역(4:14-9:50)
>   E. 메시아의 권능(8:22-56)

3. 질병과 죽음에 대한 권세(8:40-56)

⁴⁰ 예수께서 돌아오시매 무리가 환영하니 이는 다 기다렸음이러라 ⁴¹ 이에 회
당장인 야이로라 하는 사람이 와서 예수의 발 아래에 엎드려 자기 집에 오
시기를 간구하니 ⁴² 이는 자기에게 열두 살 된 외딸이 있어 죽어감이러라 예
수께서 가실 때에 무리가 밀려들더라 ⁴³ 이에 열두 해를 혈루증으로 앓는 중
에 아무에게도 고침을 받지 못하던 여자가 ⁴⁴ 예수의 뒤로 와서 그의 옷 가
에 손을 대니 혈루증이 즉시 그쳤더라 ⁴⁵ 예수께서 이르시되 내게 손을 댄
자가 누구냐 하시니 다 아니라 할 때에 베드로가 이르되 주여 무리가 밀려
들어 미나이다 ⁴⁶ 예수께서 이르시되 내게 손을 댄 자가 있도다 이는 내게서
능력이 나간 줄 앎이로다 하신대 ⁴⁷ 여자가 스스로 숨기지 못할 줄 알고 떨
며 나아와 엎드리어 그 손 댄 이유와 곧 나은 것을 모든 사람 앞에서 말하니
⁴⁸ 예수께서 이르시되 딸아 네 믿음이 너를 구원하였으니 평안히 가라 하시
더라 ⁴⁹ 아직 말씀하실 때에 회당장의 집에서 사람이 와서 말하되 당신의 딸

이 죽었나이다 선생님을 더 괴롭게 하지 마소서 하거늘 [50] 예수께서 들으시고 이르시되 두려워하지 말고 믿기만 하라 그리하면 딸이 구원을 얻으리라 하시고 [51] 그 집에 이르러 베드로와 요한과 야고보와 아이의 부모 외에는 함께 들어가기를 허락하지 아니하시니라 [52] 모든 사람이 아이를 위하여 울며 통곡하매 예수께서 이르시되 울지 말라 죽은 것이 아니라 잔다 하시니 [53] 그들이 그 죽은 것을 아는 고로 비웃더라 [54] 예수께서 아이의 손을 잡고 불러 이르시되 아이야 일어나라 하시니 [55] 그 영이 돌아와 아이가 곧 일어나거늘 예수께서 먹을 것을 주라 명하시니 [56] 그 부모가 놀라는지라 예수께서 경고하사 이 일을 아무에게도 말하지 말라 하시니라

예수님이 권세를 드러내시는 세 번째 기적이다. 첫 번째 기적에서는 태풍과 파도를 잔잔케 하심으로 천재지변을 다스리는 하나님이심을 드러내셨다. 두 번째 기적에서는 귀신들을 군대 단위로 내쫓으셨다. 이 섹션은 모든 복음서 저자가 종종 사용하는 문학적 기법인 '끼움/삽입'(intercalation)에 따라 한 이야기로 묶여 있는 두 개의 독립적인 사건(야이로의 딸 이야기와 혈루증을 앓는 여인 이야기)으로 구성되어 있다. 두 이야기의 공통점은 숫자 '12'다. 야이로의 죽어가는 딸은 12세이며, 여인은 혈루증을 12년 동안 앓았다. 또한 야이로의 '딸'이 앓아누워 있고, 예수님은 혈루증 앓는 여인을 '딸'이라는 애칭으로 부르신다. 누가는 이 두 이야기를 통해 예수님이 질병(자연)과 죽음(초자연)을 다스리시는 분이심을 드러낸다.

돼지를 키우는 이방인들에게 거부당하신 예수님이 배를 타고 다시 건너편(갈릴리 호수 서편) 유대인 지역으로 돌아오셨다(40a절). 아마도 베드로와 안드레의 집이 있는 가버나움으로 오신 듯하다. 소문을 들은 무리가 예수님을 환영했다(40b절). 그들은 예수님이 돌아오시기를 간절히 기다리고 있었다(40c절). 아마도 병자들과 귀신 들린 자들을 모아 놓고 예수님을 기다리고 있었을 것이다.

야이로라는 회당장도 예수님을 찾아와 발아래 엎드렸다(41절). '회당장'(ἄρχων τῆς συναγωγῆς)은 회당에서 예배를 드릴 때 성경을 봉독하거나 강론하며 재정 관리까지 하는 세 명의 회당 지도자 중 하나였다(TDNT). 지역에서 부유하고 덕망 있는 사람들만 회당장을 할 수 있었다(Perkins). '엎드리다'(πίπτω)는 상대방에게 경의를 표하는 행동이다(BAGD). 상당한 영향력을 행사하는 종교적 지위에 있는 사람이 예수님의 발아래 엎드린다는 것은 그가 참으로 예수님을 믿는다는 뜻이다.

야이로는 예수님께 자기 집으로 와서 죽어가는 열두 살 된 외딸을 살려 달라고 간곡히 구했다(41b-42a절). 당시 여자 나이 열두 살이면 혼인할 나이다. 게다가 이 소녀는 외딸이다. '외딸'(μονογενής)은 무남독녀라는 뜻이다. 그러므로 이 소녀는 평생 부모의 사랑과 관심을 독차지하며 살아왔을 것이다. 야이로의 마음이 얼마나 애틋하고 안타까웠을지 조금은 이해가 된다. 야이로는 예수님이 손을 얹고 기도하시면 딸이 살게 될 것이라고 믿었기에 자기 집으로 오시기를 간청했다.

예수님은 이미 죽어가는 백부장의 종을 살리셨고(7:1-10), 나인성 과부의 죽은 아들도 살리셨다(7:11-17). 야이로는 예수님이 아무리 못해도 죽은 아이들을 살린 엘리야와 엘리사보다 더 능력이 뛰어날 것이라고 믿고 확신했다(cf. 왕상 17:17-24; 왕하 4:32-37). 소문에 따르면 예수님은 엘리야와 엘리사가 하지 못했던 이적들까지 행하셨기 때문이다. 그에게는 예수님이 죽어가는 딸에게 손만 올리셔도 딸이 살아날 것이라는 믿음이 있었다.

야이로의 믿음은 나병 환자(5:12-13), 중풍병자와 친구들(5:17-26), 그리고 백부장(7:1-10)의 믿음에 견줄 만하다. 그는 예수님이 결정만 하시면 죽어 가는 사람도 살리신다는 큰 믿음을 지녔다. 그러나 예수님이 직접 오시지 않고 말씀만 하시면 종이 나을 것이라고 했던 이방인 백부장(7:1-10)의 믿음보다는 조금 못하다. 또한 혈루증을 앓는 여인의 믿음보다 못하다. 그녀는 예수님의 옷자락만 만져도 병이 나을 것이라는 믿음을 지녔다. 반면에 야이로는 예수님이 죽은 딸에게 직접 손을 얹어야 살 것이라고 믿는다.

예수님은 죽어 가는 딸을 살려 달라며 눈물로 호소하는 아버지의 슬픔을 헤아리시고 곧바로 야이로와 함께 그의 집으로 향하셨다(42b절). 예수님께 모여들었던 큰 무리도 함께 야이로의 집으로 향했다. 모두 예수님이 죽어가는 아이를 살리실 수 있을 것인지에 관심을 집중하고 있다. 예수님이 무리와 부대끼며 야이로를 따라가시는 도중에 한 여인이 몰래 뒤로 와서 예수님의 겉옷에 손을 댔다(43-44절). 누가복음에서 무리는 예수님의 인기를 강조하지만(4:35, 42; 5:2, 3, 15, 19; 6:10, 17, 19; 7:9, 11, 24; 8:4), 도움이 필요한 사람이 예수님께 나아오는 것을 방해하는 요소가 되기도 한다(5:19, cf. 8:19). 이 여인의 경우에는 후자였다. 그녀는 매우 절박하고 간절했지만 예수님께 나아오는 일이 참으로 어려웠다.

'겉옷'(τοῦ ἱματίου)은 유대인들이 입고 다니는 겉옷을 뜻한다(BAGD). 마가는 예수님의 겉옷을 만진 여인을 가리켜 참으로 딱한 처지에 놓인 사람이라고 한다. 신분적으로도 야이로와 강력한 대조를 이룬다. 야이로는 사람들의 존경을 받는 회당장이며 남자다. 반면에 이 여인은 부정하다며 모든 종교적 모임에서 따돌림을 당하는 사회적 약자이며 여자다. 그녀는 열두 해 동안이나 혈루증을 앓았다(43절). '혈루증'(ῥύσει αἵματος)은 월경 과다(menorrhagia)나 질 출혈(vaginal bleeding)처럼 자궁에서 피가 멈추지 않고 조금씩 흘러나오는 증상이다. 이런 경우 몸에서 피가 빠져나가는 것도 문제지만, 피가 멈추지 않는 한 계속 부정한 자가 된다(레 15:25-30). 게다가 누구든 그녀를 만지면 더불어 부정해진다. 그러므로 이런 질병을 앓는 사람은 사회적으로 고립되어 살아야 한다.

열두 해 동안 이런 증상이 계속되었으니 얼마나 고통스러웠을까! 마가는 이 여인이 어떻게든 병을 고치려고 여러 의사에게 보이면서 고생도 많이 하고 가진 것을 모두 소진했지만 아무 효력이 없었고 오히려 더 악화되었다고 한다(막 5:26). 일부 누가복음 사본에는 "의사에게 재산을 모두 다 탕진했지만"(ἰατροῖς προσαναλώσασα ὅλον τὸν βίον)이라는 문구가 있지만(cf. 새번역, 공동, ESV, NAB, KJV), 대부분 번역본은 이 문구를 삭제해 반영하지 않는다. 가장 오래된 사본들에는 이 문구가 없기 때문이다. 누가가 마가복음을 인용하면서 이 문구를 삭제한 것이 어느 정도는 이해가 간다. 그도 의사였던 만큼 여인을 치료하지 못하고 돈만 받은 의사들을 언급하는 것은 자기 얼굴에 침 뱉는 것이라고 생각했을 것이다.

여인에게 도움을 줄 수 있는 사람은 어디에도 없었다. 그러다가 예수님에 대한 소문을 듣고 찾아왔다. 사람들이 그녀를 부정하게 여겨 기피하는 상황이었던 만큼 차마 예수님께 나아오지는 못했던 여인은 아무도 모르게 예수님의 옷자락이라도 만지면 나을 것이라는 믿음을 가지고 뒤에서 조용히 주님의 옷을 만진 것이다.

이 여인의 믿음은 야이로의 믿음보다 더 크다. 야이로는 예수님이 손을 얹으면 딸이 살아날 것으로 확신했지만, 여인은 주님의 겉옷만 만져도 나을 것으로 확신했기 때문이다(cf. 47절). 그녀의 믿음은 곧바로 기적을 이루어 냈다. 예수님의 옷자락을 만지는 순간 열두 해 동안 앓던 혈루증이 '즉시'(παραχρῆμα) 그친 것이다(44절). 그녀는 순식간에 자기 몸에 일어난 변화를 직감했다.

예수님은 여인이 겉옷을 만지는 순간 능력이 빠져나간 것을 아시고 "내게 손을 댄 자가 누구냐?"라고 물으셨다(45a절). 예수님의 말씀을 들은 사람들은 기가 막힌다는 반응을 보였다. 사람이 너무 많아 밀치고 당기는 상황에서 예수님의 옷자락에 손을 댄 사람이 한둘이겠냐는 것이다. 이에 베드로가 모든 사람을 대표해 "주여 무리가 밀려들어 미나이다"라며 예수님의 겉옷에 일부러 손을 댄 사람은 없다고 했다(45b절). 베드로는 아직도 예수님을 '주인님, 스승님'이란 의미를 지닌 '주'(ἐπιστάτης)라고 부른다. 그가 예수님을 하나님과 동일한 '주'(κύριος)

라는 의미의 '하나님의 그리스도'(τὸν χριστὸν τοῦ θεοῦ)라고 고백하는 것은 9:20에서나 있는 일이다. 수제자인 베드로도 아직 예수님에 대해 확실하게 모르고 있다(cf. 8:25).

예수님은 사람들이 밀치고 당기면서 겉옷을 만지는 것과 치료를 바라며 만지는 것의 차이를 아신다. 몸에서 능력이 빠져나갔기 때문이다 (46절). 더는 숨어 있을 수 없다는 것을 깨달은 여인, 곧 혈루증에서 나음을 받은 여인이 두려운 마음으로 예수님 앞에 엎드려 자초지종을 말했다(47절). 두려움은 위협에서 비롯되기도 하지만(창 9:2; 출 15:16; 신 2:25), 본문에서처럼 하나님의 능력과 권세를 경험한 데서 비롯되기도 한다. 우리는 후자를 지속적으로 추구해야 한다. 하나님의 은총을 경험한 사람일수록 하나님을 더욱더 경외하게 된다.

예수님은 그녀를 "딸아"(θύγατερ)라고 친근하게 부르시며 그녀의 믿음이 그녀를 구원했다고 하셨다(48a절). 복음서에서 예수님이 누구를 '딸'이라고 부르는 경우는 이곳이 유일하다. '네 믿음이 너를 구하였다'(ἡ πίστις σου σέσωκέν σε)는 믿음의 출처를 지적하시는 말씀이다. 그녀의 간절한 바람이 기적을 이룬 것이 아니다. 사람이 아무리 간절히 바란다고 할지라도 기적은 일어나지 않는다. 기적은 하나님(예수님)이 행하실 때 일어난다. 그러므로 믿음에서 가장 중요한 것은 출처이지, 사람이 희망하는 바가 아니다.

'구원하다'(σῴζω)는 일상적으로 죄 사함을 받아 영적으로 완전해졌다는 의미를 지닌다. 누가는 이 여인이 영생을 받을 만한 믿음을 지녔다고 한다. 그러므로 예수님이 그녀의 육체적 질병뿐 아니라 죄도 용서하시고 하나님 나라에 들어가게 하신 것을 이 단어를 사용해 묘사하고 있다.

또한 예수님은 이제부터는 지난 12년 동안 그녀를 괴롭혔던 병에서 놓여 건강할 것이라며 평안히 가라고 복을 빌어 주셨다(48b절). '평안히 가라'(πορεύου εἰς εἰρήνην)는 엘리사가 문둥병을 치료받고 떠나는 시리아의 나아만 장군에게 빌어 준 '평안히 가라'(בְלֵךְ לְשָׁלוֹם)를 연상케 한다. 여인은 병을 치료받았을 뿐 아니라 원하는 대로 신앙 모임에도 참석할 수 있는 지위를 받았다(Anderson, Wessel & Strauss). 혈루증이 나았으므로 하나님과도 화평하게 되었기 때문이다.

여인이 조용하고 은밀하게 예수님의 옷깃을 만진 만큼 예수님도 은밀하게 그녀를 치료해 주고 가던 길을 계속 가실 수 있었다. 그러나 본문은 예수님이 공개적으로 그녀가 완전히 치유되었음을 선포하셨다고 한다. 그녀에 대한 사회적 오명(stigma)을 제거해 주시기 위해서다. 자신과 주변 사람들을 부정하게 하는 혈루증이 깨끗하게 나았으니 더는 기피 대상이 아니다. 또한 이제부터 이 여인은 떳떳하게 사회생활을 할 수 있고, 성전에 나아가 예배도 드릴 수 있다.

예수님이 혈루증에서 나은 여인과 말씀하실 때 회당장 야이로의 집에서 사람이 와서 그의 딸이 죽었다는 슬픈 소식을 전하며 예수님을 더 괴롭게 하지 말라고 했다(49절). 만일 소녀가 살아 있다면 예수님이 그녀의 건강을 회복시킬 수 있겠지만, 죽었으니 이제는 어떠한 노력도 허사라고 생각한다. 그러므로 예수님을 더는 번거롭게 하지 말고 오신 길을 되돌려 보내라는 것이다.

예수님은 옆에서 야이로와 그의 집에서 온 사람이 나누는 대화를 들으시고 두려워하지 말고 믿기만 하라고 하셨다(50a절). 믿기만 하면 딸이 구원을 얻을 것이라고 하셨다(50b절). 믿음의 반대는 두려움이다. 이 둘은 공존할 수 없으며, 하나가 다른 것을 밀어낸다. 그러므로 믿는다는 것은 곧 두려워하지 않는다는 뜻이다. 예수님은 야이로에게 믿음이 죽은 딸을 살릴 수도 있다며 죽음을 두려워하지 말라고 하신다.

예수님은 따르던 무리를 모두 물리시고 제자 중에서도 베드로와 야고보와 요한 세 사람만 데리고 야이로의 집으로 향하셨다(51절). 이들은 예수님이 맨 처음 제자들로 부르신 사람들이며, 그중에 유일하게 빠진 사람은 베드로의 형제 안드레다. 예수님은 이 세 제자를 가까이 하시며 애제자들로 대하셨다.

예수님 일행이 야이로의 집에 이르렀을 때는 이미 온 집이 조문객들과 장례식을 진행하는 자들로 시끌벅적했다(52a절). 예수님은 베드로와 요한과 야고보만 데리고 아이의 부모와 함께 소녀의 시신이 놓인 방으로 들어가셨다(51절; cf. 막 5:37). 유대인들은 시체를 방부 처리하지 않고 24시간 이내에 묻었다. 그러므로 장례식이 신속하게 진행되어야 한다.

예수님은 야이로의 집에 모인 조문객들에게 소녀는 죽은 것이 아니라 자고 있으니 떠들며 우는 것을 멈추라고 하셨다(52b절). 그들은 예수님의 말씀을 비웃었다(53절). 그들도 분명 예수님의 능력에 대한 소문을 들었을 것이다. 그런데도 비웃는 것은 예수님의 능력이 살아 있는 사람에게는 유효하겠지만, 이미 죽은 사람에게는 별 효과가 없을 것이라며 너무 늦게 오신 것을 아쉬워하는 비웃음이다. 또한 그들은 예수님을 자는 것과 죽은 것을 구분하지 못하는 이로 생각했을 것이다.

예수님은 소녀의 시신이 있는 곳으로 들어가셨다(54절). 그러고는 베드로 장모의 손을 잡아 치료하셨던 것처럼(막 1:31) 소녀의 손을 잡고 "아이야 일어나라"라고 외치셨다. 마가는 "달리다굼!"이라고 하셨다고 기록한다(막 5:41). '달리다굼'(ταλιθα κουμ)은 '소녀야 일어나라'라는 의미를 지닌 아람어 문구다. 누가는 이방인 독자들의 이해를 돕기 위해 이 문구를 번역해 헬라어로 '소녀야 일어나라'(ἡ παῖς, ἔγειρε)로 표기했다. 그러자 소녀의 영이 돌아와 아이가 일어났다(55a절)! 이때 소녀의 나이는 열두 살이었다(42절). 당시 여자들의 결혼 적령기였다. 시집갈 나이의 딸이 죽었으니 부모의 억장이 무너지는 것은 당연한 일이며, 예수님은 이러한 아픔을 잘 아시기에 야이로를 따라와 소녀를 살리셨다.

예수님은 살아난 아이에게 먹을 것을 주라고 하셨다(55b절). 소녀가 살아난 것은 환상이 아니라 실제라는 것을 직접 확인하라는 뜻이다. 오직 산 사람만 음식을 먹을 수 있기 때문이다. 소녀가 살아나자 옆에서 지켜보던 부모가 놀랐다(56a절). 예수님은 놀란 부모에게 이 일을 아무에게도 말하지 말라고 하셨다(56b절). 아직 예수님이 메시아라는 사실을 온 천하에 공표할 때가 이르지 않았기 때문이다. 혈루증에서 나은 여인을 사람들 앞으로 불러내신 것과 아이를 살린 일을 아무에게도 알리지 말하고 하시는 것이 대조적이다(Hooker). 혈루증에서 나음을 입은 여인의 경우 두려움을 이겨내야 했기 때문에 예수님은 그녀를 사람들 앞에 세우셨다. 반면에 가족들과 소녀는 이겨낼 두려움이 없었으므로 사람들 앞에 세우지 않으셨다.

죽은 소녀를 살리신 이 일은 복음서에서 예수님이 죽은 사람을 살리신 세 가지 사건 중 두 번째다. 예수님은 이미 7:11-17에서 나인성 과부의 아들을 살리셨다. 요한복음 11장에서는 나사로를 살리신다. 성경은 예수님이 죽은 자 가운데 부활하신 첫 열매라고 한다(고전 15:20, 23). 그렇다면 예수님이 살리신 사람들을 어떻게 이해해야 하는가? 사람의 죽음은 부활 때까지 육체가 잠들어 있는 것이며(고전 11:30; 15:20-23, 51-55; 살전 4:13-18), 예수님은 잠시 이들을 잠에서 깨어나게 하셨다. 그러므로 그들은 부활한 것이 아니다. 예수님이 살리신 이후 몇 년을 더 살다가 다시 잠든 그들도 우리처럼 부활을 기다리고 있다.

예수님은 시체가 된 소녀에게 생명을 불어넣어 살게 하시고, 절망과 죽음의 어두움으로 가득한 상갓집을 생명의 빛과 기쁨으로 채우셨다. 우리의 사역도 이러하면 좋겠다. 성 프란치스코(Saint Francis of Assisi, 1182-1226)의 기도문이 생각난다. "주여, 나를 당신의 도구로 써 주소서. 미움이 있는 곳에 사랑을, 다툼이 있는 곳에 용서를, 분열이 있는 곳에 일치를, 그릇됨이 있는 곳에 참됨을, 의심이 있는 곳에 믿음을, 절망이 있는 곳에 희망을, 어둠에 빛으로, 슬픔이 있는 곳에 기쁨을 가져오는 자 되게 하소서. 위로받기보다는 위로하며, 이해받기보다는 이해하며, 사랑받기보다는 사랑하게 하여 주소서. 우리는 줌으로써 받고, 나를 잊음으로써 나를 찾으며, 용서함으로써 용서받고, 죽음으로써 영생을 얻기 때문입니다."

이 말씀은 하나님은 우리가 건강하고 생기가 가득한 삶을 살기를 원하신다고 한다. 주님은 자식을 잃은 부모의 아픔을 헤아리시고 죽은 딸을 살리셨다. 낫고자 하는 병자의 간절함을 귀하게 여기시고 혈루증 앓는 여인을 고쳐 주셨다.

기적을 경험하는 일에서 가장 중요한 것은 예수님께 도와 달라고 부르짖는 믿음이다. 주님은 간절한 기도와 바람에 응답하신다. 다행인 것은 이러한 믿음은 사회적 지위나 위치에 상관없이 누구나 가질 수 있다는 사실이다. 예수님은 사람들에게 존경받던 회당장의 간구와 사회적으로 따돌림을 받던 여인의 간절함을 동일하게 헤아려 주셨다.

IV. 갈릴리 사역(4:14-9:50)

F. 마무리 사역(9:1-50)

본 텍스트는 예수님이 갈릴리 사역을 마무리하실 때 있었던 일들을 기록한다. 예수님은 누구이신가와 제자들에게 사역에 대해 가르치시는 일을 중심으로 구성되어 있다. 이 섹션이 끝나면 예수님은 곧 예루살렘을 향해 가실 것이다(9:51). 본 텍스트는 다음과 같이 구분된다.

A. 열두 제자를 보내심(9:1-6)
B. 헤롯이 당황함(9:7-9)
C. 오천 명을 먹이심(9:10-17)
D. 베드로의 고백(9:18-21)
E. 인자의 고난과 영광(9:22-27)
F. 영광스러운 변화(9:28-36)
G. 귀신 들린 아이(9:37-45)
H. 천국에서 큰 자(9:46-48)

405

I. 경쟁과 반대(9:49-50)

1. 열두 제자를 보내심(9:1-6)

¹ 예수께서 열두 제자를 불러 모으사 모든 귀신을 제어하며 병을 고치는 능력과 권위를 주시고 ² 하나님의 나라를 전파하며 앓는 자를 고치게 하려고 내보내시며 ³ 이르시되 여행을 위하여 아무 것도 가지지 말라 지팡이나 배낭이나 양식이나 돈이나 두 벌 옷을 가지지 말며 ⁴ 어느 집에 들어가든지 거기서 머물다가 거기서 떠나라 ⁵ 누구든지 너희를 영접하지 아니하거든 그 성에서 떠날 때에 너희 발에서 먼지를 떨어 버려 그들에게 증거를 삼으라 하시니 ⁶ 제자들이 나가 각 마을에 두루 다니며 곳곳에 복음을 전하며 병을 고치더라

그동안 예수님의 사역을 옆에서 지켜보기만 했던 제자들이 사역자로 파송받는 순간이다. 드디어 '1차 훈련'이 마무리되고 '실습'을 하러 떠난다. 당시에 제자들이 하는 일은 스승의 가르침을 외우는 것이 유일했다. 그러므로 열두 제자가 스승이신 예수님이 하시는 사역을 대신하도록 보내심을 받는 것은 참으로 대단한 일이다. 그동안 그들은 기도하며 자신을 준비해 왔다. 기도는 기도하는 사람을 제일 먼저 준비시키고 변화시키는 힘이 있기 때문이다.

'열두 제자'(τοὺς δώδεκα)(7절)를 직역하면 '열둘'이라는 뜻이며, 마가는 예수님이 열두 명을 두 명씩 여섯 팀으로 나눠 보내셨다고 한다(막 6:7). 이는 서로 의지하고 도우라고 짝을 지어 주신 것이며, 또한 율법이 두 증인을 요구하는 것을 바탕으로 한다(5절; cf. 신 17:6; 19:15). 훗날에도 사도들은 짝을 이루어 전도 여행을 다녔다(행 3:1-11; 8:14; 11:30;

13:1-2; 15:22, 39-40).

앞에서 '사도'(ἀπόστολος, '보냄을 받은 자')로 불렸던(6:13) 열두 명이 이 타이틀이 의미하는 바를 삶에서 실천할 때가 왔다. '사도'(ἀπόστολος)는 '보내다'(ἀποστέλλω)(2절)에서 유래한 단어다. 사도들은 하나님과 예수님이 자신들을 대신해 보내시는 대리인들(agents)이다.

열두 사도는 이스라엘 열두 지파의 의로운 남은 자들을 상징한다. 예수님은 이 열두 명을 통해 하나님의 언약 공동체를 재구성하신다 (Beale & Carson). 사도들은 하나님의 구속사적인(salvation history) 계획에 따라 먼저 이스라엘 사람들에게 복음을 들고 가며, 이어서 이방인들에게 갈 것이다(cf. 마 10:5-25; 롬 1:16). 새로 시작된 하나님의 언약 공동체에 속할 기회를 먼저 이스라엘에 주기 위해서다.

그러나 사도들은 단순히 새 언약 공동체를 형성하는 이스라엘의 열두 지파를 상징하는 데서 머물지 않는다. 종말이 되면 주님과 함께 이스라엘의 열두 지파를 심판하는 자리에 앉을 것이기 때문이다(마 19:28).

예수님은 제자들을 보내기 전에 더러운 귀신을 제어하고 병을 고치는 능력과 권위를 주셨다(1절). 사도들에게 귀신을 제어할 능력을 주신 것은 전도와 선교는 무엇보다도 영적 전쟁이기 때문이다. 또한 그들에게 병을 고치는 권위를 주신 것은 하나님 나라를 전파하는 일에 도움이 되게 하려는 것이다(2절). '능력'(δύναμις)과 '권위'(ἐξουσία)는 이때까지 기록된 예수님의 가르침과 치유 사역의 핵심이며, 마귀와 질병을 꼼짝못 하게 하는 하늘나라의 권세다. 예수님은 제자들에게 능력과 권위를 주심으로써 그들이 예수님처럼 사역할 수 있는 모든 여건을 마련해 주셨다(Liefeld & Pao).

예수님은 제자들을 보내기 전에 가르침을 주신다(3-5절). 그들이 어떻게 선교(전도)해야 하는지 알려 주시고, 선교가 결코 쉽지 않을 것이라는 점도 미리 경고하신다. 마치 제자들을 선교사로 파송하는 예배에서 그들을 권면하는 듯한 느낌이다. 예수님은 제자들에게 선교 여행을 떠날 때 지팡이나, 배낭이나, 양식이나, 돈이나, 두 벌 옷 등 아무것도 가져가지 말라고 하신다(3절). 어떠한 여행 경비나 물품도 챙기지 말라는 뜻이다.

당시 배낭과 옷과 신과 지팡이는 여행을 떠나는 사람이 반드시 챙겨야 할 필수품이었다. 배낭은 음식 등 필요한 것을 담기 위해, 옷은 여벌 또는 밤에 베개로 사용하기 위해, 신은 신고 있는 신이 낡으면 갈아 신기 위해, 지팡이는 필요하면 호신 무기로 사용하기 위해 챙겨야 한다. 예수님은 이 모든 필수품을 챙기지 말고 전도 여행을 떠나라고 하신다. 이러한 기준은 당시 예수님의 제자들에게만 적용되는 것이지 오늘날 모든 선교사가 준수해야 하는 기준은 아니다(Cranfield, Wessel & Strauss).

예수님이 특별히 제자들에게 아무런 준비를 하지 말고 여행을 떠나라고 하시는 것은 이 선교 여정은 그들이 얼마나 하나님을 의지하는가에 대한 테스트이기 때문이다. 별다른 준비를 하지 않은 채 길을 떠나는 제자들은 하나님이 그들을 먹이시고 입히시는 일을 경험하게 될 것이다. 하나님은 복음을 받아들인 사람들을 통해서 제자들을 먹이실 것이다. 제자들에게 숙식을 제공하는 것은 그들에게서 복음을 받아들인 사람들의 책임이다(Plummer). 훗날 바울은 이 원리를 바탕으로 전임 사역자들을 도우라 한다(고전 9:14; 딤전 5:18). 그러므로 어떠한 것도 받지 말라는 의미는 아니다. 전도한 사람들의 도움을 받아 그들에게 사랑의 빚을 지는 것도 좋은 일이다. 그러나 전도(선교)를 떠나는 사람은 얻으러 가는 것이 아니라 주기 위해 가는 것임을 항상 기억해야 한다.

예수님은 제자들에게 어디를 가든 먼저 머물 만한 집을 찾아 그곳에 머물다가 다음 장소로 떠나라고 하신다(4절). 머물 만한 집은 제자들이 선포하는 복음에 긍정적으로 반응해 하나님 나라 백성이 되는 사람의 집이다. 한 곳에만 머물라고 하시는 것은 나중에 더 좋은 숙소가 나

오더라도 옮기지 말고 처음 머문 곳에 머물라는 권면이다. 호의를 베
푸는 사람이 상처받지 않도록 하기 위해서다. 하나님이 보내신 일꾼을
받아들이는 것은 곧 하나님을 받아들이는 일이다. 하나님의 일꾼들은
주님의 에이전트(특사)이기 때문이다.

구약에는 주님의 자녀들을 환대함으로써 복을 누린 사람들의 이야
기가 여럿 있다. 보디발은 노예로 사들인 요셉을 통해 큰 복을 받았다
(창 39:3-5). 보디발이 노예로 팔린 하나님의 자녀를 환대해 복을 누렸
다면, 메시아이신 예수님이 보내신 제자들을 환대하는 사람들은 얼마
나 더 큰 복을 누릴지 상상해 보라! 아브라함도 객을 환대하다가 하나
님을 만나는 축복을 누렸다(창 18:1-8). 하나님은 주님의 자녀들을 환대
하는 사람들에게 복에 복을 더하시는 분이다. 그러므로 우리가 성도들
에게 사랑의 빚을 지는 것은 곧 그들로 하여금 하나님의 복을 받게 하
는 일이기도 하다.

전도는 결코 쉬운 일이 아니며, 모든 사람이 복음에 긍정적으로 반
응하지도 않는다. 오히려 적대적으로 반응하는 사람도 많다. 이런 경
우에는 그 성에서 떠날 때 발의 먼지를 떨어 버리라고 하신다(5절). 발
을 터는 것은 거부하는 것을 상징한다. 당시 유대인들은 이방인들
이 사는 지역을 떠날 때면 그들을 거부한다는 상징으로 발을 털었다
(Gundry, Keener, Morris, cf. 행 13:51; 18:6). 그러므로 예수님이 복음에 적
대적이거나 부정적으로 반응하는 집과 동네에 발을 털라고 하시는 것
은 하나님이 그들을 하나님 나라 복음에 어울리지 않는다며 거부하시
는 것을 상징적인 행동으로 보이라는 권면이다. 복음을 거부한 사람들
이 하나님께 거부당하고 있다. 이런 곳에서 계속 전도하는 것은 돼지
에게 진주를 주는 격이다. 훗날 하나님은 제자들의 행동을 증거로 삼
아 거부한 자들을 심판하실 것이다.

예수님의 보내심을 받은 제자들은 각 마을을 다니면서 곳곳에 복음
을 전하며 병을 고쳤다(6절). 그들은 갈릴리 지역을 두루 다니며 하나

님 나라의 복음을 선포했고, 많은 열매를 맺었다. 훗날 사도들은 이 선교 여행의 열매를 토대로 교회를 세울 것이다. 사도들은 병도 고쳤는데, 예수님이 주신 능력과 권위로 사역한 것이다(cf. 1절).

우리가 이러한 사실에서 배워야 하는 교훈이 있다. 사람들이 예수님과 제자들이 전한 복음을 거부했다면, 하물며 우리가 전하는 복음은 얼마나 더 거부하려고 하겠는가! 그러므로 전도가 잘 안 된다고, 선교가 어렵다고 좌절하지 말자. 주님과 사도들도 거부당했다면, 우리가 거부당하는 것은 당연한 일이 아니겠는가! 결과에 연연하지 말고 계속 전하면 된다. 하나님은 종종 우리가 하나님 나라에 합당한 자들을 만나는 복을 주실 것이다.

이 말씀은 전도와 선교는 하나님의 대리인이 되어 하나님이 하시는 일에 참여하는 귀하고 영광스러운 일이라고 한다. 전도와 선교는 하나님이 기뻐하시는 일이므로 우리가 전도하고 선교하면 하나님이 우리를 먹이시고 입히실 것이다. 그러나 모든 사람이 하나님 나라와 복음을 환영하지는 않는다. 이런 사람들은 뒤로하고 하나님의 잃어버린 양들을 찾아가야 한다.

IV. 갈릴리 사역(4:14-9:50)
F. 마무리 사역(9:1-50)

2. 헤롯이 당황함(9:7-9)

⁷ 분봉 왕 헤롯이 이 모든 일을 듣고 심히 당황하니 이는 어떤 사람은 요한이 죽은 자 가운데서 살아났다고도 하며 ⁸ 어떤 사람은 엘리야가 나타났다고도 하며 어떤 사람은 옛 선지자 한 사람이 다시 살아났다고도 함이라 ⁹ 헤롯이 이르되 요한은 내가 목을 베었거늘 이제 이런 일이 들리니 이 사람이 누군가 하며 그를 보고자 하더라

바로 앞 섹션에서 예수님은 모든 사람이 하나님 나라의 복음을 환영하지는 않을 것이라고 하셨다(9:5). 분봉 왕 헤롯이 하나님 나라의 복음을 거부한 대표 주자다. 하나님이 보내신 메신저 요한을 죽인 헤롯은 하나님 나라를 적극적으로 거부하고 핍박하는 사람들을 상징한다. 그러므로 그의 이야기는 이미 있었던 일에 대한 회상(flashback)에 그치지 않고 앞으로 예수님이 당하실 고난을 예시(foreshadowing)한다(France). 하나님 나라가 아무리 좋아도 이를 거부하는 사람들은 언제 어디든 있다. 그러므로 우리의 목표는 '온 세상을 주님께로'가 아니라 '하나님이 택하신 사람들을 주님께로'가 되어야 한다.

분봉 왕 헤롯이 예수님과 제자들에 대한 소문을 듣고 심히 당황했다 (7a절). 아마도 제자들이 그가 다스리던 영토 곳곳에서 선교 사역을 한 결과일 것이다. 예수님이 태어나실 때 동방 박사들과 연관된 헤롯왕은 '헤롯 대왕'(Herod the Great)으로 알려진 사람이다. 이 헤롯왕이 제2성전을 재건했다. 헤롯이 죽은 후 그가 다스리던 나라는 셋으로 나뉘어 그의 아들들에게 분배되었다(ABD).

본문이 언급하는 헤롯왕은 안티파스(Antipas)이며, 그는 17세에 갈릴리와 요단강 동편 베뢰아(Perea) 지역을 다스리는 분봉 왕(τετραάρχης, tetrarch)이 되었다. 헤롯 대왕의 아들 중 신약과 가장 연관이 많은 인물이다. 예수님이 십자가에 매달리시기 전에 예수님을 심문한 헤롯이 바로 이 사람이다(23:6-12).

헤롯 안티파스는 예수님과 제자들이 온갖 능력을 행하는 것은 자신이 죽인 세례 요한이 죽음에서 돌아와 예수님이 되었기 때문이라는 소문을 들었다(7b절). 요한은 헤롯왕과 그의 동생 빌립의 아내 헤로디아 (=헤롯의 제수[弟嫂])의 결혼을 반대했다가 옥에 갇혔다(3:19-20). 이 빌립은 아버지 헤롯의 영토 중 가장 북쪽을 차지한 분봉 왕 빌립(Philip Ⅱ)과 다른 사람이다.

헤롯 안티파스는 나바티아(Nabatea) 왕 아레타스(Aretas Ⅳ)의 딸과 결혼했는데, 동생의 아내였던 헤로디아와 결혼하기 위해 이혼했다. 헤로디아도 안티파스와 결혼하기 위해 빌립과 이혼했다. 그러므로 이 두 사람의 결혼은 유대인들에게 큰 스캔들이 되었다. 율법을 위반하는 결혼이었기 때문이다(레 18:16; 20:21). 게다가 헤로디아는 헤롯 안티파스의 반(半)형제인 아리스토불루스(Aristobulus)의 딸이었다. 즉, 헤롯은 반(半)조카(half-niece)인 헤로디아와 결혼한 것이다(Carson, Wilkins). 요한은 폭동을 선동했다는 혐의로 사해 동쪽에 있었던 마케루스(Machaerus) 산성에 투옥되었다(DGJ).

마가는 세례 요한이 예수님이 사역을 시작하시기 얼마 전에 투옥되었다고 한다(막 1:14). 본문에 기록된 일이 있기 약 2년 전 일이다. 감옥에 있는 동안 요한은 예수님께 제자들을 보내 예수님이 '장차 오실 그분'(메시아)이 맞는지 물어본 적이 있다(7:18-20). 예수님은 긍정적으로 대답하셨고, 얼마 후 요한은 그를 감옥에 가둔 자의 손에 순교했다.

사람들은 예수님을 두고 헤롯이 죽인 세례 요한이 죽은 자 가운데서 살아났다고 하기도 하고, 엘리야가 나타났다고도 했다(7b-8a절; cf. 말 3:1; 4:5-6). 어떤 사람은 옛 선지자 한 사람이 다시 살아났다고도 했다(8b절). 그러니 헤롯의 궁금증도 날이 갈수록 심화되고 있다(9b절). 누가는 헤롯의 궁금증을 부각함으로써 잠시 후 등장할 예수님의 정체에 대한 베드로의 고백을 준비하고 있다(Bock, Garland, Liefeld & Pao, cf. 9:18-20). 훗날 헤롯은 예수님을 직접 심문할 것이다(23:6-12).

이 말씀은 사람이 죄를 지으면 그 죄로 인해 두려워할 날이 올 것이라고 경고한다. 헤롯은 죄 없는 요한을 죽였다. 그 일로 인해 예수님에 대한 소문을 듣고 자신이 죽인 요한이 살아난 것인가 하여 심히 당황하며 두려워했다. 그의 두려움이 회개로 이어지지 않은 것이 아쉽지만, 만일 그가 죄를 짓지 않았다면 이렇게 두려워할 일도 없었을 것이다. 우리는 죄를 지을 때 한 번 더 생각해야 한다. 그 죄가 훗날 우리를 두렵게 할 수 있기 때문이다.

3. 오천 명을 먹이심(9:10-17)

[10] 사도들이 돌아와 자기들이 행한 모든 것을 예수께 여쭈니 데리시고 따로 벳새다라는 고을로 떠나 가셨으나 [11] 무리가 알고 따라왔거늘 예수께서 그들을 영접하사 하나님 나라의 일을 이야기하시며 병 고칠 자들은 고치시더라 [12] 날이 저물어 가매 열두 사도가 나아와 여짜오되 무리를 보내어 두루 마을과 촌으로 가서 유하며 먹을 것을 얻게 하소서 우리가 있는 여기는 빈 들이니이다 [13] 예수께서 이르시되 너희가 먹을 것을 주라 하시니 여짜오되 우리에게 떡 다섯 개와 물고기 두 마리밖에 없으니 이 모든 사람을 위하여 먹을 것을 사지 아니하고서는 할 수 없사옵나이다 하니 [14] 이는 남자가 한 오천 명 됨이러라 제자들에게 이르시되 떼를 지어 한 오십 명씩 앉히라 하시니 [15] 제자들이 이렇게 하여 다 앉힌 후 [16] 예수께서 떡 다섯 개와 물고기 두 마리를 가지사 하늘을 우러러 축사하시고 떼어 제자들에게 주어 무리에게 나누어 주게 하시니 [17] 먹고 다 배불렀더라 그 남은 조각을 열두 바구니에 거두니라

제자들을 선교(전도)하도록 파송하신 이야기는 이미 9:1-6에 기록되었다. 이후 세례 요한의 죽음과 헤롯왕의 두려움에 관한 이야기(9:6-9)로 이어지다가, 선교에서 돌아온 제자들의 이야기로 마무리된다(10a절). 누가는 예수님이 '열둘'(τοὺς δώδεκα)을 보내셨다고 했는데(9:1), 그들이 사역을 마치고 '사도들'(οἱ ἀπόστολοι)로 돌아왔다(10절). 사도는 보내심을 입은 사람이라는 뜻이다. 그들이 사도로 돌아온 것은 그들을 대리인(agents)으로 보내신 이(하나님과 예수님)가 그들을 통해서 하시고자 한 일을 잘 수행하고 돌아왔다는 뜻이다. 그들은 돌아와서 선교 여행 중 행한 이적들과 가르친 것을 예수님께 낱낱이 여쭈었다(10a절). 일종의 '선교 보고'를 한 것이다.

제자들의 사역 보고를 들으신 예수님은 그들을 데리고 벳새다라는

413

고을로 떠나셨다(10a절). '벳새다'(Βηθσαϊδά)는 갈릴리 호수 북동쪽에 있는 마을이며(ABD), 요한을 죽인 헤롯 안티파스의 영역 밖이다. 예수님은 이곳으로 제자들을 '따로'(κατ᾽ ἰδίαν)(privately) 데리고 가셨다. 제자들과 사적인 시간을 가지며 그들을 가르치기 위해 무리를 떠나신 것이다.

그러나 무리도 예수님과 제자들이 어디로 가는지 알고 따라왔다(11a절). 예수님은 지치실 만도 한데 그들을 마다하지 않으시고 환영하셨다. 그들에게 하나님 나라의 일을 이야기하시며 그중 병든 자들을 고치셨다(11b절). 예수님은 사람들의 영혼과 육체를 함께 치료하심으로써 전인적인 사역의 모범을 보이셨다. 그럼에도 불구하고 예수님에게 가장 중요한 것은 하나님 나라에 대해 가르치는 일이었다. 그다음 병자들을 치료하셨다.

예수님은 시간 가는 줄도 모르고 가르치고 고치셨다. 날이 저물어가자 열두 사도가 무리를 마을과 촌으로 보내 잘 곳과 먹을 것을 구하게 하는 것이 좋을 것 같다고 예수님께 말했다(12절). 그들이 모여 있는 곳은 빈 들이었기 때문이다. '빈 들'(ἐρήμῳ τόπῳ)은 허허벌판이라는 뜻이다. 사람이 유숙하거나 먹을 것을 구할 만한 곳이 아니다. 그러므로 제자들은 그들이 매우 당연하고 합리적인 제안을 했다고 생각했을 것이다. 무엇보다 그들에게는 이 많은 사람을 먹일 만한 음식이 없었기 때문이다.

그러나 제자들의 제안은 문제를 해결하는 것이 아니라 단지 문제를 피하거나 떠넘기는 것에 불과했다. 당시 상황을 고려할 때 주변에 있는 마을들도 이 많은 사람이 먹을 만한 음식을 비축하고 있지 않았을 것이기 때문이다. 주변에서 가장 큰 타운인 벳새다도 인구가 겨우 3,000명 정도였다(cf. ABD). 그러므로 이곳에 1만 명 이상이 사 먹을 만한 음식이 있다는 것은 상상하기 어렵다(cf. 14절).

제자들의 말을 들으신 예수님은 무리가 마을로 갈 필요 없도록 제자들에게 먹을 것을 주라고 하셨다(13a절). 예수님은 제자들에게 리더는 항상 그들을 바라보고 따르는 사람들을 모든 면에서 돌봐야 한다는 교훈을 주기 위해 이런 말씀을 하셨다. 그러나 제자들로서는 상당히 황당하게 들릴 수밖에 없다. 그들에게는 이 많은 사람을 먹일 만한 여력이 없기 때문이다.

제자들은 이날 모인 사람들을 먹이려면 200데나리온의 떡이 필요하다고 말했다(막 6:37). 한 데나리온(δηνάριον)은 당시 노동자들의 하루 임금으로(cf. 마 20:2) 최소한 200명의 '일당'(daily wage)이 필요한 것이다. 그들에게는 이처럼 큰돈이 없다. 또한 설령 돈이 있다 할지라도 주변에 이 많은 사람을 먹일 음식을 구할 곳이 없다.

제자들은 자신들이 가진 것이라고는 고작 떡 다섯 개와 물고기 두 마리뿐이라며 무리를 먹이는 것은 현실적으로 어려운 일이라고 했다(13b절). 어떤 이들은 다섯은 모세 오경을, 둘은 십계명이 새겨진 두 돌판을 상징한다며 알레고리적으로 해석하지만, 근거 없는 주장이다(cf. Boring, Marcus). 요한은 이 떡이 보리로 만든 것이며 한 어린 소년의 음식이라고 한다(요 6:9). 보리떡과 말린 물고기는 갈릴리 지역에 사는 가난한 사람들의 식사였다. 이 정도 양이면 아이가 혼자 배불리 먹거나, 친구 하나와 나눠 먹을 만한 양이다.

제자들은 예수님이 병자들을 치료하고 죽은 사람을 살리는 기적은 행하시지만, 산 사람들을 먹이는 기적을 행하시리라고는 생각하지 못했다. 생각해 보면 다소 이상한 논리다. 예수님은 죽은 사람을 살리시고, 산 사람은 건강하게 살 수 있도록 기적을 행하시는 분이다. 그렇다면 산 사람들에게 먹을 것을 주는 기적도 당연히 행하실 것이라고 생각할 수 있는데 말이다.

예수님은 제자들에게 사람들을 떼를 지어 한 50명씩 앉히라고 하셨다(14절). 남자가 5,000명쯤 되었으니 아이들과 여자들을 더하면 족히 1만 명은 되었다. '앉다'(κατακλίνω)는 잔치에 참여하는 사람이 옆으로 누워 담소하며 음식을 나누는 모습을 묘사하는 단어다(TDNT).

'떼를 지어'(κλισίας)는 식사하기 위해 그룹이 함께 모여 있는 모습이다 (BAGD).

예수님은 종말에 주님의 백성이 참여하게 될 메시아의 잔치를 이곳에 모인 사람들에게 미리 맛보게 하셨다(Wessel & Strauss). 종말에 있을 잔치에서는 주님의 백성이 세상에서 가장 좋은 음식을 마음껏 먹고도 남을 것이다(17절; cf. 사 25:6). 마가는 이 사람들이 푸른 잔디에 모여 앉았다며(막 6:39) 때가 봄철이었음을 암시한다(Marcus, Taylor, Witherington). 푸른 잔디는 시편 23:2을 연상케 한다. "그가 나를 푸른 풀밭에 누이시며 쉴 만한 물 가로 인도하시는도다."

제자들은 예수님의 지시에 따라 사람들을 50명씩 앉혔다(15절). 예수님은 떡 다섯 개와 물고기 두 마리를 앞에 두고 하늘을 우러러 축사하셨다(16a절). 음식을 축복하신 것이 아니라, 음식을 주신 하나님께 감사했다. 이는 예수님이 새로 시작된 '하늘 가족'의 가장임을 확인하시는 행위다. '가지다-축사하다-떼다-주다'(16절)는 모두 최후의 만찬에서 사용되는 동사다(cf. 22:14-23).

일명 '오병이어' 기적으로 알려진 이 이야기는 교회학교에서 자주 듣던 이야기다. 또한 네 복음서에 모두 기록된 유일한 기적이기도 하다(마 14:13-21; 막 6:31-44; 요 6:1-15). 예수님의 능력을 가장 잘 나타내는 기적이며, 장차 종말에 메시아가 성도들을 위해 베푸실 잔치가 어떤 것인지 조금은 상상할 수 있게 한다.

예수님이 빵 다섯 조각과 물고기 두 마리로 5,000명의 성인 남자들(=여자들과 아이들을 포함하면 최소 1만 명)을 먹이시는 모습은 옛적에 모세가 광야에서 이집트를 탈출한 유대인 노예들을 만나로 먹인 일을 생각나게 한다(출 16장). 특히 '빈 들'(ἔρημος)(12절)은 이집트를 탈출한 이스라엘이 모세와 함께 다니던 광야를 뜻하는 단어다(출 13:18; 14:3 등).

이 기적은 엘리사가 빵 20개(=20명이 겨우 먹을 수 있는 양)로 100명을 먹인 일도 연상케 한다(왕하 4:42-44). 비율로 계산하면 엘리사는 5배로 늘리는 기적을 행했지만, 예수님은 최소 1,000배 이상으로 늘리는 기적을 행하셨다! 예수님은 엘리사와 차원이 다른 분인 것이다.

모인 사람이 모두 배불리 먹고 나니 남은 조각이 열두 바구니에 달했다(17절). 본문은 '다, 배불리, 남은 조각' 등 풍성함에 관한 언어로 가득하다. 예수님은 모든 것을 하나님께 맡기고 무엇을 먹을까 무엇을 마실까 염려하지 말라고 하셨는데(마 6:25), 우리가 하나님께 모든 것을 맡기면 하나님이 우리를 어떻게 먹이시는지 보여 주는 실질적인 사례라 할 수 있다. 구약에서는 이러한 원리를 '여호와 이레'(יְהוָה יִרְאֶה)라고 한다(창 22:14).

누가는 기적이 어떤 현상으로 일어났는지에 대해서는 언급하지 않고 기적이 이룬 결과만을 요약한다. 강조하고자 하는 것은 기적이 시작될 때보다 먹고 남은 음식이 더 많다는 사실이다. 당시 유대인들은 메시아가 유월절이 있는 봄에 오실 것이라고 생각했다. 메시아가 유월절에 오셔서 옛적에 모세가 만나로 이스라엘을 먹인 것처럼 그들을 먹이실 것으로 기대했다(Hagner). 예수님이 이 봄날에 그들의 소망을 이루셨다. 그러나 그들은 대부분 그 자리에 없었다. 주님을 배척했기 때문이다(cf. 13:57).

이 말씀은 세상이 끝나는 날 하나님이 우리를 위해 베푸실 잔치를 기대하게 한다. 하나님은 가장 좋은 음식으로 우리를 대접하실 것이며, 풍족하게 주실 것이다. 우리가 예수님으로 인해 이 땅에서 누리고 즐기는 평안도 참으로 좋지만, 세상 끝 날에 누리게 될 평안과 풍요로움에 비하면 아무것도 아니다. 하나님과 함께할 다음 세상을 모든 상상력을 동원해 기대해도 좋다.

하나님은 때때로 지극히 작은 것을 통해 매우 큰 일을 하신다. 예수님은 빵 다섯 개와 물고기 두 마리로 1만 명 이상을 먹이셨다. 우리의 가장 작은 것이라도 주님께 드리면 주님은 그것을 통해 상상을 초월하는 일을 하시기도 한다. 하나님은 우리의 작은 헌신을 헛되게 하지 않으시는 분이기 때문이다.

IV. 갈릴리 사역(4:14-9:50)
  F. 마무리 사역(9:1-50)

4. 베드로의 고백(9:18-21)

¹⁸ 예수께서 따로 기도하실 때에 제자들이 주와 함께 있더니 물어 이르시되 무리가 나를 누구라고 하느냐 ¹⁹ 대답하여 이르되 세례 요한이라 하고 더러는 엘리야라, 더러는 옛 선지자 중의 한 사람이 살아났다 하나이다 ²⁰ 예수께서 이르시되 너희는 나를 누구라 하느냐 베드로가 대답하여 이르되 하나님의 그리스도시니이다 하니 ²¹ 경고하사 이 말을 아무에게도 이르지 말라 명하시고

앞 이야기(9:10-17)에서 예수님은 제자들과 함께 갈릴리 호수 동북쪽에 있는 벳새다에 잠시 머무셨다. 마가는 이 이야기가 예수님이 빌립보 가이사랴(Caesarea Philippi)에 있는 동네들을 다니실 때 있었던 일이라고 한다(막 8:27). 빌립보 가이사랴는 갈릴리에서 40km 북쪽, 헤르몬산이 요단강으로 흘러 들어가는 곳에 있는 이방인들의 도시였다(ABD). 분봉 왕 빌립이 가이사랴(Caesar)를 기념해 세운 도시였으며, 해안에 있는 가이사랴와 구분하기 위해 이름에 '빌립보'(Philippi)가 더해졌다. 빌립보 가이사랴의 인구는 대부분 시리아 사람과 그리스 사람이었다(DGJ). 빌립보 가이사랴는 우상 숭배가 매우 성행했던 곳이다(Strauss). 예수님은 빌립보 가이사랴 주변 여러 마을을 다니며 사역하셨다.

예수님이 기도하시다가 제자들에게 사람들이 자기를 누구라 하느냐고 물으셨다(18절). 마태는 본문의 '나'(με)를 '인자'(υἱὸν τοῦ ἀνθρώπου)로 표현한다(마 16:13). 인자는 예수님의 여러 메시아 타이틀 중 고난받는 종을 강조한다. 세상 사람들은 예수님을 '기적을 행하는 이' 정도로 생각하지만, 제자들은 메시아이신 '인자'로 조금씩 이해하기 시작했다.

예수님의 질문을 받은 제자들은 사람들이 예수님을 가리켜 세례 요한, 엘리야, 옛 선지자 중 하나라고 한다고 말했다(19절). 이것은 모두 당시 유대인들이 기대하던 메시아와 연관된 이름이다. 첫째, 헤롯 안티파스가 같은 말을 하는 것으로 보아(cf. 9:9) 사람들이 예수님을 세례 요한이라 하는 것은 흔한 일이었다.

둘째, 엘리야는 메시아가 오시기 전에 그분의 길을 예비하는 선지자다(말 3:1; 4:5-6). 예수님은 세례 요한이 바로 이 엘리야라고 말씀하셨다(7:26; cf. 막 9:11-13). 사람들이 예수님을 엘리야라고 하는 것은 예수님을 메시아가 아니라, 메시아의 길을 예비하러 온 선지자로 생각했다는 뜻이다. 그들은 다른 메시아를 기다리고 있었다.

셋째, 선지자 중 하나라는 것은 메시아에 대한 예수님 시대 사람들의 다양한 관점을 반영한다. 그들은 각기 다른 메시아를 기대했지만, 그들이 기대한 메시아는 모두 구약 선지자들 그리고 그들의 사역과 연관이 있는 분이라고 생각했다. 특히 종말에 올 모세와 같은 선지자를 기대했다(cf. 신 18:15).

마태는 이 세 가지에 예레미야를 더한다(마 16:14). 눈물의 선지자 예레미야는 여러 차례 감옥에 갇히면서도 타협하지 않고 다가오는 심판을 선언했다가 백성에게 버림받았다. 종교 지도자들에게 거부를 당하면서도 계속 심판을 선언하시는 예수님이 예레미야 선지자 같다는 뜻이다.

제자들의 말을 들으신 예수님은 그들에게 가장 중요한 질문을 하신다. "너희는 나를 누구라 하느냐?"(20절). 세상 사람들이 예수님에 대해 무어라 말하는지도 어느 정도 의미 있지만, 가장 중요한 것은 제자들이 예수님을 어떻게 생각하는가 하는 것이다. 이 점을 부각하기 위해 예수님은 '그러나 너희는'(ὑμεῖς δὲ)을 강조형으로 사용하신다.

제자들의 대표 역할을 하는 베드로가 대답했다. "하나님의 그리스도시니이다"(20절). 어떤 이들은 베드로가 이 같은 사실을 어떻게 알았을까 의아해하지만(Boring), 지금까지 예수님이 행하신 기적과 가르침을 고려하면 당연한 결론이다. 제자들의 눈에 붙어 있던 비늘이 하나씩 떨어지고 있다(Garland). 베드로가 대표로 말하지만, 제자들 모두 함께 이 이슈를 여러 차례 논의하고 내린 결론이다(Hagner). 베드로의 고백은 기독론의 핵심을 모두 담고 있으며, 이때까지 모든 이야기가 이 절정이 되는 고백을 준비해 왔다. 마태는 하나님이 이 사실을 알게 하셨다는 말을 더한다(마 16:17).

'하나님의 그리스도'(χριστὸν τοῦ θεοῦ)에서 '그리스도'(Χριστός)는 구약의 '기름 부음을 받은 이'(מָשִׁיחַ)를 헬라어로 번역한 것이다(TDNT, cf. 출 28:41; 삼상 2:10; 삼하 1:14, 16; 시 105:15). 누가복음에서 이때까지 예수님을 그리스도라고 한 사람이 여럿 있었다(2:11, 26; 3:15; 4:41). 또한 하나님은 예수님을 자기 아들이라 하셨고(3:22), 천사들도 하나님의 아들이라고 했다(1:35). 마귀와 귀신들도 예수님이 하나님의 아들이심을 고백했다(4:3, 9, 41; 8:28). 헤롯 안티파스는 예수님이 다시 살아난 세례 요한이라 했다(9:7-9). 그러나 제자들이 예수님에 대해 이렇게 고백하는 것은 이곳이 처음이다. 풍랑을 잠잠케 하시는 예수님을 보고 "이분은 도대체 누구시냐?"라는 질문은 했지만(8:25), 아직까지 예수님을 하나님의 아들 혹은 메시아라고 고백한 적이 없다. 제자들도 예수님의 정체성을 조금씩 깨달아 가고 있다. 본문에 기록된 제자들의 고백 이후로는 그리스도라는 타이틀이 더 자주 사용된다(20:41, 44; 22:67; 23:2, 35, 39; 24:26, 46).

예수님은 자신이 그리스도라는 사실을 아무에게도 알리지 말라고 경고하신다(21절). 제자들만 알고 있으라는 것이다. 유대인들은 정복자 메시아가 와서 자신들을 로마의 속박에서 해방시켜 주기를 바라고 있다. 그들은 구약에 기록된 메시아에 대한 예언을 마음대로 해석해 이런 결론에 도달했다. 그들은 오직 정치적-군사적 메시아를 원하며, 다른 유형의 메시아는 필요하지 않다고 생각한다. 사람이 하나님의 말씀을 어디까지 왜곡할 수 있는지 생각하게 한다. 우리는 하나님의 말씀을 대할 때 신중하고 진실해야 한다. 우리의 편견과 선입견을 바탕으로 말씀을 읽으면 성경은 남을 해치는 명분과 무기로 변질될 수 있다.

또한 유대인들은 메시아가 오시면 스스로 메시아라고 선언하지 않을 것이라고 생각했다(Liefeld & Pao). 먼저 메시아가 해야 할 일들을 하면, 주변에서 그를 메시아라고 선언하고 인정하게 된다고 생각했다(Longenecker). 이러한 정서도 예수님이 메시아라는 사실을 비밀에 부치라는 데 반영되어 있다.

율법과 선지자를 온전히 이루기 위해 고난받는 종으로 오신 예수님은 자신의 죽음을 통해 인류의 죄를 해결하고 죽음의 권세를 무력화한 다른 유형의 정복자이시다. 사람들이 기대하던 메시아와 전혀 다른 메시아이시다. 그러므로 사람들의 입에 오르내리는 것과 논쟁과 다툼을 싫어하는 예수님은 아무에게도 알리지 말라고 하신다(21절). 때가 되면 예수님이 메시아이심을 온 세상이 알게 될 것이다. 그때까지 제자들은 자신들만 알고 있어야 한다.

이 말씀은 메시아이신 예수님이 세상을 구원할 유일한 구세주라는 사실을 재차 확인한다. 예수님을 메시아로 고백하는 믿음은 하나님이 주시는 것이다. 그러므로 우리의 신앙이 성숙할수록 구원은 우리 스스로 쟁취한 것이 아니라 하나님의 선물이라는 사실을 고백하게 된다. 그리스도인과 교회는 최소한 이 같은 고백 위에 세워지고 양육되어야 한다.

5. 인자의 고난과 영광(9:22-27)

²² 이르시되 인자가 많은 고난을 받고 장로들과 대제사장들과 서기관들에게 버린 바 되어 죽임을 당하고 제삼일에 살아나야 하리라 하시고 ²³ 또 무리에게 이르시되 아무든지 나를 따라오려거든 자기를 부인하고 날마다 제 십자가를 지고 나를 따를 것이니라 ²⁴ 누구든지 제 목숨을 구원하고자 하면 잃을 것이요 누구든지 나를 위하여 제 목숨을 잃으면 구원하리라 ²⁵ 사람이 만일 온 천하를 얻고도 자기를 잃든지 빼앗기든지 하면 무엇이 유익하리요 ²⁶ 누구든지 나와 내 말을 부끄러워하면 인자도 자기와 아버지와 거룩한 천사들의 영광으로 올 때에 그 사람을 부끄러워하리라 ²⁷ 내가 참으로 너희에게 이르노니 여기 서 있는 사람 중에 죽기 전에 하나님의 나라를 볼 자들도 있느니라

하나님의 그리스도이시라는 고백을 받으신 예수님은 제자들에게 처음으로 장차 받으실 십자가 고난에 대해 말씀하신다(22절). '하리라'(δεῖ)는 반드시 지나가야 하는 과정을 뜻한다(Liefeld & Pao). 제자들에게 십자가 고난을 말씀하시는 것은 예수님이 메시아라는 사실로 인해 제자들이 감당해야 할 고난은 생각하지 않고 누릴 영광만 생각하는 것을 방지하기 위해서다(Bock). 그동안 예수님이 고난받으실 것이라는 암시는 있었지만(2:35; 5:35), 구체적으로 말씀하시는 것은 이번이 처음이다. 예수님은 앞으로도 제자들에게 십자가 고난에 대해 더 말씀하실 것이다(9:44; 17:25; 18:31-33). 예수님은 장차 받으실 고난에 대해 세 가지를 말씀하신다.

첫째, 장로들과 대제사장들과 서기관들에게 많은 고난을 받고 버린 바 되실 것이다. 장로와 대제사장과 서기관은 유대교의 가장 중요한 종교 재판기관인 산헤드린을 구성하는 멤버다. 원래 이 부류들은 자기

직책과 연관된 이권 때문에 쉽게 연합하지 않지만, 예수님을 죽음으로 몰아가는 일에서는 일치한 마음을 보일 것이다. 마태는 예수님이 예루살렘에서 고난을 받으실 것이라며 구체적인 장소를 언급하신 것으로 기록하지만(마 16:21), 누가는 이 일이 예루살렘에서 있을 것을 전제할 뿐 밝히지는 않는다. '버린 바 되다'(ἀποδοκιμάζω)는 시편 118:22의 "건축자가 버린 돌이 집 모퉁이의 머릿돌이 되었나니"라는 말씀을 생각나게 한다.

둘째, 예수님은 유대교 지도자들에게 고난을 받아 죽임당하실 것이다. 십자가에 매달려 죽게 될 것을 말씀하신다. 하나님을 가장 잘 알고, 가장 사랑한다는 자들이 하나님의 아들을 죽이는 모순을 범할 것이다. 잇속에 영적 눈이 가려지면 누구든 이렇게 할 수 있다.

셋째, 예수님은 죽임당한 후 제삼일에 살아나실 것이다. 하나님이 죽음에서 예수님을 살리실 것이기 때문이다(cf. 고전 15:54; 사 25:8). 사흘 만의 부활은 호세아 6:2을 근거로 한 말씀이다. "여호와께서 이틀 후에 우리를 살리시며 셋째 날에 우리를 일으키시리니 우리가 그의 앞에서 살리라"(cf. 왕하 20:5; 욘 1:17; 마 12:40; 17:23; 20:19; 27:63).

예수님이 인류를 구원할 메시아로서 가야 할 길에 대해 얼마나 일찍 깨달으셨는지에 대해서는 알려진 바가 없다. 다만 열두 살 때 부모를 따라 예루살렘 성전에 가서 율법학자들과 대화를 나누며 하신 말씀을 보면 그때 이미 자신의 특별함에 대해 어느 정도는 알고 계셨던 것이 확실하다(cf. 눅 2:41-50).

마태와 누가는 예수님이 이렇게 말씀하시자 베드로가 '있을 수 없는 일'이라고 항변하며 나섰다가 예수님께 혼이 났다는 말을 더한다(마 16:22; 막 8:32). 그는 예수님이 죽고 부활하셔야 자기와 다른 제자들이 교회의 기초로 변할 것을 알지 못한다. 그저 예수님이 유대를 로마의 억압으로부터 해방시킬 군사적 메시아가 되실 것을 기대하고 있을 뿐이다(Collins, cf. Garland). 예수님이 가시는 곳마다 모이는 무리는 고사하고, 제자들도 예수님이 이 땅에 오신 이유를 잘 이해하지 못하는 상황이다.

예수님은 많은 고난을 받아 죽임을 당할 것이라고 하신 후 그럼에도 고난받는 메시아를 따르려면 이렇게 살아야 한다며 제자의 삶을 세 가지로 말씀하신다(23절). (1)자기 부인, (2)자기 십자가를 짐, (3)주님을 따름이다. '아무든지'(εἴ τις θέλει)는 뒤따르는 조건이 사실임을 전제하는 조건문을 시작한다. 제자들을 새롭게 모집하시는 것이 아니라 "너희들이 나를 따르는 제자들이라는 사실을 안다. 그러므로 이렇게 하라"라는 취지의 권면이다. '나를 따라 오려거든'(ὀπίσω μου ἔρχεσθαι)(23a절)과 '나를 따를 것이니라'(ἀκολουθείτω μοι)(23b절)는 같은 의미를 지닌 말씀이며, 제자는 예수님을 따라가는 사람임을 의미한다.

첫째, '자기 부인'(ἀρνησάσθω ἑαυτὸν)은 제자도의 가장 기본적이며, 가장 중요한 요소다. 자기 부인은 세상에 관한 모든 권리와 이권을 포기할 것을 요구한다. 살아가면서 더는 자기 관점으로 판단하지 않고, 하나님 관점으로 모든 것을 판단한다. 그러므로 경우에 따라 세상의 관점에서 손해가 되는 선택을 하고, 비효율적인 옵션을 택한다. 예수님은 하나님의 아들로서 누리실 영광과 권세가 참으로 많았다. 그러나 이 모든 것을 포기하고 고난받는 종으로 오심으로써 자기 부인이 어떤 것인지 우리에게 보이셨다.

둘째, '자기 십자가를 지는 것'(ἀράτω τὸν σταυρὸν αὐτου)은 로마 사람들이 자주 사용한 처형 방법에서 온 것이다. 십자가 처형은 페르시아와 헬라와 그 외 몇몇 국가에서 집행되었으며, 로마 제국이 이를 완성했다. 로마는 가장 흉악한 범죄자들과 반역자들을 처단하는 방법으로 십자가를 사용했고, 공포를 자아내기 위해 사람들의 눈에 잘 보이는 곳에서 형을 집행했다. 제자들도 주변에서 종종 십자가에 매달려 처형되는 사람들을 보았을 것이다. 처형될 범죄자는 자신이 매달릴 십자가 두 기둥 중 하나를 지고 처형장으로 갔다(cf. 막 15:21). 예수님은 이러한 상황을 바탕으로 제자가 되고자 하는 사람들에게 자기 십자가를 지라고 하신다. 그것도 한 번이 아니라 '날마다'(καθ᾽ ἡμέραν) 지라고 하신다. 십자가는 우리가 평생 지고 가는 제자의 삶 일부다.

당시 유대인들은 십자가 죽음을 두렵고 수치스러운 것으로 간주했다. 또한 로마 제국이 휘두르는 무자비한 폭력에 억울하게 당하는 죽음과 순교를 상징하는 것으로 보기도 했다. 예수님이 십자가를 지고 따라오라고 하시는 것은 후자의 의미다. 그러므로 예수님이 이렇게 말씀하시는 것은 제자는 처형장으로 끌려가는 사람처럼 이 땅에서의 삶이 이미 끝난 것처럼 살아야 한다는 뜻이다(Marshall).

예수님이 십자가를 제자도의 상징으로 사용하시는 것이 제자들에게는 매우 충격으로 다가왔을 것이다. 십자가가 상징하는 혐오를 잘 알기 때문이다. 그러나 사도 바울은 십자가를 '하나님이 우리를 의롭다 하심'(롬 3:21-26), '하나님과의 화해'(골 2:11-14), 그리고 '예수님이 우리 안에 사시는 것'(갈 2:19-20)과 연결하며 그리스도인의 삶 가장 중심에 둔다. 주님의 제자들은 십자가를 절대 거부할 수 없다. 십자가를 지는 것은 세상에서 부당하고 억울하게 차별받을 것을 각오하는 것이며, 필요하다면 목숨까지 내놓을 각오로 사는 것이다.

셋째, '주님을 따르는 것'(ἀκολουθείτω μοι)은 현재형 동사를 사용한다. 제자의 길은 계속, 평생 가는 것이라는 뜻이다. 또한 이 말씀은 제자들이 왜 자기를 부인하고 십자가를 져야 하는지에 대한 이유라고 할 수 있다. 그들이 주님을 따르고자 한다면 이 두 가지가 필수라는 것이다. 사람이 자기를 부인하지 않고는 주님을 따른다고 할 수 없다. 또한 십자가를 지지 않고서 주님을 따른다고 할 수 없다. 주님을 따르는 것은 세상에 대한 모든 이권과 권리를 포기하고 죽을 각오로 십자가를 져야 비로소 가능한 일이다. 참으로 어려운 일이지만, 예수님은 자신을 부인하고 십자가를 지심으로써 우리에게 이런 삶이 가능하다는 것을 보이셨다.

이어지는 말씀(24-26절)은 자기 부인과 십자가를 지는 것이 무엇을 의미하는지 설명한다. 누구든지 자기 목숨을 구원하고자 하면 잃을 것이다(24a절). 사람은 자기 생명과 건강을 지키려고 온갖 일을 다 한다. 이렇게 해서라도 지킬 수 있다면 괜찮겠지만, 현실은 그렇지 않다. 사람은 자기 생명을 지킬 수 없다. 그러므로 모두 죽는다.

반면에 누구든지 예수님과 하나님 나라의 복음을 위해 자기 목숨을 잃으면 구원받을 것이다(24b절). 예수님을 위한다는 것은 예수님이 하나님의 아들이자 메시아라는 사실을 믿고 주님께 충성한다는 뜻이다. 복음을 위한다는 것은 하나님 나라의 메시지에 순종한다는 뜻이다. 주님을 위한 삶은 하나님의 자녀가 되어 예수님과 함께 사는 것이다(Strauss). 자기를 부인하고 십자가를 지고 예수님을 따르는 삶을 사는 사람은 목숨을 잃더라도 찾을 것이라는 예수님의 약속이다.

그러므로 24절 말씀은 우리 모두에게 세상적이고 일시적인 삶을 추구하다가 영원히 죽는 것과 예수님의 제자가 되어 하나님 나라를 추구하는 삶을 살다가 영생을 살 것 중 하나를 선택하도록 요구한다. 당연히 잠시 있다 썩어질 것이 아니라 영원한 것을 추구해야 하는데, 지혜로운 선택을 하는 사람이 많지 않다.

예수님은 25절에서 수사학적인 질문을 사용해 24절의 내용을 재차 확인하신다. 이 질문은 '유익한 것은 아무것도 없다'는 답을 요구한다. 사람에게 목숨보다 더 소중한 것은 없다. 그러므로 온 천하를 얻는다 해도 목숨을 잃거나 빼앗기면 무익하다(25절).

또한 누구든지 예수님과 주님의 말씀을 부끄러워하면 예수님도 영광으로 오실 때 그 사람을 부끄러워하실 것이다(26절). 뒤집어 말하면 자기를 부인하고 십자가를 지고 예수님을 따르면 최종 심판을 두려워할 필요가 없다는 뜻이다. 종말에 예수님이 아버지의 영광으로 천사들과 함께 오셔서(cf. 단 7:13-14; 슥 14:5) 모든 사람을 각자 행한 대로 심판하실 것인데(cf. 시 28:4; 62:12; 잠 24:12), 그때 주님을 따르기 위해 생명까지 내놓은 제자들을 얼마나 격려하며 축복하실지 상상해 보라! 이러한 상상만으로도 예수님의 제자로 사는 삶은 충분히 가치 있다. 제자도는 종말을 염두에 두고 사는 삶이기에 현재의 모든 역경과 고난을 견딜 수 있다. 예수님이 하나님과 천사들과 인자의 영광으로 오실 것이라는 이 말씀은 세상 모든 권세를 아우르는 기독론이다(Garland).

예수님은 "여기 서 있는 사람 중에 죽기 전에 하나님의 나라를 볼 자들도 있느니라"라고 하시는데(27절), 이 말씀은 의미를 파악하기가 참으로 어렵다(cf. Bock, Bovon, Liefeld & Pao, Nolland). 마치 이 말씀을 듣고 있는 사람 중 생전에 예수님의 재림을 볼 사람들이 있다고 하시는 것 같기 때문이다. 그러나 아직 예수님은 오지 않으셨다. 그러므로 학자들은 이 말씀의 의미를 바로 다음 섹션(9:28-36)에 기록된 변화산에서 예수님을 볼 것이라는 의미로 해석하기도 하고(Bloomberg, Cranfield, Lane, Stein), 십자가에서 죽으심을 뜻하는 것으로 해석하기도 한다(Garland, Edwards). 혹자는 다른 사람들이 부활하신 예수님을 보게 될 것이라고 해석하기도 하고(Calvin, Luther, McNeile, Meier), 주후 70년에 있었던 예루살렘 파괴를 염두에 둔 말씀이라고 해석하기도 한다(Hagner, Wright). 대부분 학자는 종말에 예수님을 볼 것을 뜻하는 것으로 해석한다(Boring, Collins, Gundry, Manson, Nineham, Schweitzer). 한 사건으로 만족하지 못해 두세 가지 사건 혹은 여러 가지 사건을 의미하는 것으로 해석하는 이들도 있다. 변화산과 부활(Senior), 부활과 종말(Davies & Allison), 부활과 오순절과 선교(Carson, Morris), 변형과 죽음과 부활과 승천과 오순절과 성전 파괴 등 여러 가지 사건이다(France).

예수님이 바로 앞 절(26절)에서 종말에 다시 오실 때에 관해 말씀하시는 점을 고려하면 문맥상 종말이 가장 합리적인 해석이다. 그렇다면 어떻게 지금 예수님 앞에 서 있는 사람 중에 죽지 않고 종말에 예수님이 영광스러운 모습으로 오시는 것을 볼 수 있다는 것인가? 예수님의 제자가 되어 영생을 얻는 이들은 종말에도 살아 있기 때문에 가능하다. 개역개정이 '죽기 전에'라고 번역한 문구($\mu\grave{\eta}$ $\gamma\epsilon\acute{\upsilon}\sigma\omega\nu\tau\alpha\iota$ $\theta\alpha\nu\acute{\alpha}\tau o\upsilon$)를 직역하면 '죽음을 맛보지 않다'이다(cf. NAS, NIV, NRS, ESV). '죽기 전'은 시간적 순서를 강조하는 번역이지만, '죽음을 맛보지 않고'는 살아 있음을 강조한다. 주님을 통해 이미 영생을 얻은 이들은 죽지 않고 예수님의 재림을 보게 될 것이다.

이 말씀은 우리의 삶을 지배하는 가치관과 우선순위를 돌아보게 한다. 우리는 예수님과 하나님 나라 중심으로 살고 있는가? 혹은 썩어 없어질 것들을 얻기 위해 사는가? 예수님은 죽임을 당하면서까지 우리에게 어떻게 살아야 하는지를 가르쳐 주셨다. 제자의 삶은 예수님이 주신 것들을 영원히 추구하는 것이다. 그러므로 썩어 없어질 것을 중심으로 살고 있다면 가치관과 우선순위를 정비해야 한다. 또한 예수님이 지고 가신 십자가를 지는 것을 두려워하지 않아야 한다. 결코 잃을 수 없는 영원한 생명을 얻는 삶을 살기 위해서 말이다. 이렇게 사는 사람은 죽음을 맛보지 않고 하나님 나라가 권능으로 이 땅에 임하는 것을 보게 될 것이다.

> Ⅳ. 갈릴리 사역(4:14-9:50)
> F. 마무리 사역(9:1-50)

6. 영광스러운 변화(9:28-36)

[28] 이 말씀을 하신 후 팔 일쯤 되어 예수께서 베드로와 요한과 야고보를 데리고 기도하시러 산에 올라가사 [29] 기도하실 때에 용모가 변화되고 그 옷이 희어져 광채가 나더라 [30] 문득 두 사람이 예수와 함께 말하니 이는 모세와 엘리야라 [31] 영광중에 나타나서 장차 예수께서 예루살렘에서 별세하실 것을 말할새 [32] 베드로와 및 함께 있는 자들이 깊이 졸다가 온전히 깨어나 예수의 영광과 및 함께 선 두 사람을 보더니 [33] 두 사람이 떠날 때에 베드로가 예수께 여짜오되 주여 우리가 여기 있는 것이 좋사오니 우리가 초막 셋을 짓되

하나는 주를 위하여, 하나는 모세를 위하여, 하나는 엘리야를 위하여 하사이다 하되 자기가 하는 말을 자기도 알지 못하더라 [34] 이 말 할 즈음에 구름이 와서 그들을 덮는지라 구름 속으로 들어갈 때에 그들이 무서워하더니 [35] 구름 속에서 소리가 나서 이르되 이는 나의 아들 곧 택함을 받은 자니 너희는 그의 말을 들으라 하고 [36] 소리가 그치매 오직 예수만 보이더라 제자들이 잠잠하여 그 본 것을 무엇이든지 그 때에는 아무에게도 이르지 아니하니라

예수님이 모세와 엘리야를 산에서 만나시는 이 이야기는 기독론의 최고봉이라 할 수 있다(cf. Liefeld & Pao). 모세는 구약의 율법을, 엘리야는 선지자 제도를 상징하고 대표한다. 그들이 예수님을 만나러 온 것은 예수님이 바로 구약의 율법과 선지서가 오실 것이라고 했던 그 메시아라는 사실을 암시한다. 그러므로 예수님과 함께한 세 제자는 구약 시대의 수많은 선지자와 의인들이 참으로 보고 싶어 했지만 보지 못했던 광경을 보고, 듣고자 했지만 듣지 못했던 것을 듣는다(cf. 마 13:17).

장차 받으실 고난에 대해 말씀하신 지 팔 일쯤 되었다(28a절). 마태와 마가는 6일 후에 이 말씀을 하셨다고 한다(마 17:1; 막 9:2). 6일은 모세가 하나님을 뵈러 시내산을 오르기 전에 산을 감싸고 있던 하나님의 구름과 연기를 보며 스스로 준비했던 시간을 상징한다(출 24:15–16). 이렇게 해석할 경우 제자들은 옛적에 모세가 시내산에 올라가 하나님을 뵌 것에 버금가는 일을 경험하게 될 것을 암시하는 말씀이다. 그러나 6일은 단순히 한 장소에서 다른 장소로 이동한 시간을 의미할 수도 있다(Carson).

이와는 대조적으로 누가가 8일을 언급하는 것은 일주일 동안 진행되는 장막절을 상징하기 위해서라고 주장하는 이들도 있지만(Bovon), 누가복음 안에서는 장막절이 이렇다 할 상징성을 지니고 사용되지 않기 때문에 큰 설득력이 있어 보이지는 않는다. 마태와 마가는 '육 일 후'(μετὰ ἡμέρας ἕξ)라며 7일째(일주일째) 되는 날을 지목하고, 누가도 '팔

429

일쯤'(ὡσεὶ ἡμέραι ὀκτω)이라며 고난에 대해 말씀하신 지 일주일이 되었다고 한다(cf. Liefeld & Pao). 복음서 기자들은 같은 기간을 이렇게 다르게 표현하고 있는 것이다(Hemer). 누가가 이처럼 같은 기간을 다르게 표현하는 것은 6일이 모세가 율법을 받기 위해 준비한 기간이기 때문이다(Garland). 누가는 예수님이 모세보다 훨씬 더 위대하신 분이라며 이렇게 차별화하고 있다.

예수님이 열두 제자 중 베드로와 요한과 야고보 세 명을 데리고 기도하러 산에 올라가셨다(28b절). 예수님이 제자 중 셋만 데리고 가신 것은 옛적에 모세가 하나님의 명령에 따라 아론과 나답과 아비후 세 명을 따로 구분해 70명의 장로와 함께 하나님을 뵈러 데려간 일을 연상케 한다(출 24:1, 9). 그러므로 예수님이 데리고 가신 베드로와 야고보와 요한은 열두 제자 중에서도 요즘 말로 '핵인싸'(core insiders)라고 할 수 있다. 예수님이 이들을 특별히 가까이하셨기 때문이다(cf. 마 26:37; 막 5:37; 13:3).

마가는 이 이야기가 예수님이 빌립보 가이사랴(Caesarea Philippi)에 있는 동네들을 다니실 때 베드로에게 고백을 받고 고난에 대해 말씀하신 후 있었던 일이라고 한다(cf. 막 8:27). 그러므로 학자들은 변화산을 빌립보 가이사랴 주변에서 찾는다. 전통적으로 다볼산(Tabor)이 가장 유력한 장소로 추정되었다(cf. Bock). 다볼산은 나사렛에서 10㎞, 갈릴리 호수에서 남쪽으로 20㎞ 떨어진 곳에 있다(ABD). 그러나 이 산의 높이는 해발 580m다. 마가는 예수님이 오르신 산이 '높은 산'이라고 하는데(막 9:2), 다볼산은 높은 산이 아니다. 게다가 요세푸스에 따르면 당시 로마 주둔군이 다볼산 정상에 성을 구축해 기지로 삼았다. 또한 이 산은 빌립보 가이사랴에서 가버나움으로 가는 길에서 한참 벗어나 있다.

가장 많은 학자의 지지를 받는 견해는 예수님과 세 제자가 오른 산은 헤르몬산이라는 것이다(Wessel & Strauss, Wilkins). 헤르몬산은 해발 2,800m에 달하는 높은 산이다. 그러나 이 산은 이방인의 영토에 있고,

정상은 거의 1년 내내 눈에 덮여 있어 참으로 추운 곳이다. 누가는 예수님 일행이 이 산에서 밤을 새웠다고 하는데(9:37), 헤르몬산 정상은 밤을 새울 만한 장소가 아니다. 그러므로 많은 학자가 헤르몬산 정상이 아니라 중턱 어디쯤 한적한 곳이라 한다.

일부 학자는 미론산(Mount Miron)을 지목한다(Carson, France). 미론산은 빌립보 가이사랴와 가버나움 사이의 이스라엘 영토에서 가장 높은 산이며 해발 1,200m에 달한다. 정확히 어느 산이었는지는 알 수 없지만, 전통적으로 산은 계시의 장소다. 모세도 산 위에서 하나님을 만났고, 또한 율법을 받았다. 이번에도 예수님에 대한 특별한 계시가 이 산에서 임한다.

세 제자가 지켜보는 가운데 예수님의 모습이 변화되었다(29a절). '모습이 변화되다'(τοῦ προσώπου αὐτοῦ ἕτερον)를 직역하면 '얼굴이 달라졌다'이다. 예수님이 변화된 것은 하나님이 하신 일이며, 옷만 바뀐 것이 아니라 신체가 모두 바뀌신 것이다. 예수님이 성육신하기 전에 지니셨던 영광이 드러난 모습(cf. 요 1:14, 18; 17:5; 빌 2:6-7), 혹은 부활하실 영광의 모습일 수도 있다(Garland, cf. 9:26). 그러나 학자들 대부분은 장차 종말에 영광스럽게 오실 모습이라고 한다(Cranfield, Evans, Lane, Marcus, cf. 벧후 1:16-18; 계 1:16). 핵심은 평상시 모습과 완전히 달라졌다는 것이므로 예수님의 영광스러운 모습을 이처럼 구체적으로 구분하는 것은 별 의미가 없다(Hooker).

예수님의 옷은 광채가 나며 세상에서 빨래하는 사람이 절대 흉내 낼 수 없을 만큼 희어졌다(29b절). 얼굴은 말할 것도 없다. 마태는 예수님의 얼굴이 해같이 빛났다고 한다(마 17:2). 옛적에 시내산에서 모세의 모습이 변한 일을 생각나게 한다(cf. 출 34:29-35). 그러나 예수님은 모세보다 더 크신 분이다. 모세는 얼굴만 빛이 났는데, 예수님은 온몸에서 광채가 나신다. 모세가 뵙기 위해 시내산을 올랐던 바로 그분인 것이다(cf. 단 7:9). 예수님은 종말에 의인들이 해와 같이 빛나리라고 하셨는데(마 13:43), 그들이 어떻게 빛날지 어느 정도 감을 잡을 수 있다.

제자들은 모세와 엘리야가 와서 예수님과 대화하는 것을 목격했다(30-32절). 모세는 구약의 율법을, 엘리야는 선지자들을 대표한다. 그러므로 이 두 사람은 구약의 '율법과 선지자'를 상징하며, 율법과 선지자는 구약 전체를 의미한다(cf. 2:22; 5:14; 16:16, 29). 그러므로 하나님이 이 두 사람을 예수님께 보내신 것은 예수님이 구약을 온전히 성취하는 분이심을 확인해 준다. 특히 엘리야가 예수님을 찾아온 것은 예수님이 엘리야 혹은 선지자 중 하나라는 소문이 잘못되었음을 암시한다(Garland).

예수님이 그들과 나누신 대화는 장차 예루살렘에서 별세하실 일에 관한 것이었다(31절). '별세'로 번역된 단어가 흥미롭다. 일상적으로 이 단어(ἔξοδος)는 '떠남'이라는 의미를 지니고, 이스라엘의 출애굽 경험을 묘사하기 때문이다(cf. 출 19:1; 민 33:38; 왕상 6:1; 시 105:8; 히 11:22). 또한 누가는 사도행전 13:24에서 예수님이 오신 것을 이 단어와 정반대되는 '오심'(εἴσοδος)으로 묘사한다. 이곳에서는 예수님이 십자가에서 죽으시는 일을 '떠남'이라는 의미로 표현하고 있다. 예수님은 떠나심(ἔξοδος)을 통해 많은 사람을 구원하실 것이다. 십자가 사건은 처음부터 철저하게 준비되고 진행된 하나님 구속사의 절정인 것이다.

모세는 종말에 하나님이 세우실 선지자의 모형이며(신 18:18), 엘리야는 종말에 오실 메시아의 길을 예비하기 위해 먼저 올 선지자다(말 3:1; 4:5-6). 또한 이 두 사람은 각각 시내산과 호렙산에서 하나님의 영광을 보았다(출 24:15; 왕상 19:8-16). 예수님은 이 두 사람보다 더 위대한 분이며, 그들이 뵙기 위해 산을 올랐던 바로 그분(하나님)이시다(France). 그러므로 모세와 엘리야가 옛적에 산에서 뵈었던 하나님을 만나기 위해 이 산으로 예수님을 찾아온 것이다.

매우 특별하고 황홀한 광경을 지켜보던 제자 중에 이번에도 베드로가 대표로 나섰다(33절). 그가 모세와 엘리야가 떠날 때 말한 것으로 보

아 베드로는 그들의 떠남을 아쉬워하며 이 말을 했다(Garland, Liefeld &
Pao). 그는 예수님을 '주여'(ἐπιστάτα)라고 부르는데, 스승이라는 뜻을 지
닌 호칭이다. 그가 바로 앞에서 예수님을 '하나님의 그리스도'라고 고
백했던 점을 고려하면(9:20), 그가 예수님을 이렇게 부르는 것은 친근
감을 표현하기 위해서다(cf. Evans). 베드로는 예수님과 모세와 엘리야의
거룩하고 황홀한 만남이 이루어지고 있는 장소에 그들이 와 있는 것이
좋다고 했다(33b절). 이 말은 자신들이 이곳에 있는 것이 참으로 영광이
라는 뜻일 수도 있고, 자신들이 이 영광스러운 자리에 있어도 되는 것
인지를 묻는 말일 수도 있다(Carson). 베드로가 예수님의 대답을 기다리
지 않고 곧바로 제안하는 것으로 보아 질문은 아니다. 이 장소에 있는
것이 참으로 감개무량한 일이라고 하는 것이다.

베드로는 예수님과 모세와 엘리야를 위해 초막 세 개를 짓겠다고 했
다(33c-d절). 일부 학자는 베드로의 말을 예수님의 고난과 십자가의 죽
음 없이 곧바로 종말로 가고 싶다는 말로 해석하지만(Lane), 그다지 설
득력이 있어 보이지 않는다. 베드로와 제자들은 아직도 예수님에 대
해 배워 가고 있으며, 종말에 대한 의식이 상당히 부족한 상황이기 때
문이다. '초막'(σκηνή)은 출애굽한 이스라엘이 광야 생활 때 처소로 사
용한 것이다. 매년 이스라엘은 이 일을 기념하기 위해 장막절을 지켰
다(레 23:42-43; 신 16장). 이스라엘 사람들은 장막절이면 초막을 세우고
그 안에 들어가 일주일을 지냈다. 또한 장막절은 종말과 연관된 의미
도 지녔다(슥 14:16-20).

베드로는 예수님과 모세와 엘리야의 만남을 종말 때까지 기념하는
일종의 기념비를 세우겠다고 한다(cf. Collins, Moloney, Stein). 베드로는
이 황홀하고 거룩한 상황이 지속되기를 바라며 무슨 말을 할지 몰라서
별생각 없이 이렇게 말했다(33e절). 그가 말할 때 구름이 와서 그들을
덮었고, 그들은 무서워했다(34절). 두려움은 하나님의 현현과 연관된
흔한 현상이다(출 19:16; 20:18; 34:30; 신 4:33; 5:5; 사 6:5; 겔 1:28; 44:4; 단

8:17; 합 3:2-6). 제자들은 하나님의 임재 앞에 엎드려 있다. 이럴 때는 차라리 아무 말도 하지 않고 묵묵히 지켜보는 것이 좋다(cf. 36절).

이윽고 구름 속에서 소리가 났다(37a절). 구름은 모세가 완성한 성막을 가득 채운 구름(출 40:34-35)과 솔로몬의 성전을 감싼 구름을 연상케 한다(왕상 8:10-13). 또한 하나님의 임재를 상징한다(시 97:2; 사 4:5; 단 7:13; 습 1:15). 하나님이 이 산에 임하신 것이다.

구름 속에서 "이는 나의 아들 곧 택함을 받은 자니 너희는 그의 말을 들으라"라는 소리가 들려 왔다(35b절). 계시는 초자연적인 현상을 통해 오는 것이 아니라 말씀을 통해 온다(Garland). 첫 부분은 예수님이 세례를 받으실 때 들려온 그 음성이다(Beale & Carson, cf. 3:22). 시편 2:7과 이사야 42:1을 바탕으로 한 말씀이다. 하나님의 음성은 베드로가 고백한 대로(9:20) 예수님이 하나님의 그리스도이심을 확인해 주는 역할을 한다.

하나님은 제자들에게 '그의 말을 들으라'는 권면을 더하신다. 옛적에 종말에 모세와 같은 선지자를 보낼 것이니 그의 말을 들으라고 하신 것을 연상케 한다(신 18:15). 예수님은 왕 같은 메시아이시며, 동시에 선지자들이 예언한 고난받는 종이심을 뜻한다(cf. 31절).

하나님의 음성을 듣고 심히 두려워하던 제자들이 마음을 가다듬고 주변을 둘러보았다(36절). 모세와 엘리야는 온데간데없고 오직 예수님과 그들만 남았다. 제자들은 그들이 목격한 것에 대해 당시에는 아무에게도 말하지 않았다. 경험한 일에 대해 어떻게 생각해야 하는지 판단이 서지 않았고, 다른 사람들에게 말해 봤자 믿지 않을 것이기 때문이다. 모세와 엘리야가 사라지고 예수님만 남았다는 것은 율법과 선지자도 영원하지 못하며, 오직 예수님만이 우리와 영원히 함께하실 것이라는 상징성을 지닌다.

이 말씀은 우리가 오직 예수님을 중심으로 살아야 한다고 한다. 베드로는 예수님과 모세와 엘리야를 위해 초막 셋을 세우겠다며 세 사람을 동일시했다. 그러나 만남이 끝나고 나니 오직 예수님만 남았다. 예수님은 모세와 엘리야보다 더 위대하신 분, 옛적에 성막과 성전에 영광으로 임했던 바로 그 하나님이시다. 또한 세상 끝 날까지 우리와 함께하실 이는 모세나 엘리야가 아니라 오직 예수님이다. 오직 예수님을 우리 삶의 한 중앙에 모시고 살 때, 비로소 하나님이 기뻐하시는 자녀들이 될 것이다. 또한 천국에 입성할 때까지 이 땅에서 행복하게 살 수 있을 것이다.

> Ⅳ. 갈릴리 사역(4:14-9:50)
>   F. 마무리 사역(9:1-50)

7. 귀신 들린 아이(9:37-45)

³⁷ 이튿날 산에서 내려오시니 큰 무리가 맞을새 ³⁸ 무리 중의 한 사람이 소리질러 이르되 선생님 청컨대 내 아들을 돌보아 주옵소서 이는 내 외아들이니이다 ³⁹ 귀신이 그를 잡아 갑자기 부르짖게 하고 경련을 일으켜 거품을 흘리게 하며 몹시 상하게 하고야 겨우 떠나 가나이다 ⁴⁰ 당신의 제자들에게 내쫓아 주기를 구하였으나 그들이 능히 못하더이다 ⁴¹ 예수께서 대답하여 이르시되 믿음이 없고 패역한 세대여 내가 얼마나 너희와 함께 있으며 너희에게 참으리요 네 아들을 이리로 데리고 오라 하시니 ⁴² 올 때에 귀신이 그를 거꾸러뜨리고 심한 경련을 일으키게 하는지라 예수께서 더러운 귀신을 꾸짖으시고 아이를 낫게 하사 그 아버지에게 도로 주시니 ⁴³ 사람들이 다 하나님의 위엄에 놀라니라 그들이 다 그 행하시는 모든 일을 놀랍게 여길새 예수께서 제자들에게 이르시되 ⁴⁴ 이 말을 너희 귀에 담아 두라 인자가 장차 사람들의 손에 넘겨지리라 하시되 ⁴⁵ 그들이 이 말씀을 알지 못하니 이는 그들로 깨닫지 못하게 숨긴 바 되었음이라 또 그들은 이 말씀을 묻기도 두려워하더라

이 사건은 예수님이 세 제자와 함께 산 위에 머무시는 동안 산 아래

에 있던 아홉 제자와 연관된 이야기다. 예수님이 산에서 내려와 제자들이 있는 곳으로 가시니 큰 무리가 모여 있었다(37절). 그들은 예수님께 병을 고쳐 달라고 모였다. 무리 중 한 사람이 소리를 질러 예수님께 도움을 청했다(38a절). 그는 자기 외아들을 돌보아 주시기를 호소했다(38b절).

아이의 아버지는 예수님의 제자들도 스승이 하는 일을 모두 할 줄 알았다. 예수님이 이미 제자들에게 병을 낫게 하고 귀신을 쫓는 권세를 주셨기 때문이다(9:1). 그러나 제자들은 그의 아들을 고치지 못했다. 그래도 아버지는 낙심하지 않고 예수님을 기다렸다. 예수님은 분명히 아이를 낫게 하실 수 있다는 믿음이 있었기 때문이다.

아이는 귀신이 들려 심한 고생을 하고 있다(39절). 귀신이 갑자기 아이를 부르짖게 하고 경련을 일으켜 거품을 흘리게 하며 몹시 상하게 한 후에야 겨우 떠난다고 했다(39절). 마가도 누가처럼 아이의 아버지가 자기 아들이 귀신이 들려 이렇다고 말했다고 하는데(막 9:22), 마태는 간질 때문이라고 한다(마 17:14-15). 이후 예수님이 꾸짖으시니 귀신이 나갔다고 하는 것으로 보아 마태도 아이의 이런 행동을 귀신 들렸기 때문으로 보았다(17:18). 다만 마태는 귀신이 간질을 이용한다는 취지에서 이렇게 표현한 것이다. 귀신 들린 아이는 자신을 스스로 절제할 수 없다. 발작이 일어나면 물불을 가리지 않고 아무 곳에나 쓰러진다. 매우 위험한 상황이다.

아버지는 이런 아이를 고쳐 달라며 제자들에게 데려왔다(40a절). 예수님과 세 제자가 산 위에 있는 동안 아래에 남아 있던 아홉 제자에게 데려왔다는 뜻이다. 그러나 제자들은 아이를 고치지 못했다(40b절). 예수님은 이미 제자들에게 귀신을 쫓고 병을 낫게 하는 권세를 주셨고(9:1), 그들은 예수님이 행하신 여러 기적에 동참한 경험이 있다. 그런데도 아이에게서 귀신을 쫓아내지 못했다는 것은 그들이 영적으로 아직 성숙하지 못했음을 의미한다.

예수님은 답답하시다. 그들과 함께할 시간이 그리 많지 않은데, 제자들은 아직 한참 더 성숙해야 한다는 것을 깨달으셨기 때문이다. 그러므로 탄식하신다(41a절). "믿음이 없고 패역한 세대여!" 이 말씀은 모세가 불순종하는 이스라엘 백성에게 사용한 것이다(cf. 신 32:4-6, 20). 예수님이 이 말씀을 누구에게 하신 것인지는 확실하지 않다. 그래서 학자들은 무리에 한 것이라 하고(Boring, France, Gundry, Hagner, Luz), 제자들에게 한 것이라 하고(Held, Nolland, Schnackenburg), 혹은 무리와 제자들 모두에게 하신 말씀이라고 하기도 한다(Bloomberg, Carson, Davies & Allison, Osborne). 세 번째(무리와 제자들 모두에게 하신 말씀) 해석이 문맥에 가장 잘 어울린다.

'얼마나 너희와 함께 있으며 너희에게 참으리요'(41b절)는 참으로 답답한 예수님의 심정을 표현한다(Hill, Hagner). 그들과 함께할 시간이 많지 않은데, 제자들의 신앙 성장은 마냥 더디기만 하니 답답하시다. 예수님은 아이를 데려오라고 하셨다. 제자들이 실패한 일을 수습하시기 위해서다.

아이를 강제로 예수님 앞에 데려올 때 귀신이 그 아이를 거꾸러뜨리고 심한 경련을 일으켰다(41a절). 곧 쫓겨날 것을 안 귀신이 최후의 발악을 하는 것이다. 예수님은 아이를 인질로 잡고 있는 귀신을 꾸짖으셨고, 귀신은 아무 저항도 못하고 아이에게서 쫓겨 나갔다(42b절). 예수님이 귀신을 쫓아내시는 것은 참으로 당연한 일이기에 매우 간략하게 묘사되고 있다. 또한 이 이야기의 초점이 예수님의 절대적인 권세와 능력에 맞춰져 있기 때문에 귀신을 쫓아내신 일은 매우 간략하게 요약되어 있다.

아이는 그 순간 곧바로 나았다. 귀신에게서 해방된 것이다. 예수님은 아이를 데려온 아버지에게 도로 주셨다(42c절). 지켜보던 사람들은 모두 하나님의 위엄에 놀랐다. 이 일이 하나님이 예수님을 통해 행하신 기적이라는 사실을 깨달은 것이다. 온전하게 고침을 받은 외아들을 돌려받은 아버지의 심정은 어떠했을까?

사람들이 놀라는 동안 예수님은 제자들에게 마음에 새겨 두라며 "인자가 장차 사람들의 손에 넘겨지리라"라고 하셨다(44절). 장차 다가올 십자가 고난에 대한 두 번째 말씀이다(cf. 9:22). '사람들의 손'(χεῖρας ἀνθρώπων)은 유대교 지도자들을 뜻한다. 그들은 사람을 처형할 권한이 없기 때문에 억울한 누명을 씌워 예수님을 로마 사람들에게 넘겨줄 것이다.

'넘겨지다'(παραδίδοσθαι)는 미래적 의미를 지닌 현재형 수동태이며, 반드시 실현될 것을 의미한다(Stein, Taylor). 또한 이 단어는 '배신당하다'라는 의미도 지녔다(TDNT). 비록 유대교 지도자들이 예수님을 로마 사람들에게 넘길 것이지만, 사실은 역사를 주관하시는 하나님이 온 인류를 구원하시는 구속사의 한 부분으로 예수님이 사람들의 죄를 대속하는 속죄 제물이 되어 악인들의 손에 고난당하도록 그들의 손에 넘기실 것이다. 그렇다면 하나님은 예수님을 그들의 손에 어떻게 넘기실 것인가? 사람을 에이전트로 사용하실 것이기에 예수님을 넘기신다는 것은 사람의 배신을 사용하실 것을 암시한다(Carson, Wilkins). 나중에 열두 제자 중 하나인 가룟 유다가 예수님을 배신하는 자로 드러난다.

제자들은 예수님이 하신 말씀의 의미를 알지 못했다(45a절). 아직 이러한 사실을 깨달을 때가 되지 않았기 때문이다(45b절). 그들은 예수님이 부활하셔서 하나님이 계획하신 바가 모두 실현된 후에야 비로소 깨달을 것이다(24:45-47). 그러므로 그들이 아무리 알려고 해도 아직은 알 수 없도록 숨겨졌다(45c절).

그래도 예수님께 묻기라도 했으면 좋았을 텐데, 그들은 두려워하기만 할 뿐 묻지 못했다(45d절). 아마도 예수님이 그들의 영적 무덤을 책망하실까 봐 묻지 못했을 것이다. 제자들은 예수님의 죽음과 부활에 대한 말씀을 잘 이해하지 못한다. 다만 예수님이 죽으실 것이라는 말씀이 그들을 두렵고 슬프게 했다. 제자들이 이때 두려움을 직면했다면, 예수님이 잡히실 때 도망하고 배반하는 일은 없었을 수도 있다.

이 말씀은 하나님이 우리 모두에게 큰일을 할 잠재력을 주셨으며, 그 잠재력을 활용해 하나님의 영광을 드러내는 것은 믿음이라고 한다. 제자들은 하나님께 무한한 능력을 받고도 믿음이 부족해서 제대로 사용하지 못했다. 우리도 이런 실수를 범하고 있지 않은지 각자의 믿음을 돌아보아야 한다. 믿음은 하나님이 우리가 바라는 것을 허락하실 것이라고 확신하는 것이 아니다. 믿음은 자기 자녀들을 돌보시는 하나님을 온전히 의지하는 것이며, 우리 안에 계신 하나님이 일하시도록 우리 삶을 주님의 뜻에 복종시키는 것이다.

> IV. 갈릴리 사역(4:14-9:50)
>   F. 마무리 사역(9:1-50)

8. 천국에서 큰 자(9:46-48)

⁴⁶ 제자 중에서 누가 크냐 하는 변론이 일어나니 ⁴⁷ 예수께서 그 마음에 변론하는 것을 아시고 어린 아이 하나를 데려다가 자기 곁에 세우시고 ⁴⁸ 그들에게 이르시되 누구든지 내 이름으로 이런 어린 아이를 영접하면 곧 나를 영접함이요 또 누구든지 나를 영접하면 곧 나를 보내신 이를 영접함이라 너희 모든 사람 중에 가장 작은 그가 큰 자니라

마가는 이 가르침이 갈릴리 사역을 위해 베이스캠프(basecamp)로 삼으신 베드로와 안드레의 가버나움 집에서 있었던 일이라고 한다(막 9:33). 제자들 사이에 누가 큰지 변론이 일었다(46절). '변론'(διαλογισμὸς)은 언성을 높여가며 열띤 논쟁을 벌이는 것을 뜻한다(TDNT). 그들은 자기들끼리 토론했지만, 예수님은 그들이 무엇에 대해 논쟁을 벌이는지 다 알고 계셨다(47a절).

스승이신 예수님이 배신과 죽음에 대해 심각한 말씀을 하시는 동안

(44절) 그들 중 누가 크냐(으뜸이냐)를 두고 쟁론하는 제자들의 모습이 참으로 한심하다(46절). 더욱이 '누가 크냐'(τίς ἂν εἴη μείζων)에 대한 논쟁은 하늘나라에서는 어떤 인격과 능력을 지닌 사람이 존귀함을 받는지와 아무 상관이 없다. 제자들은 이 세상의 기준에 근거한 서열에만 관심이 있다.

제자들이 한심하기도 하고 안타깝기도 한 예수님은 어린아이 하나를 데려다가 곁에 세우셨다(47b절). 아이를 실물 교수(object lesson)로 삼아 제자들에게 가르침을 주시기 위해서다. 이 가르침이 가버나움에 있는 베드로와 안드레의 집에서 있었던 일인 만큼 아마도 베드로나 안드레의 자녀 중 하나였을 가능성이 있다. '어린아이'(παιδίον)는 아직 사춘기에 접어들지 않은 어린이를 뜻한다(Osborne).

'어린아이'(παιδίον)가 할 수 있는 일은 별로 없다. 당시 어린아이는 이렇다 할 권리가 없고 법적으로도 잘 보호받지 못했다. 힘이 없어 자신을 방어할 수가 없으니 누가 공격하면 당하기만 했다. 부모가 보호해 주지 않으면 큰일을 당할 수밖에 없는 연약한 존재였다. 따라서 예수님이 아이를 실물 교수로 삼아 하시고자 하는 말씀은 아이의 연약함 그리고 받은 은혜를 갚을 수 없는 무기력함이다. 받은 선을 갚을 수 없는 사람에게 대가를 바라지 않고 선을 베푸는 것은 곧 예수님을 환대하는 것과 같다. 또한 예수님을 영접하는 것은 곧 예수님을 보내신 하나님을 영접하는 것과 마찬가지다(48b절).

'영접하다'(δέχομαι)는 환영하고 인정한다는 뜻이다(BAGD). 선교와 전도 여행을 위해 제자들을 파송하실 때(9:1-5) 어느 지역에서 그들을 '영접하지 않으면'(ἂν μὴ δέχωνται) 그곳을 떠날 때 발에 묻은 먼지를 털어 증거로 삼으라고 하셨다(9:5). 그러므로 아이를 예수님의 이름으로 영접하는 것은 곧 최선을 다해 정성스럽게 그를 대한다는 뜻이다.

누구나 어린아이를 영접할 수 있는 것은 아니다. 오직 겸손하고 온유한 사람만이 어린아이를 영접할 수 있다. 그러므로 예수님은 "너희 모든 사람 중에 가장 작은 그가 큰 자니라"라며 겸손한 사람이 가장 큰 자(존귀한 자)라고 하신다(48c절). 이러한 원리는 일종의 신앙적 모순이라 할 수 있다. 이는 예수님의 권위와 다스림 아래 있는 공동체에 하시는 말씀이다. 믿는 사람들에게 서로를 환대하라며 이렇게 말씀하시는 것이다.

이 말씀은 가장 낮은 자리에서 겸손하게 이웃을 섬기는 사람이 가장 높은 사람이라고 한다. 하나님 나라에서는 높아지려면 낮아져야 하고, 으뜸이 되려면 섬겨야 한다. 이것이 하나님 나라의 모순적 진리다. 교회에 속한 사람들이 이 같은 하늘나라의 가치와 기준으로 산다면 교회는 우리가 이 땅에서 경험할 수 있는 작은 천국이 될 것이다.

> Ⅳ. 갈릴리 사역(4:14-9:50)
> F. 마무리 사역(9:1-50)

9. 경쟁과 반대(9:49-50)

⁴⁹ 요한이 여짜오되 주여 어떤 사람이 주의 이름으로 귀신을 내쫓는 것을 우리가 보고 우리와 함께 따르지 아니하므로 금하였나이다 ⁵⁰ 예수께서 이르시되 금하지 말라 너희를 반대하지 않는 자는 너희를 위하는 자니라 하시니라

요한은 어떤 사람이 예수님의 이름으로 귀신을 내쫓는 것을 보고 더는 그리하지 못하게 금했다고 한다(38절). 이름은 그 이름을 소유한 사람의 권세를 상징한다. '주의 이름으로'(ἐπὶ τῷ ὀνόματί σου)를 직역하면 '당신의 이름으로'이며 예수님의 권세를 의지해 귀신을 쫓았다는 뜻이다. 요한이 이 사람에게 더는 예수님의 이름으로 귀신을 쫓지 못하도록 금한 이유는 그가 그들을 함께 따르지 않았기 때문이다. '우리를 따르지 않다'(οὐκ ἀκολουθεῖ μεθ᾽ ἡμῶν)는 우리 중 하나가 아니라는 뜻이다. 열두 제자 중 하나가 아니라는 것이다.

본문이 묘사하는 요한은 복음서에 비춰진 그의 성격과 잘 어울린다. 요한과 그의 형제 야고보는 다음 이야기에서 예수님께 하늘에서 불을 내려 주님을 영접하지 않은 사마리아 마을을 태워 버리라고 한다 (9:51-55). 그러므로 예수님이 이 형제들에게 '우레(천둥, 벼락)의 아들'이라는 별명을 붙여 주셨다(막 3:17). 이곳에 기록된 사건도 요한의 불같고 이기적인 성격과 잘 어울린다.

어떤 이들은 귀신 들린 아이에게서 귀신을 쫓아내지 못해 문제가 된 제자들(9:37-40)이 예수님의 이름으로 귀신을 쫓아내는 사람을 문제 삼는 것이 아이러니라고 한다(Boring, Evans, Lane, Stein). 그러나 요한은 예수님이 변화되실 때 동행한 세 제자 중 하나이기 때문에 귀신을 쫓아내지 못한 제자들을 대표한다고 볼 수 없다.

귀신 들린 자들에게서 귀신을 쫓아낸 사람은 어떤 사람일까? 당시 귀신 들린 자들에게서 귀신을 몰아내는 사람들은 신앙과 상관없이 아무 신(들)의 이름을 사용해 귀신을 쫓아내려 했다. 이러한 행태는 사도행전 19:13-17에 기록된 제사장 스게와의 일곱 아들이 예수님과 바울의 이름으로 귀신들을 쫓아내려 했다가 된통 혼이 나는 이야기에도 반영되어 있다. 또한 예수님의 이름으로 선지자 노릇을 하며 온갖 이적을 행하며 귀신을 쫓아냈지만 예수님이 모른다며 내친 자들도 이러한 사람들이다(마 7:21-23).

그러나 요한이 언급하는 사람은 이러한 유형이 아니다. 예수님의 열두 제자에는 들지 못했지만, 예수님을 메시아로 영접하고 따르는 사람이다(Strauss). 당시에는 열두 제자 외에도 상당히 많은 사람이 예수님을 믿었다. 예수님은 10:1-17에서 주님을 믿는 사람 중 72명을 선택해 사역자로 세우신다.

그러므로 요한이 예수님을 따르는 사람이 예수님의 이름으로 귀신을 쫓아내는 것을 금한 일은 잘못된 것으로, 순전히 열두 제자로 제한된 엘리트 그룹만이 누리는 특별한 지위와 권위를 유지하려는 데서 비롯되었다. 그가 '주님을 따르지 아니하므로'가 아니라 '우리를 따르지 아니하므로' 금했다고 하는 것도 이와 같은 사적인 이권을 반영한다.

요한의 말을 들으신 예수님은 이런 사람을 금하지 말라고 하신다(50a절). 예수님을 믿고 예수님의 이름을 의지해 귀신을 쫓아내는 사람들이 곧바로 능력의 출처인 예수님을 비방할 리는 없다(50b절). 자신들이 예수님의 이름을 이용하고 있기 때문이다. 설령 그들이 변절자가 된다고 할지라도 귀신을 쫓아낸 다음 곧바로 그렇게 하지는 않을 것이다. 세상 말로 '단물이 빠질 때까지'는 비방하지 않을 것이기 때문이다. 또한 이런 사람들은 예수님이 바알세불의 힘을 빌려서 귀신을 쫓는다고 하는 유대교 지도자들보다 훨씬 낫다.

예수님은 제자는 하나님이 그에게 주신 권세를 시기와 질투로 보호하려 하지 않는 사람이라고 하신다. 제자는 하나님 나라의 확장이 개인적인 이권 보존보다 훨씬 더 중요하다는 사실을 깨닫기 때문이다. 또한 우리가 대적해야 할 원수는 마귀이지, 하나님이 주신 권세로 선한 일을 하는 사람이 아니다. 시기와 질투는 하나님 나라에서 설 자리가 없다. 세례 요한이 제자들로부터 사람들이 예수님께 몰려간다는 보고를 받은 후 한 말이 생각난다. "그는 흥하여야 하겠고 나는 쇠하여야 하리라"(요 3:30). 하나님 나라의 메시지가 선포되는 일이 가장 중요하다는 것이다.

예수님은 "너희를 반대하지 않는 자는 너희를 위하는 자니라"(50b절)라며 당시 격언을 인용하신다(Strauss, cf. 마 12:30; 막 9:40). 하나님 나라 확장을 위해 일하는 사람 중에 파벌이 있어서는 안 된다는 취지의 말씀이다. 힘을 합해 노력해도 하나님 나라를 확장하는 것은 어려운 일인데, 여러 파로 나뉘면 더욱 어려워질 수밖에 없다. 옛적에 여호수아가 모세를 찾아와 엘닷과 메닷이라는 사람이 예언하는 것을 금하라고 했을 때 모세가 한 말이 생각난다. "네가 나를 두고 시기하느냐 여호와께서 그의 영을 그의 모든 백성에게 주사 다 선지자가 되게 하시기를 원하노라"(민 11:29).

    이 말씀은 어떤 이유에서든 하나님 나라를 확장해 나가는 사람이 있으면 그를 금하지 말라고 한다. 바울은 어떤 사람은 착한 뜻으로 그리스도를 전파하지만, 어떤 사람은 투기와 분쟁으로 그리스도를 전파한다고 한다(빌 1:15). 우리 삶에서 하나님 나라의 확장이 최우선이라는 사실을 의식한다면, 각자의 동기는 하나님이 심판하시게 하고 우리는 서로 협력해 그리스도를 전파해야 한다.